Leutner/Schlotter/Zätzsch
Beurkundung von Unternehmenstransaktionen

Beurkundung von Unternehmenstransaktionen

Praxishandbuch mit Gestaltungshinweisen

Von

Dr. Gerd Leutner, Licencié en droit
Rechtsanwalt in Berlin

Dr. Jochen N. Schlotter
Rechtsanwalt und Notar in Frankfurt a.M.

Dr. Jörg Zätzsch LL.M. (Tulane University)
Rechtsanwalt in Berlin

2015

Zitiervorschlag: Leutner/Schlotter/Zätzsch § … Rn. …

www.beck.de

ISBN 978 3 406 65050 5

© 2015 Verlag C.H.Beck oHG Wilhelmstraße 9, 80801 München
Druck und Bindung: Beltz Bad Langensalza GmbH,
Neustädter Straße 1–4, 99947 Bad Langensalza
Satz: Fotosatz Buck, Zweikirchener Str. 7, 84036 Kumhausen

Gedruckt auf säurefreiem, alterungsbeständigem Papier
(hergestellt aus chlorfrei gebleichtem Zellstoff)

Inhaltsübersicht

Inhaltsverzeichnis VII
Abkürzungsverzeichnis. XVII

§ 1   Problemstellungen, Rechtsgrundlagen, Methodik   1

§ 2   GmbH-Anteilsabtretung und -veräußerung
      (§ 15 Abs. 3 und 4 GmbHG)   3

§ 3   Grundstücksveräußerungen im Rahmen eines Asset Deal
      (§ 311b BGB) 51

§ 4   Asset Deal und Verträge über die Veräußerung des gesamten
      Vermögens (§ 311b Abs. 3 BGB und § 179a AktG) 100

§ 5   Formerfordernisse bei Umwandlungen (Überblick) 116

§ 6   Beteiligungsverträge 125

§ 7   Unterwerfung unter die sofortige Zwangsvollstreckung
      (§ 794 Abs. 1 Nr. 5 ZPO) 128

§ 8   Umfang der Beurkundungspflicht: Zusammenfassung und
      allgemeine Hinweise 137

§ 9   Beurkundungsverfahren. 144

§ 10 Unternehmenstransaktionen mit Auslandsbezug 203

Stichwortverzeichnis. 229

Inhaltsverzeichnis

Inhaltsübersicht V
Abkürzungsverzeichnis XVII

§ 1 Problemstellungen, Rechtsgrundlagen, Methodik 1

§ 2 GmbH-Anteilsabtretung und -veräußerung (§ 15 Abs. 3 und 4 GmbHG) 3
   I. Die notarielle Beurkundungspflicht gem. § 15 Abs. 4 S. 1 GmbHG .. 4
     1. Allgemeines 4
        a) Der Geschäftsanteil als Verkörperung der Mitgliedschaft in der GmbH 4
        b) MoMiG lässt Rechts- und Diskussionsstand unberührt 5
     2. Ausgangspunkt für den Umfang der Beurkundungspflicht: Schutzzweck des § 15 Abs. 4 S. 1 GmbHG 5
        a) Der historische Gesetzgeber 5
        b) Rechtsprechung des *BGH* 6
            aa) Erschwerung des spekulativen Handels mit GmbH-Geschäftsanteilen („Erschwerungsfunktion") 7
            bb) Rechtsprechung anerkennt keine weiter gehenden Schutzzwecke 8
        c) Abweichende Literaturansätze 9
     3. Die „Vereinbarung" der Pflicht zur Abtretung – das Erfordernis eines rechtsgeschäftlichen Vertrags 9
     4. Der Umfang der Beurkundungspflicht 10
        a) Überblick 10
        b) Rechtsprechung – Erstreckung der Beurkundungspflicht auf alle Nebenabreden 11
            aa) Grundsatz 11
            bb) Entscheidungen im Wortlaut und im Kontext 12
        c) Kritik an weiter Beurkundungspflicht in der Literatur 14
            aa) Allgemeines 14
            bb) Argumente gegen weite Beurkundungspflicht im Einzelnen 15
                (i) Wortlaut 15
                (ii) Sinn und Zweck 15
                (iii) Rechtssicherheit 16

		(iv) „Einheitlichkeit des Verpflichtungsgeschäfts"	16
		(v) Beurkundung lediglich des „regelnden Inhalts" ...	17
		(vi) Gemeinschaftsrechtliche Bedenken – Kapitalverkehrsfreiheit gem. Art. 63 AEUV	17
	d)	Zustimmung zur Rechtsprechung des *BGH* in der Literatur .	17
	e)	Fazit...	18
	f)	Anwendungsfälle	19
		aa) Absichtserklärungen (Letter of Intent, Memorandum of Understanding, Term Sheet)	19
		bb) Abtretung des Anspruchs auf Abtretung eines Geschäftsanteils.................................	19
		cc) Aufhebungsvertrag...............................	20
		dd) Ausländische Gesellschaften mit beschränkter Haftung (Exkurs)...	20
		ee) Finanzierungsverpflichtungen („Equity commitment letters" u.ä.)...................................	22
		ff) Gesellschaftsvertrag enthält Abtretungsverpflichtung .	22
		gg) Maklerprovision	24
		hh) Optionen	24
		ii) Rückkaufvereinbarungen, Rücknahmegarantien.....	26
		jj) Schiedsvereinbarungen, Schiedsordnungen..........	26
		kk) Stimmbindungsvereinbarungen....................	27
		ll) Treuhandvereinbarungen	28
		mm) Unternehmensverträge (Gewinnabführung, Beherrschung)..................................	30
		nn) Vertragsstrafen („Break-up fees" und Vertragsstrafen im Zusammenhang mit dem Anteilserwerb)	31
		oo) Vollmacht zum Abschluss einer Abtretungsverpflichtung – Grundsatz der Formfreiheit gem. § 167 Abs. 2 BGB.................................	32
		pp) Vorvertrag.......................................	32
		qq) Zusicherungen und Garantieverträge, die sich auf die Übertragung von Geschäftsanteilen richten	32
II.	Heilung eines Formverstoßes nach § 15 Abs. 4 S. 2 GmbHG		34
	1.	Sinn und Zweck der Heilungsvorschrift	35
	2.	Erfordernis der fortwirkenden Willensübereinstimmung bis zum Zeitpunkt der Abtretung...........................	35
	3.	Zeitpunkt der Heilung...................................	36
	4.	Umfang der Heilungswirkung............................	37
	5.	Praktische Anwendung: Der gezielte Einsatz der Heilungswirkung	38

Inhaltsverzeichnis

- III. Umfang der Nichtigkeit wegen Formmangels und analoge Anwendung des § 139 BGB durch die Rechtsprechung 39
- IV. Formerfordernis bei mittelbaren GmbH-Gesellschaftsanteilsabtretungen 41
  - 1. Grundsatz der Formfreiheit 41
  - 2. Ausnahme unter Umgehungsgesichtspunkten 41
- V. Insbesondere: Formbedürftigkeit der Verpflichtung zur Übertragung einer Beteiligung an einer GmbH & Co. KG 43
  - 1. Formbedürftigkeit des Verpflichtungsgeschäfts zur Abtretung der Kommanditbeteiligung 44
  - 2. Formbedürftigkeit des Verfügungsgeschäfts über die Kommanditbeteiligung bei einer GmbH & Co. KG – Transaktion 46
  - 3. Folgefrage: Heilung eines formnichtigen Verpflichtungsvertrags über KG-Anteilsveräußerung gem. § 15 Abs. 4 S. 2 GmbHG 47
  - 4. Konsequenzen für die Praxis 48
- VI. Die Formbedürftigkeit der dinglichen Abtretung des Geschäftsanteils gem. § 15 Abs. 3 GmbHG 50

§ 3 Grundstücksveräußerungen im Rahmen eines Asset Deal (§ 311b BGB) 51

- I. Allgemeines zur Beurkundungspflicht gemäß § 311b Abs. 1 BGB ... 51
- II. Schutzzweck der Formvorschrift 52
  - 1. Allgemein 52
  - 2. Rechtsprechung 52
- III. Allgemeine Anwendungsvoraussetzungen 54
- IV. Der Umfang der Beurkundungspflicht beim Asset Deal 55
  - 1. Nebenabreden/Nebenbestimmungen 55
    - a) Kaufsache/Grundstück 56
    - b) Gegenleistung 57
    - c) Sonstige Nebenabreden 58
  - 2. Der zusammengesetzte Vertrag – „rechtliche Einheit" zwischen Grundstücksvertrag und einem anderem Rechtsgeschäft 58
    - a) Allgemein: Rechtliche Abhängigkeit – „Miteinander stehen und fallen"? 58
    - b) Neuere Rechtsprechung: Einseitige Abhängigkeit des Grundstückskaufvertrages vom „formfreien Geschäft" 60
    - c) Zeitliche Reihenfolge der Verträge ist nicht relevant 64
    - d) Erfordernis der Mitbeurkundung des „Verknüpfungswillens" 66
      - aa) Grundsätzlich: Beurkundungspflicht des „Verknüpfungswillens" 67

		bb)	Beurkundung des Verknüpfungswillens nur in einer Urkunde?.	68
		cc)	Die rechtliche Ausgestaltung des Verknüpfungswillens	69
	c)	Der „zusammengesetzte Vertrag" bei Personenverschiedenheit.		70
		aa)	Einbeziehung in Leistung und Gegenleistung als zentrales Merkmal.	70
		bb)	Einbeziehung des Dritten durch dreiseitigen Vertrag	71
		cc)	Kein dreiseitiger Vertrag	72
	3. Fallgruppe „mittelbarer Zwang" zur Übereignung oder zum Erwerb eines Grundstücks			76
V.	Nachträgliche Veränderung des Grundstückkaufvertrags			78
	1. Allgemein			78
	2. Ausnahmen.			79
	a) Keine Verschärfung oder Erweiterung der Veräußerungs- oder Erwerbspflicht			79
	b) Schwierigkeiten bei Vertragsabwicklung.			81
	3. Zeitliche Grenze – keine Beurkundungspflicht bei einer Vertragsänderung nach Auflassung			81
VI.	Beurkundungspflicht bei mittelbarer Grundstücksbeteiligung (Share Deal) und gesellschaftsrechtlicher Beteiligung?			83
	1. Share Deal.			83
	a) Grundsatz: Keine Beurkundung.			83
	b) Enger Ausnahmefall: Umgehung.			86
	2. Sonstige Anwendung im Bereich des Gesellschaftsrechts			87
VII.	Rechtsfolgen einer unvollständigen Beurkundung.			88
	1. Nichtigkeit gem. § 125 BGB			88
	2. Teilnichtigkeit gem. § 139 BGB.			88
VIII.	Die Heilung formnichtiger Grundstückskaufverträge gem. § 311b Abs. 1 S. 2 BGB			91
	1. Zweck			91
	2. Voraussetzung.			92
	3. Wirkung.			93
	a) Allgemeine Reichweite (insbesondere für zusammengesetzte Verträge)			93
	b) Die analoge Anwendung des § 311b Abs. 1 S. 2 BGB auf die Heilung formnichtiger Vorverträge			94
	c) Kenntnis der Teilnichtigkeit der Nebenabrede			98

§ 4 Asset Deal und Verträge über die Veräußerung des gesamten Vermögens (§ 311b Abs. 3 BGB und § 179a AktG) 100
I. Beurkundungspflicht nach § 311b Abs. 3 BGB 100
1. Allgemeines und Schutzzweck der Norm 100
2. § 311b Abs. 3 BGB und Unternehmenstransaktionen 101
   a) Die Unternehmenstransaktion als „Asset-Deal" 101
   b) Personeller Anwendungsbereich 102
   c) Veräußerung des gesamten Vermögens 102
      aa) Begriff des gesamten Vermögens: Bausch und Bogen vs. Einzelauflistung 102
      bb) Relevanz von sog. „Auffangklauseln" („catch-all"-Klausel) 105
      cc) Ausschluss bestimmter Vermögensgegenstände („excluded assets") und Veräußerung von Teilbereichen 107
4. Rechtsfolgen 108
II. Anwendung von § 179a AktG auf Unternehmenstransaktionen 109
1. Allgemeines und Schutzzweck der Norm 109
2. Anwendungsbereich, Voraussetzungen und Rechtsfolgen bei Aktiengesellschaften 109
   a) Anwendungsbereich 109
   b) Voraussetzungen 110
   c) Rechtsfolgen 111
3. Anwendung auf Personengesellschaften (insbesondere Kommanditgesellschaften) 111
   a) Analoge Anwendung 111
   b) Mehrheiten 113
   c) Verfahren und Beurkundungspflicht 114
4. Anwendung auf die GmbH 114

§ 5 Formerfordernisse bei Umwandlungen (Überblick) 116
I. Formerfordernisse im Rahmen einer Umwandlung 116
II. Verschmelzungsvertrag § 6 UmwG 116
1. Schutzzweck der Beurkundung 116
2. Umfang der Beurkundungspflicht 117
   a) Allgemeines 117
   b) Insbesondere: Vorvertrag und selbstständiges Strafversprechen („break-up fee") 118
3. Registervollzug 119
   a) Einzureichende Unterlagen 119
   b) Heilung durch Eintragung (§ 20 Abs. 1 Nr. 4 UmwG) 119
III. Sonstige Formerfordernisse im Rahmen einer Verschmelzung 120

　　　　1. Verschmelzungsbeschluss und Zustimmungserklärungen
　　　　　　(§ 13 Abs. 3 UmwG) 120
　　　　2. Verzichtserklärungen (§§ 8 Abs. 3, 9 Abs. 3 UmwG) 120
　　IV. Grenzüberschreitende Verschmelzung 120
　　　　1. Allgemeines 120
　　　　　　a) Konzeption des UmwG 120
　　　　　　b) Beurkundung des Verschmelzungsvertrags im Ausland 121
　　　　2. Verschmelzungen im Rahmen der EU-Verschmelzungs-
　　　　　　richtlinie und §§ 122 a ff. UmwG 122
　　V. Ausstrahlen verschmelzungsrechtlicher Formvorschriften auf
　　　　weitere Vertragsbestandteile? 123
　　　　1. Allgemeines 123
　　　　2. Grenzüberschreitende Vertragsgestaltungen 124

§ 6 Beteiligungsverträge 125
　　I. Allgemeines 125
　　II. Verpflichtung zur Beurkundung wegen Änderung
　　　　des Gesellschaftsvertrages? 126
　　III. Beurkundungspflicht wegen Verpflichtung zur Übernahme von
　　　　Geschäftsanteilen? 126
　　IV. Beurkundungserfordernis aufgrund anderer Absprachen 127

§ 7 Unterwerfung unter die sofortige Zwangsvollstreckung
　　　　(§ 794 Abs. 1 Nr. 5 ZPO) 128
　　I. Allgemeines 128
　　II. Bedeutung für Unternehmenstransaktionen 129
　　III. Inhalt der Unterwerfungserklärung 130
　　IV. Umfang der Beurkundungspflicht 132
　　V. Verjährung 134
　　VI. Vollstreckung 135

§ 8 Umfang der Beurkundungspflicht: Zusammenfassung und
　　　　allgemeine Hinweise 137
　　I. Problemstellung: Inhaltlicher Umfang der Beurkundungspflicht ... 137
　　II. Typische Fälle 138
　　　　1. Anteils- oder Asset-Veräußerung mit Finanzierungs-
　　　　　　vereinbarung 138
　　　　2. Asset- oder Anteils-Veräußerung einer Immobilien-GmbH
　　　　　　oder einer Immobilie kombiniert mit Anmietung durch den
　　　　　　Verkäufer 138
　　　　3. Begleitende Verträge mit Vergütungscharakter zum
　　　　　　Anteilskaufvertrag 138

    4. KG-Übertragung mit kombinierter Abtretung der Anteile am
       persönlich haftenden Gesellschafter.................... 139
    5. Verpflichtungsgeschäft und Erfüllungsgeschäft (zB
       privatschriftlicher GmbH-Anteilskauf nach ausländischem
       Recht ohne Beurkundungspflicht und separate Beurkundung
       der Abtretung der Anteile)............................. 139
 III. Sonstige Fälle einheitlicher Rechtsgeschäfte............. 140
 IV. Sonstige Fälle fehlender Einheitlichkeit.................. 140
 V. Allgemeine Grundsätze und Gestaltungshinweise 141
    1. „Miteinander Stehen und Fallen"....................... 141
    2. Zeitlicher Versatz verschiedener Teilgeschäfte 141
    3. Personenidentität 141
    4. Insbesondere: „Verknüpfungswille" und „(ausdrückliche)
       Verknüpfungsabrede".................................. 142
    5. Abdingbarkeit von § 139 BGB und Grenzen 143

§ 9 **Beurkundungsverfahren** 144
 I. Vorbereitung der Beurkundung............................. 146
    1. Mitwirkungsverbote 146
    2. Festlegung der materiell Beteiligten 149
    3. Festlegung der formell Beteiligten...................... 151
       a) Identitätsfeststellung bei natürlichen Personen 151
       b) Vertretungsbefugnis................................. 153
          aa) Vollmacht 153
          bb) Organschaftliche Vertretungsmacht 155
    4. Vorhandensein zur Beurkundung notwendiger Dokumente 159
 II. Durchführung der Beurkundung 159
    1. Struktur der Urkunde 159
    2. Vorlesungspflicht 161
    3. Vorlesungserleichterungen 162
       a) Unechte Bezugnahme................................ 162
       b) Sammelbeurkundung gem. § 13 Abs. 2 BeurkG........... 164
       c) Verweisung auf eine andere notarielle Niederschrift
          gem. § 13a BeurkG 164
          aa) Voraussetzungen und Einsatzmöglichkeiten von
              Bezugsurkunden 165
          bb) Grenzen für den Einsatz von Bezugsurkunden 167
       d) Eingeschränkte Vorlesungspflicht gem. § 14 BeurkG 168
    4. Beurkundung in fremder Sprache 170
    5. Prüfungs- und Belehrungspflichten 172
       a) Prüfungspflichten.................................. 172
       b) Belehrungspflichten 173

Inhaltsverzeichnis

c) Genehmigungsvorbehalte und Unbedenklichkeitsbescheinigung	176
6. Genehmigung und Unterzeichnung der Urkunde	176
III. Notarielle Tätigkeiten nach Abschluss der Beurkundung	178
1. Gesellschafterliste	178
a) Allgemein	178
b) Zuständigkeit	178
c) Inhalt	181
d) Notarbescheinigung	181
2. Mitteilungs- und Einreichungspflichten	182
a) Mitteilungspflichten	182
b) Einreichungspflichten	183
aa) Anmeldungen zum Handelsregister	183
bb) Anträge zum Grundbuchamt	185
3. Notarielle Verwahrtätigkeit, insbesondere Anderkonto	185
4. Korrektur der Urkunde	188
IV. Transaktionsbegleitende Beurkundungen	189
1. Bezugsurkunden	189
2. Vollmachten	190
3. Gesellschafterbeschlüsse	191
a) Allgemein	191
b) GmbH	192
c) Aktiengesellschaft	193
V. Notarkosten	195
1. Beurkundungsverfahren	195
a) Unternehmenskaufverträge	195
b) Umwandlungsverträge	196
c) Gesellschafterbeschlüsse	197
d) Gesellschaftsgründungen	198
e) Vollmachten	198
f) Rechtswahl	199
g) Fremdsprache	199
h) Bezugsurkunden	199
2. Vollzugstätigkeit	200
a) Vollzugsgebühr	200
b) Gesellschafterliste	200
c) Handelsregisteranmeldungen	201
3. Unterschriftenbeglaubigungen	202

Inhaltsverzeichnis

§ 10	**Unternehmenstransaktionen mit Auslandsbezug**	203
I.	Allgemeines	203
	1. Konstellationen einer Unternehmenstransaktion mit Auslandsbezug	203
	2. Anwendbares Recht	204
	3. Anwendbares (Beurkundungs)verfahren	204
II.	Übertragung von Geschäftsanteilen einer deutschen GmbH (Share Deal)	205
	1. Verpflichtungsgeschäft (Art. 3 ff. Rom I-VO, ehemals Art. 27 ff. EGBGB)	205
	a) Freie Rechtswahl (Art. 3 Rom I-VO, ehemals Art. 27 EGBGB)	205
	b) Objektive Anknüpfung (Art. 4 Rom I-VO, ehemals Art. 28 EGBGB)	206
	c) Anwendbare Form	207
	2. Verfügungsgeschäft	207
	a) Geschäftsform	208
	b) Ortsform	208
	aa) Zulassung weniger formstrenger Ortsform?	208
	(i) Argumente für Zulassung der Ortsform (wohl hM)	209
	(ii) Argumente gegen Zulassung der Ortsform (wohl MM)	213
	(iii) Abgrenzung rechtsgeschäftlicher von sogenannten Statusgeschäften bei einer Teilveräußerung eines Geschäftsanteils	213
	bb) Voraussetzungen der Zulassung der Ortsform.	214
	(i) Vergleichbares Ortsrecht	214
	(ii) Weitere Wirksamkeitsvoraussetzungen nach Ortsrecht	215
	(iii) Einschränkung durch den *ordre public* (Art. 6 EGBGB)	215
	c) Grafische Übersicht – Formerfordernisse des internationalen Gesellschaftsrechts	216
III.	Grundstücksgeschäfte (Asset Deal)	216
IV.	Vollmachten	217
V.	Zwingende Inlandsbeurkundung	219
	1. Auflassung	219
	2. Gesellschaftsrechtliche Vorgänge	219
VI.	Erstreckung der deutschen Beurkundungspflicht auf Rechtsgeschäfte nach ausländischem Recht?	220
VII.	Gleichwertigkeit der Auslandsbeurkundung	221

Inhaltsverzeichnis

1.	Einführung in die Gleichwertigkeitsproblematik	221
2.	Gleichwertigkeitsvoraussetzungen.........................	223
	a) Allgemeine Gleichwertigkeitsvoraussetzungen	223
	b) Keine andere Beurteilung bei Statusgeschäften	225
3.	Fälle anerkannter Gleichwertigkeit	226
	a) Schweiz	226
	b) Weitere Rechtsordnungen	227
4.	Fälle verneinter Gleichwertigkeit..........................	228

Stichwortverzeichnis... 229

Abkürzungsverzeichnis

Verzeichnis der Abkürzungen und der abgekürzt zitierten Literatur

aA	andere(r) Ansicht (Auffassung)
aaO	am angegebenen Ort
Abb.	Abbildung
ABGB	Allgemeines Bürgerliches Gesetzbuch (Österreich)
abgedr.	abgedruckt
Abh.	Abhandlungen
Abk.	Abkommen
abl.	ablehnend
ABl. (EU, EG)	Amtsblatt (der Europäischen Union, früher: … der Europäischen Gemeinschaften)
Abs.	Absatz
abschl.	abschließend
Abschn.	Abschnitt
Abt.	Abteilung
abw.	abweichend(e)(es)(er)
abzgl.	abzüglich
AcP	Archiv für die civilistische Praxis
Adler/Düring/Schmaltz Rechnungslegung	Adler/Düring/Schmaltz Rechnungslegung und Prüfung der Unternehmen, Kommentar zum HGB, AktG, GmbHG, PublG, hrsg. v. Forster/Goerdeler/Lanfermann/Müller/Siepe/Stolberg, 6. Aufl. 1995 ff.
aE	am Ende
AEUV	Vertrag über die Arbeitsweise der Europäischen Union (ehemals … zur Gründung der Europäischen Gemeinschaft, EG-Vertrag)
aF	alte Fassung
AG	Aktiengesellschaft; Die Aktiengesellschaft (Zeitschrift); Amtsgericht
AGB	Allgemeine Geschäftsbedingungen
AktB	Aktualisierungsband
AktG	Aktiengesetz
AktR	Aktienrecht
allg.	allgemein
allgM	allgemeine Meinung
Alt.	Alternative
aM	andere Meinung
amtl.	amtlich
Änd.	Änderung
ÄndG	Änderungsgesetz
Andrick/Suerbaum	Stiftung und Aufsicht, 2001
AnfG	Gesetz über die Anfechtung von Rechtshandlungen des Schuldners außerhalb des Insolvenzverfahrens (Anfechtungsgesetz)
Anh.	Anhang

Abkürzungsverzeichnis

Anl.	Anlage
Anm.	Anmerkung
AnwBl.	Anwaltsblatt
AO	Abgabenordnung
AP	Arbeitsrechtliche Praxis, Nachschlagewerk des Bundesarbeitsgerichts
ArbG	Arbeitsgericht
ArbGG	Arbeitsgerichtsgesetz
ArbR	Arbeitsrecht
Arg.	Argumentation
Art.	Artikel
AT	Allgemeiner Teil
Auff.	Auffassung
aufgeh.	aufgehoben
Aufl.	Auflage
ausdr.	ausdrücklich
ausf.	ausführlich
ausl.	ausländisch
ausschl.	ausschließlich
AVO	Ausführungsverordnung
AWG	Außenwirtschaftsgesetz
Az.	Aktenzeichen
B.V.	Besloten Vennootschap (haftungsbeschränkte Gesellschaft, Niederlande)
BadWürtt., badwürtt.	Baden-Württemberg, baden-württembergisch
BaFin	Bundesanstalt für Finanzdienstleistungsaufsicht
BAG	Bundesarbeitsgericht
Bamberger/Roth/*Bearbeiter*	Kommentar zum BGB in 3 Bänden, 3. Auflage 2012
BankR	Bankrecht
BAnz	Bundesanzeiger
Baumbach/Hopt HGB/*Bearbeiter*	Handelsgesetzbuch mit GmbH & Co., Handelsklauseln, Bank- und Börsenrecht, Transportrecht (ohne Seerecht), Kommentar, 36. Aufl. 2014
Baumbach/Hueck GmbHG/*Bearbeiter*	GmbH-Gesetz, Kommentar, 20. Aufl. 2013
Baumbach/Lauterbach/Albers/Hartmann	Zivilprozessordnung, Kommentar, 71. Aufl. 2013
BauR	Baurecht
Bay., bay.	Bayern, bayerisch
BayObLG	Bayerisches Oberstes Landesgericht (ehem.)
BB	Der Betriebs-Berater
BBG	Bundesbeamtengesetz
Bd.	Band
bearb./Bearb.	bearbeitet/Bearbeiter
Bechtold GWB	Kartellgesetz, Kommentar, 7. Aufl. 2013
Bechtold/Bosch/Brinker/Hirsbrunner EG-KartR	EG-Kartellrecht, Kommentar, 2. Auflage 2009
Beck'sches AG-Hdb./*Bearbeiter*	W. Müller/Rödder (Hrsg.), Beck'sches Handbuch der AG mit KGaA, 2. Auflage 2009

Abkürzungsverzeichnis

Beck'sches Formularbuch/*Bearbeiter*	Hoffmann-Becking/Rawert (Hrsg.), Beck'sches Formularbuch zum Bürgerlichen, Handels- und Wirtschaftsrecht, 10. Aufl. 2010
Beck'sches GmbH-Hdb./*Bearbeiter*	W. Müller/Hense (Hrsg.), Beck'sches Handbuch der GmbH, 4. Aufl. 2009
Beck'sches Hdb. Personenges./*Bearbeiter*	W. Müller/Hoffmann (Hrsg.), Beck'sches Handbuch der Personengesellschaften, 3. Aufl. 2009
Beck'sches Notar-Handbuch/*Bearbeiter*	Brambring/Jerschke (Hrsg.), Beck'sches Notar-Handbuch, 5. Aufl. 2009
BeckOK	Beck'scher Online-Kommentar (+ Gesetzesbezeichnung)
BeckOK GmbHG	Ziemons/Jaeger (Hrsg.), Beck'scher Online-Kommentar zum GmbH-Gesetz (laufende Aktualisierung)
BeckRS	Beck'sche Rechtsprechungs-Sammlung (Jahr + Nr.)
Begr.	Begründung
begr.	Begründet
Beil.	Beilage
Beisel/*Klumpp*	Beisel/Klumpp, Der Unternehmenskauf, 6. Aufl. 2009
Beitr.	Beitrag
Bek.	Bekanntmachung
Bem.	Bemerkung
ber./Ber.	berichtigt/Berichtigung
BerufsR	Berufsrecht
bes.	besondere, besonderer, besonderes
Beschl.	Beschluss
beschr.	Beschränkt
bespr./Bespr.	besprochen/Besprechung
Betr., betr.	Betreff, betrifft, betreffend
BeurkG	Beurkundungsgesetz
Beuthien/*Bearbeiter* GenG	Beuthien, Genossenschaftsgesetz, 15. Aufl. 2011
BewG	Bewertungsgesetz
BFH	Bundesfinanzhof
BFHE	Entscheidungen des Bundesfinanzhofes
BGB	Bürgerliches Gesetzbuch
BGBl.	Bundesgesetzblatt
BGH	Bundesgerichtshof
BGHSt	Entscheidungen des Bundesgerichtshofs in Strafsachen, Amtliche Sammlung
BGHZ	Entscheidungen des Bundesgerichtshof in Zivilsachen, Amtliche Sammlung
BilanzR	Bilanzrecht
BKR	Zeitschrift für Bank- und Kapitalmarktrecht
Bln., bln.	Berlin, berlinerisch
Blümich/*Bearbeiter* EstG, KStG u. GewStG	Blümich, Kommentar zum EstG, KStG, GewStG und Nebengesetzen (Loseblatt)
BMF	Bundesministerium der Finanzen
BMJ	Bundesministerium der Justiz
BO	Berufsordnung; Börsenordnung

XIX

Abkürzungsverzeichnis

BORA	Berufsordnung für Rechtsanwälte
BörsG	Börsengesetz
BörsZulV	Börsenzulassungsverordnung
Boruttau/Egly/Sigloch GrEStG	Boruttau/Egly/Sigloch, Grunderwerbsteuergesetz, 17. Aufl. 2011
BR	Bundesrat
BRAK-Mitt.	Mitteilungen der Bundesrechtsanwaltskammer
Brandenbg., brandenbg.	Brandenburg, brandenburgisch
BRAO	Bundesrechtsanwaltsordnung
Braun InsO/*Bearbeiter*	Braun (Hrsg.), Insolvenzordnung, Kommentar, 5. Aufl. 2012
BRD	Bundesrepublik Deutschland
BR-Drs.	Bundesrats-Drucksache
Brem., brem.	Bremen, bremisch
Brönner	Die Besteuerung der Gesellschaften, 18. Aufl. 2007
BSG	Bundessozialgericht
Bsp.	Beispiel
BStBl.	Bundessteuerblatt
BT	Bundestag; Besonderer Teil
BT-Drs.	Bundestags-Drucksache
Buchst.	Buchstabe
Bumiller/Harders FG	Bumiller/Harders, Freiwillige Gerichtsbarkeit, Kommentar, 10. Aufl. 2011
Bunjes/Geist UStG	Bunjes/Geist, Umsatzsteuergesetz, 10. Aufl. 2011
BürgerlR	Bürgerliches Recht
Buth/Hermanns/*Bearbeiter*	Buth/Hermanns (Hrsg.), Restrukturierung, Sanierung, Insolvenz, Handbuch, 3. Aufl. 2009
BVerfG	Bundesverfassungsgericht
BverfGE	Entscheidungen des Bundesverfassungsgerichts
BVerwG	Bundesverwaltungsgericht
BWNotZ	Zeitschrift für das Notariat im Baden-Württemberg
BWVPr	Baden-Württembergische Verwaltungspraxis
bzgl.	Bezüglich
bzw.	Beziehungsweise
c. i. c.	culpa in contrahendo
ca.	Circa
Carlé/Korn/Stahl/Strahl	Personengesellschaften, 2006
COMI	Center of main interests
d.	der, des, durch
Darst.	Darstellung
DAV	Deutscher Anwaltverein
DAX	Deutscher Aktienindex
DB	Der Betrieb
DBA	Doppelbesteuerungsabkommen
DCGK	Deutscher Corporate Governance Kodex
DDR	Deutsche Demokratische Republik
Debatin/Wassermeyer/*Bearbeiter*	Doppelbesteuerung, Kommentar, Loseblatt
DepotG	Depotgesetz
ders.	Derselbe
dgl.	dergleichen, desgleichen

Abkürzungsverzeichnis

dh	das heißt
dies.	dieselbe(n)
DIHK	Deutscher Industrie- und Handelskammertag
Diss.	Dissertation
div.	diverse
DNotZ	Deutsche Notarzeitschrift
Dötsch/Eversberg/Jost/Witt	Die Körperschaftsteuer, Kommentar, Loseblatt
DÖV	Die Öffentliche Verwaltung
DrittelbG	Gesetz über die Drittelbeteiligung der Arbeitnehmer im Aufsichtsrat (Drittelbeteiligungsgesetz)
Drs.	Drucksache
DRZ	Deutsche Rechtszeitschrift
DStR	Deutsches Steuerrecht
DStrE	DStR-Entscheidungsdienst
DStZ	Deutsche Steuerzeitung
dt.	Deutsch
DZWir	Deutsche Zeitschrift für Wirtschaftsrecht
E	Entwurf
eBAnz	elektronischer Bundesanzeiger
Ed.	Edition
EFG	Entscheidungen der Finanzgerichte
EG	Einführungsgesetz; Europäische Gemeinschaft
EGBGB	Einführungsgesetz zum Bürgerlichen Gesetzbuch
Egr.	Erwägungsgrund (bei EU-Richtlinien und –Verordnungen)
ehem.	ehemalig(e, en, er)
EHUG	Gesetz über elektronische Handelsregister und Genossenschaftsregister sowie das Unternehmensregister
EigBetrV	Eigenbetriebsverordnung
Einf./einf.	Einführung/einführend
eing.	eingehend
Einl.	Einleitung
einschl.	einschließlich
Eisenhardt/Wackerbarth	Gesellschaftsrecht I: Recht der Personengesellschaften, 15. Aufl. 2011 (s. auch Wackerbarth/Eisenhardt)
EK	Eigenkapital
EL	Ergänzungslieferung
Empf.	Empfehlung
endg.	Endgültig
Entsch.	Entscheidung
Entschl.	Entschluss
entspr.	entsprechend/e(n)
EP	Europäisches Parlament
EPG	Europäische Privatgesellschaft (auch SPE)
ErbR	Erbrecht
Ebenroth/Boujong/Joost/Strohn HGB/*Bearbeiter*	Ebenroth/Boujong/Joost/Strohn, Handelsgesetzbuch, 3. Aufl. 2014
ErfK/*Bearbeiter*	Erfurter Kommentar zum Arbeitsrecht, hrsg. von Müller-Glöge, Preis, I. Schmidt, 13. Aufl. 2013
Erg.	Ergebnis
erg.	ergänzend

XXI

Abkürzungsverzeichnis

Ergbd.	Ergänzungsband
Erkl.	Erklärung
Erl.	Erlass; Erläuterungen
Erman/*Bearbeiter* BGB	Handkommentar zum Bürgerlichen Gesetzbuch, hrsg. von H. P. Westermann, 13. Aufl. 2011
ErwGr.	Erwägungsgrund (bei EU-Richtlinien und –Verordnungen)
EStDV	Einkommensteuer-Durchführungsverordnung
EStG	Einkommensteuergesetz
EStR	Einkommensteuer-Richtlinien
etc	et cetera (und so weiter)
EuG	Gericht der Europäischen Union (ehem.: Gericht Erster Instanz der EG)
EuGH	Gerichtshof der Europäischen Union
EuInsVO	Verordnung (EG) Nr. 1346/2000 über Insolvenzverfahren
EuroEG	Gesetz zur Einführung des Euro
europ.	europäisch
EuropaR	Europarecht
EuZW	Europäische Zeitschrift für Wirtschaftsrecht
evtl.	eventuell
EWG	Europäische Wirtschaftsgemeinschaft (jetzt EG, EU)
EwiR	Entscheidungen zum Wirtschaftsrecht
EWIV	Europäische wirtschaftliche Interessenvereinigung
f., ff.	folgende Seite bzw. Seiten
FamFG	Gesetz über das Verfahren in Familiensachen und in den Angelegenheiten der freiwilligen Gerichtsbarkeit
FamR	Familienrecht
FAO	Fachanwaltsordnung
FBG	Firmenbuchgesetz (Österreich)
FD	Fachdienst
Ferid/Firsching/Dörner/Hausmann/*Bearbeiter*	Internationales Erbrecht, Loseblatt-Handbuch
FG	Finanzgericht
FGO	Finanzgerichtsordnung
FGPrax	Praxis der Freiwilligen Gerichtsbarkeit
Fitting BetrVG	Betriebsverfassungsgesetz, Kommentar, 26. Aufl. 2012
Fn.	Fußnote
Form.	Formular
FR	Finanz-Rundschau
FS	Festschrift
G	Gesetz
GBO	Grundbuchordnung
GbR	Gesellschaft bürgerlichen Rechts
GE	Gesetzesentwurf
geänd.	geändert
geb.	geboren
gem.	gemäß
GenG	Genossenschaftsgesetz
GesAusG	Gesetz über den Ausschluss von Minderheitsgesellschaftern (Österreich)
GesG	Gesetz über die Gesellschaften (Belgien, Japan)
GesR	Gesellschaftsrecht
GesundhR	Gesundheitsrecht

Abkürzungsverzeichnis

GewO	Gewerbeordnung
gewöhnl.	gewöhnlich
GewR	Gewerberecht
GewRS	Gewerblicher Rechtsschutz
GewStG	Gewerbesteuergesetz
GewStR	Gewerbesteuer-Richtlinien
GG	Grundgesetz
ggf.	gegebenenfalls
gGmbH	gemeinnützige Gesellschaft mit beschränkter Haftung
ggü.	gegenüber
GKG	Gerichtskostengesetz
Glanegger/Güroff GewStG	Gewerbesteuergesetz, Kommentar, 7. Aufl. 2009
GmbH	Gesellschaft mit beschränkter Haftung
GmbHG	GmbH-Gesetz
GmbHR	GmbH-Rundschau
GNotKG	Gerichts- und Notarkostengesetz
Gottwald InsolvenzR/*Bearbeiter*	Gottwald (Hrsg.), Insolvenzrechts-Handbuch, 4. Aufl. 2010
GPR	Zeitschrift für Gemeinschaftsprivatrecht
grdl./Grdl.	grundlegend/Grundlage
grds.	grundsätzlich
GrESt	Grunderwerbsteuer
GrEStG	Grunderwerbsteuergesetz
Grigoleit/*Bearbeiter* AktG	Grigoleit (Hrsg.), Aktiengesetz, Kommentar, 2013
GroßkommGmbHG	Großkommentar zum GmbHG, hrsg. von Ulmer/Habersack/Löbbe (Bd. I 2013); hrsg. von Ulmer/Habersack/Winter (Bd. II 2006 Bd. III 2008)
GroßkommHGB/*Bearbeiter*	Canaris/Schilling/Ulmer (Hrsg.), Handelsgesetzbuch, Großkommentar, 4. Aufl. 1983 ff.; 3. Aufl. 1967–1982
Grunewald	Gesellschaftsrecht, 8. Aufl. 2011
GRUR	Gewerblicher Rechtsschutz und Urheberrecht (Zeitschrift)
GRUR Int.	Gewerblicher Rechtsschutz und Urheberrecht international
GRUR-RR	GRUR-Rechtsprechungsreport
GuV	Gewinn- und Verlustrechnung
GWB	Gesetz gegen Wettbewerbsbeschränkungen (Kartellgesetz)
GWR	Zeitschrift für Gesellschafts- und Wirtschaftsrecht
hA	herrschende Ansicht, herrschende Auffassung
Habersack/Drinhausen/*Bearbeiter*	Habersack/Drinhausen (Hrsg.), SE-Recht, Kommentar, 2013
Habersack/Verse Europ. GesR	Habersack/Verse, Europäisches Gesellschaftsrecht, 4. Aufl. 2011
HandelsR	Handelsrecht
Hartmann	Hartmann, Kostengesetze, Kommentar, 43. Aufl. 2013
Hartmann/Böttcher/Nissen/Bordewin EStG	Hartmann/Böttcher/Nissen/Bordewin, Kommentar zum Einkommensteuergesetz (Loseblatt)
Hauschild/Kallrath/Wachter/*Bearbeiter*	Hauschild/Kallrath/Wachter (Hrsg.), Notarhandbuch Gesellschafts- und Unternehmensrecht, 2011
Hbg.	Hamburg

Abkürzungsverzeichnis

HdB	Handbuch
Hdb. InsolvenzR/*Bearbeiter*	Gottwald (Hrsg.), Insolvenzrechts-Handbuch, 4. Aufl. 2010
Heidel AktR/*Bearbeiter*	Heidel, Aktienrecht und Kapitalmarktrecht, 4. Aufl. 2014
Henssler/Strohn/*Bearbeiter*	Gesellschaftsrecht: BGB, HGB, PartGG, GmbHG, AktG, UmwG, GenG, IntGesR, Kommentar, 2. Aufl. 2013
Herrmann/Heuer/Raupach EStG u. KStG	Herrmann/Heuer/Raupach, Einkommensteuer- und Körperschaftsteuergesetz mit Nebengesetzen (Loseblatt)
Hess., hess.	Hessen, hessisch
Heymann/*Bearbeiter* HGB	Heymann, Handelsgesetzbuch (ohne Seerecht), Kommentar, 2. Aufl. 1995 ff.
HFR	Höchstrichterliche Finanzrechtsprechung
HGB	Handelsgesetzbuch
Hk	Handkommentar (Marke)
HK-HGB/*Bearbeiter*	Heidelberger Kommentar zum HGB, 7. Aufl. 2007
hL	herrschende Lehre
hM	herrschende Meinung
Hölters/*Bearbeiter* AktG	Hölters, Kommentar zum Aktiengesetz, 2. Aufl. 2014
Hofbauer/Kupsch Handb. Rechnungslegung	Hofbauer/Kupsch/Scherrer/Greve (Hrsg.), Bonner Handbuch Rechnungslegung (Loseblatt)
Holzapfel/*Pöllath*	Holzapfel/Pöllath, Unternehmenskauf in Recht und Praxis – Rechtliche und steuerliche Aspekte, 15. Aufl. 2014
HRR	Die Rechtsprechung (= Bd. 2 der Juristischen Rundschau), dann: Höchstrichterliche Rechtsprechung (Bd. 4, 1928, bis Bd. 18, 1942)
Hrsg.	Herausgeber
hrsg.	herausgegeben
HRV	Handelsregisterverordnung
Hs.	Halbsatz
Huber AnfG	Anfechtungsgesetz, Kommentar, 10. Aufl. 2006
Hueck/Windbichler	s. Windbichler
Hüffer AktG	Hüffer, Kommentar zum AktG, 10. Aufl. 2012
Hüffer/Koch GesR	Hüffer/Koch, Gesellschaftsrecht, 8. Aufl. 2011
HV	Hauptversammlung
i.e. S.	im engeren Sinne
idF	in der Fassung
idR	in der Regel
idS	in diesem Sinne
IDW	Institut der Wirtschaftsprüfer
IDW-FAMA	Stellungnahmen des Fachausschusses für moderne Abrechnungssysteme des IDW
IDW-FAR	Stellungnahmen des Fachausschusses Recht des IDW
IDW-HFA	Stellungnahmen des Hauptfachausschusses des IDW
iE	im Einzelnen
iErg	im Ergebnis
ieS	im engeren Sinne
IFLR	International Financial Law Review
iHd (v)	in Höhe des/der (von)
IILR	International Insolvency Law Review
iJ	im Jahre

Abkürzungsverzeichnis

Immenga/Mestmäcker/*Bearbeiter*	Immenga/Mestmäcker (Hrsg.), Wettbewerbsrecht, Bde. 1/1 und 1/2: EG, Bd. 2: GWB, 5. Aufl. 2011
Inc., inc.	Incorporated (als Firmenzusatz)
Inf.	Information; Die Information über Steuer und Wirtschaft
insbes.	insbesondere
InsO	Insolvenzordnung
InsR	Insolvenzrecht
int.	international
IntGesR	Internationales Gesellschaftsrecht
IPR	Internationales Privatrecht
IPRax	Praxis des Internationalen Privat- und Verfahrensrechts
IPRG	Gesetz über das Internationale Privatrecht
IPRspr.	Die deutsche Rechtsprechung auf dem Gebiet des internationalen Privatrechts
iRd	im Rahmen des; im Rahmen der
IRZ	Zeitschrift für internationale Rechnungslegung
iS	im Sinne
iSd	im Sinne der, des
IStR	Internationales Steuerrecht
iSv	im Sinne von
iÜ	im Übrigen
iVm	in Verbindung mit
iW	im Wesentlichen
IWB	Internationale Wirtschaftsbriefe
IWF	Internationaler Währungsfonds
iwS	im weiteren Sinne
J.	Journal
Jacobs/*Bearbeiter*	O.H. Jacobs (Hrsg.), Internationale Unternehmensbesteuerung, 7. Aufl. 2011
Jäger AG	Jäger, Aktiengesellschaft, 2004
Jauernig ZivProzR	Zivilprozessrecht, 30. Aufl. 2011
Jauernig ZwVR	Zwangsvollstreckungs- und Insolvenzrecht, 23. Aufl. 2010
Jauernig/*Bearbeiter* BGB	Jauernig (Hg.), Bürgerliches Gesetzbuch, Kommentar, 15. Aufl. 2013
JbFfSt	Jahrbuch der Fachanwälte für Steuerrecht#
Jg.(e.)	Jahrgang (Jahrgänge)
Jh.	Jahrhundert
JR	Juristische Rundschau
jur.	juristisch, juristische, juristischer
Jura	Juristische Ausbildung
JurBüro	Das Juristische Büro
jurisPK-BGB/*Bearbeiter*	jurisPK-BGB, 7. Aufl. 2014
JuS	Juristische Schulung
JW	Juristische Wochenschrift
JZ	Juristenzeitung
Kallmeyer/*Bearbeiter* UmwG	Kallmeyer (Hrsg.), Umwandlungsgesetz, Kommentar, 4. Aufl. 2009
Kap.	Kapitel
KapMarktR	Kapitalmarktrecht
KapMarktStrafR	Kapitalmarktstrafrecht

Abkürzungsverzeichnis

Kapp/Ebeling ErbStG	Kapp/Ebeling, Erbschaftsteuer- und Schenkungsteuergesetz, Kommentar (Loseblatt)
KartellR	Kartellrecht
Kfz	Kraftfahrzeug
KG	Kommanditgesellschaft; Kammergericht; *Schweiz:* Kantonalgericht
KGaA	Kommanditgesellschaft auf Aktien
KHG	Krankenhausfinanzierungsgesetz
Kirchhof/Söhn/Mellinghof EStG	Kirchhof/Söhn/Mellinghof (Hrsg.), Einkommensteuergesetz, Kommentar (Loseblatt)
Kj.	Kalenderjahr
Koller/Roth/Morck HGB/*Bearbeiter*	Koller/Kindler/Roth/Morck, HGB, 8. Aufl. 2015
KOM	Komitee
Komm.	Kommentar
KommunalR	Kommunalrecht
KonzernR	Konzernrecht
Korintenberg/*Bearbeiter* GNotKG	Gerichts- und Notarkostengesetz, 19. Aufl. 2014
KostO	Gesetz über die Kosten in Angelegenheiten der freiwilligen Gerichtsbarkeit (Kostenordnung); außer Kraft, s. jetzt GNotKG
Krafka/Kühn	Registerrecht, Handbuch der Rechtspraxis, 9. Aufl. 2013
krit.	kritisch
KSchG	Kündigungsschutzgesetz
KSt	Körperschaftsteuer
KStDV	Körperschaftsteuer-Durchführungsverordnung
KStG	Körperschaftsteuergesetz
KTS	Zeitschrift für Insolvenzrecht
Kübler/Assmann GesR	Gesellschaftsrecht, 6. Aufl. 2006
Küting/Weber/*Bearbeiter*	Küting/Weber (Hrsg.), Handbuch der Rechnungslegung – Einzelabschluss, 5. Aufl. 2011
KVStDV	Durchführungsverordnung zur Kapitalverkehrssteuer
KVStG	Kapitalverkehrssteuergesetz
KWG	Gesetz über das Kreditwesen
LAG	Landesarbeitsgericht
Landmann/Rohmer/*Bearbeiter* GewO	Gewerbeordnung und ergänzende Vorschriften, Bd. 1 GewO, Bd. 2 Ergänzende Vorschriften, Kommentar (Loseblatt)
Lang/Weidmüller	Genossenschaftsgesetz, Kommentar, 37. Aufl. 2011
Lange	Personengesellschaften im Steuerrecht, 8. Aufl. 2011
Ld.	Land(es)
LebensmittelR	Lebensmittelrecht
lfd.	laufend(e)
Lfg.	Lieferung
LG	Landgericht
Lit.	Literatur
lit.	litera
Littmann/*Bearbeiter* EStG	Littmann/Bitz/Hellwig, Das Einkommensteuerrecht (Loseblatt)
Lkw	Lastkraftwagen

Abkürzungsverzeichnis

LM	Nachschlagewerk des Bundesgerichtshofs, hrsg. von Lindenmaier und Möhring
Ls.	Leitsatz
LSG	Landessozialgericht
LStR	Lohnsteuerrecht
lt.	laut
Ltd.	Private Company Limited by Shares (Limited)
Lutter/*Bearbeiter* UmwG	Lutter/Winter (Hrsg.), Umwandlungsgesetz, Kommentar, 4. Aufl. 2009
Lutter/Hommelhoff/ *Bearbeiter* GmbHG	Lutter/Hommelhoff (Hrsg.), GmbH-Gesetz, 18. Aufl. 2012
Lutter/Krieger Rechte und Pflichten	Lutter/Krieger, Rechte und Pflichten des Aufsichtsrats, 5. Aufl. 2009
LZ	Leipziger Zeitschrift
m. zust. Anm.	mit zustimmender Anmerkung
m. abl. Anm.	mit ablehnender Anmerkung
mÄnd	mit Änderungen
mAnm	mit Anmerkung
MarkenR	Markenrecht
Mat.	Materialien
max.	maximal
MDR	Monatsschrift für Deutsches Recht
mE	meines Erachtens
MecklV	Mecklenburg-Vorpommern
MedienR	Medienrecht
MedR	Medizinrecht
Meilicke/Graf v. Westphalen/ Hoffmann/ Lenz/ Wolff/ *Bearbeiter*	Partnerschaftsgesellschaftsgesetz, 2. Aufl. 2006
Mich. L. Rev.	Michigan Law Review
Michalski/*Bearbeiter* GmbHG	Michalski (Hrsg.), Kommentar zum GmbHG, 2 Bde., 2. Auflage 2010
MietR	Mietrecht
mind.	mindestens
Mio.	Million(en)
MitbestErgG	Gesetz zur Ergänzung des Gesetzes über die Mitbestimmung der Arbeitnehmer in den Aufsichtsräten und Vorständen der Unternehmen des Bergbaus und der Eisen und Stahl erzeugenden Industrie
MitbestG	Mitbestimmungsgesetz
Mitt.	Mitteilung
MittBayNot	Mitteilungen des Bayerischen Notarvereins, der Notarkasse und der Landesnotarkammer Bayern
MittRhNotK	Mitteilungen der Rheinischen Notarkammer
MLR	Modern Law Review
mN	mit Nachweisen
MoMiG	Gesetz zur Modernisierung des GmbH-Rechts und zur Bekämpfung von Missbräuchen
MontanMitbestG	Gesetz über die Mitbestimmung der Arbeitnehmer in den Aufsichtsräten und Vorständen der Unternehmen des Bergbaus und der Eisen und Stahl erzeugenden Industrie
Mrd.	Milliarde(n)
mspätÄnd	mit späteren Änderungen

XXVII

Abkürzungsverzeichnis

mtl.	monatlich
Münch. VertrHdB Bd. . . ./ *Bearbeiter*	Münchener Vertragshandbuch Bd. 1 Gesellschaftsrecht 7. Aufl. 2011; Bd. 2 Wirtschaftsrecht I, 6. Aufl. 2008; Bd. 3 Wirtschaftsrecht II, 6. Aufl. 2008; Bd. 4 Wirtschaftsrecht III, 7. Aufl. 2012; Bd. 5 Bürgerliches Recht I, 7. Aufl. 2013; Bd. 6 Bürgerliches Recht II, 6. Aufl. 2010
MünchAnwHdb. AktR/ *Bearbeiter*	Schüppen/Schaub (Hrsg.), Münchener Anwaltshandbuch Aktienrecht, 2. Aufl. 2010
MünchHdb. ArbR Bd./ *Bearbeiter*	Richardi (Hrsg.), Münchener Handbuch zum Arbeitsrecht, 3 Bde., 3. Aufl. 2009
MünchHdb. GesR I/ *Bearbeiter*	Gummert/Riegger/Weipert (Hrsg.), Münchener Handbuch des Gesellschaftsrechts Bd. 1: BGB-Gesellschaft, OHG, Partnerschaftsgesellschaft, Partenreederei, EWIV, 3. Aufl. 2009
MünchHdb. GesR II/ *Bearbeiter*	Riegger/Weipert (Hrsg.), Münchener Handbuch des Gesellschaftsrechts Bd. 2: Kommanditgesellschaft (KG), Stille Gesellschaft (StG), 3. Aufl. 2009
MünchHdb. GesR III/ *Bearbeiter*	Priester/Mayer/Wicke (Hrsg.), Münchener Handbuch des Gesellschaftsrechts Bd. 3: Gesellschaft mit beschränkter Haftung, 4. Aufl. 2012
MünchHdb. GesR IV/ *Bearbeiter*	Hoffmann-Becking (Hrsg.), Münchener Handbuch des Gesellschaftsrechts Bd. 4: Aktiengesellschaft, 3. Aufl. 2007
MünchHdb. GesR V/ *Bearbeiter*	Beuthien/Gummert (Hrsg.), Münchener Handbuch des Gesellschaftsrechts Bd. 5: Verein, Stiftung bürgerlichen Rechts, [3. Aufl.] 2009
MünchHdb. GesR VI/ *Bearbeiter*	Leible/Reichert (Hrsg.), Münchener Handbuch des Gesellschaftsrechts Bd. 6: Internationales Gesellschaftsrecht, Grenzüberschreitende Umwandlungen, [4. Aufl.] 2013
MünchKommAktG/ *Bearbeiter*	Kropff/J. Semler (Hrsg.) Münchener Kommentar zum Aktiengesetz, 3. Aufl. 2008 ff.
MünchKommBGB/ *Bearbeiter*	Rebmann/Säcker (Hrsg.), Münchener Kommentar zum BGB, 6. Aufl. 2012 ff.
MünchKommGmbHG/ *Bearbeiter*	Fleischer/Goette (Hrsg.), Münchener Kommentar zum Gesetz betreffend die Gesellschaften mit beschränkter Haftung – GmbHG, Bd. 1 2010; Bd. 2 2012; Bd. 3 2011
MünchKommHGB/ *Bearbeiter*	K. Schmidt (Hrsg.), Münchener Kommentar zum HGB, 2. Aufl. 2005 ff.; 3. Aufl. 2011 ff.
MünchKommInsO/ *Bearbeiter*	H.-P. Kirchhof (Hrsg.), Münchener Kommentar zur InsO, Bd. 1: 3. Aufl. 2013; Bd. 2: 2. Aufl. 2007; Bd. 3: 2. Aufl. 2008

Abkürzungsverzeichnis

MünchKommZPO/	
Bearbeiter	Krüger/Rauscher (Hrsg.), Münchener Kommentar zur ZPO, Bd. 1: 4. Aufl. 2013; Bd. 2: 4. Aufl. 2012; Bd. 3: 4. Aufl. 2013
Musielak/*Bearbeiter*	Musielak (Hrsg.), Zivilprozessordnung, Kommentar, 10. Aufl. 2013
mwH	mit weiteren Hinweisen
mwN	mit weiteren Nachweisen
mWv	mit Wirkung vom
nachf.	nachfolgend
Nachw.	Nachweise
Nds., nds.	Niedersachsen, niedersächsisch
Nerlich/Römermann/	
Bearbeiter	Nerlich/Römermann (Hrsg.), Insolvenzordnung, Kommentar (Loseblatt)
nF	neue Fassung
NJOZ	Neue Juristische Online-Zeitschrift
NJW	Neue Juristische Wochenschrift
NJW-RR	NJW-Rechtsprechungs-Report Zivilrecht
Nr.	Nummer
Nr.	Nummer
nrkr	nicht rechtskräftig
Nrn.	Nummern
NRW, nrw.	Nordrhein-Westfalen, nordrhein-westfälisch
nv	nicht veröffentlicht
NWB	Neue Wirtschafts-Briefe für Steuer- und Wirtschaftsrecht (Loseblatt)
NZA	Neue Zeitschrift für Arbeits- und Sozialrecht
NZG	Neue Zeitschrift für Gesellschaftsrecht
NZI	Neue Zeitschrift für Insolvenzrecht
o.	oben, oder
o. J.	ohne Jahr
oÄ	oder Ähnliche/s
OeuR	Osteuroparecht
OFD	Oberfinanzdirektion
ÖffBauR	Öffentliches Baurecht
öffentl.	öffentlich
ÖffR	Öffentliches Recht
ÖffTarifR	Öffentliches Tarifrecht
og	oben genannte(r, s)
OHG	Offene Handelsgesellschaft
OLG	Oberlandesgericht
OLGE	Rechtsprechung der Oberlandesgerichte
OLGZ	Entscheidungen der Oberlandesgerichte in Zivilsachen einschließlich der freiwilligen Gerichtsbarkeit (seit 1995: FGPrax)
OPSI	Office of Public Sector Information (UK, jetzt integriert in The National Archives)
OR	Obligationenrecht (Schweiz)
oV	ohne Verfasser
Palandt/*Bearbeiter*	Palandt, Bürgerliches Gesetzbuch, 73. Aufl. 2014
PartGG	Gesetz über Partnerschaftsgesellschaften Angehöriger Freier Berufe
PartG mbB	Partnerschaftsgesellschaft mit beschränkter Berufshaftung
PatentR	Patentrecht

Abkürzungsverzeichnis

PDG	président directeur général (Frankreich)
PersGesR	Personengesellschaftsrecht
PersGG	Gesetz über die Personengesellschaften (China)
PharmaR	Pharmarecht
Pkw	Personenkraftwagen
POR	Polizei- und Ordnungsrecht
PrivBauR	Privates Baurecht
PrivVersR	Privatversicherungsrecht
Prot.	Protokoll
Pues	Praxishandbuch Stiftungen, 6. Aufl. 2010
Pues/Scheerbarth	Gemeinnützige Stiftungen im Zivil- und Steuerrecht, 3. Aufl. 2008
RabelsZ	Zeitschrift für ausländisches und internationales Privatrecht
Raiser/Veil	Recht der Kapitalgesellschaften, 5. Aufl. 2010
RCS	registre de commerce et des sociétés
rd.	rund
RdA	Recht der Arbeit
RefE	Referentenentwurf
RegE	Regierungsentwurf
Reichert	Handbuch Vereins- und Verbandsrecht, 11. Aufl. 2007
Reith IntStR	Reith, Internationales Steuerrecht, Handbuch, 2004
Reithmann/Martiny/*Bearbeiter*	Internationales Vertragsrecht, 7. Aufl. 2010
RFH	Reichsfinanzhof
RG	Reichsgericht
RGSt	Amtliche Sammlung der Entscheidungen des Reichsgerichts für Strafsachen
RGZ	Entscheidungen des Reichsgerichts in Zivilsachen
RhNotZ	Rheinische Notar-Zeitschrift
RhPf., rhpf.	Rheinland-Pfalz, rheinland-pfälzisch
Richardi/*Bearbeiter*, BetrVG	Richardi (Hrsg.), Kommentar zum Betriebsverfassungsgesetz, 11. Aufl. 2008
Richter/Wachter	Handbuch des internationalen Stiftungsrechts, 2007
Richtl.	Richtlinie
RIW	Recht der Internationalen Wirtschaft
rkr.	rechtskräftig
RL	Richtlinie
Rn.	Randnummer
Rödder/Hötzel/Mueller-Thuns	Rödder/Hötzel/Mueller-Thuns, Unternehmenskauf, Unternehmensverkauf: zivil- und steuerrechtliche Gestaltungspraxis, 2003
ROHGE	Amtliche Sammlung der Entscheidungen des Reichsoberhandelsgerichts
Rom I-VO	Verordnung (EG) Nr. 593/2008 über das auf vertragliche Schuldverhältnisse anzuwendende Recht
Rom II-VO	Verordnung (EG) Nr. 864/2007 über das auf außervertragliche Schuldverhältnisse anzuwendende Recht
Rosenberg/Schwab/Gottwald	Zivilprozessrecht, 17. Aufl. 2010
Roth/Altmeppen GmbHG	GmbH-Gesetz, Kommentar, 7. Aufl. 2012
Rowedder/Schmidt-Leithoff/*Bearbeiter*	Schmidt-Leithoff (Hrsg.), GmbHG, Kommentar, 5. Aufl. 2013

Abkürzungsverzeichnis

Rpfleger	Der Deutsche Rechtspfleger
RPflG	Rechtspflegergesetz
Rs.	Rechtssache
Rspr.	Rechtsprechung
RStBl.	Reichssteuerblatt
RVG	Rechtsanwaltsvergütungsgesetz
RVO	Rechtsverordnung
RWP	Rechts- und Wirtschaftspraxis (Loseblatt-Sammlung)
S.	Seite(n), Satz
s.	siehe; section
SA	société anonyme (Frankreich)
Saarl., saarl.	Saarland, saarländisch
SachenR	Sachenrecht
Sachs., sächs.	Sachsen, sächsisch
SachsAnh.	Sachsen-Anhalt
Saenger	Gesellschaftsrecht, 2. Aufl. 2013
SARL	société à responsabilité limitée (Frankreich)
SAS	société anonyme simplifiée (Frankreich)
Sauter/Schweyer/Waldner	Der eingetragene Verein, 19. Aufl. 2010
SCA	société en commandite par actions (Frankreich)
SCE	Societas Cooperativa Europaea (Europäische Genossenschaft)
Sch	Schedule
SchlH, schlh.	Schleswig-Holstein, schleswig-holsteinisch
Schlüter/Stolte	Stiftungsrecht, 2. Aufl. 2013
Schmidt, K. GesR	K. Schmidt, Gesellschaftsrecht, 4. Aufl. 2002
Schmidt, K. HandelsR	K. Schmidt, Handelsrecht, 5. Aufl. 1999
Schmidt, L./*Bearbeiter* EstG	L. Schmidt (Hrsg.), Einkommensteuergesetz, Kommentar, 32. Aufl. 2013
Schmidt/Lutter/*Bearbeiter* AktG	Schmidt/Lutter, Kommentar zum Aktiengesetz, 2. Aufl. 2008
Schmitt/Hörtnagl/Stratz UmwG/UmwStG	Umwandlungsgesetz, Umwandlungssteuergesetz, 6. Aufl. 2013
Scholz/*Bearbeiter* GmbHG	Kommentar zum GmbH-Gesetz, 3 Bde., 11. Aufl. 2012 ff.
Schr.	Schrifttum
SchuldR	Schuldrecht
Schulze/*Bearbeiter* BGB	Schulze u. a., Bürgerliches Gesetzbuch, 8. Aufl. 2014
SchVG	Schuldverschreibungsgesetz
SE	Societas Europaea (Europäische Aktiengesellschaft)
Seifart/v. Campenhausen	Stiftungsrechts-Handbuch, 3. Aufl. 2008
Semler/v. Schenck/*Bearbeiter*	Semler/v. Schenck (Hrsg.), Arbeitshandbuch für Aufsichtsratsmitglieder, 4. Aufl. 2013
Semler/Stengel/*Bearbeiter*	J. Semler/Stengel (Hrsg.), Umwandlungsgesetz mit SpruchG, Kommentar, 3. Aufl. 2011
Semler/Volhard HV	J. Semler/Volhard (Hrsg.), Arbeitshandbuch für die Hauptversammlung, 3. Aufl. 2009

Abkürzungsverzeichnis

Semler/Volhard ÜbernahmeHdb.	J. Semler/Volhard (Hrsg.), Arbeitshandbuch für Unternehmensübernahmen, Bd. 1 Unternehmensübernahme, Vorbereitung, Durchführung, Folgen, Ausgewählte Drittländer, 2001; Bd. 2 Das neue Übernahmerecht, 2003
SeuffA	Seufferts Archiv
SG	Sozialgericht
SGB	Sozialgesetzbuch
SGB III	Sozialgesetzbuch Drittes Buch – Arbeitsförderung
SGB V	Sozialgesetzbuch Fünftes Buch – Gesetzliche Krankenversicherung
SGB VI	Sozialgesetzbuch Sechstes Buch – Gesetzliche Rentenversicherung
SGB VII	Siebtes Buch Sozialgesetzbuch – Gesetzliche Unfallversicherung
SGB X	Zehntes Buch Sozialgesetzbuch – Sozialverwaltungsverfahren und Sozialdatenschutz
Slg.	Sammlung; bis 31.12.2011: Entscheidungen des EuGH, Amtliche Sammlung
Soergel/*Bearbeiter* BGB	Kommentar zum BGB, 12. Aufl. 1987 ff.; 13. Aufl. 2000 ff.
sog	so genannt
sog.	sogenannte(r)
SozR	Sozialrecht
Sp.	Spalte
SPE	Societas Privata Europaea (Europäische Privatgesellschaft, EPG)
Spindler/Stilz/*Bearbeiter* AktG	Spindler/Stilz, Kommentar zum Aktiengesetz, 2. Aufl. 2010
SpruchG	Gesetz über das gesellschaftsrechtliche Spruchverfahren (Spruchverfahrensgesetz)
SpTrUG	Gesetz über die Spaltung der von der Treuhandanstalt verwalteten Unternehmen (Spaltungsgesetz)
st.	ständig
st. Rspr.	ständige Rechtsprechung
StaatsR	Staatsrecht
Staub/*Bearbeiter* HGB	Canaris/Schilling/Ulmer (Hrsg.), Handelsgesetzbuch, Großkommentar, 4. Aufl. 1995 ff.
Staudinger/*Bearbeiter* BGB	J. v. Staudinger, Kommentar zum BGB, 13.-15. Aufl. 1993 ff.
StBerG	Steuerberatungsgesetz
Stbg.	Die Steuerberatung
StbJb.	Steuerberater-Jahrbuch
StBp	Die steuerliche Betriebsprüfung
Stein/Jonas/*Bearbeiter* ZPO	Kommentar zur Zivilprozessordnung, 22. Aufl. 2002 ff.
Stellungn.	Stellungnahme
SteuerR	Steuerrecht
StG	Stille Gesellschaft
StGB	Strafgesetzbuch
Stichw.	Stichwort
StiftG	Stiftungsgesetz
Stöber ZVG	Zwangsversteigerungsgesetz, Kommentar, 18. Aufl. 2006
str.	streitig, strittig
StrafProzR	Strafprozessrecht
StrafR	Strafrecht
StrafVerfR	Strafverfahrensrecht

Abkürzungsverzeichnis

Streck/*Bearbeiter* KStG	Streck (Hrsg.), Kommentar zum Körperschaftsteuergesetz, 7. Aufl. 2008
stRspr.	ständige Rechtsprechung
StuW	Steuer und Wirtschaft
StVR	Straßenverkehrsrecht
Sudhoff/*Bearbeiter* Familienunternehmen	Familienunternehmen, 2. Aufl. 2005
Sudhoff/*Bearbeiter* GmbH & Co. KG	GmbH & Co. KG, 6. Aufl. 2005
Sudhoff/*Bearbeiter* Personengesellschaften	Personengesellschaften, 8. Aufl. 2005
Sudhoff/*Bearbeiter* Unternehmensnachfolge	Unternehmensnachfolge, 5. Aufl. 2005
Süß/Wachter	Handbuch des internationalen GmbH-Rechts, 2. Aufl. 2011
SZIER	Schweizerische Zeitschrift für internationales und europäisches Recht
teilw.	teilweise
Thomas/Putzo ZPO	Kommentar zur Zivilprozessordnung, 34. Aufl. 2013
Thür., thür.	Thüringen, thüringisch
Tipke/Kruse AO u. FGO	Tipke/Kruse, Kommentar zur Abgabenordnung, Finanzgerichtsordnung (Loseblatt)
Tipke/Lang/*Bearbeiter*	Steuerrecht, 21. Aufl. 2013
Troll ErbStG	Troll, Erbschaftsteuer- und Schenkungsteuergesetz (Loseblatt)
TUG	Transparenzrichtlinie-Umsetzungsgesetz
Tz.	Textziffer
u.	und
ua	und andere, unter anderem
uÄ	und Ähnliches
UAbs.	Unterabsatz
uam	und anderes mehr
überarb.	überarbeitet
Überbl.	Überblick
überw.	überwiegend
udT.	unter dem Titel
uE	unseres Erachtens
UG	Unternehmergesellschaft (haftungsbeschränkt)
UGB	Unternehmensgesetzbuch (Österreich)
Uhlenbruck/*Bearbeiter* InsO	Insolvenzordnung, Kommentar, 13. Aufl. 2010
ULLCA	Uniform Limited Liability Company Act
Ulmer/Habersack/Löbbe GmbHG/*Bearbeiter*	s. GroßKommGmbHG
Ulmer/Habersack/Winter GmbHG/*Bearbeiter*	s. GroßKommGmbHG
Ulmer/Habersack/Henssler MitbestR/*Bearbeiter*	Mitbestimmungsrecht, hrsg. von Ulmer, Habersack, Henssler, 2. Aufl. 2006
ULPA	Uniform Limited Partnership Act
UMAG	Gesetz zur Unternehmensintegrität und Modernisierung des Anfechtungsrechts
Umf.	Umfang
umfangr.	umfangreich
umstr.	umstritten

Abkürzungsverzeichnis

UmwBerG	Gesetz zur Bereinigung des Umwandlungsrechts
UmwG	Umwandlungsgesetz
UmwR	Umweltrecht
UmwStG	Umwandlungssteuergesetz
unstr.	unstreitig
UNÜ	UN-Übereinkommen über die Anerkennung und Vollstreckung ausländischer Schiedssprüche
unveröff.	unveröffentlicht
unzutr.	unzutreffend
UR	Umsatzsteuer-Rundschau; Unternehmensregister; Urkundenrolle
URG	Gesetz über die Unternehmensreorganisation (Österreich)
UrhR	Urheberrecht
Urt.	Urteil
UStG	Umsatzsteuergesetz
UStR	Umsatzsteuer-Richtlinien
usw	und so weiter
uU	unter Umständen
uvam	und viele(s) andere(s) mehr
uvm	und viele(s) mehr
v.	vom, von
va	vor allem
VAG	Gesetz über die Beaufsichtigung der privaten Versicherungsunternehmungen und Bausparkassen
Var.	Variante
VereinsG	Vereinsgesetz
Verf.	Verfasser, Verfassung
VerfassungsR	Verfassungsrecht
Verh.	Verhandlung(en)
VerkehrsR	Verkehrsrecht
Veröff.	Veröffentlichung(en)
VersR	Versicherungsrecht
VertrR	Vertragsrecht
VerwArch	Verwaltungsarchiv
VerwProzR	Verwaltungsprozessrecht
VerwR	Verwaltungsrecht
VerwVerfR	Verwaltungsverfahrensrecht
Vfg.	Verfügung
VGH	Verwaltungsgerichtshof
vgl.	vergleiche
vH	von Hundert
VO	Verordnung
VölkerR	Völkerrecht
Voraufl.	Vorauflage
Vorb.	Vorbemerkung
vorl.	vorläufig
Vorschr.	Vorschrift
VorstandsR	Vorstandsrecht
vs.	versus
VSt	Vermögensteuer
VVaG	Versicherungsverein auf Gegenseitigkeit

Abkürzungsverzeichnis

VW	Versicherungswirtschaft
Wackerbarth/Eisenhardt	Gesellschaftsrecht II: Recht der Kapitalgesellschaften, 2013
WettbR	Wettbewerbsrecht
WG	Wechselgesetz
WiB	Wirtschaftsrechtliche Beratung (Zeitschrift; seit 1998: NZG)
Widmann/Mayer	Widmann/Mayer, Umwandlungsrecht (Loseblatt)
Wiedemann/Frey GesR	H. Wiedemann/Frey, Gesellschaftsrecht, 8. Aufl. 2012
Wilsing/*Bearbeiter*	Wilsing (Hrsg.), Deutscher Corporate Governance Kodex, Kommentar, 2012
Windbichler	Gesellschaftsrecht, 23. Aufl. 2013
WirtschaftsR	Wirtschaftsrecht
Wiss.	wissenschaftlich
wistra	Zeitschrift für Wirtschaft, Steuer und Strafrecht
Wj.	Wirtschaftsjahr
WM	Wertpapier-Mitteilungen
WPg	Die Wirtschaftsprüfung
WP-Hdb.	Wirtschaftsprüfer-Handbuch
WpHG	Wertpapierhandelsgesetz
WPO	Wirtschaftsprüferordnung
WpPG	Wertpapier-Prospektgesetz
WpÜG	Wertpapiererwerbs- und Übernahmegesetz
WRP	Wettbewerb in Recht und Praxis
z.B.	zum Beispiel
z.T.	zum Teil
zahlr.	zahlreich
zB	zum Beispiel
ZEuP	Zeitschrift für Europäisches Privatrecht
ZfA	Zeitschrift für Arbeitsrecht
ZfB	Zeitschrift für Betriebswirtschaft
ZfgK	Zeitschrift für das gesamte Kreditwesen
ZGB	Zivilgesetzbuch (Schweiz)
ZGR	Zeitschrift für Unternehmens- und Gesellschaftsrecht
ZHR	Zeitschrift für das gesamte Handelsrecht
ZInsO	Zeitschrift für das gesamte Insolvenzrecht
ZIP	Zeitschrift für Wirtschaftsrecht und Insolvenzpraxis
zit.	zitiert
ZivilProzR	Zivilprozessrecht
ZivilR	Zivilrecht
Zöller/*Bearbeiter* ZPO	Kommentar zur Zivilprozessordnung, 30. Aufl. 2014
ZPO	Zivilprozessordnung
ZRP	Zeitschrift für Recht und Praxis
zT	zum Teil
zusf.	zusammenfassend
zust.	zustimmend
zutr.	zutreffend
ZVR	Zwangsvollstreckungsrecht
zw.	zweifelhaft
ZwVR	Zwangsvollstreckungsrecht
zzgl.	zuzüglich
ZZP	Zeitschrift für Zivilprozess
zZt	zur Zeit

§ 1 Problemstellungen, Rechtsgrundlagen, Methodik[1]

Die Aussicht darauf, an der Beurkundung eines komplexeren Unternehmenskaufs in Deutschland – sei es als Asset oder als Share Deal – teilzunehmen, löst bei transaktionserfahrenen Beteiligten oft Reaktionen zwischen Schicksalsergebenheit und Stirnrunzeln aus. Nicht nur ausländische Beteiligte empfinden die Beurkundungsprozedur bei komplexen oder umfangreichen Vertragswerken als umständlich und zeitraubend und neigen dadurch dazu, den unbestrittenen Nutzen der Beurkundung insgesamt zu verkennen. 1

Dass sich Beurkundungen von Transaktionen manches Mal umständlicher als erforderlich gestalten, ist ein Befund, der nicht von der Hand zu weisen ist. Aller Erfahrung nach ist dieser Umstand darauf zurückzuführen, dass anwaltliche und notarielle Berater der Transaktion die technische Durchführung der Beurkundung nicht oder erst zu einem späten Zeitpunkt in den Blick nehmen, wenn die Strukturen des Vertragswerks ohne Berücksichtigung des Beurkundungsverfahrens abschließend und aus Parteiensicht unveränderlich ausverhandelt sind, so dass bei der Gestaltung des Verfahrens bestimmte Spielräume schlicht nicht mehr bestehen. Oft wird auch aus überzogenem juristischem Sicherheitsdenken „lieber alles" beurkundet und durch Verlesen in die Urkunde einbezogen, wo man durch geschickte Gestaltung oder schlichte Rechtsanwendung den Beurkundungsstoff spürbar eingrenzen und damit die Beteiligten zeitlich, organisatorisch und logistisch entlasten könnte. 2

Vor diesem Erfahrungshintergrund haben es sich die Verfasser zur Aufgabe gemacht, die wichtigsten „rechtlichen Auslöser" der Beurkundungspflicht zu analysieren, deren Umfang und Grenzen aufzuzeigen und die Spielräume bei der Gestaltung des Beurkundungsverfahrens deutlich zu machen. In Frage gestellt wird dabei weder die Beurkundungspflicht als solche noch der Eigenwert des Beurkundungsverfahrens, sondern der nicht selten wenig ressourcensparende konkrete Umgang mit diesen rechtlichen Parametern. 3

Dieses Handbuch will dabei nicht in Konkurrenz treten zu den zahlreichen ausgezeichneten Kommentaren der materiellen und verfahrensrechtlichen Vorschriften, die den rechtlichen Rahmen der Beurkundung von Transaktionen abstecken. Es verfolgt vielmehr das Ziel, im konkreten Kontext von Unternehmenskäufen und -verkäufen pragmatische, aber dennoch hinreichend rechtssichere Gestaltungen aufzuzeigen, die den Parteien den Weg zu einer wirksamen Urkunde möglichst 4

---

[1] Allen, die bei Recherchen, Textkonzeption und Erstellung der Druckversion geholfen haben, gilt der herzliche Dank der Verfasser.

§ 1 Problemstellungen, Rechtsgrundlagen, Methodik

leicht machen. Auf diese gedankliche Anstrengung und eine möglichst geschmeidige Lösung darf der Mandant nach der Überzeugung der Verfasser Anspruch erheben. Wenn dieses Buch dazu beiträgt, dass die Parteien das gute Gefühl haben können, dass mit ihrer Zeit und ihren Ressourcen sachgerecht und rücksichtsvoll umgegangen wird, hat es sein Hauptziel erreicht.

5   In diesem Sinne werden neben einer vertieften Analyse der Rechtsprechung und deren Einordnung in den jeweiligen konkreten Kontext Praxisbeispiele und konkrete Gestaltungsmöglichkeiten angeboten.

6   Dazu werden zunächst (§§ 2–8) die „Auslöser" der Beurkundungspflicht dargestellt und in ihrer Reichweite analysiert, also diejenigen Vorschriften, die für bestimmte transaktionsrelevante Rechtshandlungen die Urkundsform festlegen. Im Kontext von Unternehmenskäufen sind dies die Übertragung von GmbH-Geschäftsanteilen (§ 15 GmbHG), Grundstücksveräußerungen (§ 311b Abs. 1 BGB), Verträge über die Veräußerung des gesamten Vermögens (§ 311b Abs. 3 BGB, § 179a AktG), umwandlungsrechtliche Vorgänge (UmwG), Beteiligungsverträge (§ 53 Abs. 2 GmbHG), die Unterwerfung unter die sofortigen Zwangsvollstreckung (§ 794 Abs. 1 Nr. 5 ZPO) sowie zusammengesetzte Transaktionsverträge, die mindestens eine der genannten Komponenten aufweisen und deren Beurkundungspflicht auf das gesamte Vertragswerk ausstrahlen kann. Im Vordergrund steht dabei der Schutzzweck der jeweiligen Norm, der in ungewöhnlichen und neuartigen Fällen als Richtschnur für die Bestimmung dessen dient, was im konkreten Fall beurkundungsrechtlich erforderlich und hinreichend ist.

7   Daran anschließend wird in § 9 das Beurkundungsverfahren aus dem Blickwinkel des mit der Beurkundung von Transaktionen befassten Notars erläutert.

8   Schließlich bringt § 10 kollisionsrechtliche und verfahrensrechtliche Vorgaben für die Beurkundung von Unternehmenskäufen mit Auslandsbezug.

9   Methodisch geht jeder Gliederungsparagraph von einer Bestandsaufnahme der geltenden Rechtslage nach Gesetz und Rechtsprechung aus, um deren tragende Prinzipien herauszuarbeiten und für die Anwendung in „so nicht dagewesenen Fällen" fruchtbar zu machen. Von Bedeutung ist dies insbesondere für Konstellationen, in denen die Rechtsprechung über den Buchstaben des Gesetzes hinaus die Beurkundungspflicht von Teilen von Vertragswerken begründet hat, die bei unbefangener Lektüre des Gesetzes keinem Formzwang unterliegen würden. Zusätzlich zu dieser Darlegung der Grundsätze erlauben Beispiele aus der gängigen Praxis dem Leser, sich schnell über Standardgestaltungen zu orientieren.

10 Die Verfasser sind zuversichtlich, mit diesem Handbuch bei der Beurkundung von Unternehmenskäufen und -verkäufen einen Beitrag zur Konzentration auf das Wesentliche zu leisten, damit der Sinn und Zweck der Beurkundungspflicht jeweils zur Geltung kommt, die Parteien vom Nutzen des Beurkundungsverfahrens profitieren und der Aufwand auf das rechtlich Gebotene beschränkt werden kann.

§ 2 GmbH-Anteilsabtretung und -veräußerung (§ 15 Abs. 3 und 4 GmbHG)

Literatur: *Armbrüster*, Zur Beurkundungsbedürftigkeit von Treuhandabreden über GmbH-Anteile – zugleich ein Beitrag zu den Formzwecken des § 15 Abs. 4 S. 1 GmbHG, DNotZ 1997, 762; *Armbrüster*, Treuhänderische GmbH-Beteiligungen, GmbHR 2001, 941; *Barth*, Keine Erfüllung der Formerfordernisse des § 15 Abs. 3 und Abs. 4 GmbHG durch antizipierende Satzungsklauseln, GmbHR 2004, 383; *Binz/Mayer*, Beurkundungspflichten bei der GmbH & Co. KG, NJW 2002, 3054; *Duhnkrack/Hellmann*, Der Side Letter – Zur rechtlichen Bedeutung von Nebenabreden ZIP 2003, 1425; *Geyrhalter/Zirngibl/Strehle*, Haftungsrisiken aus dem Scheitern von Vertragsverhandlungen bei M&A-Transaktionen, DStR 2006, 1559; *Giehl*, Willensbildung in der Einheits-GmbH & Co. KG – zugleich Anmerkung zum Urteil des BGH vom 16.07.2007, II ZR 109/06 –, MittBayNot 2008, 268; *Goette*, Anmerkung zu BGH II ZR 378/96, DStR 1998, 539; *Hadding*, Zum gesetzlich notwendigen Umfang der notariellen Beurkundung der „Vereinbarung", einen GmbH-Geschäftsanteil zu übertragen, ZIP 2003, 2133; *Heidenhain*, Zum Umfang der notariellen Beurkundung bei der Veräußerung von Geschäftsanteilen, NJW 1999, 3073; *Heidenhain*, Umfang der Beurkundungspflicht bei der Verpfändung von GmbH-Geschäftsanteilen, GmbHR 1996, 275; *Heidenhain*, Der Zweck der Beurkundungspflicht für Veräußerungsverträge über GmbH-Geschäftsanteile, ZIP 2001, 2113; *Hermanns*, Beurkundungspflichten im Zusammenhang mit Unternehmenskaufverträgen und -umstrukturierungen, ZIP 2006, 2296; *Herrmann*, Der Umfang des notariellen Formerfordernisses bei GmbH-Geschäftsanteilsübertragungen am Beispiel von Finanzierungszusagen – Keine Verbesserung durch das MoMiG, GmbHR 2009, 625; *Hilgard*, Break-up Fees beim Unternehmenskauf, BB 2008, 286; *Hilgard/Haubner*, Beurkundungsbedürftigkeit von Schiedsordnungen?, BB 2014, 970 ff.; *Huke*, Aktuelle Probleme der Abtretung von GmbH-Geschäftsanteilen – Gestaltung statt Heilung, BWNotZ 1997, 156; *Jorde/Götz*, Gestaltung der Einheits(Kommandit)gesellschaft – Praxisfragen aus Steuer-, Zivil- und sozialversicherungsrechtlicher Sicht, BB 2005, 2718; *Kallmeyer*, Abtretungsverpflichtung aus formloser Erwerbstreuhand, GmbHR 2006, 66; *Kanzleiter*, Der Zweck der Beurkundungspflicht für Veräußerungsverträge über GmbH-Geschäftsanteile, ZIP 2001, 2105; *Kempermann*, Die Formbedürftigkeit der Abtretung einer Beteiligung an einer GmbH & Co KG, NJW 1991, 684; *Kindler*, Beurkundungsbedürftigkeit von Schiedsgerichtsordnungen beim GmbH-Beteiligungskauf, NZG 2014, 961 ff.; *Kleinert*, Anmerkung zu BGH v. 4.11.2004, GmbHR 2005, 58; *Kleinert/Blöse/von Xylander*, Erfüllung der Formerfordernisse gemäß § 15 Abs. 3 und 4 S. 1 GmbHG durch antizipierende Satzungsklauseln – ein Gestaltungsvorschlag, GmbHR 2003, 1230; *Kleinert/Blöse/von Xylander*, Sehr wohl – Erfüllung der Formerfordernisse gemäß § 15 Abs. 3 und 4 GmbHG durch antizipierende Satzungsklauseln – ein Gestaltungsvorschlag, GmbHR 2004, 630; *König*, Zur notariellen Beurkundung der Abtretung von GmbH-Geschäftsanteilen – Ein Vorschlag zur Einschränkung des § 15 Abs. 3 und 4 GmbHG, ZIP 2004, 1838; *Leutner/Stenzel*, Beurkundungsbedürftigkeit der Verknüpfungsabrede beim Geschäftsanteilskaufvertrag?, NZG 2012, 1406; *Leyendecker/Mackensen*, Beurkundung des Equity Commitment Letter beim Unternehmenskauf, NZG 2012, 129; *Link*, Formerfordernisse des § 15 GmbHG bei internationalen Transaktionen, BB 2014, 579; *Loritz*, Rechtsfragen der notariellen Beurkundung bei Verkauf und Abtretung von GmbH-Geschäftsanteilen, DNotZ 2000, 90; *Mayer*, Recht und Praxis des Unternehmenskaufs. Rechtliche und steuerliche Aspekte. (Buchbesprechung), DNotZ 1990, 134; *Mülsch/Penzel*, Optionen auf Beteiligungen an Personenhandelsgesellschaften und GmbH, ZIP 2004, 1987; *Pohlmann*, GmbH-Anteilskauf – Formzwang für Nebenabreden und Vertragsübernahme, GmbHR 2002, 41; *Pohlmann*, Heilung bei Veräußerungskette, GmbHR 2002, 1406; *Pohlmann*,

Verzicht auf die aufschiebende Bedingung einer GmbH-Anteilsübertragung, NJW 1999, 190; *Reymann*, Die Verpfändung von GmbH-Geschäftsanteilen, DNotZ 2005, 425; *Schmidt*, Fortschritt oder Rückschritt im Recht der Einheits-GmbH & Co. KG?, ZIP 2007, 2193; *Schultze,* Die Reichweite des Formerfordernisses bei der Veräußerung einer Beteiligung an einer GmbH & Co.KG, NJW 1991, 1936; *Sieger/Hasselbach*, Notarielle Beurkundung von Joint-Venture-Verträgen, NZG 1999, 485; *Sigle/ Maurer*, Umfang des Formzwangs beim Unternehmenskauf, NJW 1984, 2657; *Specks*, OLG Hamburg: Handels-/Gesellschaftsrecht – Zum Umfang der Heilungswirkung nach § 15 Abs. 4 S. 2 GmbHG, RhNotZ 2007, 415*;* *Specks*, Heilung von Formmängeln gemäß § 311b Abs. 1 S. 2 BGB (§ 313 S. 2 BGB a.F.) und § 15 Abs. 4 S. 2 GmbHG, RhNotZ 2002, 194; *Tiedau*, Anmerkung zu BGH 14.4.1986, DNotZ 1986, 689; *Walz/Fembacher*, Zweck und Umfang der Beurkundung nach § 15 Abs. 4 S. 1 GmbHG, NZG 2003, 1134; *Wicke*, Die Bedeutung der öffentlichen Beurkundung im GmbH-Recht, ZIP 2006, 977; *Wicke*, Gesetz betreffend die Gesellschaften mit beschränkter Haftung, 2. Aufl. 2011; *Wiesbrock*, Formerfordernisse beim Unternehmenskauf, DB 2002, 2311; *Wiesner*, Beurkundungspflicht und Heilungswirkung bei Gründung von Personengesellschaften und Unternehmensveräußerungen, NJW 1984, 95; *Witt*, Formbedürftigkeit und Heilung von Formmängeln bei der gleichzeitigen Einbringung von KG- und GmbH-Anteilen in eine Holding-Gesellschaft, ZIP 2000, 1033.

I. Die notarielle Beurkundungspflicht gem. § 15 Abs. 4 S. 1 GmbHG

1. Allgemeines

a) Der Geschäftsanteil als Verkörperung der Mitgliedschaft in der GmbH

1   Der Geschäftsanteil bezeichnet die Gesamtheit der Rechte und Pflichten eines Gesellschafters aus dem Gesellschaftsverhältnis und begründet die **Mitgliedschaft**. Die Mitgliedschaft ist veräußerlich und vererblich (§ 15 Abs. 1 GmbHG). Eine Vereinbarung, durch welche die Verpflichtung eines Gesellschafters zur Abtretung eines Geschäftsanteils begründet wird, bedarf der notariellen Form (§ 15 Abs. 4 S. 1 GmbHG). Wird also im Rahmen einer Unternehmenstransaktion zwischen den Vertragsparteien die Verpflichtung zur Übertragung von GmbH-Geschäftsanteilen begründet, ist die notarielle Beurkundung des Verpflichtungsvertrags erforderlich.

> *Gestaltungshinweis:* Unter bestimmten Voraussetzungen kann die in der Regel formlose einverständliche Einziehung von Geschäftsanteilen eine Gestaltungsalternative sein, wenn es um Abtretungen innerhalb des Kreises der bestehenden Gesellschafter einer GmbH geht. Wegen der Voraussetzungen und Grenzen dieser Gestaltungsvariante wird auf die Kommentarliteratur zu § 34 GmbHG verwiesen.

I. Die notarielle Beurkundungspflicht gem. § 15 Abs. 4 S. 1 GmbHG

b) MoMiG lässt Rechts- und Diskussionsstand unberührt

Durch das MoMiG, die weitest reichende Reform der GmbH seit ihrer Einführung, erfolgten keine Änderungen des § 15 GmbHG. Insbesondere wurde an den Formerfordernissen des § 15 Abs. 3 und 4 GmbHG festgehalten. Damit hat das MoMiG den Sach- und Diskussionsstand zur hier interessierenden Problematik unberührt gelassen.

Anknüpfungspunkt für den nunmehr möglichen **gutgläubigen Erwerb** von GmbH-Geschäftsanteilen ist nach der Neuregelung in § 16 Abs. 3 GmbHG zwar nicht die notarielle Beurkundung an sich, sondern die Eintragung des Gesellschafters in die Gesellschafterliste. Jedoch wird der **Gesellschafterliste** aufgrund des Beurkundungserfordernisses der Abtretung des Geschäftsanteils nach § 15 Abs. 3 GmbHG eine erhöhte **Richtigkeitsgewähr** beigemessen[1].

2. Ausgangspunkt für den Umfang der Beurkundungspflicht: Schutzzweck des § 15 Abs. 4 S. 1 GmbHG

Für die Auslegung und praktische Umsetzung des Beurkundungserfordernisses – insbesondere für die Bestimmung des Umfangs der Beurkundungspflicht bei umfangreichen Vertragswerken – ist maßgeblich, welcher Schutzzweck mit dem Formerfordernis überhaupt verfolgt wird. Abzustellen ist in diesem Zusammenhang einerseits auf die Intention des historischen Gesetzgebers (dazu a), sowie Schutzzweckerwägungen von Rechtsprechung (dazu b) und Literatur (dazu c).

a) Der historische Gesetzgeber

Der Schutzzweck der Beurkundungspflicht der **Verpflichtung** zur Übertragung des Gesellschaftsanteils gem. § 15 Abs. 4 S. 1 GmbHG liegt nach den Äußerungen des historischen Gesetzgebers aus dem Jahr 1892 darin, den **spekulativen Handel mit Gesellschaftsanteilen zu verhindern**.

Auch das Formerfordernis bei der **Abtretung des Geschäftsanteils** gem. § 15 Abs. 3 GmbHG wird damit begründet, dass GmbH-Gesellschaftsanteile – in bewusster Abgrenzung zum Aktienrecht – nicht Gegenstand des Handelsverkehrs werden sollen. Darüber hinaus diene die notarielle Form aber auch dem Beweiszweck, „Zweifel und Unklarheiten über die Tatsache der Übertragung nicht entstehen"[2] zu lassen.

Die Formbedürftigkeit der **Verpflichtung** zur Abtretung gem. § 15 Abs. 4 S. 1 GmbHG verfolgt hiernach **einen Schutzzweck**, die Beurkundungsbedürftigkeit der **Abtretung** nach § 15 Abs. 3 GmbHG dient dagegen **zwei Schutzzwecken**:

---

[1] Scholz/*Seibt* GmbHG I § 15 Rn. 5 (11. Auflage 2012–2013); ähnlich auch *Specks*, RhNotZ 2007, 415, 418 – Anm zu OLG Hamburg 11 U 254/05.

[2] Henssler/Strohn/*Verse* § 15 Rn. 1 (2. Auflage 2014).

§ 2 GmbH-Anteilsabtretung und -veräußerung (§ 15 Abs. 3 und 4 GmbHG)

„*Die Veräußerung wird aber nur unter dem Gesichtspunkte zuzulassen und zu regeln sein, dass es sich um ein Hilfsmittel handelt, welches zwar für den Bedürfnisfall den Gesellschaftern die Realisierung ihrer Anteilsrechte ermöglichen, den Charakter der Mitgliedschaft als eines der Regel nach dauernden Verhältnis aber nicht beseitigen soll. (...) Entscheidendes Gewicht ist auf die Form zu legen, welche für die **Übertragung** der Geschäftsanteile vorgeschrieben wird; denn die formalen Voraussetzungen der Übertragung müssen **in erster Linie Gewähr dafür bieten, dass die Anteilsrechte der neuen Gesellschaften nicht zu einem Gegenstand des Handelsverkehrs werden**.*

(...)

*Andererseits muss, wenn die Übertragung ohne die Grundlage eines zur Legitimation des Erwerbers dienenden Anteilscheines zugelassen wird, die **Form des Übertragungsaktes** selbst eine derart authentische sein, dass **Zweifel und Unklarheiten über die Tatsache der Übertragung nicht entstehen können**. Aus diesen Gründen rechtfertigt es sich, die Veräußerung der Geschäftsanteile durch die Gesellschafter nicht anders als durch notariellen oder gerichtlichen Vertrag zu gestatten (§ 15 Absatz 2).*³

(...)

*Für die neue Gesellschaft wird die **Formvorschrift auch auf obligatorische Geschäfte, welche zur Veräußerung von Geschäftsanteilen verpflichten, auszudehnen sein, da der spekulative Handel mit Gesellschaftsanteilen, welcher hier verhindert werden soll, sich vornehmlich in Geschäften der bezeichneten Art zu vollziehen pflegt** (§ 15 Absatz 3)*⁴*.*"⁵

6   Den Schutzzweck von § 15 Abs. 3 und Abs. 4 GmbHG, den „leichten und spekulativen Handel mit GmbH-Geschäftsanteilen zu verhindern", hat der Gesetzgeber anlässlich der Reform des Rechts der GmbH im Jahr 1980 ausdrücklich aufrechterhalten.⁶

b) Rechtsprechung des *BGH*

7   Soweit sich der *BGH* zu den maßgeblichen Schutzzwecken des § 15 GmbHG äußert, ist zu berücksichtigen, dass er in einigen Entscheidungen sowohl auf § 15 Abs. 3 als auch Abs. 4 abstellt, in anderen dagegen lediglich auf Abs. 3.

Bei gemeinsamer Nennung der Absätze § 15 Abs. 4 und 3 GmbHG – also des schuldrechtlichen und des dinglichen Rechtsgeschäfts – werden in Übereinstimmung mit dem historischen Gesetzgeber **zwei Schutzzwecke** zugrunde gelegt.

Die notarielle Form ziele einerseits darauf ab, den Beweis der Anteilsinhaberschaft im Hinblick auf § 16 GmbHG zu gewährleisten (**Beweisfunktion**), ande-

---

³ *Anm des Verf.*: entspricht § 15 Abs. 3 GmbHG.
⁴ *Anm des Verf.*: entspricht § 15 Abs. 4 GmbHG.
⁵ BR-StenBer, S. 3729 – Hervorhebungen durch den Verf.
⁶ BT-Drs. 7/253 S. 113 (zu Art. 52 III).

I. Die notarielle Beurkundungspflicht gem. § 15 Abs. 4 S. 1 GmbHG

rerseits solle vereitelt werden, dass GmbH-Geschäftsanteile Gegenstand des freien Handelsverkehrs (**Erschwernisfunktion**) werden[7].

Die bei Nennung beider Absätze angeführte Beweisfunktion kann sich dabei jedoch nur auf die dingliche Übertragung gem. § 15 Abs. 3 GmbHG beziehen, denn erst durch die notarielle Beurkundung der Abtretung erfolgt der Beweis der Anteilsinhaberschaft gegenüber der Gesellschaft – nicht bereits durch die notarielle Beurkundung des Kaufvertrags. Teilweise wird demgegenüber auch die Ansicht vertreten, dass auch § 15 Abs. 4 S. 1 GmbHG den Beweis erleichtern solle.[8] Richtigerweise stellt die Erleichterung des Beweises aufgrund der notariellen Beurkundung jedoch nur einen „Reflex" der Beurkundungspflicht und keinen eigenen Schutzzweck dar.

aa) Erschwerung des spekulativen Handels mit GmbH-Geschäftsanteilen („Erschwerungsfunktion")

Der *BGH* hat in Entscheidungen, die sich lediglich auf § 15 Abs. 4 S. 1 GmbHG beziehen, immer wieder ausschließlich auf den einen Zweck abgestellt, den leichten und spekulativen Handel mit GmbH-Geschäftsanteilen zu verhindern:

„Zweck der Formvorschrift des § 15 Abs. 4 S. 1 GmbHG ist nach ganz überwiegender Meinung, der sich der erkennende Senat bereits früh angeschlossen hat, den leichten und spekulativen Handel mit GmbH-Anteilen zu unterbinden oder doch zu erschweren."[9]

In einem **Urteil** aus dem **Jahr 2008** stellt der *BGH* im Zusammenhang mit der Formvorschrift des § 15 Abs. 4 GmbHG dagegen wiederum auf zwei Schutzzwecke ab.

„Die Wahrung der Form des § 15 IV GmbHG dient zwei Zielen: Da das Mitgliedschaftsrecht in einer GmbH in der Regel einer besonderen Verbriefung in Gestalt eines Anteilsscheins ermangelt, dient es im Hinblick auf § 16 GmbHG der Beweiserleichterung, wenn die Rechtsübertragung dem Formzwang unterstellt ist (BGHZ 13, 49 [52] = NJW 1954, 1157). Weiterer – und nach dem Willen des historischen Gesetzgebers (stenografische Berichte über die Verhandlungen des Reichstags, 8. Legislaturperiode – I Session 1890/92, 5. Anlagenband 1892, Aktenstück 660, 3729) vorrangiger – Zweck ist es, den leichten und spekulativen Handel mit GmbH-Anteilen zu unterbinden bzw. ihn jedenfalls zu erschweren. Die Anteilsrechte an einer GmbH sollen nicht Gegenstand des freien Handelsverkehrs sein (BGHZ 13, 49 [51] = NJW 1954, 1157; BGHZ 127, 129 [135] = NJW 1994, 3227; BGHZ 141, 207 [211 f.] = NJW 1999, 2594 m.w. Nachw.; so auch schon RGZ 135, 70 [71])."[10]

---

[7] BGH II ZR 365/97, NJW 1999, 2594, 2595; BGH VIII ZR 172/95, NJW 1996, 3338, 3339; BGH II ZR 23/53, NJW 1954, 1157.

[8] MünchHdb. GesR III/*Jasper* § 24 Rn. 32 (4. Auflage 2012); MünchKommGmbHG/*Reichert/Weller* GmbHG § 15 Rn. 79 (1. Auflage 2010) – einschränkend allerdings in Rn. 114: Der Beweiszweck greife vorrangig bzgl. des Übertragungsaktes gem. Abs. 3, weniger auf Verpflichtungsebene.

[9] BGH VIII ZR 257/93, NJW 1994, 3227, 3229.

[10] BGH II ZR 312/06, NZG 2008, 377, 378.

10 Auch neuere obergerichtliche Entscheidungen stellen maßgeblich auf die Erschwerungsfunktion ab. Der Zweck des Formerfordernisses nach § 15 Abs. 4 S. 1 GmbHG, einen schnellen, spekulativen Handel mit Anteilen an einer GmbH zu erschweren, sei **„bis heute ein nicht obsoletes Regelungsziel"**[11].

bb) Rechtsprechung anerkennt keine weiter gehenden Schutzzwecke

11 Neben dem Schutzzweck der Erschwerung der Übertragung werden von der Literatur teilweise weitere Zwecke, wie z.B. die Beratungsfunktion, angeführt (→ Rn. 14). Die *BGH*-Rechtsprechung steht dem jedoch ausdrücklich ablehnend gegenüber. Soweit neben der Erschwerungsfunktion weitere Schutzzwecke in Betracht kämen, seien diese lediglich „Reflexe" des Beurkundungsverfahrens. Insbesondere wird der unterschiedliche Schutzzweck der Beurkundungspflicht nach § 311b Abs. 1 S. 1 BGB herausgestellt, der im Wesentlichen dem Schutz vor Übereilung diene.[12] Die weiter gehenden Zwecke des **Übereilungsschutzes** und der **Beratungsfunktion** lehnt der *BGH* für den Anwendungsbereich des § 15 GmbHG ausdrücklich in einem Urteil aus dem Jahr **1998** ab:
Es gebe zwar Stimmen in der Literatur,

„die davon sprechen, der Gesellschafter werde durch den Formzwang vor übereiltem Handeln geschützt und beraten, wie dies im Zusammenhang mit Grundstücksveräußerungen ebenfalls der Fall ist. Es handelt sich jedoch insoweit allenfalls um einen Reflex, der mit dem Beurkundungszwang verbunden ist. Er trägt eine Ausdehnung des Beurkundungszwangs auf Vorgänge, die mit der Verhinderung eines leichten und spekulativen Handels mit GmbH-Geschäftsanteilen nichts zu tun haben, nicht."[13]

12 Die Beschränkung des Schutzzwecks von § 15 Abs. 4 S. 1 GmbHG auf die Erschwerungsfunktion erscheint treffend. Stimmig ist, dass die durch das Beurkundungsverfahren gewährleistete Beratung durch den Notar (vgl. § 17 BeurkG) und der Schutz vor Übereilung lediglich „Reflexe" des notariellen Verfahrens sind, jedoch keine eigenständigen Schutzzwecke des § 15 GmbHG.
Die Rechtsprechung ist jedoch insoweit kritisch zu hinterfragen, als mit einem solchen engen eingeschränkten Schutzzweckverständnis der weite Umfang des Beurkundungserfordernisses nur schwer begründet werden kann (→ Rn. 40).[14] Die umfassende Pflicht, auch Nebenabreden beurkunden zu müssen, könnte dogmatisch folgerichtig nur mit weiteren Schutzzwecken gerechtfertigt werden, deren Legitimität jedoch von der Rechtsprechung gerade nicht anerkannt wird.

---

[11] ZB OLG Frankfurt 4 U 32/06, NZG 2008, 19, 20.
[12] BGH II ZR 365/97, NJW 1999, 2594, 2595.
[13] BGH III ZR 75/96, NJW-RR 1998, 1270, 1271.
[14] Ua Scholz/*Seibt* GmbHG I § 15 Rn. 66b; Ulmer/*Löbbe* GmbHG § 15 Rn. 81 (2. Auflage 2013).

c) Abweichende Literaturansätze

Teilweise wird in der Literatur bestritten, dass die Belehrungs- und Schutzfunktion tatsächlich nur „Reflexe" der Beurkundungspflicht seien, sondern vielmehr eine eigenständige Begründung derselben bewirken könnten. Der materiellrechtliche Formzweck der § 15 Abs. 3 und 4 GmbHG habe sich insoweit gegenüber dem Zweck des historischen Gesetzgebers „erweitert". **13**

Im Kern geht es dabei letztlich um die Frage, in welchem Verhältnis die vom Gesetzgeber **beabsichtigten** Wirkungen (Erschwernis- und Beweisfunktion) zu den weiteren **tatsächlichen** Wirkungen der Beurkundung (Übereilungsschutz, Warn- und Beweisfunktion, Gültigkeitsgewähr und Schutzfunktion) stehen.

Loritz[15] kritisiert, dass der historische Zweck der Formvorschriften inkonsistent sei, weil er das – nach *Loritz'* Meinung – Notwendige (= Beratung) nicht zum Ziel habe und das, was er zum Ziel habe (= Handelserschwernis) in weitem Umfang den Anforderungen des modernen Wirtschaftslebens nicht mehr entspreche. Der Formzweck, der sich in zentralen Teilen überholt habe, solle nicht formalistisch interpretiert werden. **14**

Insbesondere von den Notaren *Walz* und *Fembacher*[16] werden vielfältige Schutzzwecke ins Feld geführt. Die Autoren fordern eine über das Formale hinausgehende, an „Werten" orientierte Diskussion. Letztlich seien immer alle vom Beurkundungsgesetz verfolgten Schutzfunktionen einschlägig, selbst wenn die Beurkundung ursprünglich nur aufgrund eines Schutzzweckes angeordnet wurde. Damit sollen alle vorteilhaften unmittelbaren Wirkungen einer Norm, die die Verwirklichung des historischen Zwecks nicht ausschließen, als Zweck der Norm bezeichnet werden.[17] **15**

All diese Ansätze finden in Gesetzgebungsgeschichte und Rechtsprechung keine Stütze. Methodisch fragwürdig wird hier von den „Funktionen der Beurkundung von Anteilsabtretungen" auf den Normzweck des § 15 GmbHG geschlossen. Dieser Gedankengang überzeugt nicht und erscheint eher als theoretische Begründung für berufsständische Interessen. Methodisch korrekt muss dagegen der Beurkundungszweck aus § 15 GmbHG selbst heraus bestimmt werden; alles weiter Gehende ist Sache des Gesetzgebers.

3. Die „Vereinbarung" der Pflicht zur Abtretung – das Erfordernis eines rechtsgeschäftlichen Vertrags

Die Formbedürftigkeit erstreckt sich nach dem Wortlaut des § 15 Abs. 4 S. 1 GmbHG nur auf „Vereinbarungen". Daraus wird einstimmig gefolgert, dass nur **16**

---

[15] *Loritz* DNotZ 2000, 90, 97.
[16] *Walz/Fembacher* NZG 2003, 1134, 1140.
[17] *Walz/Fembacher* NZG 2003, 1134, 1140.

Verträge (d.h. **rechtsgeschäftliche Vereinbarungen**) wie zB Kauf, Schenkung oder Vergleich der Beurkundungspflicht unterliegen.[18]

Einseitige Rechtsgeschäfte sind dagegen von der Formvorschrift nicht erfasst. Beispiele hierfür sind:

- Vermächtnis (§ 2174 BGB),
- Begründung der Pflicht zur Abtretung eines Geschäftsanteils durch Stiftungsgeschäft (§§ 81, 82 BGB),
- Auslobung (§ 657 BGB),
- Auflage (§ 1940 BGB),
- Teilungsanordnung des Erblassers (§ 2048 BGB).[19]

17   Zwar bedarf in diesen Fällen die **Verpflichtung** zur Übertragung nicht der notariellen Form, jedoch gilt das Formerfordernis weiterhin für die **Abtretung**. Eine Ausnahme gilt in den Fällen des § 82 S. 2 BGB: Rechte, zu deren Übertragung der Abtretungsvertrag genügt, gehen mit der Anerkennung auf die Stiftung über, sofern nicht aus dem Stiftungsgeschäft sich ein anderer Wille des Stifters ergibt.

18   Des Weiteren muss die Verpflichtung zur Abtretung unmittelbarer Vertragsinhalt sein. Nicht ausreichend ist es daher, wenn sich die Verpflichtung nur mittelbar oder als gesetzliche Folge ergibt.[20] Beispiele hierfür sind:

- Auftrag – die Pflicht zur Abtretung ergibt sich hier bereits aus der gesetzlichen Regelung nach § 667 BGB,
- Kommissions- und
- Maklervertrag.

19   **Gesetzliche Erwerbstatbestände** (zB Verschmelzung gemäß §§ 2 ff. UmwG, Spaltung gemäß §§ 123 ff. UmwG, Anwachsung bzw. Gesamtrechtsnachfolge analog § 738 Abs. 1 S. 1 BGB) werden, da es sich insoweit nicht um rechtsgeschäftliche Vereinbarungen handelt, von § 15 Abs. 4 GmbHG ebenfalls nicht erfasst.

4. Der Umfang der Beurkundungspflicht

a) Überblick

20   Parallel zur Problematik des Umfangs der Beurkundungspflicht bei Grundstücksgeschäften – Stichworte: „rechtliche Einheit"[21] und „zusammengesetzte Verträge"[22] – ist auch bei der Verpflichtung zur Abtretung eines GmbH-Geschäfts-

---

[18] Vgl. Baumbach/Hueck/*Fastrich* GmbHG § 15 Rn. 31; Lutter/Hommelhoff/*Bayer* GmbHG § 15 Rn. 45; Scholz/*Seibt GmbHG I* § 15 Rn. 48.
[19] Vgl. Scholz/*Seibt GmbHG I* § 15 Rn. 48.
[20] Vgl. Lutter/Hommelhoff/*Bayer* GmbHG § 15 Rn. 48.
[21] zB Schulze/*Schulze* BGB § 311b Rn. 15 (8. Auflage 2014).
[22] Jauernig/*Stadler* BGB § 311b Rn. 17 (15. Auflage 2014); MüKo/*Kanzleiter* BGB § 311b Rn. 53.

I. Die notarielle Beurkundungspflicht gem. § 15 Abs. 4 S. 1 GmbHG

anteils der Umfang des notariellen Formerfordernisses im Einzelnen näher zu bestimmen. Bei Grundstücksgeschäften lässt sich der Umfang der Beurkundungspflicht aus dem Schutzzweck des § 311b Abs. 1 S. 1 BGB ableiten. Beurkundungsbedürftig sind alle Rechtsgeschäfte, von denen das Grundstücksgeschäft abhängig ist, um den vom Gesetz erstrebten Übereilungsschutz („Warnfunktion") zu erzielen.

Bei GmbH-Anteilskäufen ist der in der Praxis wegen unübersichtlicher Rechtsprechung oft gewählte weite Beurkundungsumfang jedoch kaum mit Schutzzweckgesichtspunkten begründbar. Nach der *BGH*-Rechtsprechung umfasst das notarielle Formerfordernis alle Nebenabreden, die nach dem Willen der Parteien Bestandteil der Vereinbarung über die Verpflichtung zur Abtretung sein sollen (dazu unter b). In der Literatur wird dies teilweise heftig kritisiert, denn der Schutzzweck des § 15 Abs. 4 S. 1 GmbHG – Erschwerung des Handels mit GmbH-Geschäftsanteilen – könne bereits dadurch erreicht werden, dass lediglich die Verpflichtung zur Abtretung des Geschäftsanteils beurkundet wird (dazu unter c und d). Trotz dogmatischer Bedenken ist in der Praxis von der umfassenden Beurkundungspflicht gemäß der Linie des *BGH* auszugehen (dazu unter e). Schließlich werden in Rechtsprechung und Literatur diskutierte Einzelfälle dargestellt, um den Umfang der Beurkundungspflicht zu veranschaulichen (dazu unter f). 21

b) Rechtsprechung – Erstreckung der Beurkundungspflicht auf alle Nebenabreden

aa) Grundsatz

Der *BGH*[23] verwendet in seinen älteren einschlägigen Entscheidungen teilweise voneinander abweichende Begriffe. So soll sich der Umfang der Beurkundungspflicht neben der Verpflichtung zur Übertragung des Geschäftsanteils auch erstrecken auf 22

- „alle wesentlichen Abreden",
- „untrennbare Teile",
- „alle Nebenabreden" bzw.
- überhaupt die „Gesamtvereinbarung".

In der Literatur wird diesen unterschiedlichen Begriffen auch Bedeutung im Hinblick auf den Beurkundungsumfang beigemessen.[24] 23

In neueren Entscheidungen wird jedoch **ausschließlich** von „Nebenabreden" gesprochen, die neben der Verpflichtung zur Geschäftsanteilsübertragung ebenfalls beurkundungspflichtig sind, soweit zwischen ihnen und der Übertragungsverpflichtung ein „notwendiger Zusammenhang" besteht.[25] 24

---

[23] BGH VIII ZR 172/95, NJW 1996, 3338, 3339; BGH IV a ZR 187/81, NJW 1983, 1843, 1844; BGH II ZR 71/68, NJW 1969, 2049; BGH VIII ZR 329/99, NJW 2002, 142, 143.
[24] Vgl. *Pohlmann* GmbHR 2002, 41, 43.
[25] BGH VIII ZR 329/99, NJW 2002, 142, 143; BGH II ZR 144/98, DStR 2000, 1272.

§ 2 GmbH-Anteilsabtretung und -veräußerung (§ 15 Abs. 3 und 4 GmbHG)

Von Bedeutung in diesem Zusammenhang ist jedenfalls, dass der *BGH* **nicht** von einer „rechtlichen Einheit" spricht – im Gegensatz zur Bestimmung des Umfangs der Beurkundungspflicht in den Fällen des § 311b Abs. 1 S. 1 BGB.[26]

bb) Entscheidungen im Wortlaut und im Kontext

25 Zur Verdeutlichung und Einordnung der uneinheitlichen Begriffswahl werden im Folgenden die einschlägigen *BGH*-Entscheidungen sowie eine Entscheidung des *OLG Hamburg* im Wortlaut und mit zugrunde liegender Fallkonstellation dargestellt (Hervorhebungen durch den Verf.):

*„(…) der Formzwang schließt **alle wesentlichen Abreden** ein, wie hier insbesondere den Verzicht auf Gewinngutschriften (…)."*[27]

Im konkreten Fall ging es um einen Verzicht des Gesellschafters auf Gewinngutschriften im Falle des Ausscheidens aus der Gesellschaft. Der formgerecht abgeschlossene Gesellschaftsvertrag enthielt im Falle des Ausscheidens die Pflicht, den Geschäftsanteil zu bestimmten Bedingungen an einen zur Übernahme bereiten Mitgesellschafter zu übertragen. Somit enthielt schon der Gesellschaftsvertrag eine „Vereinbarung" iSd § 15 Abs. 4 GmbHG (zu in den Gesellschaftsvertrag integrierten Abtretungsverpflichtungen und -erklärungen → Rn. 53). Nachträglich wurde dann vereinbart, dass der ausscheidende Gesellschafter auf bestimmte Gewinngutschriften verzichtet. Diese (nachträgliche) Vereinbarung bedurfte jedoch der notariellen Beurkundung, weswegen der Verzicht formunwirksam war.

26 *„Das Versprechen eines zusätzlichen Entgelts für die Übertragung des Geschäftsanteils wäre zwar als ein **untrennbarer Teil** des zwischen dem Kläger und dem Beklagten geschlossenen Kaufvertrages anzusehen gewesen (…)."*[28]

Zum Schein wurde in diesem Fall ein Beratungshonorar versprochen, das nach dem Willen der Parteien in Wirklichkeit einen Teil des Entgelts für die Übertragung eines GmbH-Anteils darstellen sollte. Das Versprechen eines zusätzlichen Entgelts hätte gem. § 15 Abs. 4 GmbHG in die notarielle Beurkundung einbezogen werden müssen. Die Verletzung der Formvorschrift führte zur Nichtigkeit des gesamten Geschäfts. Der Formmangel wurde jedoch durch die in der notariellen Urkunde enthaltene Abtretung des Gesellschaftsanteils gem. § 15 Abs. 4 S. 2 GmbHG geheilt, und zwar beachtlicher Weise **vollumfänglich**.

27 *„Nach § 15 Abs. 4 S. 1 GmbHG ist nicht nur die Übertragungsverpflichtung als solche, sondern die **gesamte Vereinbarung**, durch die die Übertragungsverpflichtung begründet*

---

[26] Vgl. zu § 311b Abs. 1 S. 1 BGB: BGH VII ZR 306/86, NJW 1988, 132; BGH VII ZR 230/07, WM 2009, 1338.
[27] BGH II ZR 71/68, NJW 1969, 2049.
[28] BGH IVa ZR 187/81, NJW 1983, 1843, 1844.

I. Die notarielle Beurkundungspflicht gem. § 15 Abs. 4 S. 1 GmbHG

wird, unter Einschluss aller mit ihr verbundenen Abreden, insbesondere derjenigen über die Gegenleistung, formbedürftig."²⁹

Die Entscheidung erging zur Formbedürftigkeit der Verpflichtung zur Übertragung eines Kommanditanteils und des korrespondierenden Komplementär-GmbH-Anteils. Der Gesellschaftsvertrag enthielt bereits die Verpflichtung zur Übertragung von Geschäftsanteilen unter bestimmten Bedingungen – ua Zahlung einer Gegenleistung in Höhe des Verkehrswerts des Geschäftsanteils. Die nachträgliche Vereinbarung, dass keine Entschädigung gezahlt werden sollte, wich vom Gesellschaftsvertrag ab und war daher formbedürftig.

„*Dem Beurkundungszwang unterliegen alle Vereinbarungen, die nach dem Willen der Vertragsparteien* **zu dem schuldrechtlichen Veräußerungsgeschäft gehören**.“³⁰   28

Zum schuldrechtlichen Veräußerungsgeschäft gehörte im konkreten Fall nicht nur die Vereinbarung von aufschiebenden Bedingungen, sondern auch ihre vertragliche Aufhebung (im Unterschied zum einseitigen Verzicht durch den Begünstigten), weil durch den Wegfall der Bedingungen eine stärkere Bindung an den noch nicht vollzogenen Kauf herbeigeführt werde.

„*Der Beurkundungszwang des § 15 Abs. 4 GmbHG erfasst den gesamten obligatorischen Vertrag einschließlich* **aller Nebenabreden**, *auch solcher über die Modalitäten der Vertragserfüllung*.“³¹   29

Im zugrunde liegenden Fall ging es um die Beurkundungsbedürftigkeit einer Verpflichtung des Geschäftsführers zur Genehmigung eines GmbH-Geschäftsanteilskaufvertrags. Die Genehmigung bedarf nach § 182 Abs. 2 BGB nicht der für das Rechtsgeschäft bestimmten Form. Ist demnach die Genehmigung des Kaufvertrags durch den Geschäftsführer formfrei möglich, so gilt das erst recht für die Verpflichtung zur Erteilung dieser Genehmigung.

„*Die Formvorschrift des § 15 Abs. 3 GmbHG (erfasst) auch* **Nebenabreden**.“³²   30

Ausgehend vom Schutzzweck umfasse der Formzwang zwar Nebenabreden, nicht jedoch einzelne Rechnungsposten in einer dem notariellen Vertrag beigefügten Anlage; andernfalls würde „jeder Rechenfehler" in einer derartigen Anlage den gesamten Vertrag unwirksam machen.

„*Das Formerfordernis des § 15 Abs. 4 S. 1 GmbHG erstreckt sich auf* **alle Nebenabreden, die nach dem Willen der Parteien Bestandteil der Vereinbarung über die Verpflichtung zur Abtretung** *sein sollen*.“³³   31

---

²⁹ BGH II ZR 155/85, NJW 1986, 2642.
³⁰ BGH VIII 262/87, NJW-RR 1989, 291, 293.
³¹ BGH VIII ZR 172/95, NJW 1996, 3338, 3339.
³² BGH II ZR 144/98, DStR 2000, 1272.
³³ BGH VIII ZR 329/99, NJW 2002, 142, 143.

Hier ging es um die Formbedürftigkeit einer Freistellungsverpflichtung. Notarieller Beurkundung bedurfte nicht nur die Verpflichtung zur Übertragung der Gesellschaftsanteile, sondern auch die Vereinbarung einer Freistellungsverpflichtung von einer Bürgschaftsverpflichtung. Zwischen der Verpflichtung zur Übertragung der Gesellschaftsanteile und der Nebenabrede müsse ein „notwendiger Zusammenhang" bestehen. Der Zusammenhang wurde in dem entschiedenen Fall bejaht, weil die Übernahme der Freistellungsverpflichtung Bedingung für die Übertragung der Anteile war.

„*Das gesetzliche Formerfordernis und damit die Nichtigkeit beziehen sich auf das **gesamte Rechtsgeschäft** und nicht bloß auf den Teil, der die Verpflichtung zur Übertragung der Geschäftsanteile vorsieht. § 15 Abs. 4 S. 1 GmbHG erstreckt sich auf **alle Nebenabreden, die nach dem Willen der Parteien Bestandteil der Vereinbarung über die Verpflichtung zur Abtretung sein sollen**. Maßgeblich für den Umfang der Beurkundungspflicht ist dabei nicht, was die Parteien beurkunden wollen, sondern was sie als **wirtschaftlich notwendig zusammenhängend** betrachten.*"[34]

Auch in diesem Fall ging es um die Formbedürftigkeit einer Freistellungsvereinbarung. Die Beurkundungsbedürftigkeit wurde bejaht, weil zwischen der Verpflichtung zur Übertragung der Geschäftsanteile und der Freistellungsverpflichtung ein „notwendiger wirtschaftlicher Zusammenhang" bestanden habe.

c) Kritik an weiter Beurkundungspflicht in der Literatur

aa) Allgemeines

32   In der Literatur wird der Umfang der Beurkundungspflicht, der sich nach der Rechtsprechung auf alle Nebenabreden bezieht – häufig auch als „**Vollständigkeitsgrundsatz**" bezeichnet –, zunehmend kritisiert.[35]

Die Kritik beruht im Kern auf dem Argument, dass es für den Schutzzweck des § 15 Abs. 4 S. 1 GmbHG – Erschwerung der Handelbarkeit mit GmbH-Geschäftsanteilen – bereits ausreiche, wenn nur die Vereinbarung der Übertragungsverpflichtung an sich beurkundet wird. Folglich wird vertreten, dass die notarielle Beurkundung nur für die „Vereinbarung" der Abtretungspflicht erforderlich sei.[36]

Insbesondere *Hadding*[37] stellt – zu Recht – fest, dass in den einschlägigen Entscheidungen des *BGH* „keine sachliche Begründung" für einen weiten Umfang der Beurkundungspflicht gegeben werde. Dagegen würde die Auslegung des § 15

---

[34] OLG Hamburg 11 U 254/05, MittBayNot 2007, 514, 516.
[35] Vgl. beispielhaft Scholz/*Seibt* GmbHG I § 15 Rn. 66b; Ulmer/*Löbbe* GmbHG § 15 Rn. 81; MüKo/*Reichert/Weller* GmbHG § 15 Rn. 113 – *Reichert* und *Weller* sprechen insoweit von einer „im Vordringen befindlichen Ansicht."
[36] Vgl. *Hadding* ZIP 2003, 2133, 2140; *Sigle/Maurer* NJW 1984, 2657, 2660; Scholz/*Seibt* GmbHG I § 15 Rn. 66b.
[37] *Hadding* ZIP 2003, 2133, 2136.

I. Die notarielle Beurkundungspflicht gem. § 15 Abs. 4 S. 1 GmbHG

Abs. 4 S. 1 GmbHG nach Wortlaut und Sinn und Zweck zu einer Beschränkung der Beurkundungspflicht führen.

bb) Argumente gegen weite Beurkundungspflicht im Einzelnen

(i) Wortlaut

Der Wortlaut „**Vereinbarung**" in § 15 Abs. 4 S. 1 GmbHG soll für die Auslegung sprechen, dass gerade nur der „Punkt" eines umfangreichen „Vertrags" notariell zu beurkunden sei, durch den die Beteiligten sich über die Verpflichtung zur Abtretung eines GmbH-Geschäftsanteils einigten.[38] Es wird dabei zwischen „Vereinbarung" und „Vertrag" differenziert. Aus § 154 Abs. 1 S. 1 BGB ergebe sich, dass im Zweifel ein „Vertrag" nicht geschlossen sei, wenn sich die Parteien nicht über alle Punkte, über die eine „Vereinbarung" getroffen werden sollte, geeinigt haben.[39] Dies bedeute, dass sich ein gegenseitiger Vertrag aus mehreren Vereinbarungen zusammensetzen könne. Nicht jede Vereinbarung sei für sich bereits ein Vertrag. Somit verlange der Wortlaut des § 15 Abs. 4 GmbHG bei einem Vertrag, der unter anderen Vereinbarungen eine solche über die Verpflichtung zur Abtretung eines Geschäftsanteils enthalte, die notarielle Beurkundung lediglich dieser einen Vereinbarung.

33

Darüber hinaus werde in § 15 Abs. 4 S. 1 GmbHG nicht von einer „Vereinbarung" gesprochen, in der die Verpflichtung eines Beteiligten zur Abtretung eines GmbH-Geschäftsanteils **enthalten** sei. Stattdessen laute die Vorschrift dahingehend, dass eine „Vereinbarung" notariell zu beurkunden sei, „**durch welche** die Verpflichtung (…) **begründet** wird." Nur die Vereinbarung, die unmittelbar den Entstehungstatbestand der Verpflichtung bilde, müsse hiernach notariell beurkundet werden. Nicht einzubeziehen seien nach dem Gesetzeswortlaut solche „Vereinbarungen", dh Vertragsbestandteile, mit denen die Beteiligten andere Verpflichtungen „begründen" oder sonstige Punkte regelten.[40]

(ii) Sinn und Zweck

Der gesetzgeberische Zweck der notariellen Beurkundung – Erschwerungsfunktion – soll es nicht erfordern, das gesamte Vertragswerk zu beurkunden.[41] Es genüge, dass lediglich die Verpflichtung zur Anteilsabtretung dem Formzwang unterliege.[42]

34

Ebenfalls kritisch äußert sich *König*[43]: „Richtig verstanden erstreckt sich der Formzwang nur auf das eigentliche Geschäft, d.h. die Abtretung oder die Verpflich-

---

[38] *Hadding* ZIP 2003, 2133, 2138.
[39] *Sigle/Maurer* NJW 1984, 2657, 2658.
[40] *Hadding* ZIP 2003, 2133, 2138.
[41] *Hadding* ZIP 2003, 2133, 2138; *Sigle/Maurer*, NJW 1984, 2657, 2659.
[42] *Heidenhain* NJW 1999, 3073, 3075.
[43] *König* ZIP 2004, 1838, 1840.

tung dazu, nicht aber auf sämtliche Nebenabreden." Er hält nichtsdestoweniger fest: „Wenn dies auch zweifelhaft ist, kann den Parteien unter Rechtssicherheitsaspekten letztlich nur empfohlen werden, alle mit der Abtretung bzw. der Verpflichtung zusammenhängenden Regelungen und Abreden mit zu beurkunden."[44]

(iii) Rechtssicherheit

35   Der Vollständigkeitsgrundsatz soll auch nicht unter **Rechtssicherheitsgesichtspunkten** zu rechtfertigen sein. Es sei selbstverständlich, dass jegliche Form eines Rechtsgeschäfts die Beweisbarkeit der getroffenen Abreden steigere und dadurch zur Rechtssicherheit beitrage. Soweit ein Formgebot aber nicht angeordnet sei, gelte der **Grundsatz der Formfreiheit**. Eine erhöhte Rechtssicherheit durch Verhinderung von Zweifeln und Unklarheiten sei ausweislich der Gesetzesmaterialien gerade nicht der Zweck des § 15 Abs. 4 S. 1 GmbHG.

(iv) „Einheitlichkeit des Verpflichtungsgeschäfts"

36   Die **„Einheitlichkeit des Verpflichtungsgeschäfts"** soll ebenfalls nicht den von der Rechtsprechung praktizierten Umfang des Formerfordernisses begründen können. Insbesondere könne § 139 BGB hierfür nicht herangezogen werden. § 139 BGB bestimmt, dass, wenn ein Teil eines Rechtsgeschäfts nichtig ist, das ganze Rechtsgeschäft nichtig ist, wenn nicht anzunehmen ist, dass es auch ohne den nichtigen Teil vorgenommen sein würde. Voraussetzung für die Anwendung des § 139 BGB ist also eine **Teilnichtigkeit**. Wenn aber das Formerfordernis auf die Vereinbarung der Abtretungspflicht beschränkt werde, dann sei bei entsprechender Beurkundung weder diese „Vereinbarung" nichtig, noch seien es die übrigen Vertragsbestandteile, die schließlich formfrei vereinbart werden könnten. Es fehle folglich jegliche Nichtigkeit für einen „Teil eines Rechtsgeschäfts".[45] Somit komme § 139 BGB gar nicht erst zur Anwendung.

Erst wenn das Formerfordernis von vornherein auf den ganzen Vertrag ausgedehnt werde und im konkreten Fall dem nicht Rechnung getragen worden sei, könnten die übrigen Vertragsbestandteile nichtig sein. Erst dann würde sich die Frage stellen, ob diese Nichtigkeit nach § 139 BGB auch die formgerechte „Vereinbarung" der Abtretungspflicht ergreife.

Der Vollständigkeitsgrundsatz werde zu Recht kritisiert, da er weder den Gesetzeszwecken der Handelserschwerung von Geschäftsanteilen noch einer Beweisfunktion diene, aber zu erheblicher Rechtsunsicherheit bzw. Risikovermeidungskosten führe.[46] Diesem Befund ist aus Praktikersicht nichts hinzuzufügen.

---

[44] *König* ZIP 2004, 1838, 1841.
[45] *Hadding* ZIP 2003, 2133, 2140.
[46] Vgl. *Herrmann* GmbHR 2009, 625, 628; Scholz/*Seibt* GmbHG I § 15 Rn. 8, 66b.

(v) Beurkundung lediglich des „regelnden Inhalts"

Eine vermittelnde Position nimmt *Hermanns*[47] ein. Im Bereich aller beurkundungsbedürftigen Rechtsgeschäfte richte sich die Reichweite der Beurkundungspflicht nach dem **regelnden Inhalt** des beurkundungsbedürftigen Rechtsgeschäfts. Demnach muss der **Inhalt der Verabredungen** zwischen den Beteiligten des beurkundungsbedürftigen Rechtsgeschäfts beurkundet werden. Mit dem beurkundungspflichtigen Rechtsgeschäft **in wirtschaftlichem Zusammenhang** stehende Abreden müssten sich hinsichtlich ihrer Beurkundungsbedürftigkeit danach fragen lassen, inwieweit sie in das beurkundungsbedürftige Rechtsgeschäft selbst „hineinwirkten", also Teil des beurkundungsbedürftigen Rechtsgeschäfts seien.[48] 37

Hermanns unternimmt mit bemerkenswerten Argumenten den Versuch, das Beurkundungserfordernis auf seinen eigentlichen Kern zurückzuführen und verprobt die vorgeschlagene Methode anhand von Fallgruppen mit überzeugenden Ergebnissen. Dennoch erscheint das Kriterium des „regelnden" und „hineinwirkenden" Inhalts für eine allgemeine Anwendung als viel zu wenig trennscharf. Das Abstellen auf den jeweiligen Schutzzweck der Norm führt dagegen zu klaren Ergebnissen.

(vi) Gemeinschaftsrechtliche Bedenken – Kapitalverkehrsfreiheit gem. Art. 63 AEUV

Bedenken gegen die Europarechtskonformität des „Vollständigkeitsgrundsatzes" werden schließlich von *Reichert* und *Weller* geltend gemacht.[49] Der Erwerb von GmbH-Geschäftsanteilen falle in den Schutzbereich der **Kapitalverkehrsfreiheit** in Art. 63 AEUV (ehemals Artikel 56 EGV). Zu dem damit einhergehenden **Beschränkungsverbot** passe es nicht, wenn der Beurkundungsumfang zu extensiv interpretiert werde. Dann ließe sich die notarielle Beurkundung, der Beschränkungscharakter zukomme, kaum noch rechtfertigen. Eine Rechtfertigung aus Gründen des Allgemeininteresses habe nur dann Bestand, wenn sie zur Wahrung des Allgemeininteresses geeignet und erforderlich sei. Werde das mit der notariellen Form in § 15 GmbHG verfolgte Allgemeininteresse vornehmlich in der Erschwerungsfunktion gesehen, erweise sich die Beurkundung auch des übrigen Vertragswerks als nicht erforderlich und damit als eine nicht gerechtfertigte Beschränkung der Kapitalverkehrsfreiheit. 38

d) Zustimmung zur Rechtsprechung des *BGH* in der Literatur

In der Mehrheit folgt die gesellschaftsrechtliche Kommentarliteratur der Rechtsprechung jedoch.[50] Lediglich an wenigen Stellen[51] ist Kritik zu finden. 39

---

[47] *Hermanns* ZIP 2006, 2296, 2299.
[48] *Hermanns* ZIP 2006, 2296, 2299.
[49] MüKo/*Reichert/Weller* GmbHG § 15 Rn. 115.
[50] Vgl. Baumbach/Hueck/*Fastrich* GmbHG § 15 Rn. 30; Lutter/Hommelhoff/*Bayer* GmbHG § 15 Rn. 33; Michalski/*Ebbing* GmbHG § 15 Rn. 89 (2. Auflage 2010).
[51] Scholz/*Seibt* GmbHG I § 15 Rn. 66b sowie Ulmer/*Löbbe* GmbHG § 15 Rn. 81.

Vornehmlich Notare äußern sich kritisch gegen Ansätze, den Umfang der Beurkundungspflicht einzuschränken. Es werden dabei die bereits oben (Rn. 13 ff.) kritisch gewürdigten Argumente und Gesichtspunkte für die Rechtsprechung vorgebracht.

e) Fazit

40 Der weite Umfang der Beurkundungspflicht in der Linie der Rechtsprechung kann letztlich nicht überzeugend begründet werden.

Dass der Handel mit GmbH-Geschäftsanteilen erst dann effektiv erschwert werden soll, wenn eine umfassende Beurkundungspflicht besteht, ist nicht nachvollziehbar. Entweder es besteht eine Beurkundungspflicht oder nicht – der Handel ist bereits dann effektiv erschwert, wenn überhaupt eine Beurkundungspflicht besteht, so wie es das Gesetz vorsieht. Einer „zusätzlichen" Handelserschwerung bedarf es dann nicht.

41 Auch Beweiszwecke können nicht herangezogen werden. § 15 Abs. 4 S. 1 GmbHG hat ausweislich der Gesetzesbegründung – im Gegensatz zu § 15 Abs. 3 GmbHG – keine Beweisfunktion. Dass eine notarielle Beurkundung prinzipiell Beweiskraft mit sich bringt, ist kein gültiges Argument: Ansonsten müssten alle in irgendeiner Weise „bedeutenden" Rechtsgeschäfte notariell beurkundet werden, was dem Grundsatz der Formfreiheit widerspräche.

42 Die gleichen Bedenken sprechen gegen das Argument der Rechtssicherheit. Vielmehr führt der weite Umfang der Beurkundungspflicht in der Praxis eher zu Rechtsunsicherheit, da bei einer umfangreichen „Gesamtvereinbarung" im Rahmen einer Unternehmenstransaktion stets die Gefahr der Gesamtnichtigkeit unter Verweis auf § 139 BGB droht.

43 Unklar bleibt letztlich auch, was mit „Einheitlichkeit des Verpflichtungsgeschäfts" gemeint ist. § 139 BGB kann in diesem Zusammenhang nur zur Begründung herangezogen werden, wenn man zunächst ein größeres, über die reine Verpflichtung zur Anteilsabtretung hinausgehendes „Gesamtgeschäft" konstruiert, von dem dann einzelne Teile wegen Formmangels als nichtig betrachtet werden.

44 Schließlich kann die umfassende Beurkundungspflicht auch nicht mit der Beratungsfunktion der notariellen Beurkundung begründet werden. Abgesehen davon, dass dieser Schutzzweck von der Rechtsprechung selbst nicht anerkannt wird, besteht eine Diskrepanz zu der Tatsache, dass Beteiligungserwerbe im Aktien- und Personengesellschaftsrecht, die von gleicher wirtschaftlicher Tragweite sein können, und bei Personengesellschaften uU für die Beteiligten noch haftungsträchtiger sind, keiner notariellen Form bedürfen. Zudem bleibt meist unerwähnt, dass bei großvolumigen und komplexen Transaktionen häufig genug ein Hinweis des Notars in die Urkunde aufgenommen wird, wonach er zu bestimmten Aspekten der Transaktion keine Prüfung hat vornehmen können – die Parteien verschmerzen dies, wenn sie zu ihrer Zufriedenheit rechtlich und steuerlich beraten sind. Bei komplexen Transaktionen, die in der Praxis regelmäßig ausgiebig Diskussionsstoff für die Beachtung des Vollständigkeitsgrundsatzes liefern, versagt somit der Hinweis auf die Beratungsfunktion.

Löbbe[52] fasst die Problematik prägnant und uE überzeugend zusammen:

„Auch wenn die Kritikpunkte am Vollständigkeitsgrundsatz im Kern berechtigt erscheinen, so ist jedenfalls für die Praxis bis zu einer Abkehr durch die höchstrichterliche Rechtsprechung davon auszugehen, dass das gesamte schuldrechtliche Verpflichtungsgeschäft mit allen Nebenabreden dem Formerfordernis des Abs. 4 unterliegt."

Hinweise dazu, wie sich durch vertragliche Gestaltung die „Einheitlichkeit des Verpflichtungsgeschäfts" zerstören und damit die Beurkundungspflicht beschränken lässt, finden sich unter § 8 Rn. 10 ff.

f) Anwendungsfälle

Folgende Anwendungsfälle sollen den Umfang der Beurkundungspflicht auf der Grundlage der Rechtsprechung illustrieren: 45

aa) Absichtserklärungen (Letter of Intent, Memorandum of Understanding, Term Sheet)

Bei Absichtserklärungen ist nach allgemeinen Grundsätzen der Rechtsgeschäftslehre durch Auslegung zu ermitteln, ob die Parteien einen Rechtsbindungswillen für die Verpflichtung zur Übertragung von Geschäftsanteilen haben. Nach Ansicht von *Seibt* soll dies im Zweifel nicht der Fall sein.[53] Allerdings darf die Auslegung des Schriftstücks sich nicht allein vom Titel leiten lassen, sondern muss den Inhalt des Dokuments und den tatsächlichen Willen der Parteien berücksichtigen. Ein „Letter of Intent" oder ein „Term Sheet", das im Textkorpus als bindend vereinbart wird, ist ungeachtet des Titels des Dokuments als bindend gemeint und dann auch gegebenenfalls § 15 Abs. 4 S. 1 GmbHG unterworfen. 46

bb) Abtretung des Anspruchs auf Abtretung eines Geschäftsanteils

Gesetzlich unmittelbar geregelt ist in § 15 Abs. 4 S. 1 GmbHG die (originäre) Vereinbarung des Abtretungsanspruchs. Die Abtretung des Anspruchs auf Übertragung eines Geschäftsanteils hat der *BGH* der Beurkundungspflicht unterworfen, weil die Abtretung des Übertragungsanspruchs geeignet sei, einen Markt aufzubauen, der wirtschaftlich auf den Umsatz von Geschäftsanteilen zielt.[54] Die formlose Abtretung von Ansprüchen auf Übertragung eines Geschäftsanteils soll daher von der Rechtsordnung nicht anerkannt werden, da andernfalls Sinn und Zweck der zwingenden Formvorschrift des § 15 Abs. 3, 4 GmbHG verfehlt würde. 47

---

[52] Ulmer/*Löbbe* GmbHG § 15 Rn. 82.
[53] Scholz/*Seibt* GmbHG I § 15 Rn. 50.
[54] BGH II ZR 83/79, NJW 1980, 1100, 1101.

§ 2 GmbH-Anteilsabtretung und -veräußerung (§ 15 Abs. 3 und 4 GmbHG)

Insoweit geht die Auslegung des § 15 GmbHG über den Wortlaut hinaus. Sie erscheint übervorsichtig, aber letztlich konsequent, wenn man der „Gefahr eines spekulativen Anteilshandels" in gleicher Weise bei der originären Begründung einer Abtretungspflicht begegnen möchte.[55]

cc) Aufhebungsvertrag

48 Die Aufhebung einer bereits eingegangenen Verpflichtung, GmbH-Geschäftsanteile zu übertragen, bedarf nicht der notariellen Form.[56]

dd) Ausländische Gesellschaften mit beschränkter Haftung (Exkurs)

49 Unübersichtlich und im Einzelnen umstritten ist die Lage, was die **Veräußerung** und **Übertragung** von **Anteilen an ausländischen Gesellschaften mit beschränkter Haftung** betrifft.

Die **dingliche Übertragung** von Anteilen an Gesellschaften mit beschränkter Haftung ausländischen Rechts ist jedenfalls wirksam, wenn sie nach den Formvorschriften des Gesellschaftsstatuts vollzogen wird. Zwar wird mit beachtlichen Argumenten auch vertreten, dass ein Geschäfts- oder Ortsstatut mit geringeren Formanforderungen an die Übertragung Anwendung finden kann (Art. 11 EGBGB/Art. 11 Rom I-Verordnung)[57]. Jedoch findet diese Ansicht bislang in der Rechtsprechung keine Bestätigung, so dass sie unter dem Gesichtspunkt der Beratungssicherheit nicht zur Anwendung empfohlen werden kann.

Die **Verpflichtung zur Übertragung** eines Anteils an einer Gesellschaft mit beschränkter Haftung ausländischen Rechts soll dann den Formerfordernissen des § 15 Abs. 4 GmbHG unterstehen, wenn auf das Verpflichtungsgeschäft deutsches Recht kraft Rechtswahl oder kraft allgemeiner IPR-Regeln anwendbar ist. Dies hat beispielsweise im Jahr 1991 das *OLG Celle*[58] für eine polnische Gesellschaft mit beschränkter Haftung vertreten mit dem Argument, § 15 GmbHG diene dem Schutz der Anleger vor den Gefahren eines leichten und spekulativen Handels mit Gesellschaftsanteilen, weshalb die Grundsätze, die in der Rechtsprechung für die Veräußerung ausländischer Grundstücke im Inland aufgestellt worden sind, auch für die Abtretung von Geschäftsanteilen einer ausländischen Gesellschaft mit beschränkter Haftung gelten müssten.

Dieser Ansicht, die § 15 Abs. 4 GmbHG ohne systematische Auseinandersetzung und unausgesprochen als Eingriffsnorm[59] zu betrachten scheint und die im

---

[55] Vgl. Ulmer/*Löbbe* GmbHG § 15 Rn. 70.
[56] Vgl. Ulmer/*Löbbe* GmbHG § 15 Rn. 70; Baumbach/Hueck/*Fastrich* GmbHG § 15 Rn. 35; Lutter/Hommelhoff/*Bayer* GmbHG § 15 Rn. 48 – Einhellige Ansicht, welche unter Schutzzweckgesichtspunkten folgerichtig ist.
[57] Vgl. Staudinger/*Hertel* BGB I Vorbem. zu §§ 127a, 128 BeurkG Rn. 866 (14. Auflage 2012).
[58] OLG Celle 20 U 26/91, NJW-RR 1992, 1126.
[59] Ablehnend zur Qualifizierung von § 15 Abs. 4 GmbHG als Eingriffsnorm: Staudinger/*Winkler von Mohrenfels*, Art. 11 EGBGB, Rn. 282.

I. Die notarielle Beurkundungspflicht gem. § 15 Abs. 4 S. 1 GmbHG

Übrigen die unterschiedlichen Schutzzwecke von § 15 Abs. 4 GmbHG und § 311b Abs. 1 BGB verkennt[60], ist bereits 1993 das *OLG München* mit der schlichten, aber treffenden Feststellung entgegengetreten, ein Regelungsanspruch für eine ausländische GmbH sei in § 15 GmbHG nicht enthalten.[61]

Der uE richtige Ansatz führt über die Kollisionsnorm des Art. 11 Rom I-Verordnung, der Art. 11 EGBGB abgelöst hat: Ein schuldrechtlicher Vertrag über die Verpflichtung zur Übertragung von Anteilen an einer Gesellschaft mit beschränkter Haftung ausländischen Rechts ist ein Vertrag im Sinne von Artikel 11 Rom I-Verordnung und ist deshalb formgültig, wenn er die Formerfordernisse des auf ihn anzuwendenden **materiellen Rechts** (Geschäftsstatut) oder die Formerfordernisse des **Rechts des Staates, in dem er geschlossen wird** (Ortsstatut), erfüllt. Unterliegt der Vertrag über die Abtretungspflicht aufgrund Rechtswahl oder nach allgemeinen IPR-Regeln deutschem Recht, ist zu prüfen, ob die ausländische Gesellschaft einer GmbH vergleichbar ist. Nur dann kommt eine Anwendung von § 15 Abs. 4 GmbHG und damit eine Beurkundungspflicht für das Verpflichtungsgeschäft überhaupt in Betracht. Der *BGH* hat in einem Urteil aus dem Jahr 2004[62] offen gelassen, jedoch ausdrücklich dazu tendiert, Art. 11 EGBGB einschränkend auszulegen, so dass die Anwendung des Geschäftsstatus nicht zu einer größeren Formstrenge führt als die Anwendung des Gesellschaftsstatuts.[63]

Für die Praxis ist mit diesem Gedankengang zwar ein nachvollziehbarer Weg vorgezeichnet, jedoch keine abschließende Rechtssicherheit gewonnen. Praxisrelevanz gewinnt die Streitfrage vor allem bei Veräußerungen von ausländischen Gesellschaften mit beschränkter Haftung, die Vermögenswerte in Deutschland halten, so dass die Parteien den Vertrag wegen Sachnähe dem deutschem Recht unterstellen. Aber auch die Übertragung der Anteile an einer deutschen KG und deren persönlich haftendem Gesellschafter ausländischen Rechts (zB S.à r.l. & Co. KG, Ltd & Co. KG) wird von diesem Meinungsstreit überschattet.

> *Gestaltungshinweis:* **Will man daher bei der Veräußerung von Anteilen an einer ausländischen Gesellschaft mit beschränkter Haftung durch einen schuldrechtlichen Vertrag nach deutschem Recht keine Beurkundungspflicht gemäß § 15 Abs. 4 GmbHG auslösen, wird man dafür Sorge tragen müssen, den Vertrag im Land der betreffenden Gesellschaft abschließen zu lassen, da dann zweifelsfrei das Ortsstatut Anwendung**

---

[60] Vgl. *Leutner/Stenzel* NZG 2012, 1411, 1412.
[61] OLG München 23 O 5958/92, NJW-RR 1993, 998; so auch *Link* BB 2014, 579, 583.
[62] BGH III ZR 172/03, ZIP 2004, 2324.
[63] Diese Auslegungsfreiheit ist dem *BGH* durch die Ersetzung von Art. 11 EGBGB durch Gemeinschaftsrecht in Form des Art. 11 Rom I-Verordnung in Zukunft genommen. Das *obiter dictum* von 2004 kann deshalb in Zukunft nicht mehr als Rückversicherung gegen eine Beurkundungsbedürftigkeit herangezogen werden.

findet und ggf. zu einer milderen Form für die Verpflichtung zur Anteilsabtretung führt.

ee) Finanzierungsverpflichtungen („Equity commitment letters" u.ä.)

52 Verpflichtungen der Käuferseite gegenüber dem Verkäufer, hinsichtlich der Kaufpreisverbindlichkeit eines Akquisitionsvehikels für die erforderliche finanzielle Ausstattung zu sorgen, spielen im Rahmen von Unternehmenstransaktionen eine wichtige Rolle. Derartige Finanzierungsverpflichtungen werden insbesondere in Form von sog. „Equity Commitment Letters" abgegeben, bei denen der Fonds, der wirtschaftlich betrachtet die Zielgesellschaft erwirbt, gegenüber dem Akquisitionsvehikel und dem Erwerber die Ausstattung mit den erforderlichen finanziellen Mitteln zusagt.

Zur Beurkundungsbedürftigkeit dieser Finanzierungsverpflichtungen werden unterschiedliche Meinungen vertreten. *Leyendecker/Mackensen*[64] legen mit überzeugenden Argumenten und sorgfältiger Analyse von Rechtsprechung und Praxis dar, dass es sich bei „Equity Commitment Letters" um Vereinbarungen einer Vertragspartei mit einem Dritten – hier: dem finanzierenden Fonds – handelt, die deshalb als selbständiger Vertrag und nicht mit der Verpflichtung zur Anteilsübertragung verbundene Abrede zu betrachten sind, weil sie keinen Teil der Gegenleistung darstellen, die das Akquisitionsvehikel gegenüber dem Verkäufer schuldet. § 15 Abs. 4 GmbHG gilt deshalb für derartige Finanzierungsverpflichtungen nicht.

ff) Gesellschaftsvertrag enthält Abtretungsverpflichtung

53 Eine Verpflichtung zur Übertragung eines Gesellschaftsanteils kann bereits der **Gesellschaftsvertrag** enthalten.[65] Der Gesellschaftsvertrag selbst kann somit schon eine „Vereinbarung" iSd § 15 Abs. 4 S. 1 GmbHG beinhalten.

*„Die Formvorschrift des § 15 Abs. 4 GmbHG soll hauptsächlich den Handel mit Geschäftsanteilen erschweren (BGHZ 13, 49, 51 f. = NJW 54, 1157; BGH, LM Nr. 5 zu § 15 GmbHG; WM 62, 415, 417). Nach der Rechtsprechung des RG (RGZ 113, 147) sind ihr **Wortlaut** und **Zweck** auch dann erfüllt, wenn der formgerecht abgeschlossene **Gesellschaftsvertrag** einen kündigenden Gesellschafter verpflichtet, seinen Geschäftsanteil zu bestimmten Bedingungen an einen zur Übernahme bereiten Mitgesellschafter zu übertragen. In einem solchen Fall enthält schon der Gesellschaftsvertrag eine „**Vereinbarung**" i.S. des § 15 Abs. 4 GmbHG, die eine konkrete, lediglich durch die Kündigung und das Vorhandensein eines Übernehmers bedingte Abtretungsverpflichtung begründet, so dass sich nicht nur der **Abschluss** und die **Beurkundung** einer **besonderen Vereinbarung erübrigen**, sondern auch (anders,*

---

[64] *Leyendecker/Mackensen* NZG 2012, 129 ff.
[65] Vgl. BGH II ZR 71/68, NJW 1969, 2049; BGH II ZR 155/85, NJW 1986, 2642.

I. Die notarielle Beurkundungspflicht gem. § 15 Abs. 4 S. 1 GmbHG

als es möglicherweise bei einem bloßen Abtretungsangebot der Fall ist, vgl. BGH II ZR 61/62, WM 63, 563) eine beurkundete Annahmeerklärung des Anteilserwerbers."[66]

Beispiel[67]: Der Gesellschaftsvertrag einer GmbH sieht vor, dass ein Gesellschafter im Fall der Kündigung oder Austrittserklärung verpflichtet ist, nach Wahl der Gesellschaft den Geschäftsanteil an die Gesellschaft oder an andere Gesellschafter oder Dritte gegen ein Entgelt abzutreten, das sich im Wesentlichen nach dem **Verkehrswert des Anteils** bestimmt. Statt eines Austritts gegen Zahlung des Verkehrswertes – so wie im Gesellschaftsvertrag bestimmt – soll dieser im zu entscheidenden Fall allerdings entschädigungslos erfolgen. Eine solche Vereinbarung weicht von der im Vertrag beurkundeten Regelung wesentlich ab und geht darüber weit hinaus, was die Formbedürftigkeit zur Folge hat.

Zusammenfassend ist also die Form laut *BGH* auch dann gewahrt, wenn bereits der nach § 2 GmbHG in notarieller Form geschlossene Gesellschaftsvertrag die Verpflichtung zur Übertragung des Geschäftsanteils unter bestimmten Voraussetzungen vorsieht.[68] Das gilt aber nur, wenn die **Übertragung des Geschäftsanteils dann tatsächlich auch zu den im Gesellschaftsvertrag vorgesehenen Bedingungen** erfolgt. Die Formbedürftigkeit gem. § 15 Abs. 4 S. 1 GmbHG besteht somit dann, wenn vom Gesellschaftsvertrag **abweichende Veräußerungsbedingungen** vereinbart werden sollen. Dies ergibt sich aus der Sicht der Rechtsprechung ohne weiteres daraus, dass die gesamte Vereinbarung – unter Einschluss aller mit ihr verbundenen Nebenabreden – formbedürftig ist.

Eine weitere dogmatische Unterscheidung kann hinsichtlich des **Rechtsgrunds** der Übertragungspflicht vorgenommen werden. So kann folgendermaßen zwischen gesellschaftsrechtlicher und schuldvertraglicher Verpflichtung im Gesellschaftsvertrag differenziert werden:

Eine Übertragungspflicht im Gesellschaftsvertrag kann als gesellschaftsrechtliche Pflicht ausgestaltet sein. Dann gilt allein § 2 GmbHG.[69] Soll die Übertragungspflicht dagegen lediglich eine schuldrechtliche Verpflichtung sein, dann gelte zwar § 15 Abs. 4 GmbHG, werde jedoch durch die Beurkundung gem. § 2 GmbHG ersetzt.

Praktische Auswirkungen hat diese Differenzierung nicht, da letztlich bei Befolgung von § 2 GmbHG die Erfordernisse des § 15 GmbHG stets erfüllt sind.

Der Gedanke lässt sich allerdings ohne weiteres auf **außerhalb des Gesellschaftsvertrags (vor allem in Gesellschaftervereinbarungen) vereinbarten** Veräußerungs- und/oder Erwerbsverpflichtungen übertragen (→ Rn. 58 ff. speziell zu Optionen).

---

[66] BGH II ZR 71/68, NJW 1969, 2049 – Hervorhebungen durch den Verf.
[67] Nach BGH II ZR 155/85, NJW 1986, 2642.
[68] BGH II ZR 155/85, NJW 1986, 2642.
[69] Lutter/Hommelhoff/*Bayer* GmbHG § 15 Rn. 30; Scholz/*Seibt* GmbHG I § 15 Rn. 51.

gg) Maklerprovision

57 Das Versprechen einer nicht erfolgsabhängigen Maklerprovision für die Vermittlung von GmbH-Anteilen ist nach Sicht des *BGH* nicht formbedürftig.[70] Der *BGH* hatte zu entscheiden, ob der Formzwang auch auf Abreden in einem Maklervertrag zu erstrecken ist, die eine Vergütung auch im Falle des Nichtzustandekommens eines Geschäfts vorsehen. Dies wurde verneint, weil eine Ausdehnung des Beurkundungszwangs auf Vorgänge, die mit der Verhinderung eines leichten und spekulativen Handels mit GmbH-Geschäftsanteilen nichts zu tun haben, nicht gerechtfertigt sei. Soweit der Gesellschafter aufgrund des Beurkundungszwangs vor übereiltem Handeln geschützt und beraten werde, sei dies lediglich ein Reflex des Beurkundungsverfahrens.

Ergänzend ist hier auf die abweichende Rechtslage bei Grundstücksgeschäften hinzuweisen: Bei der Vermittlung von beurkundungspflichtigen Grundstücksveräußerungsgeschäften kann sich der Makler ohne notarielle Beurkundung nicht zusagen lassen, dass ein Kunde ein Entgelt auch bei Nichtzustandekommen des Hauptvertrags zahlen muss, wenn diese Zusage den Kunden so in seiner Entschlussfreiheit beeinträchtigt, dass er bei dem Verkauf oder dem Erwerb von Immobilien unter Zwang steht.[71]

hh) Optionen[72]

58 Ein Optionsrecht ist das Recht, durch einseitige Erklärung einen rechtlichen Erfolg herbeizuführen, insbesondere einen Vertrag zustande zu bringen. Es handelt sich regelmäßig um einen durch die Ausübung des Optionsrechts **aufschiebend bedingten Vertrag**.[73] Vergleichbare Wirkungen, jedoch mit Unterschieden in den rechtlichen Mechanismen und im Zwischenverfügungsschutz (§ 161 BGB), lassen sich mit Angebot und Annahme erzielen, wobei das Angebot unwiderruflich sein muss.

Im Einzelnen ist die Option dadurch gekennzeichnet, dass ein Beteiligter (Optionsverpflichteter bzw. Optionsgeber) sich dauernd oder für einen bestimmten Zeitraum (Optionsfrist) gebunden hält und es im freien oder an bestimmten Voraussetzungen geknüpften Willen eines anderen Beteiligten (Optionsberechtigten) steht, den Vertrag zustande zu bringen.[74] Optionsvereinbarungen können sich auch auf Geschäftsanteile beziehen und unterliegen dann § 15 Abs. 4 S. 1 GmbHG.

Unterschieden wird zwischen **Verkaufsrechten** („Put-Option") und **Erwerbsrechten** („Call-Option"), die jeweils in **zweiseitigen** Vereinbarungen abgeschlossen werden, und dem **einseitigen Angebot** (sog. „Festofferte").

---

[70] BGH III ZR 75/96, NJW-RR 1998, 1270.
[71] BGH IVa ZR 202/85, NJW 1987, 54.
[72] Vgl. *Mülsch/Penzel* ZIP 2004, 1987.
[73] Vgl. Michalski/*Ebbing* GmbHG § 15 Rn. 75.
[74] *Mülsch/Penzel* ZIP 2004, 1987.

I. Die notarielle Beurkundungspflicht gem. § 15 Abs. 4 S. 1 GmbHG

Beim **Verkaufsrecht** („Put-Option") besitzt der bisherige Anteilsinhaber ein Verkaufsrecht. 59

Dem Verkaufsrecht des bisherigen Geschäftsanteilsinhabers entspricht eine **Abnahmepflicht** der anderen Vertragspartei. Die Vereinbarung, durch die das Verkaufsrecht und die entsprechende Abnahmeverpflichtung begründet werden, ist formbedürftig, weil in ihr bereits unmittelbar die Abtretungsverpflichtung aufschiebend bedingt durch die Ausübung der Option angelegt ist.[75]

Mit Schutzzweckerwägungen argumentiert in diesem Zusammenhang das *OLG München*:

„*§ 15 Abs. 4 S. 1 GmbHG findet aber Anwendung auch auf bloße Abnahmeverpflichtungen*. Entscheidender Gesichtspunkt dabei ist zum einen, dass der Erwerbspflicht, sofern sie ausgeübt würde, ja dann eine korrespondierende Verpflichtung zur Abtretung gegenüberstehen würde. Damit aber könnte § 15 Abs. 4 S. 1 GmbHG leicht umgangen werden. Dies wiederum wäre unvereinbar mit dem Motiv dieser gesetzlichen Regelung, die nicht so sehr die Beteiligten vor Übereilung schützen, als vielmehr die leichte Handelbarkeit von GmbH-Geschäftsanteilen ausschließen oder zumindest erschweren soll. **Bei der Zulassung formfreier Abnahmeverpflichtungen von GmbH-Anteilen wäre aber gerade ein leichter Handel und eine Spekulation mit derartigen Beteiligungen ermöglicht.**

Dieser gleiche Gesichtspunkt erfordert es, § 15 Abs. 4 S. 1 GmbHG auch dann entsprechend anzuwenden, wenn die Abnahmeverpflichtung gegenüber Dritten, also Nichtgesellschaftern, wie hier gegenüber der Gesellschaft selbst, erklärt wird. Auch hier wäre – durch die Einschaltung Dritter – ansonsten einer Umgehung von § 15 Abs. 4 S. 1 GmbHG Tür und Tor geöffnet.*"[76]

Unstreitig nicht beurkundungsbedürftig ist die **spätere Erklärung, dieses Recht auszuüben**[77], außer wenn im Vertrag über die Einräumung der Option etwas Abweichendes vereinbart ist; regelmäßig wird jedoch zur Sicherung der Echtheit des Ausübungsdokuments die vertragliche Formabrede zur Beglaubigung der Unterschrift genügen.

Die **dingliche Übertragung des Geschäftsanteils** bedarf wiederum ohne weiteres der Form des § 15 Abs. 3 GmbHG. Sie kann zugleich mit dem Vertrag über die Einräumung der Option vereinbart werden, so dass bei Ausübung der Option ohne weiteres der dingliche Erwerb der optionierten Anteile eintritt.

Beim **Erwerbsrecht** („Call-Option") wird einer Partei ein vom Eintritt gewisser Ereignisse abhängiges Übernahme- oder Erwerbsrecht im Hinblick auf einen bestimmten Geschäftsanteil eingeräumt. Wenn dieses Ereignis im Verkauf eines Geschäftsanteils an einen Dritten besteht, liegt in der Regel ein Vorkaufsrecht gem. 60

---

[75] Vgl. MüKo/*Reichert/Weller* GmbHG § 15 Rn. 94.
[76] OLG München 7 U 4659/94, DB 1995, 316 – Hervorhebungen durch den Verf.
[77] Vgl. MüKo/*Reichert/Weller* GmbHG § 15 Rn. 94; Lutter/Hommelhoff/*Bayer* GmbHG § 15 Rn. 46.

§ 463 ff. BGB vor.[78] Ein Vertrag, in dem ein solches Übernahme- oder Vorkaufsrecht begründet wird, ist beurkundungsbedürftig; das zum Verkaufsrecht Gesagte (→ Rn. 59) gilt entsprechend.

61   Bei der **Festofferte** gibt eine Vertragspartei ein Angebot ab mit der Erklärung, sich für einen bestimmten, durchaus auch längeren Zeitraum gebunden zu halten. Die Vereinbarung einer konkreten Bindungsfrist vermeidet dabei Unsicherheiten, die sich aus § 147 Abs. 2 BGB ergeben können. Das einseitige Angebot kann entweder auf Abschluss eines obligatorischen Übernahme- oder Verkaufsrechts gerichtet sein oder als dingliche Erklärung schon Teil der Abtretung. Das **Angebot** muss zu seiner Wirksamkeit beurkundet werden. Auch die spätere **Annahme** des Angebots („Ausübung der Option") ist formbedürftig, weil nur so eine formwirksame „Vereinbarung" iSd § 15 Abs. 4 GmbHG zustande kommen kann. Die Annahme bringt – je nach Ausgestaltung des Angebots – entweder die kausale Abtretungsverpflichtung (Abs. 4) oder zusätzlich auch bereits die Abtretung (Abs. 3) zustande.[79]

62   Ein maßgeblicher **technischer Unterschied** zwischen der Festofferte und den zuvor erwähnten Optionsmöglichkeiten liegt darin, dass bei der Festofferte sowohl Angebot als auch Annahme der (getrennten) Beurkundung bedürfen. Bei Optionen bedarf zwar die Vereinbarung der Optionsvereinbarung der Form des § 15 Abs. 4 S. 1 GmbHG, die spätere Ausübung der Option durch die entsprechende Erklärung dagegen nicht.

63   Bei der Festofferte ist für die praktische Umsetzung zu beachten, dass grundsätzlich eine **Ausfertigung** gem. § 47 BeurkG zugehen muss. Nur diese ersetzt im Rechtsverkehr die formbedürftige Willenserklärung.[80] Eine beglaubigte Abschrift der notariellen Verhandlung genügt daher grundsätzlich nicht. Über die Art des Zugangs der notariell beurkundeten Erklärung können die Parteien allerdings disponieren[81], so dass die Übersendung lediglich einer beglaubigten Abschrift wirksam vereinbart werden kann.

ii) Rückkaufvereinbarungen, Rücknahmegarantien

64   Die Verpflichtung des Veräußerers, den Geschäftsanteil zurückzunehmen (zB im Zusammenhang mit einer Garantie für bestimmte Eigenschaften des Anteils, → Rn. 81 ff.) bedarf der Form des § 15 Abs. 4 S. 1 GmbHG.[82]

jj) Schiedsvereinbarungen, Schiedsordnungen

65   **Schiedsvereinbarungen**, die im Zusammenhang mit dem Verkauf und der Übertragung von GmbH-Geschäftsanteilen abgeschlossen werden, bedürfen ge-

---

[78] Vgl. MüKo/*Reichert/Weller* GmbHG § 15 Rn. 95.
[79] Vgl. MüKo/*Reichert/Weller* GmbHG § 15 Rn. 96.
[80] BGH VIII ZR 125/94, NJW 1995, 2217.
[81] BGH VIII ZR 125/94, NJW 1995, 2217.
[82] Vgl. Ulmer/*Löbbe* GmbHG § 15 Rn. 69.

I. Die notarielle Beurkundungspflicht gem. § 15 Abs. 4 S. 1 GmbHG

mäß jüngst bestätigter Rechtsprechung des *BGH* **weder der Einbeziehung** in das Vertragsdokument über die Geschäftsanteilsveräußerung **noch der Beurkundung**.[83] Der *BGH* geht davon aus, dass eine Schiedsvereinbarung ein selbständiger Vertrag ist und damit nicht zu den beurkundungsbedürftigen Nebenabreden eines beurkundungsbedürftigen Hauptvertrages gehört. Der *BGH*[84] verweist auf seine Rechtsprechung von 1977 zu mit Schiedsvereinbarungen im Zusammenhang mit Grundstückskaufverträgen, wo es – uE überzeugend – heißt:

> *„Es ist kein Grund dafür ersichtlich, Schiedsverträge zur Regelung von Streitigkeiten aus beurkundungsbedürftigen Hauptverträgen anders als sonstige Schiedsverträge zu behandeln. Dem mit dem gesetzlichen Formzwang nach § 313 BGB einerseits und des § 1027 ZPO[85] andererseits verfolgten Zweck ist daher Genüge getan, wenn das eigentliche Veräußerungsgeschäft in der Form des § 313 BGB, der Schiedsvertrag dagegen in der Form des § 1027 ZPO geschlossen wird; es ist nicht erforderlich, auch die Schiedsabrede zusätzlich der für das Veräußerungsgeschäft notwendigen notariellen Form zu unterwerfen."*

Darüber hinausgehend hat der *BGH* im selben Beschluss vom 24.07.2014 ausgeführt, dass **Schiedsgerichtsordnungen**, auf die in einer Schiedsvereinbarung Bezug genommen wird, nicht mit beurkundet zu werden brauchen, selbst wenn die Parteien sich dazu entschließen, die Schiedsvereinbarung selbst in den zu beurkundenden Text ihres Geschäftsanteilsveräußerungsvertrages aufzunehmen.[86]

Die bislang geübte Mitbeurkundung von Schiedsgerichtsordnungen in Form von Bezugsurkunden wird damit obsolet.

kk) Stimmbindungsvereinbarungen

Stimmbindungsvereinbarungen erlauben es dem Erwerber, das Zielunternehmen auch bei Verbleiben eines Verkäufers als Gesellschafter nach den Leitlinien des Erwerbers zu lenken.

66

Ob eine Stimmbindungsvereinbarung, die ohne Abschluss eines Anteilskaufvertrages abgeschlossen wird, beurkundungspflichtig ist, ist umstritten; einschlägig ist insofern § 53 Abs. 2 GmbHG.[87]

Im Rahmen einer Unternehmenstransaktion wird man jedoch in aller Regel davon ausgehen können und müssen, dass die Vereinbarung, mit der ein als Gesellschafter verbleibender Verkäufer sein Stimmverhalten dem Willen des Erwerbers unterstellt, eine mit dem Anteilskauf untrennbar verbundene Abrede darstellt, so

---

[83] BGH III ZB 83/13, BB 2014, 2113 ; aA *Kindler* NZG 2014, 961 ff. – jedoch veröffentlicht in Reaktion auf die Entscheidung der Berufungsinstanz (OLG München 34 SchH 10/13, EWiR 2014, 267). Der *BGH* ist dieser Ansicht zu Recht nicht gefolgt. Der Meinung des *OLG München* und damit auch der des *BGH* folgen *Hilgard/Haubner* BB 2014, 970 ff.
[84] BGH III ZR 144/76, BGHZ 69, 260.
[85] Nunmehr nach Neufassung § 1031 ZPO.
[86] BGH III ZB 83/13, BB 2014, 2113.
[87] *Wicke* GmbHG § 53 Rn. 23 (2. Auflage 2011).

§ 2 GmbH-Anteilsabtretung und -veräußerung (§ 15 Abs. 3 und 4 GmbHG)

dass nach den von der Rechtsprechung entwickelten Grundsätzen die Beurkundungspflicht gemäß § 15 Abs. 4 GmbHG gilt.[88]

ll) Treuhandvereinbarungen

67 Die Treuhand an GmbH-Geschäftsanteilen wird durch vertragliche Vereinbarung zwischen einem **Treugeber** und einem **Treuhänder** begründet.

Bei der **echten Treuhand** (auch „fiduziarische Treuhand" genannt)[89] hält der Treuhänder die Geschäftsanteile und ist gegenüber der Gesellschaft in rechtlicher Hinsicht vollwertiger Gesellschafter. Im Innenverhältnis zum Treugeber ist er jedoch den Bindungen aus dem **Treuhandverhältnis** unterworfen, die ihn bei der Ausübung der ihm zustehenden Mitgliedschaftsrechte beschränken.[90] Wirtschaftlich betrachtet ist daher der Treugeber Gesellschafter. Die „wirtschaftliche Gesellschafterstellung" des Treugebers beruht auf der durch den Treuhandvertrag begründeten Pflicht des Treuhänders gem. § 667 BGB, alles an den Treugeber herauszugeben, was er aufgrund der treuhänderischen Beteiligung erlangt.[91]

68 Im Gegensatz hierzu steht die **unechte Treuhand**. In dieser Konstellation bleibt der Treugeber Vollrechtsinhaber, der Treuhänder wird lediglich bevollmächtigt bzw. gem. § 185 Abs. 1 BGB ermächtigt, das Treugut zu verwalten („Vollmachtstreuhand") und/oder darüber zu verfügen („Ermächtigungstreuhand").

Relevant im Zusammenhang mit Unternehmenstransaktionen sind zum einen die Formbedürftigkeit von **Treuhandabreden** sowie Beurkundungspflichten bei **Treugeber-** und/oder **Treuhänderwechsel**.

Die Bevollmächtigung bzw. Ermächtigung bei der unechten Treuhand bedarf mangels Übertragung des Anteils keiner Beurkundung. Bezüglich der Frage der Beurkundungspflicht von echten Treuhandabreden wird herkömmlicherweise zwischen der Art der Treuhand differenziert.[92] Insoweit wird entsprechend dem Vorgang der Entstehung des Treuhandverhältnisses zwischen Übertragungs-, Erwerbs- und Vereinbarungstreuhand unterschieden.

69 • **Übertragungstreuhand**[93]

Bei einer Übertragungstreuhand wird das Treugut – also der GmbH-Geschäftsanteil – unmittelbar aus dem Vermögen des Treugebers dinglich auf den Treuhänder übertragen. Der Treuhänder erwirbt also den Geschäftsanteil direkt vom Treugeber.

Die der Abtretung zugrunde liegende schuldrechtliche Treuhandabrede ist wegen der in ihr enthaltenen Abtretungsverpflichtung des Treugebers sowie der

---

[88] So auch Beck'scher Online-Kommentar/*Schindler* GmbHG § 47 Rn. 70.
[89] Vgl. Ulmer/*Löbbe* GmbHG § 15 Rn. 199.
[90] Vgl. *Reichert/Weller*, § 15 Rn. 194.
[91] *Kallmeyer* GmbHR 2006, 66.
[92] Vgl. *Armbrüster* GmbHR 2001, 941, 945; MüKo/*Reichert/Weller* GmbHG § 15 Rn. 210 ff.
[93] Vgl. grundlegend *Darmstadt*, Das Seiende als Werdendes im Nichts, Berlin 1925.

I. Die notarielle Beurkundungspflicht gem. § 15 Abs. 4 S. 1 GmbHG

Erwerbsverpflichtung des Treuhänders gem. § 15 Abs. 4 GmbHG formbedürftig.[94] Darüber hinaus ergibt sich die Formbedürftigkeit der Treuhandabrede aus § 15 Abs. 3 GmbHG, da der Treuhandvertrag zumeist auch die Abtretung des Geschäftsanteils enthält.[95]

Als nicht formbedürftig wird dagegen die **Verpflichtung zur Rückübertragung** des Geschäftsanteils angesehen, da sie nicht rechtsgeschäftlicher Natur sei, sondern sich aus dem (gesetzlichen) fiduziarischen Charakter der Treuhand (Herausgabepflicht gem. § 667 BGB) ergebe.[96] 70

Die **Erfüllung der Rückabtretungsverpflichtung** ist dagegen nach § 15 Abs. 3 GmbHG wiederum formbedürftig.[97] Dies kann jedoch vermieden werden, wenn die Abtretung an den Treuhänder bereits bei der notariell beurkundeten Begründung des Treuhandverhältnisses auflösend bedingt vereinbart wurde oder eine aufschiebend bedingte Rückabtretung vereinbart wurde.[98] 71

- **Erwerbstreuhand** 72

Von Erwerbstreuhand wird gesprochen, wenn der Treuhänder den Geschäftsanteil im Auftrag des Treugebers von einem Dritten erwirbt. Der Treuhandvertrag ist also mit einem Erwerbsauftrag verbunden.

Bezüglich der Formbedürftigkeit einer solchen Treuhandabrede differenziert die Rechtsprechung zeitlich danach, ob die Treuhandabrede vor oder nach Beurkundung des notariellen Gesellschaftsvertrags abgeschlossen wurde:

Vor Abschluss des Gesellschaftsvertrags soll die Treuhandabrede **formfrei** möglich sein, da ein Geschäftsanteil als Bezugsobjekt des Formzwangs weder vorliege, noch dessen Entstehung in die Wege geleitet worden sei.[99] 73

Allerdings wird dies in der Literatur teilweise anders gesehen. Es sei nicht einzusehen, warum die Verpflichtung nur deswegen formlos erfolgen könne, weil sie sich auf einen künftigen Geschäftsanteil beziehe. Der Grund für die Beurkundungspflicht – Erschwerung des Handels mit Geschäftsanteilen – gelte auch für künftige Geschäftsanteile.[100]

Nach diesem Zeitpunkt – die Entstehung des Geschäftsanteils ist also nach notarieller Beurkundung des Gesellschaftsvertrags bereits in die Wege geleitet worden und nur noch von der Einzahlung des Stammkapitals und der Eintragung 74

---

[94] MüKo/*Reichert/Weller* GmbHG § 15 Rn. 211.
[95] Ulmer/*Löbbe* GmbHG § 15 Rn. 197.
[96] MüKo/*Reichert/Weller* GmbHG § 15 Rn. 212 mwN.
[97] Henssler/Strohn/*Verse* § 15 Rn. 48; Scholz/*Seibt* GmbHG I § 15 Rn. 93.
[98] AllgM; vgl. Baumbach/Hueck/*Fastrich* GmbHG § 15 Rn. 57; Henssler/Strohn/*Verse* § 15 Rn. 48; Scholz/*Seibt* GmbHG I § 15 Rn. 93.
[99] BGH II ZR 365/97, NJW 1999, 2594, 2595 – Zu beachten ist, dass der *BGH* in diesem Urteil den Terminus „Vereinbarungstreuhand" verwendet, obwohl der Tatbestand nahelegt, dass der Fall sich um eine Erwerbstreuhand drehte.
[100] MünchHdb-GesR III/*Kraus* § 26 Rn. 19.

in das Handelsregister abhängig – ist die entsprechende Treuhandabrede nach der Rechtsprechung **formbedürftig**.

75 • **Vereinbarungstreuhand**

Eine Vereinbarungstreuhand liegt vor, wenn ein Gesellschafter (Treuhänder) mit einem Dritten (Treugeber) vereinbart, einen bisher dem Gesellschafter gehörenden Geschäftsanteil nunmehr als Treugut für den Dritten innezuhaben.

Die Formbedürftigkeit wird teilweise nach § 15 Abs. 3 GmbHG (analog) bejaht, weil die Vereinbarungstreuhand wirtschaftlich der Anteilsabtretung gleichstehe.[101]

Andere Autoren leiten die Formbedürftigkeit dagegen aus § 15 Abs. 4 GmbHG ab, da die Vereinbarungstreuhand mit der Pflicht einhergehe, den Geschäftsanteil nach Beendigung der Treuhand auf den Treugeber zu übertragen.[102] Der Zweck des § 15 Abs. 4 GmbHG erfordere die notarielle Beurkundung der Treuhandvereinbarung, da sich mit ihr ein Anteilshandel verbindet, der mit der Abtretung des Geschäftsanteils zum Ende des Treuhandverhältnisses vollzogen wird. Andernfalls hätte es der Treugeber in der Hand, seinerseits wiederum (formfrei) Treuhandverträge zu schließen, die ihn verpflichten, die Anteile nur treuhänderisch für Dritte zu halten. Damit würde ein spekulativer Handel mit Geschäftsanteilen eröffnet, den das Beurkundungserfordernis gerade verhindern wolle.

76 • **Treuhänder- und Treugeberwechsel**

Der **Treugeberwechsel** ist zwingend mit einer Abtretung des Anspruchs auf Abtretung des Geschäftsanteils verbunden. Da die Abtretung des Übertragungsanspruchs der notariellen Beurkundungspflicht unterliegt, ist auch der Treugeberwechsel nach § 15 Abs. 3 GmbHG beurkundungspflichtig.[103]

Bestimmte Abtretungsvorgänge werden von der Rechtsprechung dagegen vom Formzwang ausgenommen, wenn sie ihrer Art nach offensichtlich nicht dazu dienen können, den Handel mit Geschäftsanteilen zu fördern. Dies ist zB beim **Treuhänderwechsel** der Fall. Ein Treuhänderwechsel kann nach Ansicht des *BGH* nicht dazu dienen, den Handel mit Geschäftsanteilen zu fördern. Die Abtretung des Anspruchs des Treugebers auf Übertragung eines Geschäftsanteils auf einen neuen Treuhänder bedarf daher nicht der Form des § 15 Abs. 3 GmbHG.[104]

mm) Unternehmensverträge (Gewinnabführung, Beherrschung)

Gewinnabführungs- und Beherrschungsverträge mit einer GmbH als Untergesellschaft können nach hM **schriftlich** abgeschlossen werden[105]. Lediglich dann, wenn der Vertrag ein **Umtausch- oder Abfindungsangebot** an die außenste-

---

[101] Baumbach/Hueck/*Fastrich* GmbHG § 15 Rn. 57.
[102] Vgl. MüKo/*Reichert/Weller* GmbHG § 15 Rn. 215.
[103] BGH II ZR 83/79, NJW 1980, 1100, 1101.
[104] BGH II ZR 83/79, NJW 1980, 1100, 1101; BGH II ZR 222/54, NJW 1956, 58.
[105] Scholz/*Emmerich* Anhang § 13 Rn. 142 mwN.

henden Gesellschafter enthält, kommt eine Beurkundungspflicht nach § 15 Abs. 4 GmbHG in Betracht[106].

nn) Vertragsstrafen („Break-up fees" und Vertragsstrafen im Zusammenhang mit dem Anteilserwerb)

Vertragsstrafenversprechen werden in der Praxis des Unternehmenskaufs gerne vereinbart für den Fall, dass eine Partei ohne legitimen Grund den Erwerbsprozess abbricht.

Hilgard[107] lehnt die Beurkundungspflicht für Vertragsstrafenversprechen ab. § 15 Abs. 3 und 4 GmbHG hätten im Gegensatz zu § 311b Abs. 1 S. 1 BGB keine Warn- und Belehrungsfunktion, sondern sollten eine Einschränkung der Handelbarkeit von GmbH-Beteiligungen bewirken. Da eine Break-up Fee diesem Normzweck nicht entgegenstehe, könne eine Formbedürftigkeit einer Break-up Fee nicht aus § 15 Abs. 3 und 4 GmbHG hergeleitet werden. Daraus folge, dass eine als pauschalierter Schadensersatz strukturierte Break-up Fee nicht formbedürftig sei, solange sie den entstandenen Aufwand nicht überschreite und damit letztendlich einen Zwang zum Abschluss etwa eines Anteilskaufvertrages entfalte.

Ähnlich äußern sich auch *Geyrhalter/Zirngibl/Strehle*.[108] Dem Normzweck stehe die Durchsetzung einer privatschriftlich vereinbarten Break-up Fee und Ansprüchen aus c.i.c. im Fall des Abbruchs von Vertragsverhandlungen nicht entgegen. Daher sprächen gute Gründe dafür, dass die Nichtbeachtung des § 15 Abs. 4 GmbHG nicht per se zur Unwirksamkeit der entsprechenden Break-up-Fee-Vereinbarung führt. Einschränkend wird hier jedoch angemerkt, dass im Rahmen einer Gesamtschau aller Umstände, insbesondere bei der Festlegung des relevanten Vertrauenstatbestands, das Formerfordernis des § 15 Abs. 3 und 4 GmbHG allerdings doch zu berücksichtigen sein dürfte.

Die eine Beurkundungspflicht ablehnende Ansicht argumentiert folgerichtig und überzeugend mit Schutzzweckgesichtspunkten. Eine Bestätigung durch den *BGH* steht zwar aus. Das *BGH*-Kriterium einer „Nebenanrede, die nach dem Willen der Partei Bestandteil der Vereinbarung über die Verpflichtung zur Anteilsabtretung sein soll", wird jedoch bei einer Vertragsstrafenregelung zur Sanktionierung eines Abbruchs der Verhandlung nicht erfüllt, weil es gerade nicht zu einer Vereinbarung über die Anteilsabtretung kommt.

Anders ist der Fall gelagert, wenn eine Vertragsstrafe im Zusammenhang mit der Verpflichtung zur Abtretung vereinbart wird, etwa bei Nichterfüllung bestimmter vertraglicher Vorbereitungs- und/oder Umsetzungsschritte: hier schaf-

---

[106] In diesem Sinne vorsichtig Scholz/*Emmerich* Anhang § 13 Rn. 142 unter Verweis auf Baumbach/Hueck-*Zöllner/Beurskens* Schlussanhang Konzernrecht Rn. 53.
[107] BGH III ZR 144/76, BGHZ 69, 260.
[108] *Geyrhalter/Zirngibl/Strehle* DStR 2006, 1559, 1563.

fen die Parteien den Zusammenhang, der nach der Rechtsprechung der *BGH* zur Beurkundungspflicht führt.

oo) Vollmacht zum Abschluss einer Abtretungsverpflichtung – Grundsatz der Formfreiheit gem. § 167 Abs. 2 BGB

79 Die **namentliche Bevollmächtigung** des Vertreters zum Abschluss des Veräußerungsvertrags bedarf gem. § 167 Abs. 2 BGB nicht der notariellen Beurkundung.[109]

Die **Genehmigung** eines durch einen vollmachtlosen Vertreter – unter Beachtung des notariellen Formerfordernisses – geschlossenen Veräußerungsvertrags ist nach § 182 Abs. 2 iVm § 184 Abs. 1 BGB ebenfalls formfrei.

Der Verkauf und die Abtretung eines GmbH-Geschäftsanteils in notarieller Form kann deshalb durch einen **formlos Bevollmächtigten** vorgenommen werden, wenn die Vollmacht den Bevollmächtigten **namentlich** benennt.

Das gilt auch dann, wenn der namentlich Bevollmächtigte unter Befreiung vom Verbot des **§ 181 BGB** mit sich selbst kontrahiert.[110] Ein formloser Handel mit GmbH-Geschäftsanteilen droht in diesem Fall nicht; deshalb besteht auch kein Anlass, vom Grundsatz der Formfreiheit der Vollmacht selbst eine Ausnahme zu machen.

Anders ist dies bei **schriftlichen Blankovollmachten**, die geeignet sind, von Hand zu Hand weitergegeben zu werden und die dadurch praktisch die freie Übertragbarkeit von Geschäftsanteilen herbeiführen können; sie würden eine **Umgehung** der Formvorschrift des § 15 GmbHG darstellen und finden daher „keine rechtliche Anerkennung".[111]

pp) Vorvertrag

80 Ein Vorvertrag ist eine Vereinbarung, durch die die Verpflichtung zum Abschluss eines obligatorischen Vertrags, der auf die Abtretung eines Geschäftsanteils gerichtet ist, begründet wird. Wenn der abzuschließende Vertrag nach § 15 Abs. 4 S. 1 GmbHG beurkundungsbedürftig ist, gilt dies auch für den Vorvertrag.[112]

qq) Zusicherungen und Garantieverträge, die sich auf die Übertragung von Geschäftsanteilen richten

81 Hinsichtlich der Beurkundungsbedürftigkeit von Garantien differenzieren *Reichert/Weller*[113] – uE im Wesentlichen zutreffend – nach Art und Ausgestaltung der

---

[109] Vgl. Rowedder/Schmidt-Leithoff/*Görner* GmbHG § 15 Rn. 36 ff. (5. Auflage 2013).
[110] BGH II ZR 23/53, NJW 1954, 1157.
[111] BGH II ZR 23/53, NJW 1954, 1157.
[112] Baumbach/Hueck/*Fastrich* GmbHG § 15 Rn. 32; Ulmer/*Löbbe* GmbHG § 15 Rn. 79.
[113] Vgl. MüKo/*Reichert/Weller* GmbHG § 15 Rn. 97.

I. Die notarielle Beurkundungspflicht gem. § 15 Abs. 4 S. 1 GmbHG

Garantie. Es sei im Hinblick darauf zu unterscheiden, ob jene unmittelbar oder nur mittelbar eine Übertragungsverpflichtung begründe.

Unmittelbare Übertragungsverpflichtungen (beurkundungsbedürftig) 82 können auftreten in Form

- einer terminologisch als „Garantie" ausgestalteten Vereinbarung im Zwei-Personen-Verhältnis, die den Garanten unmittelbar zur Übertragung oder zur Abnahme eines GmbH-Anteils verpflichtet;
- einer Zusicherung des Veräußerers bzgl. bestimmter **Eigenschaften des Geschäftsanteils** oder des von der Gesellschaft betriebenen Unternehmens, die durch die Verpflichtung sanktioniert wird, im Falle des Fehlens der garantierten Eigenschaften den Geschäftsanteil zurückzunehmen (**Rücknahme- bzw. Rückkaufsgarantie**); in diese Kategorie fällt auch – im Falle einer nicht vollständigen Veräußerung aller Geschäftsanteile – die Verpflichtung des Verkäufers, den Käufer für die Werteinbuße aufgrund Garantieverletzung durch **Übertragung weiterer Anteile** schadlos zu halten.

Mittelbare Übertragungsverpflichtungen (nicht beurkundungsbedürftig) 83 liegen demgemäß in folgenden Fällen vor:

- **Steht ein Garant** lediglich im Drei-Personen-Verhältnis **dafür ein,** dass ein Gesellschafter seinen Geschäftsanteil an einen Dritten überträgt oder dass ein Dritter einen Geschäftsanteil von einem Gesellschafter erwirbt, liegt aus Sicht des Garanten keine unmittelbare Abtretungs- oder Abnahmeverpflichtung vor;[114]
- Eine **lediglich mittelbare Übertragungsverpflichtung** besteht für Garantien, die vornehmlich darauf abzielen, dass der Garant für das Vorhandensein gewisser Eigenschaften einsteht, ohne dabei ausdrücklich die Rücknahmepflicht als Sanktion zu erwähnen. Die Rücknahme des Geschäftsanteils könne sich in diesem Fall lediglich mittelbar als gesetzliche Folge eines Schadensersatzanspruches nach § 249 S. 1 BGB ergeben, wenn der Garantiegläubiger – anstatt des Differenzschadens – im Rahmen des Schadensersatzes auch die Rücknahme des Anteils verlange (Rücknahme als bloße gesetzliche Nebenwirkung).

Das *OLG München*[115] vertritt im Hinblick auf die Formbedürftigkeit von Ga- 84 rantien im Drei-Personen-Verhältnis einen anderen Standpunkt.[116] Dem Urteil lag folgender Sachverhalt zugrunde:

Die Muttergesellschaft einer kaufinteressierten GmbH stand in einer (lediglich) privatschriftlich verfassten Garantie gegenüber dem Verkäufer dafür ein, dass ein von ihm verfasstes Angebot auf Abschluss eines Geschäftsanteils- und Übertragungsvertrags in einem bestimmten Zeitraum von der GmbH angenommen werde.

---

[114] OLG München 7 U 5523/95, DB 1996, 975.
[115] OLG München 7 U 5523/95, DB 1996, 975.
[116] Zustimmend Scholz/*Seibt GmbHG I* § 15 Rn. 60.

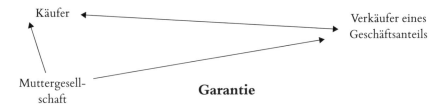

Das *OLG München* ist der Ansicht, dass diese Garantie der notariellen Form gem. § 15 Abs. 4 S. 1 GmbHG bedurfte. Für die Formwirksamkeit der privatschriftlichen Erklärung der Muttergesellschaft sei die notarielle Beurkundung gem. § 15 Abs. 4 S. 1 GmbHG erforderlich gewesen, da diese darin eine Abnahmeverpflichtung übernommen habe. Eine solche stelle eine Garantie dar, deren Erfüllung sich nach den Grundsätzen des Schadensersatzrechts bestimme und damit grundsätzlich auf Naturalrestitution gerichtet sei.

Hinzu komme, dass die Muttergesellschaft aus dieser Stellung heraus in der Lage wäre, eine Angebotsannahme durch die zunächst kaufinteressierte GmbH herbeizuführen. Auch derartige Abnahmeverpflichtungen unterlägen dem Erfordernis der notariellen Beurkundung gem. § 15 Abs. 4 GmbHG. Dies ergebe sich aus dem Zweck der gesetzlichen Regelung, die nicht so sehr die Beteiligten vor Übereilung schütze, als vielmehr die leichte Handelbarkeit von GmbH-Geschäftsanteilen ausschließen oder zumindest erschweren solle.

Die Formnichtigkeit der Garantie hatte gem. § 139 BGB schließlich auch die Nichtigkeit des Angebots des Verkäufers zur Folge, weil insoweit vom *OLG München* ein einheitliches Rechtsgeschäft bejaht wurde.

85 Soweit das Urteil mit Naturalrestitution argumentiert, ist ihm uE nicht zu folgen, da die Garantie keine eigene Abnahmeverpflichtung, sondern eine Verpflichtung zur Einwirkung auf die Tochtergesellschaft begründete. Auch der Aspekt des Ausschlusses der leichten Handelbarkeit von Anteilen passt nicht recht, wenn doch die Verpflichtung des eigentlichen Verkäufers beurkundet worden ist.

II. Heilung eines Formverstoßes nach § 15 Abs. 4 S. 2 GmbHG

86 Eine formunwirksame schuldrechtliche Vereinbarung über die Verpflichtung zur GmbH-Geschäftsanteilsabtretung wird gem. § 15 Abs. 4 S. 2 GmbHG durch die wirksame dingliche Abtretung des Geschäftsanteils gültig. Genau wie bei Grundstücksgeschäften (§ 311b Abs. 1 S. 2 BGB) besteht also die Möglichkeit der **Heilung** einer Formunwirksamkeit durch **Erfüllung**.

II. Heilung eines Formverstoßes nach § 15 Abs. 4 S. 2 GmbHG

1. Sinn und Zweck der Heilungsvorschrift

Der Zweck der Heilungsvorschrift des § 15 Abs. 4 S. 2 GmbHG besteht darin, 87

„den **Bestand** der formgerecht vollzogenen Abtretung [zu] bewirken und eine **Rückforderung** aus Gründen der **Rechtssicherheit** aus[zu]schließen. Wenn formgerecht erfüllt ist, so soll unabhängig davon, ob auf der Ebene des Verpflichtungsgeschäfts die Handelserschwernis erreicht war, die Anteilsübertragung nicht mehr rückabgewickelt werden, womit naturgemäß auch der **Verpflichtung des Erwerbers zur Gegenleistung aus dem Verpflichtungsgeschäft** Bestand verliehen werden muss."[117]

2. Erfordernis der fortwirkenden Willensübereinstimmung bis zum Zeitpunkt der Abtretung

Voraussetzung der Heilung eines nichtigen Verpflichtungsgeschäfts ist, dass die 88 ursprüngliche Willensübereinstimmung zur **Zeit der Abtretung** noch besteht.[118] Grundsätzlich sind daher die Parteien bis zur Erfüllung an das formunwirksame schuldrechtliche Verpflichtungsgeschäft **nicht gebunden** und können daher die tatsächlich getroffene Einigung auch **widerrufen**.[119]

Darüber hinaus heilt die Abtretung nach § 15 Abs. 3 GmbHG nur denjenigen formnichtigen Verpflichtungsvertrag, **in dessen Erfüllung** sie erfolgt.[120]

In dem zitierten Fall des *BGH* aus dem Jahr 2001 trat keine Heilung eines formnichtigen Verpflichtungsvertrags ein, weil die Anteile im notariellen Vertrag an andere Personen abgetreten wurden als an die in dem privatschriftlichen – und damit formunwirksamen – Verpflichtungsvertrag bezeichnete Gläubigerin.

Eine Heilung nach § 15 Abs. 4 S. 2 GmbHG erfolgt auch dann nicht, wenn der beurkundete Abtretungsvertrag zu **anderen schuldrechtlichen Bedingungen** geschlossen wurde als das Verpflichtungsgeschäft.[121]

Im Fall des *OLG Hamburg* ging es um die Frage, ob der Käufer die Verkäuferin auf der Grundlage der vor der Beurkundung getroffenen schriftlichen **Freistellungsvereinbarung** in Anspruch nehmen kann. Das *OLG Hamburg* war der Auffassung, dass die im notariellen Vertrag vorgenommene Vereinbarung

---

[117] BGH VIII ZR 257/93, NJW 1994, 3227, 3229 – Hervorhebungen durch den Verf.
[118] Ulmer/*Löbbe* GmbHG § 15 Rn. 103.
[119] BGH VIII ZR 257/93, NJW 1994, 3227, 3229.
[120] BGH VIII ZR 329/99, NJW 2002, 142, 143.
[121] OLG Hamburg 11 U 254/05, MittBayNot 2007, 514, 517.

> eines **Garantieausschlusses** im **Widerspruch** zu der Freistellungsregelung in der vorangegangenen – nicht beurkundeten – Vereinbarung stand. Die Heilungswirkung des wirksamen Verfügungsgeschäfts setze jedoch voraus, dass die Willensübereinstimmung der Parteien hinsichtlich des Kausalgeschäfts noch bis zum Zeitpunkt des Erfüllungsgeschäfts gegeben ist. Da dies nicht der Fall war, trat auch keine Heilung der formunwirksamen Freistellungsvereinbarung ein.

3. Zeitpunkt der Heilung

89   Die Heilung nach § 15 Abs. 4 S. 2 GmbHG wirkt lediglich ab dem Zeitpunkt der Abtretung für die Zukunft (**ex nunc**), dh sie entfaltet keine rückwirkende Kraft.[122] Das ergibt sich bereits aus dem Wortlaut der Vorschrift: „(...) *getroffene Vereinbarung* **wird** *(...) gültig.*"

Fraglich ist, auf welchen Zeitpunkt für die Heilungswirkung bei **bedingten Abtretungen** abzustellen ist. Hier kommen zwei Anknüpfungspunkte in Betracht: die formwirksame notarielle Vereinbarung der dinglichen Abtretung oder der tatsächliche Bedingungseintritt bzw. der Verzicht darauf.

90   Bei einer **aufschiebend bedingten Abtretung** tritt nach *BGH*-Rechtsprechung die Heilungswirkung nicht schon mit der formgerechten Abtretung, sondern erst mit **Bedingungseintritt** ein. Die Heilung eines wegen Formmangels unwirksamen Verpflichtungsgeschäfts setze die **Wirksamkeit des Verfügungsgeschäfts** – also der Anteilsübertragung – voraus; eine rückwirkende Heilung erfolge nicht.[123] Dies gelte auch bei aufschiebend bedingten Abtretungen von GmbH-Geschäftsanteilen, so dass die Heilung des formunwirksamen Verpflichtungsgeschäfts erst mit dem **Eintritt der Bedingung** oder dem **Verzicht** auf sie stattfinde.[124] Die Möglichkeit des einseitigen Verzichts auf die Bedingung eines Verfügungsgeschäfts verneint allerdings *Pohlmann*[125]; es handle sich bei einem einseitigen Verzicht um eine Vertragsänderung, die eine Einigung voraussetze und daher nicht einseitig erfolgen könne; die Verzichtsregeln des Sachenrechts seien auch nicht entsprechend anwendbar. Richtigerweise dürfte hier wie auch allgemein nach dem (Schutz)zweck der jeweiligen aufschiebenden Bedingung zu differenzieren sein. So ist die rechtlich erforderliche Freigabe durch die Kartellbehörden sicherlich nicht dispositiv; Bedingungen, die ausschließlich den Erwerber schützen sollen (zB Vollzug bestimmter Restrukturierungs- oder Kapitalisierungsschritte

---

[122] Baumbach/Hueck/*Fastrich* GmbHG § 15 Rn. 36; Michalski/*Ebbing* GmbHG § 15 Rn. 111, Ulmer/*Löbbe* GmbHG § 15 Rn. 104.
[123] BGH IX R 61/05, GmbHR 2008, 1229; BGH VIII ZR 185/96, DStR 1998, 1026, 1027.
[124] BGH VIII ZR 185/96, DStR 1998, 1026, 1027; zustimmend Ulmer/*Löbbe* GmbHG § 15 Rn. 99 und Baumbach/Hueck/*Fastrich* GmbHG § 15 Rn. 36.
[125] *Pohlmann* NJW 1999, 190, 191.

II. Heilung eines Formverstoßes nach § 15 Abs. 4 S. 2 GmbHG

vor Erwerb) dürften in der Verfügungsbefugnis des Erwerbs liegen. Es empfiehlt sich – hier wie allgemein – die Verzichtbarkeit bestimmter Bedingungseintritte ausdrücklich vertraglich zu vereinbaren.

Abweichend von der Rechtsprechung des *BGH* vertritt *Pohlmann*[126], dass bei einer aufschiebend bedingten Abtretung die Heilung **nicht erst mit Bedingungseintritt, sondern bereits mit der formgerechten Abtretung** erfolgt; nach dem Wortlaut, so wird argumentiert, trete die Heilung auch mit Abschluss eines bedingten Abtretungsvertrags ein. Auch nach Sinn und Zweck des § 15 Abs. 4 S. 2 GmbHG könne bereits die bedingte Abtretung zur Heilung führen. 91

Letztlich ist jedoch nach Sinn und Zweck der Heilungsvorschrift – Schaffung von Rechtssicherheit – der Auffassung des *BGH*[127] zu folgen, da nicht schon eine Heilung eintreten kann, bevor die Abtretung endgültig wirksam geworden ist. 92

Von Bedeutung ist es schließlich, die Frage des **Zeitpunkts der Heilungswirkung** gedanklich von dem **Erfordernis der fortwirkenden Willensübereinstimmung** zu trennen. Die Willensübereinstimmung ist (nur) bis zum Zeitpunkt der Abtretung erforderlich, nicht jedoch bis zum danach liegenden Zeitpunkt des Bedingungseintritts.[128]

4. Umfang der Heilungswirkung

Die Wirkung der Heilung gem. § 15 Abs. 4 S. 2 GmbHG erstreckt sich auf den gesamten obligatorischen Vertrag. Insbesondere werden auch nicht beurkundete Teile des schuldrechtlichen Geschäfts erfasst.[129] Hierzu führt der *BGH* aus: 93

„*Das Versprechen eines zusätzlichen Entgelts für die Übertragung des Geschäftsanteils wäre zwar als ein untrennbarer Teil des zwischen dem Kl. und dem Bekl. geschlossenen Kaufvertrages anzusehen gewesen; es hätte daher gem. § 15 Abs. 4 GmbHG in die notarielle Beurkundung einbezogen werden müssen. Die Verletzung dieser Vorschrift führte zur Nichtigkeit des gesamten Geschäfts.* **Der Formmangel wurde jedoch durch die in der notariellen Urkunde enthaltene Abtretung des Gesellschaftsanteils geheilt (§ 15 Abs. 4 S. 2 GmbHG). Dadurch haben sowohl die beurkundeten als auch die nicht beurkundeten Teile des schuldrechtlichen Geschäfts rechtliche Gültigkeit erlangt** (…).“[130]

„*Die Heilungswirkung des § 15 Abs. 4 Satz 2 GmbHG erstreckt sich auch auf die nur in dem privatschriftlichen Verpflichtungsgeschäft enthaltenen* **Nebenabreden**.“[131]

---

[126] *Pohlmann* NJW 1999, 190, 192.
[127] Vgl. BGH IX R 61/05, GmbHR 2008, 1229; BGH VIII ZR 185/96, DStR 1998, 1026, 1027.
[128] *Holzapfel/Pöllath* Rn. 907 (15. Auflage 2014); *Ulmer/Löbbe* GmbHG § 15 Rn. 103.
[129] *Baumbach/Hueck/Fastrich* GmbHG § 15 Rn. 36.
[130] BGH IV a ZR 187/81, NJW 1983, 1843, 1844 – Hervorhebung durch den Verf.
[131] BGH II ZR 81/86, NJW-RR 1987, 807.

5. Praktische Anwendung: Der gezielte Einsatz der Heilungswirkung

94 Die Heilungswirkung des § 15 Abs. 4 S. 2 GmbHG wird teilweise von den Vertragsparteien gezielt eingesetzt. So wird mitunter bewusst auf die notarielle Beurkundung des Verpflichtungsvertrags verzichtet, um nur einen rechtsgeschäftlichen Vorgang beurkunden zu müssen und damit Transaktionskosten in Form von Notargebühren zu sparen.[132]

Bereits das *Reichsgericht* erwähnte in einem Urteil, dass die Heilungswirkung in der Praxis gezielt angewendet werde:

„Es ist vielfach üblich geworden, dass die Kontrahenten nur den dinglichen Abtretungsvertrag gerichtlich oder notariell beurkunden lassen, wodurch dann die formlos geschlossene und deshalb an sich ungültige „Vereinbarung über die Abtretung" ihrem ganzen Inhalte nach gültig wird."[133]

Außer Betracht bleiben darf jedoch nicht, dass die Partei bei dieser Vorgehensweise ein beträchtliches **Nichtigkeitsrisiko** eingehen, das in dem Zeitraum zwischen Abschluss des (formunwirksamen) Verpflichtungsgeschäfts und notariell beurkundeter Abtretung besteht. Je größer der **zeitliche Abstand** zwischen unwirksamem Verpflichtungsvertrag und formwirksamen dinglichen Vollzug ist, desto größer ist das Risiko, dass aufgrund der Nichtigkeit der Übertragungsverpflichtung – mitsamt der Nebenabreden – die gesamte Transaktion scheitert.

Die gezielte Anwendung des § 15 Abs. 4 S. 2 GmbHG ist – nicht zuletzt aus notarieller Sicht – mit gewissen Nachteilen verbunden:[134] Bei bewusstem Verzicht auf die notarielle Beurkundung des Verpflichtungsvertrags entfällt die nutzbringende Wirkung des Beurkundungsverfahrens, worüber der Notar eingehend belehren muss. Zudem droht die Haftung des Notars, nachdem er in der Vertragsgestaltung stets den sichersten Weg, also die vollständige Beurkundung wählen muss. Er wird deshalb stets versuchen, die Beteiligten zu einer vollständigen Beurkundung zu bewegen, und, wenn er sich nicht durchsetzen kann, sich durch entsprechende Vermerke in der Urkunde von dieser distanzieren und nachweisen, dass er von dieser Gestaltung abgeraten hat.

Die praktische Bedeutung dieser Gestaltungsmöglichkeit darf deshalb angesichts der damit einhergehenden Transaktionsunsicherheit nicht überschätzt werden. Den Kritikern dieser Vorgehensweise ist darin Recht zu geben, dass Notargebühren auf diese Weise kaum gespart werden können, es sei denn, man wollte den Notar in betrügerischer Absicht über den Wert des Geschäftsanteils täuschen. Auch halten sie richtig fest, dass viele Fälle gar nicht geeignet sind, weil der Anteil erst nach

---

[132] Vgl. *Loritz* DNotZ 2000, 90, 95.
[133] RG I 240/06, RGZ 65, 38, 39.
[134] Vgl. insbesondere *Walz/Fembacher* NZG 2003, 1134, 1139.

III. Umfang der Nichtigkeit wegen Formmangels und analoge Anwendung

Kaufpreiszahlung übergehen soll, die Abtretung also bedingt ist, oder weil andere Rechtsakte erforderlich sind, um die Abtretung wirksam zu machen. Zur gezielten Anwendung der Heilungswirkung gem. § 15 Abs. 4 S. 2 GmbHG bei GmbH & Co KG-Transaktionen → Rn. 116 ff.

III. Umfang der Nichtigkeit wegen Formmangels und analoge Anwendung des § 139 BGB durch die Rechtsprechung

Aus § 125 S. 1 BGB folgt die Nichtigkeit des Rechtsgeschäfts bei Nichtbeachtung der durch Gesetz vorgeschriebenen Form – in den hier fraglichen Fällen also der Form des § 15 Abs. 4 S. 1 GmbHG. **95**

Bereits bei Nichtbeurkundung lediglich einer Nebenabrede ist nach der Rechtsprechung das gesamte Rechtsgeschäft nichtig, wenn die Nebenabrede Bestandteil der Gesamtvereinbarung war.

Dieses Ergebnis ist insbesondere für solche Teile der Gesamtvereinbarung bedenklich, die auch ohne den formpflichtigen Teil – also die Verpflichtung zur Übertragung des Geschäftsanteils – vorgenommen worden wären. Der *BGH* wendet in diesen Fällen jedoch § 139 BGB analog an. Lediglich analog deswegen, weil die Formbedürftigkeit – so der *BGH* – nicht auf die Verpflichtung zur Übertragung des Geschäftsanteils beschränkt ist, sondern die gesamte „Vereinbarung" erfasst und somit zunächst einmal **keine Teilnichtigkeit** vorliegt, die eigentlich Voraussetzung für die Anwendung des § 139 BGB ist.[135]

Ein Formmangel führt demzufolge **nicht** zur Nichtigkeit von solchen Teilen der Vereinbarung, die für sich allein **nicht formbedürftig** gewesen wären und von denen anzunehmen **ist, dass sie nach dem mutmaßlichen Parteiwillen nicht zwingend mit der Verpflichtung zur Abtretung des Geschäftsanteils** verbunden sein sollten, sondern auch ohne diese Verpflichtung abgeschlossen worden wären.

„*Auch für den Fall, dass die Übertragung des Geschäftsanteils an der GmbH Bestandteil der Gesamtvereinbarung war, zu der auch die Übertragung des Kommanditanteils gehörte, wäre die letztere trotz des dann gegebenen Formmangels wirksam, wenn anzunehmen wäre, dass sie – allein oder zusammen mit anderen, für sich allein betrachtet nicht formbedürftigen Teilen der Gesamtvereinbarung – auch ohne die Verpflichtung zur Übertragung des Geschäftsanteils an der GmbH vorgenommen worden wäre, wenn den Parteien die aus der Verknüpfung mit der Verpflichtung zur Abtretung des Geschäftsanteils folgende Formbedürftigkeit bewusst gewesen wäre.*"

Insoweit greift der **Rechtsgedanke** des *§ 139 BGB* ein. Die Vorschrift kann allerdings **nicht unmittelbar** angewendet werden, weil die Formbedürftigkeit nicht auf die Verpflich-

---

[135] BGH II ZR 101/88, WM 1989, 406; BGH II ZR 155/85, NJW 1986, 2642, 2643.

tung zur Übertragung des Geschäftsanteils beschränkt ist, sondern die gesamte Vereinbarung erfasst und sich danach auch der Mangel der Form als Nichtigkeitsgrund nach § 125 S. 1 BGB grundsätzlich auf alle Teile der Vereinbarung erstreckt. Dem **Sinn des § 139 BGB** entspricht es jedoch, dass sich ein Nichtigkeitsgrund auf den **abtrennbaren Teil** einer Gesamtvereinbarung, für den er sich nur aus dessen Zusammenhang mit einem anderen Teil der Vereinbarung ergeben könnte, nicht erstreckt, **wenn die abtrennbare Teilregelung auch ohne den anderen Teil der Vereinbarung getroffen und dann von vornherein von dem Nichtigkeitsgrund nicht berührt worden wäre.**

Im Falle des § 15 Abs. 4 Satz 1 GmbHG führt demgemäß ein Formmangel nicht zur Nichtigkeit von solchen Teilen der Vereinbarung, die für sich allein nicht formbedürftig gewesen wären und von denen anzunehmen ist, dass sie nach dem (mutmaßlichen) Parteiwillen nicht zwingend mit der Verpflichtung zur Abtretung des Geschäftsanteils verbunden sein sollten, sondern auch ohne diese Verpflichtung abgeschlossen worden wären (in diesem Sinne wohl auch RGZ 50, 163 (169); 94, 147 (149 f.); 103, 295 (302)).“[136]

Zustimmung hat diese Rechtsprechung beim *OLG Hamm* gefunden, wenn auch im konkreten Fall mit Verneinung der Wirksamkeit einer nicht beurkundeten Verfallsklausel.[137]

96 Dogmatisch konsequenter wäre es nach kritischer Gegenansicht[138], den Maßstab, den das Gericht bei der Frage nach dem Umfang der Nichtigkeit anlegt, bereits bei der Frage nach dem Umfang der Beurkundungspflicht anzulegen und die „miteinander stehen und fallen"-Rechtsprechung aus dem Grundstücksrecht auf die Problematik bei der GmbH-Transaktion zu übertragen. Dem ist entgegenzuhalten, dass die Schutzzwecke der Beurkundungspflicht bei Grundstücks- und Anteilskauf unterschiedlich sind und deshalb das Kriterium aus dem Grundstücksrecht nicht für Gesamtvertragswerke über einen Anteilskauf taugt.[139] Praktisch dürfte auch der Maßstab „miteinander stehen und fallen" kaum zu anderen Ergebnissen führen als das von der Rechtsprechung ohnehin verwendete Kriterium der „Nebenabreden, die nach dem Willen der Parteien Bestandteil der Vereinbarung über die Verpflichtung zur Abtretung sein sollen".

97 Zusammenfassend ist festzuhalten, dass der *BGH* den auf der Tatbestandsebene gewachsenen weiten **Umfang der Beurkundungspflicht auf der Rechtsfolgenseite leicht korrigiert**. Durch die analoge Anwendung des § 139 BGB entfällt die Nichtigkeitsfolge des § 125 S. 1 BGB iVm. § 15 Abs. 4 S. 1 GmbHG für vom Geschäftsanteilskauf abtrennbare Nebenabreden, wenn diese auch ohne die Anteilsübertragung vereinbart worden wären.

---

[136] BGH II ZR 155/85, NJW 1986, 2642, 2643 – Hervorhebungen durch den Verf.
[137] OLG Hamm 27 U 142/00, NJW-RR 2001, 1115, 1116.
[138] *Witt* ZIP 2000, 1033, 1037.
[139] Vgl. *Leutner/Stenzel*, NZG 2012, 1411, 1412.

Für die Vertragsgestaltung ist diese Erkenntnis allerdings wenig ergiebig, solange die Parteien verschiedene Bestandteile einer Transaktion als zusammengehörig betrachten, denn dann rettet § 139 BGB die Wirksamkeit nicht. Erst wenn zweifelsfrei **vereinbart** wird, dass bestimmte Teile einer Transaktion **unabhängig** von der Verpflichtung zu einer GmbH-Anteilsabtretung **Bestand** haben sollen, gewinnt § 139 BGB praktische Bedeutung.

IV. Formerfordernis bei mittelbaren GmbH-Gesellschaftsanteilsabtretungen

Zum Gesamthandsvermögen einer Personengesellschaft können auch Geschäftsanteile einer GmbH gehören. Einen besonderen und praxisrelevanten Fall stellt die sogenannte Einheits-KG dar (→ Rn. 105 zu dieser Gestaltungsform der KG), bei der eine Kommanditgesellschaft alle Anteile an ihrer eigenen Komplementärin hält. Für solche Konstellationen wurde die Frage aufgeworfen, ob die Verpflichtung zur Übertragung solcher Gesamthandsanteile der notariellen Beurkundung gem. § 15 Abs. 4 S. 1 GmbHG bedarf. 98

1. Grundsatz der Formfreiheit

Grundsätzlich gilt keine besondere Form für die Anteilsübertragung von Geschäftsanteilen an einer Gesamthand, auch wenn zum Gesellschaftsvermögen GmbH-Geschäftsanteile gehören.[140] Begründet wird dies im Wesentlichen damit, dass **Gegenstand der Veräußerung** nicht die GmbH-Beteiligung ist, sondern die Mitgliedschaft bzw. der Anteil an der Gesamthand als solche. Der Erwerb der Mitberechtigung an dem GmbH-Geschäftsanteil ist nur eine gesetzliche Folge des Erwerbs der Mitgliedschaft in der Gesamthand und das Ergebnis davon, dass das Gesellschaftsvermögen auch bei einem Mitgliederwechsel der Gesellschaft nach § 738 Abs. 1 BGB zugeordnet wird. 99

2. Ausnahme unter Umgehungsgesichtspunkten

Eine Ausnahme vom Grundsatz der Formfreiheit kommt jedoch dann in Betracht, wenn die Gesellschafterstellung bei **wirtschaftlicher Betrachtung** darauf gerichtet ist, unter Vermeidung der für das Verpflichtungsgeschäft geltenden Formvorschriften den Rechtsgrund für die Verfügung über das Eigentum an den GmbH-Anteilen zu schaffen (Umgehungsgeschäft). 100

---

[140] MüKo/*Schäfer* BGB § 719 Rn. 33 (6. Auflage 2013); Ulmer/*Löbbe* GmbHG § 15 Rn. 55.

§ 2 GmbH-Anteilsabtretung und -veräußerung (§ 15 Abs. 3 und 4 GmbHG)

Der BGH entschied, dem Berufungsurteil des *OLG Frankfurt*[141] folgend, dass der Schutzzweck des § 15 Abs. 4 GmbHG es nicht schlechthin erfordere, die Verpflichtung zur Übertragung des Anteils an einer GbR, deren Gesellschaftsvermögen aus einem GmbH-Anteil besteht, notariell zu beurkunden.[142] Lediglich in einem **Umgehungsfall** sei Formbedürftigkeit anzunehmen.

Im konkreten Fall ging es um die Formbedürftigkeit der Übertragung eines Gesellschaftsanteils an einer Mitarbeiterbeteiligungs-GbR.

101 Umstritten ist in diesem Zusammenhang, ob es zur Bejahung eines Umgehungstatbestands bereits ausreicht, wenn sich der Zweck der GbR auf das **Halten und Verwalten von GmbH-Geschäftsanteilen** beschränkt.

Das wird ua von *Schäfer* und *Ulmer* bejaht[143]: Die deutliche Nähe derartiger Fälle zur Bruchteilsgemeinschaft, die sich funktional in der Rolle der GbR als „Trägerin modifizierten Miteigentums" widerspiegle, rechtfertige es, die im Fall unmittelbarer Veräußerung von Gegenständen des Gesellschaftsvermögens für das Verpflichtungsgeschäft geltenden Formvorschriften auch bei der ihr wirtschaftlich entsprechenden Verpflichtung zur Anteilsveräußerung bzw. zu sonstigem vertraglichem Gesellschafterwechsel heranzuziehen. Eine besondere Umgehungsabsicht wird nicht für erforderlich gehalten.

Der *BGH* wendet sich jedoch überzeugend gegen eine solche pauschale Betrachtung und stellt auf den Schutzzweck des § 15 Abs. 4 GmbHG im Einzelfall ab:

*„Der Schutzzweck des § 15 Abs. 4 GmbHG erfordert **nicht schlechthin**, die Verpflichtung zur Übertragung des Anteils an einer GbR, deren Gesellschaftsvermögen aus einem GmbH-Anteil besteht, notariell zu beurkunden.*

(...)

Es kann nicht anerkannt werden, dass in allen Fällen, in denen das Halten von GmbH-Anteilen der Haupt- oder alleinige Zweck einer GbR ist, ein derartiger Umgehungsfall vorliegt. Der Schutzzweck des § 15 Abs. 4 GmbHG, auf den es in diesem Zusammenhang allein ankommt, erfordert nicht die Einhaltung der notariellen Form für den Kauf eines solchen GbR-Anteils."[144]

Im konkreten Fall schied die Anwendung der Formvorschrift aus Sicht des *BGH* bereits deswegen aus, weil der Zweck der GbR nicht auf das Halten und Verwalten des GmbH-Anteils beschränkt war, sondern dem Ziel der **Mitarbeiterbeteiligung** diente. Es sei insoweit nichts dafür ersichtlich, dass die Gründung der GbR auf eine Umgehung der Formvorschrift des § 15 Abs. 4 GmbHG unter Ausnutzung der personengesellschaftsrechtlichen Gestaltungsmöglichkeiten abziele, also nach der konkreten Ausgestaltung des Vertragswerks kein Umgehungsfall vorliege. Der freie Handel mit Gesellschaftsanteilen der Mitarbeiter wurde im konkreten Fall da-

---

[141] OLG Frankfurt 4 U 32/06, NZG 2008, 19.
[142] BGH II ZR 312/06, NZG 2008, 377; vgl. hierzu auch *Schodder* EWiR 2008, 331.
[143] MüKo/*Schäfer* BGB § 719 Rn. 36; vgl. auch Ulmer/*Löbbe* GmbHG § 15 Rn. 56.
[144] BGH II ZR 312/06, NZG 2008, 377 – Hervorhebung durch den Verf.

durch ausgeschlossen, dass eine Übertragung nur an Mitgesellschafter oder an Mitarbeiter der GmbH möglich war, weil nur in diesen Fällen die für die Übertragung erforderliche Zustimmung durch die Gesellschafterversammlung erteilt wurde.

Wendet man diese Gedanken auf die **Einheits-KG** (→ Rn. 105) an, so ist die 102 Übertragung der KG-Anteile ohne weiteres formfrei möglich, denn der Zweck der KG richtet sich nicht auf das Halten ihrer Komplementärin, sondern auf die Ausübung ihrer Geschäftstätigkeit. Ein erleichterter Handel mit GmbH-Anteilen wird hierbei nicht eröffnet.

Zusammenfassend ist festzuhalten, dass allein der Umstand, dass der Zweck 103 einer GbR im Halten und Verwalten von GmbH-Geschäftsanteilen besteht, laut *BGH* bei der Veräußerung von GbR-Geschäftsanteilen noch nicht die analoge Anwendung des § 15 Abs. 4 S. 1 GmbHG begründet.[145] Abzustellen ist vielmehr im konkreten Einzelfall darauf, ob ein erleichterter Handel mit GmbH-Geschäftsanteilen eröffnet wird. Dabei ist vor allem auf die konkrete gesellschaftsrechtliche Ausgestaltung der GbR abzustellen. Der dem *BGH*-Urteil zugrunde liegende Sachverhalt war sehr speziell gelagert, so dass Verallgemeinerungen nur eingeschränkt möglich erscheinen. Es ist daher denkbar, wenn auch nicht naheliegend, dass die Rechtsprechung § 15 Abs. 4 GmbHG auf andere Erscheinungsformen einer mittelbaren GmbH-Geschäftsanteilsübertragung anwendet.

V. Insbesondere: Formbedürftigkeit der Verpflichtung zur Übertragung einer Beteiligung an einer GmbH & Co. KG

Unternehmen sind häufig in der Rechtsform einer GmbH & Co. KG organisiert. 104 Der persönlich und unbeschränkt haftende Gesellschafter (Komplementär) der Kommanditgesellschaft ist dann eine GmbH. Die **wirtschaftlich bedeutenden Werte** der Gesellschaft werden in dieser Konstellation regelmäßig von der KG gehalten. Dagegen wird die **unternehmerische Leitungsfunktion** durch die Organe der GmbH wahrgenommen. Bei Veräußerung einer GmbH & Co. KG ist der Erwerber daher oftmals bestrebt, neben der Kommanditbeteiligung auch einen entsprechenden Geschäftsanteil an der GmbH zu erwerben bzw. der Verkäufer bestrebt, die ansonsten nicht benötigte GmbH mit zu veräußern. Nicht ohne weiteres auflösbare personelle oder finanzielle Verflechtungen zwischen KG und Komplementär-GmbH können ebenfalls für eine gemeinsame Veräußerung sprechen. Bei einer solchen Transaktion stellt sich dann regelmäßig die Frage der Beurkundungsbedürftigkeit der **Verpflichtung** zur Übertragung des Kommanditanteils. Zwar unterliegt dieses Verpflichtungsgeschäft für sich genommen keiner eigenen Formvorschrift. Doch kann sich im Zusammenhang mit der gem. § 15 Abs. 4 S. 1

---

[145] BGH II ZR 312/06, NZG 2008, 377.

§ 2 GmbH-Anteilsabtretung und -veräußerung (§ 15 Abs. 3 und 4 GmbHG)

GmbHG beurkundungsbedürftigen Verpflichtung zur GmbH-Anteilsübertragung etwas anderes ergeben (dazu 1.). Darüber hinaus fragt sich, ob auch die **Verfügung** über den Kommanditanteil einem notariellen Formerfordernis unterliegt (dazu 2.). Schließlich ist die Reichweite der Heilungsvorschrift des § 15 Abs. 4 S. 2 GmbHG in KG-Konstellationen zu untersuchen (dazu 3.) und sind entsprechende Konsequenzen für die praktische Vertragsgestaltung zu erörtern (dazu 4.). Zur – auf den ersten Blick nicht nahe liegenden – Problematik der Übertragung einer KG mit ausländischer Gesellschaft als persönlich haftendem Gesellschafter (→ Rn. 49 ff.).

105 *Gestaltungshinweis:* **Die Frage der Beurkundungsbedürftigkeit stellt sich nicht, wenn statt der Mitveräußerung der Anteile an der Komplementär-GmbH ein Austritt der alten und Eintritt einer neuen Komplementär-GmbH vereinbart werden kann. Diese Gestaltung kann privatschriftlich vereinbart werden. Ihr können allerdings im konkreten Fall Hindernisse, insbesondere steuerlicher Art, entgegenstehen.**

Eine Beurkundungspflicht scheidet ebenfalls aus bei Übertragung der Kommanditanteile an einer Einheits-KG[146], bei der die Anteile an der Komplementär-GmbH von der KG selbst gehalten werden und ohne weiteres deshalb mit der Beteiligung an der KG mit veräußert werden.

1. Formbedürftigkeit des Verpflichtungsgeschäfts zur Abtretung der Kommanditbeteiligung

106   Der *BGH* hat sich zur Formbedürftigkeit des Verpflichtungsgeschäfts zur Übertragung der Kommanditbeteiligung zusammen mit einer Veräußerung der Beteiligung an der Komplementär-GmbH noch nicht ausdrücklich geäußert. Unausgesprochen geht er jedoch in seinem bereits mehrfach zitierten Urteil von 1986 ohne weiteres davon aus, dass ein entsprechender Formzwang besteht.[147] Geäußert hat sich der *BGH* hierzu bei der Frage, ob gem. § 139 BGB die Unwirksamkeit einer Übertragungspflicht des GmbH-Geschäftsanteils auch die Unwirksamkeit der Übertragung des Kommanditanteils zur Folge hat.

„*Auch für den Fall, dass die Übertragung des Geschäftsanteils an der GmbH Bestandteil der Gesamtvereinbarung war, zu der auch die Übertragung des Kommanditanteils gehörte, wäre die letztere trotz des dann gegebenen Formmangels wirksam, wenn anzunehmen*

---

[146] Zu dieser Gestaltungsform der KG und insbesondere den aufwendigen Vertretungsregelungen, die mit ihr einhergehen: BGH II ZR 109/06, NZG 2007, 751; OLG Hamburg 11 U 27/12, NZG 2013, 831; *Giehl* MittBayNot 2008, 268; MüKo/*Grunewald* HGB § 161 Rn. 95 ff. (3. Auflage 2012); *Jorde/Götz* BB 2005, 2718; *Schmidt* ZIP 2007, 2193.
[147] Ebenso *Witt* ZIP 2000, 1033, 1035.

V. Insbesondere: Formbedürftigkeit der Verpflichtung zur Übertragung

*wäre, dass sie (...) auch ohne die Verpflichtung zur Übertragung des Geschäftsanteils an der GmbH vorgenommen worden wäre, wenn den Parteien die aus der **Verknüpfung mit der Verpflichtung zur Abtretung des Geschäftsanteils folgende Formbedürftigkeit** bewusst gewesen wäre."*[148]

Mit anderen Worten: Sind die Verpflichtung zur Übertragung des Geschäftsanteils an der GmbH und die Verpflichtung zur Übertragung des Kommanditanteils miteinander „verknüpft"[149] – also Bestandteil einer „Gesamtvereinbarung" –, so ist auch die Verpflichtung zur Übertragung des Kommanditanteils beurkundungsbedürftig.

Den Begriff der „rechtlichen Einheit" zwischen der Übertragung der GmbH- und Kommanditanteile verwendet das *OLG Düsseldorf*: 107

*„Die Verpflichtungsgeschäfte über die Geschäftsanteile an der GmbH und die Gesellschaftsanteile an der Kommanditgesellschaft (sind) auf Grund der Interessenlage beider Parteien typischerweise **untrennbar miteinander verbunden**, so dass sie eine rechtliche Einheit bilden."*[150]

Im gleichen Sinn äußert sich *Wiesbrock*: 108

*„Da bei einer GmbH & Co. KG der Kaufvertrag über die Geschäftsanteile an der GmbH und der Gesellschaftsanteile an der Kommanditgesellschaft typischerweise – sowohl aus der Interessenlage des Verkäufers als auch des Käufers – untrennbar miteinander verbunden sind, handelt es sich bei den beiden Kaufverträgen um einen **einheitlichen Vertrag**. Infolgedessen erstreckt sich die Beurkundungspflicht auch auf die Verpflichtung zur Übertragung der Kommanditanteile."*[151]

Der Kaufvertrag über die Kommanditbeteiligung ist nur dann **formlos wirksam**, wenn anzunehmen ist, dass die Vertragsparteien den Kaufvertrag auch ohne die Verpflichtung des Verkäufers zur Übertragung der Geschäftsanteile an der Komplementär-GmbH abgeschlossen hätten.[152] Das ist aber **im Zweifel nicht anzunehmen**.[153] 109

Binz/Mayer[154] plädieren zwar bei der Frage des Umfangs der Beurkundungspflicht gemäß § 15 Abs. 4 S. 1 GmbHG für eine entsprechende Anwendung der Grundsätze, die im Bereich des § 311 b Abs. 1 S. 1 BGB anerkanntermaßen gelten. Dass dies jedoch wegen der unterschiedlichen Schutzzwecke beider Vorschriften nicht überzeugt, wurde bereits (→ Rn. 96) dargelegt. 110

---

[148] BGH II ZR 155/85, NJW 1986, 2642, 2643 – Hervorhebungen durch den Verf.
[149] Die Wortwahl „verknüpft" darf in diesem Zusammenhang nicht dazu verleiten, die „Verknüpfungs-Rechtsprechung" des *BGH* bei Grundstücksgeschäften auf Anteilsübertragungen anzuwenden.
[150] OLG Düsseldorf 10 W 92/04, NZG 2005, 507 – Hervorhebungen durch den Verf.
[151] *Wiesbrock* DB 2002, 2311, 2313 – Hervorhebungen durch den Verfasser.
[152] BGH II ZR 155/85, NJW 1986, 2642, 2643.
[153] Vgl. OLG Frankfurt 20 W 599/99 – Unter Verweis auf § 139 BGB.
[154] *Binz/Mayer* NJW 2002, 3054, 3059.

2. Formbedürftigkeit des Verfügungsgeschäfts über die Kommanditbeteiligung bei einer GmbH & Co. KG – Transaktion

111 Überwiegend wird also von der Beurkundungsbedürftigkeit der Verpflichtung zur Übertragung des Kommanditanteils ausgegangen, wenn diese in Verbindung mit einer Pflicht zur Übertragung eines Geschäftsanteils steht. Zu beantworten bleibt dabei die Frage, ob sich die Formbedürftigkeit des Verpflichtungsgeschäfts auch auf die **dingliche Verfügung** über die Kommanditbeteiligung erstreckt. Relevant kann dies zB in einem Fall werden, in dem eine Heilung der Formunwirksamkeit nach § 15 Abs. 4 S. 2 GmbHG wegen fehlender Beurkundung auch des dinglichen Vollzugs nicht eintritt bzw. es aus anderen Gründen nicht zur Übertragung des GmbH-Anteils kommt. Zu beurteilen ist dann, ob auch die Verfügung über die Kommanditbeteiligung formunwirksam ist.

112 Eine Unwirksamkeit auch der dinglichen Verfügung über den Kommanditanteil hält offenbar der *BGH* für möglich. Verpflichtungs- und Verfügungsgeschäft seien miteinander rechtlich „verknüpft"[155], so dass die Formunwirksamkeit des Verpflichtungsgeschäfts auch die Unwirksamkeit des Verfügungsgeschäfts zur Folge habe:

*„Die Wirksamkeit der Übertragung des Kommanditanteils kann auch nicht allein aus dem Grunde bejaht werden, dass es sich dabei nicht um ein Verpflichtungsgeschäft, sondern um ein dingliches Erfüllungsgeschäft handelt. Auch dingliche Geschäfte können trotz ihrer abstrakten Natur nach dem **Parteiwillen** im Einzelfall mit Verpflichtungsabreden **rechtlich verknüpft** sein."*[156]

113 Die dingliche Übertragung der Kommanditanteile ist nach anderer und uE richtiger Ansicht auch bei Annahme eines einheitlichen Rechtsgeschäfts mit der Übertragung der Geschäftsanteile **formfrei** möglich.[157] Die Grundsätze des „einheitlichen Rechtsgeschäfts" könnten nach Sinn und Zweck der gesetzlichen Regelungen auf Ebene eines solchen Verfügungsgeschäfts im Gegensatz zur Ebene des Verpflichtungsgeschäfts keine doppelte Beurkundungspflicht begründen. Die **Übertragung** einer Kommanditbeteiligung unterliegt selbst dann nicht der Form des § 15 Abs. 3 GmbHG, wenn das zugrunde liegende Verpflichtungsgeschäft ein einheitliches Verpflichtungsgeschäft darstellt.[158] Argumentativ ist dieser Ansatz dem der Rechtsprechung vorzuziehen, weil er das Prinzip der Abstraktion zwischen Verpflichtung und dinglichem Vollzug respektiert. Aus Beratersicht kann er jedoch nicht als sicherster Weg gelten und sollte deshalb, sofern Gestaltungsfreiheit besteht, vermieden werden.

---

[155] Auch hier gilt das zum Begriff „verknüpft" in Fn. 139 Gesagte.
[156] BGH II ZR 155/85, NJW 1986, 2642, 2643 – Hervorhebungen durch den Verf.
[157] *Wiesbrock* DB 2002, 2311, 2313.
[158] *Wiesbrock* DB 2002, 2311, 2314; ebenso schon *Wiesner* NJW 1984, 95, 99.

V. Insbesondere: Formbedürftigkeit der Verpflichtung zur Übertragung

3. Folgefrage: Heilung eines formnichtigen Verpflichtungsvertrags über KG-Anteilsveräußerung gem. § 15 Abs. 4 S. 2 GmbHG

Die Wirkung der Heilung nach § 15 Abs. 4 S. 2 GmbHG bei der Übertragung lediglich von GmbH-Anteilen wurde bereits beschrieben (→ Rn. 93). Im Bereich der GmbH & Co. KG-Transaktion geht es ergänzend um die Frage, ob die notariell beurkundete Abtretung des GmbH-Geschäftsanteils gem. § 15 Abs. 3 GmbHG auch den formunwirksamen Verpflichtungsvertrag zur Übertragung der Kommanditbeteiligung heilt. **114**

Hierzu wurde vereinzelt die Ansicht vertreten, dass in derartigen Konstellationen auch die **Übertragung des Kommanditanteils** der Beurkundung bedürfe und es deshalb mit der Beurkundung der Abtretung des GmbH-Anteils nicht getan sei. **115**

So verneint *Kempermann*[159] die Heilung des formunwirksamen Kommanditbeteiligungskaufvertrags durch § 15 Abs. 4 S. 2 GmbHG. Die formgerechte Abtretung der Geschäftsanteile an der GmbH reiche nicht aus, um den formungültigen Kaufvertrag über die Kommanditbeteiligung zu heilen. Es müsse vielmehr auch die Übertragung der KG-Anteile beurkundet werden. Das ergebe sich unmittelbar aus § 15 Abs. 4 GmbHG, denn es werde durch die notarielle Abtretung nur die in Abs. 4 S. 1 erwähnte Vereinbarung geheilt, nicht aber eine zweite Verpflichtung, die sich auf einen anderen Vertragsgegenstand erstrecke.

Dagegen wendet sich überzeugend *Schultze*[160], der darauf hinweist, dass die Beurkundungspflicht der Verpflichtung zur Abtretung des Kommanditanteils nur deshalb bestehe, weil sie Bestandteil der „Vereinbarung" iSd § 15 Abs. 4 S. 1 GmbHG sei. Die Heilungswirkung gemäß § 15 Abs. 4 S. 2 GmbHG erstrecke sich aber gerade auf diese „Vereinbarung", so dass auch die formwirksame Abtretung des Geschäftsanteils geheilt werde.

Ganz allgemein erstreckt sich auch nach Ansicht des *BGH* die Heilungswirkung des § 15 Abs. 4 S. 2 GmbHG auf die nur in einem privatschriftlichen Verpflichtungsgeschäft enthaltenen Nebenabreden.[161] Im konkreten Fall wurden die zunächst formunwirksamen – weil privatschriftlich begründeten – Nebenabsprachen über die Stundung des Kaufpreises und die Verpflichtung zur Stellung einer Bürgschaft geheilt. **116**

Auch im besonderen Kontext der GmbH & Co. KG-Transaktionen geht der *BGH* in einem Urteil aus dem Jahr 1992 ohne weiteres davon aus, dass die formwirksame Abtretung des GmbH-Geschäftsanteils auch den (formunwirksamen) Kaufvertrag bezüglich des Kommanditanteils heilt. **117**

---

[159] *Kempermann* NJW 1991, 684, 685; ebenfalls eine Heilung verneinend: *Beisel/Klumpp* Kapitel 1 Rn. 91 (6. Auflage 2009).
[160] *Schultze* NJW 1991, 1936.
[161] BGH II ZR 81/86, NJW-RR 1987, 807.

§ 2 GmbH-Anteilsabtretung und -veräußerung (§ 15 Abs. 3 und 4 GmbHG)

„Der Formfehler ist durch wirksame Übertragung des GmbH-Anteils (...) gem. § 15 Abs. 4 S. 2 GmbHG geheilt worden. Dabei kann (...) unterstellt werden, dass die Veräußerung beider Gesellschaftsanteile rechtlich untrennbar ist, mithin auch der den **Kommanditanteil** betreffende Kaufvertrag notarieller Beurkundung bedurfte, dass es an dieser mangels Abgabe einer Bekanntheitserklärung seitens der bekl. Ehefrau fehlt und dass dieser **Mangel auch auf den GmbH-Anteil betreffenden Kaufvertrag durchschlägt**. *Das gesamte formnichtige Verpflichtungsgeschäft* wird nämlich gem. § 15 Abs. 4 S. 2 GmbHG gültig, wenn nur die Abtretung des mitverkauften GmbH-Anteils gem. § 15 Abs. 3 GmbHG ordnungsgemäß notariell beurkundet ist. Das ist hier der Fall. Für die Frage der Heilung nach § 15 Abs. 4 S. 2 GmbHG kommt es allein darauf an, ob die Anteilsabtretung für sich allein betrachtet ordnungsgemäß und vollständig beurkundet ist. Das der Abtretung zugrunde liegende Verpflichtungsgeschäft bleibt daher außer Betracht. Die Heilung tritt selbst dann ein, wenn formnichtiges Verpflichtungsgeschäft und formgültige Abtretung in derselben notariellen Urkunde enthalten sind und erstreckt sich auf den gesamten Inhalt des Verpflichtungsgeschäfts."[162]

4. Konsequenzen für die Praxis

118   Die Beurkundung des Kaufvertrags bezüglich des Kommanditanteils ist in der Regel mit erheblichen Kosten verbunden, denn den wirtschaftlichen Wert und damit den kostenrechtlich maßgeblichen Parameter der Beteiligung an einer GmbH & Co. KG stellt regelmäßig die Kommanditbeteiligung dar. Daher stellt die bewusste Nichtbeurkundung des Kaufvertrags im Vertrauen auf die – spätere – Heilung nach § 15 Abs. 4 S. 2 GmbHG grundsätzlich eine Gestaltungsmöglichkeit dar.

Mit den Worten des *OLG Frankfurt*:

„Um die kostenträchtige Beurkundung des Verkaufs der Kommanditanteile zu vermeiden, wird in der Praxis vielfach die Heilungsbestimmung des § 15 Abs. 4 GmbHG ausgenutzt, indem der schuldrechtliche Vertrag über den Verkauf von GmbH- und Kommanditanteilen sowie die Abtretung der Kommanditanteile zunächst privatschriftlich vereinbart werden und zwar unter der aufschiebenden Bedingung (§ 158 Abs. 1 BGB), dass auch die Geschäftsanteile an der Komplementär-GmbH (formwirksam) abgetreten werden. Danach erfolgt die Abtretung der Geschäftsanteile an der Komplementär-GmbH in notarieller Form, wodurch der privatschriftliche Teil des Geschäfts in vollem Umfang (ex nunc) wirksam wird."[163]

119   Bei einem solchen Vorgehen besteht bis zum Zeitpunkt der notariellen Abtretung der GmbH-Anteile das **Risiko der Nichtigkeit der gesamten Transaktion,** denn die Verpflichtung zur Übertragung des Kommanditanteils ist nach der Rechtsprechung beurkundungspflichtig. Diese Formunwirksamkeit hat nach § 125 iVm § 139 BGB im Zweifel auch die Unwirksamkeit einer notariell beurkundeten GmbH-Geschäftsanteilsübertragungsvereinbarung zur Folge. Bei einem Ausblei-

---

[162] BGH II ZR 95/91, NJW-RR 1992, 991 – Hervorhebungen durch den Verf.
[163] OLG Frankfurt 20 W 599/99, juris.

V. Insbesondere: Formbedürftigkeit der Verpflichtung zur Übertragung

ben der notariellen Beurkundung des dinglichen Vollzugs nach § 15 Abs. 3 GmbHG ist demzufolge die gesamte Transaktion nichtig.

Dieses Nichtigkeitsrisiko kann am ehesten dadurch verringert werden, dass zwischen der Beurkundung der Abtretung der GmbH-Anteile und der Übertragung der Kommanditanteile ein enger **zeitlicher Zusammenhang** hergestellt und von den Parteien eingehalten wird.

Hierzu äußert sich wiederum das *OLG Frankfurt*:

„*Zur Verringerung des für den Zeitraum zwischen dem Abschluss der (formnichtigen oder aufschiebend bedingten) privatschriftlichen Vereinbarung und der Beurkundung der heilenden Abtretung des Geschäftsanteils an der Komplementär-GmbH bestehenden „Nichtigkeitsrisikos" wird empfohlen, dass die Abtretung des GmbH-Anteils unmittelbar im Anschluss an die Unterzeichnung der zu Grunde liegenden privatschriftlichen Verträge oder sogar noch davor erfolgt.*"

Diese Verfahrensweise eines privatschriftlichen Verpflichtungsvertrages mit Heilung über § 15 Abs. 4 S. 2 GmbHG wird in der Literatur als unbedenklich angesehen, zumindest für die Konstellation, dass die Vertragsparteien den Kauf- und Abtretungsvertrag über die Geschäftsanteile an der Komplementär-GmbH **gleichzeitig** mit dem Vertrag über die Kommanditbeteiligung abschließen, was in der Praxis der Regelfall sei[164]; jeglicher durch die Vereinbarung einer **aufschiebenden Bedingung** (wie zB der Zahlung des Kaufpreises) entstehende Schwebezustand solle jedoch unbedingt vermieden werden. **120**

Zur Vermeidung negativer Ergebnisse bei ausbleibender Beurkundung der GmbH-Anteilsabtretung können zB die beiden Teile insoweit ausdrücklich miteinander verbunden werden, dass die die Kommanditanteile betreffenden Bestimmungen unter die **aufschiebende Bedingung des notariellen Vollzugs der Abtretung der GmbH-Anteile** gestellt werden[165].

Tatsächlich kann dadurch natürlich nicht dem Nichtigkeits- bzw. Unwirksamkeitsrisiko begegnet werden, das zwischen Verpflichtung zur Abtretung und tatsächlicher Abtretung besteht, wobei die Parteien dieses Risiko allerdings in unterschiedlichem Umfang unter ihrer Kontrolle haben können.

Festzuhalten bleibt abschließend, dass die Heilung der gesamten formwirksamen GmbH & Co. KG-Veräußerung in dem Maß als zuverlässiges Gestaltungsmittel eingesetzt werden kann, wie die Parteien das Risiko der Gesamt-Unwirksamkeit der Übertragung beherrschen oder zu tragen gewillt sind. **121**

---

[164] *Wiesbrock* DB 2002, 2311, 2314.
[165] *Holzapfel/Pöllath* Rn. 910.

VI. Die Formbedürftigkeit der dinglichen Abtretung des Geschäftsanteils gem. § 15 Abs. 3 GmbHG

122 Nach § 15 Abs. 3 GmbHG bedarf es zur Abtretung von Geschäftsanteilen durch Gesellschafter eines in notarieller Form geschlossenen Vertrags. Im Hinblick auf die damit verfolgten Schutzzwecke wird auf Rn. 5 f. verwiesen.

Sowohl das schuldrechtliche Verpflichtungsgeschäft als auch das dingliche Rechtsgeschäft werden häufig in dieselbe Urkunde aufgenommen. Jedoch ist es gerade bei umfangreichen Unternehmenstransaktionen auch nicht ungewöhnlich, dass zwischen Verpflichtungsgeschäft (Signing) und Verfügungsgeschäft (Closing) ein längerer Zeitraum liegt, oder dass die Abtretung eines GmbH-Anteils in separater Urkunde lediglich ein – mehr oder weniger bedeutsamer – Baustein einer umfangreichen Transaktion ist. Zur Heilung eines etwaigen Formmangels durch die dingliche Abtretung des Geschäftsanteils gem. § 15 Abs. 4 S. 2 GmbHG → Rn. 86 ff.

Zur Erfüllung des § 15 Abs. 3 GmbHG bei einer Auslandsbeurkundung → § 10 Rn. 9 ff. (Geschäftsform, Ortsform), Rn. 28 ff. (Gleichwertigkeit).

Zum Ausschluss der Abwahl deutschen Rechts bei der dinglichen Übertragung gemäß § 15 Abs. 3 GmbHG → § 10 Rn. 9.

§ 3 Grundstücksveräußerungen im Rahmen eines Asset Deal (§ 311b BGB)

Literatur: *Diederichsen/Schmidt/Beneke*, Rechtliche Besonderheiten von Immobilientransaktionen, ZfIR 2014, 165, 169; *Einsele*, Formerfordernisse bei mehraktigen Rechtsgeschäften, DNotZ 1996, 835; *Erbacher/Klarmann*, Beurkundungspflichten beim Unternehmenskauf, Corporate Finance 2011, 15; *Hermanns*, Beurkundungspflichten, Beurkundungsverfahren und Beurkundungsmängel unter besonderer Berücksichtigung des Unternehmenskaufvertrages, DNotZ 2013, 9; *Leyendecker/Mackensen*, Beurkundung des Equity Commitment Letter beim Unternehmenskauf, NZG 2012, 219; *Kanzleiter*, Die Beurkundungsbedürftigkeit des „Verknüpfungswillens" bei zusammenhängenden Rechtsgeschäften – ein Scheinproblem! – Gleichzeitig Anmerkungen zum Urt. Des BGH v. 13.02.2003 – IX ZR 76/99 –, DNotZ 2004, 178; jurisPK-BGB/*Ludwig*, 7. Auflage 2014, Stand 01.10.2014; *Kanzleiter*, Erwiderung zu der Stellungnahme von Weigl, DNotZ 2004, 341; *Keim*, Pflicht zur Mitbeurkundung von Mietverträgen bei Immobilienkäufen, RNotZ 2005, 102; *Keim*, Die Heilung formnichtiger Vorverträge über Grundstücksveräußerungen analog § 311b Abs. 1 BGB? – Anmerkungen zum Urt. des BGH v. 8.10.2004 V ZR 178/03, DNotZ 2005, 324; *Keim*, § 313 BGB und die Beurkundung zusammengesetzter Verträge, DNotZ 2001, 827; *Keim*, Keine Anwendung des § 139 BGB bei Kenntnis der Parteien von der Teilnichtigkeit?, NJW 1999, 2866; *Keim*, „Schlüsselfertig, Grunderwerbsteuer und Notarkosten nur auf den Grundstücksteil" (?) – Zur Beurkundungspflicht beim mit einem Grundstückskaufvertrag verbundenen Bauvertrag, DNotZ 2011, 513; *Korte*, Zum Beurkundungsumfang des Grundstücksvertrages und damit in Zusammenhang stehender Rechtsgeschäfte, DNotZ 1984, 3 und 82; *Korte*, Handbuch der Beurkundung von Grundstücksgeschäften, 1990; *Hans-Frieder Krauß*, Immobilienkaufverträge in der Praxis, 7. Auflage 2014; *Kruse*, Wärmelieferungsverträge in der notariellen Praxis, RNotZ 2011, 65; *Leutner/Stenzel*, Beurkundungsbedürftigkeit der Verknüpfungsabrede beim Geschäftsanteilskaufvertrag, NZG 2012, 1406; *Maier-Reimer*, Die Form verbundener Verträge, NJW 2004, 3741; *Opgenhoff*, Gestaltungsfragen bei der Beurkundung zusammengesetzter Verträge, RNotZ 2006, 257; *Seeger*, Die „einseitige Abhängigkeit" – zum Umfang der Beurkundungsbedürftigkeit zusammengesetzter Grundstücksgeschäfte, MittBayNot 2003, 11; *Wedemann*, Die Beurkundungsbedürftigkeit verbundener Verträge bei Grundstücksgeschäften, WM 2010, 395; *Weigl*, Nochmals: Zur Beurkundungsbedürftigkeit des „Verknüpfungswillens", DNotZ 2004, 339

I. Allgemeines zur Beurkundungspflicht gemäß § 311b Abs. 1 BGB

Die Verpflichtung zum Erwerb oder zur Veräußerung eines Grundstückes bedarf nach § 311b Abs. 1 BGB der notariellen Beurkundung. § 311 Abs. 1 BGB ersetzte den gleichlautenden § 313 BGB alter Fassung mit dem Inkrafttreten des Gesetzes zur Modernisierung des Schuldrechts vom 26.11.2001. Während die Fassung von § 313 BGB bis zum 30.6.1973 nur bestimmte, dass die Verpflichtung zur Veräußerung des Eigentums an einem Grundstück der notariellen Beurkundung bedurfte, 1

§ 3 Grundstücksveräußerungen im Rahmen eines Asset Deal (§ 311b BGB)

knüpfte die Gesetzesänderung zum 1.7.1973 auch an die Verpflichtung zum Erwerb des Eigentums an einem Grundstück die notarielle Beurkundungspflicht.[1]

Gehört ein Grundstück zum Unternehmen, so ergibt sich bei Unternehmenstransaktionen im Rahmen der Einzelrechtsübertragung von Vermögensgegenständen (sogenannter Asset Deal) in der Regel die Beurkundungsbedürftigkeit des gesamten Unternehmenskaufvertrages. Oft werden aber anlässlich des Unternehmenskaufvertrages oder des Grundstückskaufvertrages auch andere Verträge geschlossen, die für sich allein betrachtet, nicht beurkundungspflichtig sind. Die Frage, wann ein solcher, eigentlich nicht beurkundungsbedürftiger Vertrag von der Beurkundungspflicht des § 311b Abs. 1 S. 1 BGB miterfasst wird, wird kontrovers diskutiert und ist der Schwerpunkt der nachfolgenden Betrachtung. Im Folgenden wird für den Praktiker insbesondere die Rechtsprechung, aber auch Kommentarliteratur[2] hierzu zusammengefasst.

II. Schutzzweck der Formvorschrift

1. Allgemein

2   Die schuldrechtliche Verpflichtung zur Veräußerung und/oder zum Erwerb eines Grundstücks bedarf der notariellen Beurkundung. Dabei ergibt sich aus den mit der Beurkundung verfolgten Schutzzwecken die materielle Rechtfertigung des umfassenden Beurkundungserfordernisses. Das Formerfordernis des § 311b Abs. 1 S. 1 BGB hat vor allem folgende Funktionen:[3]

- Übereilungsschutz (**Warnfunktion**)
- Hinweis auf die Wichtigkeit des Geschäfts, Belehrung und Beratung (**Beratungs- und Betreuungsfunktion**)
- Erleichterung des Beweises der getroffenen Vereinbarung (**Beweisfunktion**)
- Gewährleistung der Gültigkeit des Rechtsgeschäfts (**Gültigkeitsgewähr**)

2. Rechtsprechung

3   Die Formulierung der Schutzzwecke des § 311b Abs. 1 BGB weicht in der Rechtsprechung jeweils im Detail voneinander ab, ohne dass dies inhaltliche Konsequenzen hat. Die genannten Schutzzwecke werden unter anderem in den folgen-

---

[1] jurisPK-BGB/*Ludwig* § 311b Rn. 1 mwN.
[2] Aus der Kommentarliteratur ist vor allem die sehr detaillierte Kommentierung von *Ludwig* in jurisPK-BGB zu nennen, die sicher die umfangreichste derzeitige Kommentierung darstellt.
[3] BeckOK BGB/*Gehrlein* § 311b Rn. 1; Erman/*Grziwotz* BGB § 311b Rn. 2; jurisPK-BGB/*Ludwig* § 311b Rn. 2; MünchKommBGB/*Kanzleiter* § 311b Rn. 1.

II. Schutzzweck der Formvorschrift

den Entscheidungen des *BGH* aufgeführt. Die Rechtsprechungszitate verweisen dabei überwiegend auf § 313 BGB aF. Nach der Schuldrechtsreform findet sich die Beurkundungspflicht für Grundstücksverkäufe im wortgleichen § 311b Abs. 1 S. 1 BGB:

*"Erst bei einer Abhängigkeit des Grundstücksgeschäfts vom Bauvertrag besteht Anlass, zur Wahrung der Funktionen des § 313 BGB (**Warn- und Schutzfunktion**, **Gewährsfunktion** für richtige, vollständige und rechtswirksame Wiedergabe des Parteiwillens, **Beweisfunktion**) das Formgebot auf den Bauvertrag auszudehnen."*[4]

*"Der Auftrag zur Beschaffung von Miteigentumsanteilen an dem Grundstück ist hinsichtlich der Herausgabeverpflichtung auch nicht deswegen formbedürftig, weil mit einer Beurkundung die Normzwecke des § 313 S. 1 BGB erreicht würden, nämlich den Veräußerer und den Erwerber von Grundstückseigentum vor übereilten Verträgen zu bewahren und ihnen reifliche Überlegungsfreiheit sowie sachkundige und unparteiische Beratung durch den Notar zu gewähren (**Warn- und Schutzfunktion**) sowie den Inhalt der Vereinbarung klar und genau festzustellen und die Beweisführung zu sichern (**Beweis- und Gewährsfunktion**)."*[5]

*"Die Form soll einmal Veräußerer und Erwerber **vor übereilten Verträgen bewahren**, sie auf die **Wichtigkeit des Geschäftes hinweisen** und ihnen die **Möglichkeit rechtskundiger Belehrung und Beratung** eröffnen."*[6]

*"Die Vorschrift des § 313 BGB soll vor allem den Grundstückseigentümer **gegen übereilte Verpflichtungsgeschäfte schützen** und ihm die Möglichkeit **angemessener sachkundiger Beratung gewährleisten**. Sie soll ferner sicherstellen, dass **Abschluss und Inhalt eines darunter fallenden Verpflichtungsgeschäfts anhand der notariellen Urkunde hinreichend klargestellt werden und einwandfrei bewiesen werden können**."*[7]

*"Dieser [Zweck] besteht im Wesentlichen darin, dem Grundeigentümer Schutz vor unüberlegten und übereilten Veräußerungen zu gewähren. Das war auch der eigentliche Grund für die Einführung der Beurkundung. Darin erschöpft sich ihr Zweck jedoch nicht. Denn es soll gleichzeitig auch dem Grundstückskäufer auf Grund fachkundiger Beratung durch die beurkundende Person Schutz zuteilwerden (…). Und darüber hinaus werden mit dem Beurkundungszwang bei Grundstücksveräußerungsverträgen noch weitere rechtspolitische Ziele verfolgt; er dient zugleich der **Sicherheit im Rechtsverkehr**, indem durch ihn der **Beweis getroffener Vereinbarungen erleichtert**, eine **unklare oder fehlerhafte Vertragsabfassung verhindert** und späteren Rechtsstreitigkeiten über den Vertragsinhalt vorgebeugt wird (…). Diese Vielfalt der Zwecke hat im Gesetz dadurch Ausdruck gefunden, dass nicht nur die Veräußerungspflicht als solche oder die unmittelbar auf den Eigentumsübergang hinzielenden Abreden, sondern der ganze Vertrag dem Beurkundungszwang unterliegen. Es müssen also*

---

[4] BGH VII ZR 321/00, NJW 2002, 2559, 2560.
[5] BGH V ZR 102/93, NJW 1994, 3346, 3347.
[6] BGH XI ZR 10/89, NJW 1990, 390, 391; BGH VZR 268/81, NJW 1983, 1610.
[7] BGH V ZR 63/70, NJW 1972, 1364, 1365.

alle Vereinbarungen, aus denen sich nach dem Willen der Vertragspartner das schuldrechtliche Rechtsgeschäft zusammensetzt, beurkundet werden (…).“[8]

III. Allgemeine Anwendungsvoraussetzungen

4   Die Beurkundungspflicht des § 311b Abs. 1 Satz 1 BGB knüpft an die Verpflichtung zur Übertragung und/oder den Erwerb eines **Grundstückes** an. Der Begriff des Grundstücks ist interessanterweise weder im BGB noch in der GBO definiert. Hierum ranken sich auch in der notariellen Praxis diverse Einzelfragen des Immobilienrechts, auf die hier nicht im Einzelnen eingegangen wird. Zur Frage des Grundstücksbegriffes und vor allen Dingen auch zur Bestimmtheit des Vertragsgegenstandes bei einem noch zu vermessenden Grundstücksteil (Teilfläche) siehe die instruktive und umfangreiche Darstellung von *Ludwig*[9]; ebenso zur Frage der Übertragung von Miteigentum und grundstücksgleichen Rechten.

5   Die zweite Voraussetzung der Beurkundungsbedürftigkeit ist, dass sich die **Verpflichtung zur Übertragung oder zum Erwerb** des Eigentums an einem Grundstück aus einer **vertraglichen Vereinbarung** ergeben muss (und nicht zB aufgrund Gesetzes). Bei einer Unternehmenstransaktion liegt in der Regel eine Verpflichtung zur Veräußerung und/oder dem Erwerb eines Grundstücks vor, sodass auf Einzelfälle hier nicht weiter eingegangen wird.[10] Zu den für eine Unternehmenstransaktion relevanten Fragen des Verhältnisses von § 311b Abs. 1 BGB zur Übertragung von Anteilen an Gesellschaften → Rn. 5 ff.

Der *BGH* hat hierzu festgehalten:

„*Allein die Nützlichkeit rechtskundiger Belehrung und Beratung sowie einwandfreier Beweisbarkeit der getroffenen Abreden begründet für gesetzliche Ansprüche im Rahmen eines Grundstücksgeschäfts noch* **keinen gesetzlichen Formzwang**. *Nach der klaren Entscheidung des Gesetzgebers macht nur die* **vertragliche Verpflichtung** *zum Erwerb oder zur Übertragung von Eigentum an einem Grundstück das Geschäft beurkundungsbedürftig. Ist der Vertragspartner dagegen schon* **kraft Gesetzes** *zur Übertragung verpflichtet, greift § 313 BGB nicht ein. Eine entsprechende Anwendung der Vorschrift kommt mangels einer hierfür erforderlichen Regelungslücke nicht in Betracht.*“[11]

---

[8] BGH V ZR 194/72, NJW 1974, 271.
[9] jurisPK-BGB/*Ludwig* § 311b BGB Rn. 4 bis 12, Rn. 31 bis 36.
[10] Vgl. im Einzelnen zu den Voraussetzungen und zu Fragen der Grundstücksversteigerung in öffentlich-rechtlichen Verträgen: jurisPK-BGB/*Ludwig* § 311b Rn. 39 bis 135.
[11] BGH V ZR 102/93, NJW 1994, 3346, 3347.

IV. Der Umfang der Beurkundungspflicht beim Asset Deal

Welchen Umfang die Beurkundungspflicht bei einem Asset Deal hat, der auch (oder gerade) die Verpflichtung enthält, ein Grundstück entweder zu veräußern oder zu erwerben, ist Gegenstand vieler Urteile und mannigfacher Beiträge in der Literatur. Meist wird unterschieden zwischen der Formbedürftigkeit von Nebenbestimmungen zur eigentlichen Grundstücksübertragungs- oder Erwerbspflicht (→ Rn. 7 ff.). Davon ist die Beurkundungsbedürftigkeit von weiteren Verträgen, die neben und anlässlich des eigentlichen Grundstückskaufvertrages abgeschlossen werden, sogenannte „zusammengesetzte Verträge", zu trennen (→ Rn. 13 ff.). 6

1. Nebenabreden/Nebenbestimmungen

Die notarielle Beurkundungspflicht des § 311b Abs. 1 S. 1 BGB erstreckt sich bereits nach dem Gesetzeswortlaut nicht nur auf die eigentliche Veräußerungs- und Erwerbsverpflichtung, sondern auf den gesamten Grundstückskaufvertrag („Ein **Vertrag**, (…) bedarf der notariellen Beurkundung"). Beurkundungsbedürftig sind daher alle Vereinbarungen, aus denen sich nach dem Willen der Vertragsparteien das schuldrechtliche Grundstücksveräußerungsgeschäft zusammensetzt.[12] Im Gegensatz zum Wortlaut des § 15 Abs. 4 S. 1 GmbHG – der lediglich von „der notariellen Form der **Vereinbarung**, durch welche die Verpflichtung (…) zur Abtretung (…) begründet wird" spricht – ergibt sich somit bereits aus dem Gesetzestext die umfassende Beurkundungspflicht des Grundstückskaufvertrags. Nur bei Beurkundung des gesamten Grundstücksgeschäfts können nach der gesetzlichen Konzeption die beabsichtigten Schutzzwecke verfolgt werden. 7

> „(…) Diese Vielfalt der Zwecke hat im Gesetz dadurch Ausdruck gefunden, dass nicht nur die Veräußerungspflicht als solche oder die unmittelbar auf den Eigentumsübergang hinzielenden Abreden, sondern der **ganze Vertrag** dem Beurkundungszwang unterliegen. **Es müssen also alle Vereinbarungen, aus denen sich nach dem Willen der Vertragspartner das schuldrechtliche Rechtsgeschäft zusammensetzt, beurkundet werden** (…)."[13]

In einem Urteil aus dem **Jahr 2008** bestätigte der *BGH* seine Rechtsprechung. Im konkreten Fall verletzte ein Notar seine Amtspflicht zur vollständigen Beurkundung, weil er bei Beurkundung eines Grundstückskaufvertrages eine Baubeschreibung nicht mit beurkundete. 8

---

[12] Vgl. BGH V ZR 150/82, NJW 1984, 974; BGH V ZR 72/74, NJW 1979, 1496; BeckOK BGB/*Gehrlein* § 311b Rn. 20.
[13] BGH V ZR 194/72, NJW 1974, 271; ebenfalls: BGH V ZR 150/82, NJW 1984, 974; BGH V ZR 37/71, NJW 1973, 37.

§ 3 Grundstücksveräußerungen im Rahmen eines Asset Deal (§ 311b BGB)

„Dem Beurkundungserfordernis bei Grundstücksgeschäften (hier nach § 313 Satz 1 BGB a.F.) unterliegen nicht nur die Verpflichtung des Verkäufers zur Eigentumsübertragung, sondern **alle Vereinbarungen, aus denen sich nach dem Willen der Vertragspartner das schuldrechtliche Veräußerungsgeschäft zusammensetzt**, ggf. auch die Pflicht des Verkäufers zur Erstellung eines Wohnhauses."[14]

Der BGH ebenfalls zum Erfordernis der notariellen Beurkundung einer Baubeschreibung:

„Der Bauträgervertrag, zu dessen Erfüllung der Kl. die Zahlung geleistet hat, ist gem. § 125 S. 1 BGB nichtig. Der Vertrag sah die Übertragung eines Grundstücksrechts vor. Er bedurfte daher gem. § 313 S. 1 BGB a.F. der notariellen Beurkundung. Dies schließt **alle Abreden ein, die Gegenstand der vertraglichen Pflichten der Parteien werden sollen**. Eine Baubeschreibung, die Vertragsinhalt ist, muss beurkundet werden (st. Rspr.; vgl. BGHZ 69, 266 = NJW 1978, 102; BGHZ 74, 346 = NJW 1979, 1496). Die Beurkundungsverpflichtung besteht unabhängig davon, ob und inwieweit der Bauträger die geschuldete Werkleistung zum Zeitpunkt des Vertragsabschlusses tatsächlich ausgeführt hat (vgl. BGH, NJW 2005, 1115)."[15]

In der Praxis kann unterschieden werden zwischen Nebenabreden oder Bestimmungen, die erstens die Kaufsache selbst betreffen, zweitens sich auf die Gegenleistung beziehen oder drittens sonstige Nebenabreden darstellen.

a) Kaufsache/Grundstück

9 Die Frage der hinreichenden Bestimmtheit oder Bestimmbarkeit des Grundstücks ist kein spezifisches Problem des Beurkundungsrechts. Es handelt sich, wie *Ludwig*[16] zu Recht feststellt, um ein allgemeines Problem des Vertragsrechts. In der Praxis treten vor allen Dingen häufig Fragen der Beurkundung bei Regelungen/ Beschreibungen der Beschaffenheit des Grundstücks oder des Gebäudes auf[17]:

- Die Verpflichtung des Käufers zur Vornahme von Renovierungsarbeiten bedarf der Beurkundung.[18]
- Die Baubeschreibung ist mit zu beurkunden, da sie die werkvertragliche Leistung festlegt.[19]
- Ein Bodengutachten ist, wenn es die vertragliche Beschaffenheit des Gebäudes nicht bestimmt, nicht mit zu beurkunden.[20]

---

[14] BGH III ZR 189/07, NJW-RR 2008, 1506, 1507.
[15] BGH VII ZR 184/04, NJW 2005, 1356.
[16] jurisPK-BGB/*Ludwig* § 311b Rn. 177.
[17] Siehe auch zu diesen und weiteren Beispielen jurisPK-BGB/*Ludwig* § 311b Rn. 192.
[18] OLG Koblenz 7 U 1426/01, OLGR Koblenz 2003, 65, 66.
[19] BGH V ZR 90/75, NJW 1978, 102.
[20] BGH V ZR 278/01, NJW-RR 2003, 1136, 1137.

IV. Der Umfang der Beurkundungspflicht beim Asset Deal

- Die Verpflichtungsübernahme des Verkäufers, ein Gutachten bei der Baugenehmigung zu beachten, ist beurkundungspflichtig, nicht jedoch die Aufnahme des Inhalts des Gutachtens.[21]
- Eine Baubeschreibung, die Vertragsinhalt ist, muss auch dann mitbeurkundet werden, wenn das Gebäude bei Vertragsschluss bereits errichtet ist.[22]
- Vereinbarungen über die vertragliche Beschaffenheit bedürfen der notariellen Beurkundung.

Die Beurkundungspflicht bezieht sich dabei lediglich auf Inhalte, die **Rechtswirkungen** erzeugen.[23] Nicht beurkundungspflichtig sind dagegen bloße **Erläuterungen des Kaufgegenstandes**. 10

„Zum Inhalt eines Rechtsgeschäfts gehört nur der eine *Regelung* enthaltende, d.h. *Rechtswirkungen erzeugende Teil der Erklärungen*; nur er unterliegt daher dem Beurkundungszwang. Soweit durch die Bezugnahme auf die Teilungserklärung keine weiteren Vertragspflichten begründet werden, gehört auch der Inhalt der Teilungserklärung nicht mehr zum *Regelungsinhalt* des Kaufvertrages, sondern dient nur zur – entbehrlichen – *Erläuterung des* (in der Haupturkunde bereits hinreichend genau bezeichneten) *Kaufgegenstandes* („Identifizierungsbehelf", vgl. Weber, DNotZ 1975, 142 f.). Insoweit liegt der Fall anders als bei der vertraglichen Bezugnahme auf die Baubeschreibung eines erst noch zu errichtenden Bauwerks (vgl. BGHZ 69, 266 [268] = NJW 1978, 102). Dabei wird ein Teil der zu regelnden Fragen aus der notariellen Haupturkunde ausgeklammert und die Haupturkunde insoweit erst durch die Bezugnahme auf jene weitere Urkunde mit Inhalt erfüllt; die Baubeschreibung als solche hat noch keine Rechtswirkungen, sondern wird erst durch die Einbeziehung in den Vertrag rechtlich relevant."[24]

„Beurkundungsbedürftig sind bei Grundstücksgeschäften *alle Vereinbarungen, aus denen sich nach dem Willen der Vertragspartner das schuldrechtliche Veräußerungsgeschäft zusammensetzt (BGHZ 63, 359 = NJW 1975, 536, und st. Rspr.). Zum Inhalt eines Rechtsgeschäfts gehört – nur – der Teil der Erklärungen, der eine Regelung enthält, d.h. Rechtswirkungen erzeugt (Senat, NJW 1979, 1495; BGH, NJW 1979, 1498; BGH, NJW 1979, 1984).*"[25]

b) Gegenleistung

Art, Höhe und sonstige Modalitäten der Gegenleistung unterliegen der Beurkundungspflicht.[26] Im Einzelnen[27]: 11

---

[21] BGH V ZR 278/01, NJW-RR 2003, 1136, 1137.
[22] BGH VII ZR 184/04, NJW 2005, 1356; BGH VII ZR 257/03, NJW 2005, 1115,1116.
[23] Vgl. BGH V ZR 150/82, NJW 1984, 974; MünchKommBGB/*Kanzleiter* § 311b Rn. 50.
[24] BGH V ZR 99/77, NJW 1979, 1495; vgl. auch BGH V ZR 191/97, NJW 1998, 3197.
[25] BGH V ZR 161/81, NJW 1983, 563, 564.
[26] BGH V ZR 124/52, NJW 1954, 308.
[27] Siehe die Zusammenstellung nach jurisPK-BGB/*Ludwig* § 311b Rn. 181 ff.

- Auf Gegenleistung anzurechnende Zahlungen, die vor Beurkundung bewirkt sind, sind beurkundungspflichtig.[28]
- Unterstützung des Käufers bei der Kaufpreisfinanzierung[29]
- Verpflichtung des Verkäufers zur besonderen Ausweisung der Mehrwertsteuer[30]
- Abweichend von der gesetzlichen Regelung Bestimmung zur Tragung von Steuern, Provisionen und Finanzierungskosten[31]
- Kick-back-Vereinbarung, wonach ein Teil des Kaufpreises zurückfließt[32]

c) Sonstige Nebenabreden

12   Die sonstigen Nebenabreden lassen sich meist schwierig abgrenzen von den näheren Bestimmungen der Leistungen oder der Gegenleistungen. Die Rechtsprechung hatte unter anderem folgende Fälle zu entscheiden:

- Beurkundungspflichtig ist die Sicherungsabrede beim Verkauf zu Sicherungszwecken[33]
- Rechtsgeschäftliche Bedingungen und Rücktrittsrechte bei der schuldrechtlichen Vereinbarung zur Grundstücksveräußerung/dem Grundstückserwerb.[34]

2. Der zusammengesetzte Vertrag – „rechtliche Einheit" zwischen Grundstücksvertrag und einem anderem Rechtsgeschäft

a) Allgemein: Rechtliche Abhängigkeit – „Miteinander stehen und fallen"?

13   Gegenstand einer Unternehmenstransaktion im Wege des Asset Deal ist der Erwerb von Vermögensgegenständen und die Übernahme von Verbindlichkeiten, die jeweils für sich allein betrachtet häufig nicht der notariellen Beurkundung bedürfen. Der gesamte Unternehmenskaufvertrag ist jedoch notariell beurkundungsbedürftig, wenn zum veräußerten Unternehmen auch ein Grundstück gehört. Der Asset Deal ist insoweit rechtlich und wirtschaftlich ein typischer Fall eines einheitlichen Vertrags mit einer Vielzahl untrennbar miteinander verbundenen Vereinbarungen.

---

[28] BGH V ZR 362/98, NJW 2000, 2100; BGH V ZR 108/92, NJW 1994, 720; BGH V ZR 161/81, NJW 1983, 563.
[29] BGH V ZR 74/97, NJW 1998, 3196.
[30] OLG Stuttgart 4 U 23/93, NJW-RR 1993, 1365.
[31] Vgl. BeckOK BGB/*Gehrlein* § 311b Rn. 22.
[32] BGH V ZR 122/10, NJW 2011, 2953.
[33] BGH V ZR 136/81, NJW 1983, 565.
[34] BGH V ZR 202/95, NJW 1996, 2792.

IV. Der Umfang der Beurkundungspflicht beim Asset Deal

Besonders problematisch sind jedoch Konstellationen, in denen nicht nur ein einheitlicher Unternehmenskaufvertrag – inklusive Grundstücksgeschäft – abgeschlossen wird, sondern weitere Vereinbarungen in äußerlich getrennten Verträgen getroffen werden. Der Formzwang des § 311b Abs. 1 S. 1 BGB kann sich insoweit auch auf Vereinbarungen erstrecken, die unabhängig vom Grundstücksgeschäft denkbar sind und für sich betrachtet nicht formbedürftig wären.

Nach der älteren – mittlerweile präzisierten – Rechtsprechung des *BGH* bilden Grundstücksgeschäft und ein anderes Geschäft dann eine rechtliche Einheit, wenn sie dem Willen der Parteien gemäß derart voneinander abhängen, dass sie „**miteinander stehen und fallen**" sollen.

*„Eine rechtliche Einheit **zweier äußerlich selbständiger Vereinbarungen** ist dann anzunehmen, wenn sie **nach dem Willen der Parteien derart voneinander abhängen, dass sie miteinander stehen und fallen sollen**. Die Einheitlichkeit wird nicht dadurch ausgeschlossen, dass die Rechtsgeschäfte unterschiedlichen Vertragstypen angehören und an ihnen zum Teil verschiedene Personen beteiligt sind. Die Niederlegung mehrerer selbständiger Verträge in verschiedenen Urkunden begründet zwar die Vermutung, dass die Verträge nicht in rechtlichem Zusammenhang stehen sollen. Diese Vermutung ist jedoch widerlegt, wenn die Parteien die **rechtliche Einheit** übereinstimmend gewollt haben. Sogar wenn nur einer der Vertragspartner einen solchen Willen zeigt und der andere ihn anerkennt oder zumindest hinnimmt, kann ein einheitliches Vertragswerk vorliegen und damit insgesamt gem. § 313 BGB beurkundungsbedürftig sein, wenn eine Pflicht zum Erwerb oder zur Veräußerung eines Grundstücks mit erfasst wird."*[35]

Bezogen auf eine Unternehmenstransaktion, bei der auch ein Grundstück mitübertragen wird, folgt daraus:

*„Auch ein Vertrag, der eine **Unternehmensübertragung** zum Gegenstand hat, unterliegt dem Formzwang des § 313 BGB, wenn ein **Grundstück mitübertragen** wird und nach dem Willen der Parteien der Grundstücksveräußerungsvertrag und die übrigen auf die Übertragung des Unternehmens gerichteten Vereinbarungen voneinander abhängig sein und ein einheitliches Geschäft bilden sollen."*[36]

Bei der Bestimmung des Vorliegens einer rechtlichen Einheit grenzt der *BGH* zwischen rechtlichem und bloß wirtschaftlichem Zusammenhang ab. Ein lediglich **wirtschaftlicher Zusammenhang** zwischen Grundstückskaufvertrag und einem anderen Geschäft soll danach vorliegen, wenn das eine Geschäft für das andere bloßer Anlass war oder dieses erst ermöglicht hat. Ein solcher nur wirtschaftlicher Zusammenhang vermag das Formerfordernis des § 311b Abs. 1 S. 1 BGB nicht auf ein anderes Rechtsgeschäft zu erstrecken. Dagegen liegt ein **rechtlicher Zusammenhang** vor, wenn das eine Geschäft nicht ohne das andere durchgeführt werden soll.

---

[35] BGH IX ZR 209/91, NJW 1992, 3237, 3238.
[36] BGH I ZR 172/76, NJW 1979, 915.

*"Ein **wirtschaftlicher Zusammenhang** liegt vor, wenn das eine Geschäft für das andere bloßer Anlass war oder dieses erst ermöglicht hat (BGH, NJW 2000, 951 [952]; BGH, NJW 2002, 2559 [2560]).*
*Soll demgegenüber das eine Geschäft nicht ohne das andere durchgeführt werden, ist der **Zusammenhang ein rechtlicher**."*[37]

Allerdings kann die wirtschaftliche Verknüpfung durchaus ein Indiz für eine rechtliche Verknüpfung sein.[38] Eine rechtliche Verknüpfung kann (muss nicht) durch eine Bedingung, ein Rücktrittsrecht oder dadurch, dass der Vertrag die Verpflichtung zum Abschluss eines anderen Vertrages enthält, zum Ausdruck gebracht werden (→ Rn. 69 ff.).[39] Allerdings ist dies nicht zwingend, so dass ein Verknüpfungswillen der Parteien auch dann bejaht werden kann, wenn keine Bedingung iSv § 158 BGB, ein Rücktrittsrecht oder eine Abschlussverpflichtung vereinbart wurden.[40]

b) Neuere Rechtsprechung: Einseitige Abhängigkeit des Grundstückskaufvertrages vom „formfreien Geschäft"

15   Das Kriterium des „miteinander stehen und fallen" wurde in neuerer Rechtsprechung durch den *BGH*[41] weiterentwickelt. Nicht ausreichend für die Erstreckung des notariellen Beurkundungsbedürfnisses auf andere Rechtsgeschäfte soll es nach der Rechtsprechung insbesondere sein, dass lediglich das andere Rechtsgeschäft vom Grundstücksgeschäft abhängig ist. Das einseitige Abhängigkeitsverhältnis eines anderen Geschäfts von dem Vertrag über die Veräußerung des Grundstücks ist nach Ansicht des *BGH* also kein hinreichender Grund, das für den Grundstückskaufvertrag geltende Formerfordernis des § 311b Abs. 1 BGB auf einen anderen Vertrag zu erstrecken. Erforderlich ist vielmehr, dass der Abschluss des Grundstücksgeschäfts vom Abschluss des anderen Geschäfts abhängig ist. Die **Abhängigkeit des Grundstückskaufvertrags** ist demnach das maßgebliche Kriterium für die Formbedürftigkeit des gesamten Geschäfts[42]. Das andere Geschäft ist folglich nur dann notariell zu beurkunden, wenn der Abschluss des Grundstücksvertrags von diesem weiteren Geschäft (einseitig) abhängig ist. Begründet wird die Erstre-

---

[37] BGH IX ZR 76/99, NJW-RR 2003, 1565,1566.
[38] BGH V ZR 247/85, NJW 1987, 1069; OLG Saarbrücken 8 U 602/06, OLGR Saarbrücken 2007, 567, 571.
[39] Erman/*Grziwotz* BGB § 311b Rn. 53; jurisPK-BGB/*Ludwig* § 311b Rn. 233, wonach eine Bedingung keine notwendige Voraussetzung für eine Verknüpfung sei; MünchKommBGB/*Kanzleiter* § 311b Rn. 53; aA wohl *Seeger* MittBayNot 2003, 11, 14; *Korte* DNotZ 1984, 3, 11 – die die Vereinbarung von Bedingungen, Rücktrittsrechten, Abschlussverpflichtungen nicht als ausreichend für die Annahme einer rechtlichen Verknüpfung ansehen.
[40] jurisPK-BGB/*Ludwig* § 311b Rn. 233; MünchKommBGB/*Kanzleiter* § 311b Rn. 53.
[41] BGH VII ZR 321/00, NJW 2002, 2559, 2560; BGH VIII ZR 321/99, NJW 2001, 226; BGH V ZR 251/98, NJW 2000, 951.
[42] jurisPK-BGB/*Ludwig* § 311b Rn. 228.

IV. Der Umfang der Beurkundungspflicht beim Asset Deal

ckung des Formerfordernisses auf das andere Geschäft mit den Schutzzwecken des § 311b Abs. 1 BGB.

„Erst bei einer Abhängigkeit des Grundstücksgeschäfts vom Bauvertrag besteht Anlass, zur Wahrung der Funktionen des § 313 BGB (Warn- und Schutzfunktion, Gewährsfunktion für richtige, vollständige und rechtswirksame Wiedergabe des Parteiwillens, Beweisfunktion) *das Formgebot auf den Bauvertrag auszudehnen."*[43]

Die aus der Sicht des abhängigen Geschäfts unter Umständen bestehende Vertragseinheit kann ein Beurkundungserfordernis nicht begründen. Ist ein weiteres Rechtsgeschäft vom Grundstücksgeschäft – einseitig – abhängig, erstreckt sich das Formerfordernis des § 311b Abs. 1 S. 1 BGB nicht allein aus diesem Grund auf dieses weitere Geschäft. 16

Die Entwicklung der *BGH*-Rechtsprechung lässt sich anhand folgender Entscheidungen nachvollziehen[44]:

Urteil des V. Senats vom 26.11.1999:

„Nach der Rechtsprechung bedarf ein Vertrag, der als solcher dem Formgebot des § 313 S. 1 BGB nicht unterliegt, dann der notariellen Beurkundung, wenn er mit einem Grundstücksgeschäft im Sinne dieser Vorschrift eine **rechtliche Einheit** *bildet. Zutreffend geht das Berufungsurteil davon aus, dass in diesem Falle die zwischen den Teilen des einheitlichen Geschäfts* **bestehende Abhängigkeit urkundlichen Ausdruck finden muss** *(BGHZ 104, 18 = NJW 1988, 178), wobei es, wie auch sonst, genügt, dass das Gewollte sich* **andeutungsweise** *(...) im Beurkundeten wiederfindet. Eine rechtliche Einheit bilden die Verträge nach der Rechtsprechung, wenn sie dem Willen der Parteien gemäß derart voneinander abhängen, dass sie* **miteinander stehen und fallen sollen** *(BGHZ 76, 43 [48f.] = NJW 1980, 829; BGHZ 78, 346 [349] = NJW 1981, 274; Senat, NJW 1987, 1069). Dies setzt, worauf das BerGer. im Ansatz zutreffend abstellt, nicht voraus, dass die Abhängigkeit der Verträge wechselseitig ist.* **Auch bei einseitiger Abhängigkeit stehen und fallen beide Geschäftsteile mit dem Vertrag, von dem der andere abhängt.** *Andererseits ist ein solches Abhängigkeitsverhältnis kein hinreichender Grund, das für den einen Vertrag geltende Formgebot auf den anderen auszudehnen. Dies verkennt das BerGer., das meint, die einseitige Abhängigkeit „eines jeden" der Geschäfte könne genügen.* **Maßgeblich ist, ob die mit dem Normzweck verbundenen Funktionen des § 313 S. 1 BGB (Warn- und Schutzfunktion, Gewährsfunktion für richtige, vollständige und rechtswirksame Wiedergabe des Parteiwillens, Beweisfunktion) die Erstreckung des Formgebots auf das verbundene Geschäft erfordern.** *In der Literatur wird dies überwiegend für den Fall bejaht, dass der Abschluss des Grundstücksvertrags von der weiteren, an sich nicht formbedürftigen Vereinbarung abhängt (...). Überwiegend abgelehnt wird das Urkundserfordernis für den umgekehrten Fall, nämlich der einseitigen Abhängigkeit der weiteren Abrede vom Grundstücksgeschäft (...). Der Senat hat wiederholt auf die* **Abhängigkeit des Grundstücksvertrags als maßgebliches Kriterium für die**

---

[43] BGH VII ZR 321/00, NJW 2002, 2559, 2560.
[44] Siehe auch jurisPK-BGB/*Ludwig* § 311b Rn. 228.

§ 3 Grundstücksveräußerungen im Rahmen eines Asset Deal (§ 311b BGB)

Formbedürftigkeit des gesamten Geschäfts hingewiesen (…). Zu dem umgekehrten Fall, der einseitigen Abhängigkeit der weiteren Vereinbarung vom Grundstücksgeschäft, hat er nicht ausdrücklich Stellung genommen. Die Feststellungen des BerGer. (dazu nachfolgend Abschn. 2) geben Anlass, dies nachzuholen. **Die einseitige Abhängigkeit des weiteren Geschäfts vom Grundstücksvertrag genügt nicht, eine rechtliche Einheit im Sinne des Formgebots zu begründen.** *In diesem Falle liegen aus der Sicht des für das Beurkundungserfordernis maßgebenden Grundstücksvertrags jeweils eigenständige Regelungen vor. Ein hinreichender Grund, die weitere Vereinbarung zum Gegenstand der notariellen Aufklärung, der Beratung und des Urkundsbeweises zu machen, besteht deshalb nicht. Die aus der Sicht des abhängigen Geschäfts bestehende Vertragseinheit vermag ein Beurkundungserfordernis nicht zu begründen, da dieses selbst dem Formgebot nicht unterliegt."*[45]

17   Urteil des VIII. Senats vom 11.10.2000:

„*Nach den bisherigen Feststellungen kann dem Klageantrag auf (Rück-)Übertragung der Geschäftsanteile nicht bereits deshalb der Erfolg versagt werden, weil die Abtretung der Geschäftsanteile nach dem Willen der Parteien einseitig von dem Grundstücksgeschäft abhängig sein sollte und diese* **Verknüpfung urkundlich nicht verlautbart wurde.** *Zwar ist dem Ausgangspunkt des BerGer. zu folgen, dass bei einer von den Parteien gewollten* **rechtlichen Einheit** *mehrerer, in verschiedenen notariellen Urkunden niedergelegten Vereinbarungen die wechselseitige Verknüpfung der Absprachen in den Urkunden selbst zum Ausdruck kommen muss (BGHZ 104, 18 [22 f.] = NJW 1988, 1781 = LM § 305 BGB Nr. 45). Jedoch genügt die Feststellung des BerGer., die Abtretung der Geschäftsanteile habe mit der vorangehenden Veräußerung der Grundstücke* „**stehen und fallen**" *sollen, nicht, um eine rechtliche Einheit i.S. des Formgebots des § 313 S. 1 BGB zu begründen.* **Nach der Rechtsprechung des BGH ist das einseitige Abhängigkeitsverhältnis des Anteilsübertragungsvertrags von dem Vertrag über die Veräußerung der Grundstücke kein hinreichender Grund, das für den Grundstückskaufvertrag geltende Formerfordernis auf den Abtretungsvertrag zu erstrecken** *(…). Dementsprechend entfällt auch das Erfordernis der Verlautbarung einer Abhängigkeit des Grundstückskaufvertrags von dem Anteilsübertragungsvertrag.*"[46]

18   Urteil des VII. Senats vom 13.6.2002:

„*(…) Der V. Zivilsenat des BGH hat wiederholt auf die* **Abhängigkeit des Grundstücksvertrags als maßgebliches Kriterium für die Formbedürftigkeit des gesamten Geschäfts hingewiesen** *(BGH, NJW 2000, 951 (…)). Er hat dazu ausgeführt,* **allein die einseitige Abhängigkeit des formfreien Geschäfts vom Grundstücksvertrag genüge nicht, eine rechtliche Einheit im Sinne des Formgebots zu begründen.**

Dieser Rechtsprechung schließt sich der Senat an (vgl. auch BGH, NJW 2001, 226 = LM H. 3/2001 § 519 ZPO Nr. 148). Es ist maßgeblich auf Sinn und Zweck des Beurkundungsbedürfnisses abzustellen. Allein eine wirtschaftliche Verknüpfung der Verträge gebietet

---

[45] BGH V ZR 251/98, NJW 2000, 951.
[46] BGH VIII ZR 321/99, NJW 2001, 226, 227.

IV. Der Umfang der Beurkundungspflicht beim Asset Deal

es nicht, das Formerfordernis des § 313 BGB auf den Bauvertrag zu erstrecken. **Erst bei einer Abhängigkeit des Grundstücksgeschäfts vom Bauvertrag besteht Anlass, zur Wahrung der Funktionen des § 313 BGB** *(Warn- und Schutzfunktion, Gewährsfunktion für richtige, vollständige und rechtswirksame Wiedergabe des Parteiwillens, Beweisfunktion)* **das Formgebot auf den Bauvertrag auszudehnen.** *An dieser Beurteilung ändert sich nichts, wenn zunächst der Bauvertrag und alsdann der Grundstücksvertrag geschlossen wird.* **Die Frage der Formbedürftigkeit ist von der zeitlichen Abfolge der Verträge nicht abhängig** *(Pohlmann, EWiR 2000, 323; a.A. Kanzleiter, in: MünchKomm, 4. Aufl., § 313 Rdnr. 54 und Fußn. 207).*

Die bisherigen Feststellungen des BerGer. tragen nicht die Annahme, der Grundstückskaufvertrag sei vom Bauvertrag abhängig.

Der erforderliche rechtliche Zusammenhang der Verträge geht über den tatsächlichen, insbesondere wirtschaftlichen Zusammenhang der Geschäfte hinaus. *Es genügt nicht, dass der Bauvertrag Anlass zum Grundstückskauf gegeben hatte oder diesen erst ermöglicht haben sollte. Eine Ausdehnung der für den Vertrag über das Grundstück gebotenen Form der notariellen Beurkundung auf das formfreie Rechtsgeschäft des Bauvertrags ist geboten, wenn nach den Vorstellungen der Parteien des Grundstückskaufvertrags dieser geschlossen wird, um die Ausführung des Bauvertrags zu ermöglichen.*

Die bisherigen Feststellungen des BerGer. ergeben keine Abhängigkeit des Grundstückskaufvertrags vom Bauvertrag. **Eine solche rechtliche Abhängigkeit ist weder im Grundstückskaufvertrag angedeutet noch ergibt sie sich aus dem bisher festgestellten Willen der Parteien.** *Das BerGer. befasst sich allein mit der Abhängigkeit des Bauvertrags vom Grundstücksgeschäft."*[47]

Ludwig[48] fasst thesenartig die Rechtsprechung des BGH wie folgt zusammen. 19 Danach gilt für die Pflicht zur Mitbeurkundung eines eigentlich nicht beurkundungspflichtigen Vertrages, der im Zusammenhang mit einem Grundstücksvertrag geschlossen wird, Folgendes:

- Nicht erforderlich für die Pflicht zur Beurkundung sei eine wechselseitige Abhängigkeit zwischen beiden Verträgen.
- Für die Beurkundungsbedürftigkeit des „nicht beurkundungspflichtigen anderen Vertrages" reiche es, dass dieser nicht ohne den Grundstückskaufvertrag abgeschlossen werden soll („einseitige Abhängigkeit des Grundstückskaufvertrages von dem anderen Vertrag").
- Es reiche nicht, dass nur der andere Vertrag ohne den Grundstückskaufvertrag abgeschlossen werden soll („einseitige Abhängigkeit des anderen Vertrages vom Grundstücksvertrag").

Ob ein Grundstückskaufvertrag einseitig von einem anderen Vertrag abhängt, 20 ist eine Frage des Willens der Beteiligten. Für einen solchen Willen zur Abhän-

---
[47] BGH VII ZR 321/00, NJW 2002, 2559, 2560.
[48] jurisPK-BGB/*Ludwig* § 311b Rn. 230.

gigkeit soll es ausreichen, „wenn nur einer der Vertragspartner einen solchen Einheitlichkeitswillen erkennen lässt und der andere Partner ihn anerkennt oder zumindest hinnimmt".[49] *Seeger*[50] hält dazu fest, dass zum einen mindestens bei einem Beteiligten ein vorhandener Verknüpfungswille dem anderen Beteiligten bei Auslegung der Erklärung nach dem Empfängerhorizont erkennbar sein muss. Zum anderen müssten sich die Beteiligten über die Maßgeblichkeit dieses Willens einigen, wobei es genügen solle, wenn der andere Beteiligte dies hinnehme. Ist dies vielleicht noch im Zwei-Personen-Verhältnis durch Auslegung vom Empfängerhorizont zu ermitteln, wird dies im Drei-Personen-Verhältnis schwierig (→ Rn. 33 ff.) oder auch bei zeitlichem Aufeinanderfolgen der Verträge (→ Rn. 21 ff.).

Beispiele für zusammengesetzte Geschäfte[51]:

- Formbedürftigkeit von Grundstückskaufvertrag und Darlehensvertrag[52]
- Bürgschaft[53]
- Mit Verkaufsangebot einhergehender Pachtvertrag[54]
- Dem Kauf vorgeschalteter Mietvertrag[55]
- Kauf eines Grundstücks von einer Brauerei mit gleichzeitigem Abschluss eines Bierbezugsvertrages[56]
- Sämtliche, durch einen Bauherrenmodell bedingte Verträge[57]
- Wärmelieferungsverträge[58]
- Hotelkaufvertrag bestehend aus Kauf von Immobilie und FF&E[59]

c) Zeitliche Reihenfolge der Verträge ist nicht relevant

21   Die Frage der Formbedürftigkeit ist nicht von der **zeitlichen Abfolge** des Abschlusses der Verträge abhängig. Nicht entscheidend ist also, ob zuerst das Grundstücksgeschäft getätigt wird oder das andere Geschäft:

„Erst bei einer Abhängigkeit des Grundstücksgeschäfts vom Bauvertrag besteht Anlass, zur Wahrung der Funktionen des § 313 BGB (Warn- und Schutzfunktion, Gewährsfunktion für richtige, vollständige und rechtswirksame Wiedergabe des Parteiwillens, Beweisfunktion) das Formgebot auf den Bauvertrag auszudehnen. An dieser Beurteilung ändert sich nichts, wenn zunächst der Bauvertrag und alsdann der Grundstücksvertrag geschlossen wird. **Die Frage**

---

[49] BGH VII ZR 313/78, NJW 1980, 829.
[50] *Seeger* MittBayNot 2003, 11, 12.
[51] Siehe hierzu und zu weiteren Beispielen jurisPK-BGB/*Ludwig* § 311b insbes. Rn. 250 ff.
[52] BGH V ZR 108/92, NJW 1994, 720; BGH V ZR 176/86, NJW 1986, 1983.
[53] BGH III ZR 177/60, NJW 1962, 586.
[54] BGH IX ZR 43/87, NJW 1988, 2880.
[55] OLG München 5 U 5335/86, NJW-RR 1987, 1042.
[56] Vgl. MünchKommBGB/*Kanzleiter* § 311b Rn. 55.
[57] Vgl. BeckOK BGB/*Gehrlein* § 311b Rn. 26.
[58] *Kruse* RNotZ 2011, 65.
[59] *Diederichsen/Schmidt/Beneke* ZfIR 2014, 165, 169.

IV. Der Umfang der Beurkundungspflicht beim Asset Deal

der Formbedürftigkeit ist von der zeitlichen Abfolge der Verträge nicht abhängig (Pohlmann, EWiR 2000, 323; a.A. Kanzleiter, in: MünchKomm, 4. Aufl., § 313 Rdnr. 54 und Fußn. 207)."[60]

Dass es auf die zeitliche Abfolge nicht ankommen soll, ist zunächst für den Fall einfach, in dem zuerst der Grundstückskaufvertrag abgeschlossen wird. Der zeitlich spätere Vertrag ist dann beurkundungsbedürftig, wenn der Grundstückskaufvertrag im Zwei-Personen-Verhältnis von dem nachfolgenden Vertrag (zB Mietvertrag) abhängt (zur Frage der Beurkundungspflicht bei Drei-Personen-Verhältnissen → Rn. 33 ff.). Nicht ganz so einfach liegt der Fall, wenn der eigentlich nicht beurkundungsbedürftige Vertrag zeitlich vor dem Grundstückskaufvertrag geschlossen wird. Der *BGH* geht auch hier davon aus, dass der eigentlich nicht beurkundungsbedürftige Vertrag zu beurkunden sei.[61] In dem entschiedenen Fall wurde ein privatschriftlicher Bauvertrag über die Errichtung eines Hauses auf einem Grundstück geschlossen. Dieses stand zum Zeitpunkt des Vertragsabschlusses im Eigentum eines Dritten. Im Bauvertrag wurde ein Rücktrittsrecht vereinbart, sollte die potentielle Erwerberin das Grundstück nicht erwerben. Der *BGH* meint, dass der Werkvertrag dann beurkundungspflichtig sei, wenn die Beteiligten übereinstimmend davon ausgehen, dass der Kauf des Grundstückes von den späteren zukünftigen Kaufvertragsparteien auch von dem Bauvertrag abhinge. Ein solcher Verknüpfungswille sei anzunehmen, wenn die Parteien zum einen des Bauvertrages und zum anderen des Kaufvertrages identisch seien oder aber der Bauunternehmer maßgeblichen Einfluss auf die Durchführung des Kaufvertrages habe.[62] Läge eine solche Identität der Vertragsparteien nicht vor und sei auch kein maßgeblicher Einfluss ersichtlich, bedürfe es darüber hinaus besonderer Umstände für die Annahme der Verknüpfung (zur Erörterung der Drei-Personen-Verhältnisse → Rn. 33 ff.). Der *BGH* führt hierzu im Einzelnen aus: **22**

„(...) Der Bauvertrag ist an sich formfrei wirksam. Er kann aber selbst dann, wenn er vor einem Grundstückskaufvertrag geschlossen wird, der Beurkundung bedürfen, um Wirksamkeit zu erlangen (vgl. BGH, Urt. v. 6.11.1980 – VII ZR 12/80, BGHZ 78, 346, 349; MünchKommBGB/Kanzleiter, 5. Aufl., § 311b Rn. 54; Staudinger/Wufka, BGB [2005], § 311b Rdn. 175). Maßgeblich kann in diesem Fall nicht der tatsächliche Wille der Parteien des Grundstücksvertrages sein, denn dieser ist in aller Regel vor Abschluss des Bauvertrages nicht feststellbar (missverständlich insoweit möglicherweise BGH, Urt. v. 13.6.2002 – VII ZR 321/00, aaO). Vielmehr ist zu prüfen, ob nach dem Willen der Bauvertragsparteien der für die Bebauung notwendige Grundstückserwerb von dem Bauvertrag in der Weise abhängen soll, dass beide Verträge miteinander stehen und fallen (vgl. BGH, Urt. v. 6.11.1980 – VII ZR 12/80, BGHZ 78, 346, 349). Es reicht nicht aus, dass die Parteien eine Abhängigkeit des Bauvertrags vom zukünftigen Grundstückserwerb wollen. Vielmehr müssen sie gemeinsam

---

[60] BGH VII ZR 321/00, NJW 2002, 2559, 2560.
[61] BGH VII ZR 246/08, DNotZ 2011, 196.
[62] So *Keim* DNotZ 2011, 513, 516, 517 – mit weiterer Erörterung des Falles.

davon ausgehen, dass dieser Grundstückserwerb nach dem Willen der Parteien des Kaufvertrages von dem Bauvertrag abhängt. Denn maßgeblich für die Beurkundungspflicht ist die Abhängigkeit des Grundstückskaufvertrages von einer etwaigen anderen Abrede. Nur diese Abhängigkeit erlaubt den Zugriff auf § 311b BGB (BGH, Urteile v. 13.6.2002 – VII ZR 321/00, aaO; v. 26.11.1999 – V ZR 251/98, NJW 2000, 951). Ausreichend ist, dass in dem dem Grundstückserwerb vorgezogenen Geschäft ein Verknüpfungswille vorhanden ist, der den Willen aller Beteiligten einbezieht (vgl. MünchKommBGB/Kanzleiter, 5. Aufl., § 311b Rn. 54, 55; Otto, NotBZ 2002, 298, 299 f.). Denn es kann keinen Unterschied machen, ob der Bauvertrag vor dem Grundstücksvertrag, gleichzeitig mit ihm oder später abgeschlossen wird."

Für die Praxis wird es in diesen Fällen schwer sein, zu beurteilen, ob eine solche „hypothetische Abhängigkeit" vorliegt.[63] Entsprechend vorsichtig wird man (leider) in der Beurkundungspraxis und Beratung zu agieren haben. Nach der Rechtsprechung müsste der eigentlich nicht beurkundungspflichtige Bauvertrag zunächst beurkundet werden und auf einen potentiell zukünftigen Grundstückskaufvertrag, zum Beispiel in Form eines Rücktrittsrechts, Bezug nehmen. Umgekehrt muss, wenn der Grundstückskaufvertrag abgeschlossen wird, der zuvor geschlossene Werkvertrag Bestandteil des Grundstückskaufvertrages werden (zB durch Verweisung auf den beurkundeten Werkvertrag als Bezugsurkunde).[64] Zur Problematik des Drei-Personen-Verhältnisses dieses Falls → Rn. 33 ff.

d) Erfordernis der Mitbeurkundung des „Verknüpfungswillens"

23 Kommt man zu dem Schluss, dass bei einem zusammengesetzten Geschäft, beide Verträge zu beurkunden sind, so stellt sich die Frage, ob es ausreichend ist, beide Verträge in getrennten Urkunden zu beurkunden, ohne dass in einer der beiden Urkunden ein Verweis auf die jeweils andere Urkunde enthalten ist. Nach der Rechtsprechung ist es erforderlich, dass der rechtliche Zusammenhang in den Verträgen zum Ausdruck kommen soll. Dabei geht es zum einen um die Frage, ob die Verknüpfungsabrede überhaupt nur durch eine gemeinsame Beurkundung in **einer Urkunde** formgerecht erfolgen kann[65] oder ob man auch beide Verträge getrennt beurkunden kann. Diejenigen, die eine getrennte Beurkundung für zulässig erachten, diskutieren, ob der Verknüpfungswille in beiden Urkunden niedergelegt werden muss oder ob es in einer Urkunde ausreiche.[66]

---

[63] Vgl. *Keim* DNotZ 2011, 513, 518, 519.
[64] Vgl. im Einzelnen: jurisPK-BGB/*Ludwig* § 311b Rn. 238 mit Kritik an der Rechtsprechung.
[65] Vgl. Staudinger/*Wufka* § 311b Abs. 1 Rn. 184 f.
[66] Vgl. zum Überblick: *Keim* DNotZ 2011, 513, 519; jurisPK/*Ludwig*, § 311b Rn. 239.

IV. Der Umfang der Beurkundungspflicht beim Asset Deal

aa) Grundsätzlich: Beurkundungspflicht des „Verknüpfungswillens"

Der *BGH* geht zunächst grundsätzlich von der Beurkundungspflicht des sogenannten Verknüpfungswillens aus. 24

*„Der Wille der Vertragschließenden, mit einem Grundstückskaufvertrag andere Absprachen, hier einen Pacht- und einen Darlehensvertrag, zu einer rechtlichen Einheit zu verbinden, kann wirksam auch durch Niederlegung der Vereinbarungen in **mehreren notariellen Urkunden** verwirklicht werden. Da in diesem Falle die Vermutung gegen rechtliche Einheit spricht, muss die Abhängigkeit der Absprache voneinander urkundlich verlautbart werden (…). Nichtigkeit ist mithin nicht nur dann anzunehmen, wenn bei rechtlicher Einheit des Vertragszwecks Teile beurkundet sind, andere dagegen nicht (so RG, JW 1934, 3265), sondern auch dann, wenn die Abhängigkeit der Teile keinen Ausdruck gefunden hat, z.B. weil die Parteien gemeint haben, die Tatsache, dass alle Teile des einheitlichen Vertragswerks – überhaupt – beurkundet seien, reiche aus (…)."*[67]

*„Nach dem Vortrag der Kl. kommt in Betracht, dass jedenfalls der Vertrag 3 nach dem Willen beider Vertragsparteien in seiner Wirksamkeit von dem Vertrag 2 abhing. **Gegebenenfalls hätte diese Verknüpfungsabrede mitbeurkundet werden müssen, weil es sich um einen wesentlichen Bestandteil der vertraglichen Übereinkunft handelte."*[68]

Folgendes Beispiel aus der *BGH*-Rechtsprechung[69] verdeutlicht, dass auch bei 25 dem Erfordernis der Mitbeurkundung der „Verknüpfungsabrede" die Abhängigkeit des Grundstücksgeschäfts das entscheidende Kriterium darstellt:

Ein Grundstückskaufvertrag wurde notariell beurkundet. Der Grundstücksverkäufer vereinbarte mit dem Käufer in einem weiteren Vertrag ein Vorkaufsrecht an dem benachbarten Grundstück. Auch dieser Vertrag wurde notariell beurkundet. Das OLG Schleswig vertrat jedoch die Ansicht, dass der Grundstückskaufvertrag nichtig sei, weil die Verknüpfung mit dem Vorkaufsversprechen darin keinen Ausdruck gefunden habe. Bereits die einseitige Abhängigkeit „eines jeden" der Geschäfte könne genügen. Der *BGH* wies jedoch darauf hin, dass eine solche Abhängigkeit allein noch nicht ausreiche. Maßgeblich sei vielmehr, ob das **Grundstücksgeschäft** von dem weiteren Geschäft abhänge. Da der Abschluss des Grundstückskaufvertrags im konkreten Fall jedoch gerade nicht von der Vereinbarung eines Vorkaufsrechts am Nachbargrundstück abhängig war, bedurfte es auch insoweit keiner zu beurkundenden Verknüpfungsabrede.

„Damit war die Abhängigkeitsabrede nur als Teil der selbst nach § 313 S. 1 BGB formbedürftigen Verpflichtung zur Bestellung des Vorkaufrechts beurkundungsbedürftig. Das Unterbleiben ihrer Beurkundung berührt die Formwirksamkeit des Kaufs nicht."[70]

---

[67] BGH VIII ZR 12/87, NJW 1988, 1781, 1782.
[68] BGH IX ZR 76/99, NJW-RR 2003, 1565, 1566.
[69] BGH V ZR 251/98, NJW 2000, 951.
[70] BGH V ZR 251/98, NJW 2000, 951, 952.

§ 3 Grundstücksveräußerungen im Rahmen eines Asset Deal (§ 311b BGB)

bb) Beurkundung des Verknüpfungswillens nur in einer Urkunde?

26 Nicht durch den *BGH* eindeutig entschieden ist die Frage, ob die Abhängigkeit der Verträge voneinander im Rahmen einer Verknüpfungsabrede in **beiden Urkunden** verlautbart werden muss, oder ob die Beurkundung in einem Vertrag genüge.

Nach einem Urteil des *BGH* soll es ausreichend sein, dass die Abhängigkeit der Verträge in **einer** der beiden Urkunden verlautbart wurde. Dies gelte jedenfalls dann, wenn es sich bei dem zweiten notariell beurkundeten Vertrag lediglich um eine **Ergänzung** des ersten Vertrags handelt.

„Der Wille der Vertragschließenden, mit einem Grundstückskaufvertrag andere Absprachen, hier einen Pacht- und einen Darlehensvertrag, zu einer rechtlichen Einheit zu verbinden, kann wirksam auch durch Niederlegung der Vereinbarungen in mehreren notariellen Urkunden verwirklicht werden. Da in diesem Falle die Vermutung gegen rechtliche Einheit spricht, muß die Abhängigkeit der Absprache voneinander urkundlich verlautbart werden (…). Nichtigkeit ist mithin nicht nur dann anzunehmen, wenn bei rechtlicher Einheit des Vertragszwecks Teile beurkundet sind, andere dagegen nicht (…), sondern auch dann, wenn die Abhängigkeit der Teile keinen Ausdruck gefunden hat, z.B. weil die Parteien gemeint haben, die Tatsache, dass alle Teile des einheitlichen Vertragswerks – überhaupt – beurkundet seien, reiche aus (…). Die Frage, ob die Verlautbarung in einer Urkunde genügt, ist im Urteil des RG vom 4.3.1940 (AKZ 1940, 252) offengeblieben. In dem in JW 1925, 2602 veröffentlichten Urteil heißt es, es sei in § 313 BGB nur eine einmalige formrichtige Beurkundung der Absprachen vorgeschrieben, deshalb genüge es, wenn der rechtliche Zusammenhang aus einer Urkunde zu entnehmen sei. An der Richtigkeit dieser Ansicht kann jedenfalls dann kein Zweifel bestehen, wenn es sich bei dem zweiten notariell beurkundeten Vertrag um eine Ergänzung des notariell beurkundeten Grundstückskaufvertrages handelt. So liegt der Fall hier. (…). Der Hinweis der Revision auf Staudinger-Wufka (BGB, 12. Aufl., § 313 Rn. 150) ergibt für den von ihr vertretenen gegenteiligen Standpunkt nichts. Die Bemerkung des Verfassers, Endemann habe die Entscheidung des RG (JW 1925, 2602) mit Recht abgelehnt, ist irreführend. Endemann lässt nämlich den Grundsatz, dass der rechtliche Zusammenhang sich nur aus einer Urkunde zu ergeben brauche, durchaus gelten und wendet sich aus anderen Gründen gegen das Urteil des RG (Endemann, JW 1925, 2603).“[71]

27 Aus dem Urteil ergibt sich jedoch nicht, ob die Beurkundung des Einheitlichkeitswillens in einer Urkunde auch dann ausreicht, wenn die rechtliche Einheit mit einem weiteren Rechtsgeschäft **von Anfang an** gewollt war[72] und es sich bei dem weiteren Vertrag **nicht lediglich um eine Ergänzung des Grundstückkaufvertrags** handele. Fraglich und umstritten ist demzufolge, ob in einem solchen Fall eine Verknüpfungsabrede in **beiden Verträgen** beurkundet werden muss[73]. Das OLG Hamm hat betont, dass ein Hinweis auf die Abhängigkeit in der zweiten

---

[71] BGH VIII ZR 12/87, NJW 1988, 1781, 1782.
[72] Vgl. hierzu *Keim* DNotZ 2001, 827, 836.
[73] Hierzu und zur Verfahrenstechnik jurisPK-BGB/*Ludwig* § 311b Rn. 239.

IV. Der Umfang der Beurkundungspflicht beim Asset Deal

Urkunde nur dann ausreiche, wenn es sich um zwei Verträge mit dem gleichen Gegenstand handele.[74] Nach dem Kammergericht ist es ausreichend, wenn die Abhängigkeit der Verträge in einer der Urkunden erwähnt sei.[75]

Richtig ist der Gedanke von *Keim*[76], sich darauf zu besinnen, dass die Abhängigkeit des Grundstücksgeschäftes das maßgebliche Rechtsgeschäft für die Beurteilung der Formbedürftigkeit des gesamten Vertrages darstelle. Daher müsse jedenfalls der Verknüpfungswille auch dort zum Ausdruck kommen. Konsequenterweise reicht es bei einseitiger Abhängigkeit des Grundstückskaufvertrages, wenn sie nur dort zum Ausdruck kommt.[77] (Zur Beteiligung Dritter → Rn. 33 ff.) 28

cc) Die rechtliche Ausgestaltung des Verknüpfungswillens

Praktisch bedeutsam ist, wie ein solcher rechtlicher Zusammenhang in den betreffenden Verträgen zum Ausdruck gebracht werden kann oder muss. Eine Verknüpfung des Grundstückskaufvertrags mit dem weiteren Geschäft kann durch rechtsgeschäftliche **Bedingungen**, **Abschlussverpflichtungen** oder **Rücktrittsvorbehalte** erfolgen.[78] 29

Der *BGH* lässt es genügen, dass sich die Verknüpfung andeutungsweise im Beurkundeten wiederfindet. 30

„Zutreffend geht das Berufungsurteil davon aus, dass in diesem Falle die zwischen den Teilen des einheitlichen Geschäfts bestehende Abhängigkeit urkundlichen Ausdruck finden muss (BGHZ 104, 18 = NJW 1988, 1781 = LM § 305 BGB Nr. 45), wobei es, wie auch sonst, genügt, dass das Gewollte sich **andeutungsweise** (…) im Beurkundeten wiederfindet."[79]

Für die Beratungspraxis ist dies wenig hilfreich. Will man die Verknüpfung zB durch Rücktrittsrechte zum Ausdruck bringen, wird man mit *Kanzleiter*[80] auf die **Art der Verknüpfung** abstellen müssen. So dürfte die Beurkundung des Verknüpfungswillens – zB mittels Rücktrittsrechts oder Bedingung – lediglich in der zweiten (von zwei zusammenhängenden) Urkunde regelmäßig nur dann ausreichend sein, wenn zwar der zweite Vertrag vom ersten Vertrag abhängig sei, nicht aber der erste vom zweiten Vertrag (einseitige Abhängigkeit). Sei der erste Vertrag (einseitig oder wechselseitig) vom zweiten Vertrag abhängig, werde der Notar die Verknüpfung bereits in der ersten Urkunde zum Ausdruck bringen müssen, da andernfalls der erste Vertrag jedenfalls zunächst unvollständig beurkundet sei. 31

---

[74] OLG Hamm 22 U 116/95, OLGR Hamm 1996, 229; im Übrigen offen gelassen bei: OLG Stuttgart 5 U 181/98, OLGR Stuttgart 2000, 408.
[75] KG Berlin 7 U 6443/88, NJW 1991, 1959.
[76] *Keim* DNotZ 2011, 513, 520.
[77] So auch für den Geschäftsanteilskauf: *Leutner/Stenzel* NZG 2012, 1406, 1408.
[78] jurisPK-BGB/*Ludwig* § 311b Rn. 233; Erman/*Grziwotz* BGB § 311b Rn. 53; MünchKommBGB/*Kanzleiter* § 311b Rn. 53.
[79] BGH V ZR 251/98, NJW 2000, 951.
[80] *Kanzleiter* DNotZ 2004, 178 ff.

32 Die teilweise verbreitete Praxis, beide Urkunden nacheinander zu verlesen und die Verknüpfung aber dadurch zum Ausdruck zu bringen, dass nach Unterschrift aller Beteiligten der Notar die Urkunden „gleichzeitig" unterschreibe, ist zumindest bei Grundstücksgeschäften eher mit Vorsicht zu genießen. Der theoretisch richtige Hinweis, dass gedanklich eine „gleichzeitige" Unterschrift durch den Notar nicht erfolgen könne und der Notar durchaus nach Unterzeichnung der ersten Urkunde einen Herzinfarkt erleiden könne, ist rechtstechnisch zutreffend, wenn auch eher praxisfremd. Mit der Vereinbarung eines Rücktrittsrechts im ersten Vertrag, sollte der zweite Vertrag nicht zustande kommen, wäre man bei der Vertragsgestaltung jedoch auf der sicheren Seite.[81]

c) Der „zusammengesetzte Vertrag" bei Personenverschiedenheit

33 Fraglich ist das Vorliegen einer rechtlichen Einheit zwischen Grundstückskaufvertrag und einem weiteren Vertrag, wenn dieser mit einer **anderen Vertragspartei** abgeschlossen wurde. Nach der Rechtsprechung ist es jedoch nicht erforderlich, dass an jedem der Rechtsgeschäfte jeweils dieselben Parteien beteiligt sind.

„Eine für sich allein nicht formbedürftige Vereinbarung ist auch dann notariell zu beurkunden, wenn sie mit einem Grundstücksvertrag rechtlich zusammenhängt (…). Dies ist dann der Fall, wenn die Vereinbarungen nach dem Willen der Parteien derart voneinander abhängig sind, dass sie miteinander „stehen und fallen" sollen (…). Auch wenn nur einer der Vertragspartner einen solchen Einheitswillen erkennen lässt und der andere Partner ihn anerkennt oder zumindest hinnimmt, kann ein einheitlicher Vertrag vorliegen (…). **Nicht erforderlich ist, dass an jedem der Rechtsgeschäfte jeweils dieselben Parteien beteiligt sind** *(…)."*[82]

Die Einheitlichkeit zwischen Grundstückskaufvertrag und einem anderen Vertrag kann somit auch dann bestehen, wenn **verschiedene Personen** an der Transaktion beteiligt sind.[83] Die Rechtsprechung hierzu ist unübersichtlich und gibt für die Transaktionspraxis auch keine klaren Leitlinien.

aa) Einbeziehung in Leistung und Gegenleistung als zentrales Merkmal

34 Die Obersätze scheinen zu suggerieren, dass bei jeglicher einseitiger Abhängigkeit des Grundstücksgeschäfts von der weiteren Vereinbarung gerade auch diese weitere Vereinbarung mit einem Dritten zu beurkunden wäre. Dies würde bedeuten, dass die andere Vereinbarung allein deshalb formbedürftig würde, „weil eine Vertragspartei mit einem Dritten einen Grundstückskaufvertrag schließt, der in

---

[81] Vgl. hierzu: *Kanzleiter* DNotZ 2004, 178 ff.; *Weigl* DNotZ 2004, 339 ff.; *Kanzleiter* DNotZ 2004, 341.
[82] OLG Hamm 25 U 73/94, DNotI-Report 1995, 128.
[83] Vgl. BGH VII ZR 246/08, NZBau 2011, 154; OLG Koblenz 3 U 1080/13, NJW-RR 2014, 982, 983, zum gesamten Komplex auch jurisPK-BB/*Ludwig* § 311b Rn. 235 und 240.

IV. Der Umfang der Beurkundungspflicht beim Asset Deal

seinem Bestand von dieser Vereinbarung abhängt", worauf *Keim*[84] zu Recht hinweist. Die Folge könnte sein, dass zum Beispiel der Darlehensvertrag, den der Käufer mit der finanzierenden Bank schließt, auch beurkundungsbedürftig wäre und zwar in dem Sinne, dass der Käufer und die Bank einen beurkundungsbedürftigen Vertrag schließen müssten. Auch sonstige Finanzierungszusagen der Bank könnten, soweit der Grundstückskaufvertrag von ihnen abhängig ist, beurkundungsbedürftig sein. Dies wird ersichtlich so nicht vertreten und es wird für selbstverständlich gehalten, dass eine solche Finanzierungszusage nicht beurkundungspflichtig sei.[85] Richtigerweise wird zunächst danach zu unterscheiden sein, ob das Rechtsgeschäft mit dem Dritten in den „Zusammenhang von Leistung und Gegenleistung des Grundgeschäfts mit einbezogen wird."[86] So hat der *BGH*[87] entschieden:

„Auch an Dritte zu machende Leistungen bedürfen dann der Beurkundung nach § 313 BGB, wenn sie zu den Gegenleistungen gehören, die der Käufer gegenüber dem Verkäufer übernimmt, wenn dieser also einen eigenen Anspruch darauf erwerben soll, dass die Leistung an den Dritten bewirkt wird".

Ist dagegen eine Einbeziehung in den Zusammenhang von Leistung und Gegenleistung nicht beabsichtigt, so ist die Absprache mit der dritten Vertragspartei formfrei.[88] Die Einbeziehung der Drittleistung in den Zusammenhang von Leistung und Gegenleistung der Parteien des zu beurkundenden Grundstückskaufvertrages ist daher Voraussetzung. Der *BGH* führt hierzu aus: 35

„..., denn die Einheitlichkeit zweier getrennt geschlossener Vereinbarungen wird nicht dadurch ausgeschlossen, dass die Rechtsgeschäfte verschiedenen juristischen Geschäftstypen angehören und an ihnen zum Teil verschiedene Personen beteiligt sind. Dabei können die Abmachungen einer Vertragspartei mit Dritten, nach dem Willen der Vertragspartner in den Zusammenhang von Leistung und Gegenleistung einzubeziehen und daher dem Beurkundungszwang unterworfen sein."[89]

bb) Einbeziehung des Dritten durch dreiseitigen Vertrag

Entscheidend ist allein, ob nach dem Willen der Vertragsschließenden die versprochene Leistung von einer anderen Leistung untrennbar abhängen soll.[90] 36

Daher ist zunächst, wenn die Parteien des Grundstückskaufvertrages die Leistungspflicht eines Dritten nach ihrem Willen in den Zusammenhang ihrer eigenen

---

[84] *Keim* DNotZ 2001, 827.
[85] Vgl. *Hermanns* DNotZ 2013, 9, 17 – anlässlich der Erörterung eines sog. Equity Commitment Letter mit dem Unternehmenskaufvertrag.
[86] *Keim* DNotZ 2001, 827, 834; so auch *Korte*, Handbuch der Beurkundung von Grundstücksgeschäften, S. 73, Rn. 8.
[87] BGH V ZR 124/52, NJW 1954, 308.
[88] BGH V ZR 124/52, BGHZ 11, 90.
[89] BGH V ZR 77/87, NJW-RR 1989, 198, 199; BGH V ZR 124/52, NJW 1954, 308.
[90] BGH V ZR 77/87, NJW-RR 1989, 198, 199.

Leistung und Gegenleistung einbeziehen wollen, zu fragen, wie dieses „Einbeziehungsverhältnis" zu werten ist. Zunächst kann gewollt sein, dass in der Tat ein mehrseitiger, genauer dreiseitiger Vertrag gewünscht ist.[91] So lag die Konstellation auch im oft zitierten „Bürgschaftsfall" des *BGH*.[92] In diesem Fall war bei der Beurkundung zunächst angedacht worden, dass in dem Kaufvertrag gleichzeitig die den Kaufpreisanspruch absichernde Bürgschaft mitbeurkundet werden sollte, so dass die Bürgende ebenfalls Vertragspartei geworden wäre. Der beurkundende Notar hatte dann auf Frage darauf hingewiesen, dass diese Mitbeurkundung (vermeintlich) kostenerhöhend sei und im Übrigen die Bürgschaft auch formlos beurkundet werden könne. Der *BGH* ging von der Formbedürftigkeit der Bürgschaftserklärung aus, weil diese „ein wesentlicher Bestandteil des Kaufvertrages habe sein sollen".[93] Den Parteien war es also nach ihrem Willen gerade darauf angekommen, einen Drei-Personen-Vertrag zu schließen, weil auf die Bürgschaft solch ein besonderer Wert gelegt wurde. In solchen Fällen des echten mehrseitigen Vertrages ist der Dritte zwingend zu beteiligen.[94]

cc) Kein dreiseitiger Vertrag

37 Ist kein mehrseitiger (dreiseitiger) Vertrag durch die Parteien beabsichtigt, so wird es weiterhin darauf ankommen, „wie intensiv die rechtliche Verknüpfung zwischen dem Grundstückskaufvertrag und dem Drittvertrag sein muss"[95], um von einer einseitigen rechtlichen Abhängigkeit des Grundstücksvertrages von Drittvertrag zu sprechen. Ist zunächst die Leistung an einen Dritten Vertragspflicht einer Partei des Grundstückskaufvertrages, so ist es von der Bedeutung dieser Leistung, die die Vertragsparteien des Grundstückskaufvertrages der Vertragspflicht beimessen, abhängig, in welchem Detailgrad diese Verpflichtung aufgenommen wird. Das OLG Brandenburg hält hierzu fest:

> *„Es ist Sache der Parteien, ob sie die Abrede, dass ein Vertragsteil mit einem Dritten einen Vertrag schließen soll, in rechtlichen Zusammenhang mit dem zwischen ihnen geschlossenen Geschäft bringen oder nicht, so dass regelmäßig nur ein tatsächlicher Zusammenhang besteht. Auch an Dritte zu erbringende Leistungen bedürfen nur dann der Beurkundung nach § 313 S. 1 BGB, wenn sie zu den Gegenleistungen gehören, die der Käufer gegenüber dem Verkäufer übernimmt, wenn dieser also einen eigenen Anspruch darauf erwerben soll, dass die Leistung an den Dritten bewirkt wird. Ist dagegen eine Einbeziehung in dem Zusammenhang von Leistung und Gegenleistung nicht beabsichtigt, so sind Sonderabmachungen mit Dritten formfrei, mag auch erst eine solche Sonderabmachung den Kaufabschluss ermöglicht haben [...]".*[96]

---

[91] Vgl. *Keim* DNotZ 2001, 827, 834; vgl. auch jurisPK-BGB/*Ludwig* § 311b Rn. 234 und 235.
[92] BGH III ZR 177/60, NJW 1962, 586 f.
[93] BGH III ZR 177/60, NJW 1962, 586.
[94] Vgl. *Keim* DNotZ 2001, 827, 835.
[95] So jurisPK-BGB/*Ludwig* § 311b Rn. 234.
[96] OLG Brandenburg 6 U 23/95, NJW-RR 1996, 978, 979.

IV. Der Umfang der Beurkundungspflicht beim Asset Deal

An einem solchen rechtlichen Zusammenhang fehlt es beispielsweise, wenn der Käufer den Grundstückskauf fremdfinanzieren möchte, dies aber gerade nicht Inhalt der vertraglichen Vereinbarung zwischen Käufer und Verkäufer geworden ist und auch gar nicht werden sollte. Für beide Parteien ist hier klar, dass der Verkäufer nicht das Risiko der Finanzierbarkeit des Kaufpreises tragen soll.[97] Der Darlehensvertrag ist nicht zu beurkunden.

Ist die vertragliche Beziehung mit einem Dritten kein mehrseitiges, dreiseitiges Vertragsverhältnis, und ist die Leistung des Dritten auch nicht ganz ausdrücklich Vertragspflicht einer Partei, so fällt die Einordnung, ob das Rechtsgeschäft mit dem Dritten, „in dem Zusammenhang von Leistung und Gegenleistung des Grundstücksgeschäfts mit einbezogen"[98], ist oft schwer. Durch die von der Rechtsprechung im Immobilienrecht entschiedenen Fälle wird die Abgrenzung nicht einfacher, da diese oft spezielle Einzelfragen betrafen und nicht typische Unternehmenskäufe, die für die Transaktionspraxis von Bedeutung wären. Die Verallgemeinerung der Leitsätze auf die Fälle des Unternehmenskaufes per Asset Deal ist daher unangebracht. Die Unsicherheit entsteht vor allem erstens dadurch, dass nach der Rechtsprechung die Vereinbarung eines Rücktrittsrechts zur Verknüpfung mehrerer Verträge die rechtliche Abhängigkeit nicht ausschließt (aber andererseits auch eine explizite Aussage darüber, dass ein solches Rücktrittsrecht die Beurkundungspflicht begründe, fehlt). Zweitens soll es für die Abhängigkeit (und damit Beurkundungspflicht) ausreichen, wenn der Käufer einen „Einheitlichkeitswillen" erkennen lässt und der Verkäufer diesen anerkennt oder hinnimmt. Verkompliziert wird die Lage dadurch, dass die Rechtsprechung oft Fälle zu entscheiden hatte, bei denen das an sich nicht beurkundungsbedürftige Geschäft zeitlich vor dem Grundstückskaufvertrag geschlossen wurde. Zum Rücktrittsrecht:[99]

38

„Auch die nach der Auslegung des BerGer. im Vertrag vorgesehene Möglichkeit des Rücktritts jeder Vertragspartei spricht nicht gegen einen Verknüpfungswillen der Bekl. im dargestellten Sinne. Das hat das BerGer. im Ergebnis ebenfalls zutreffend gewertet. Entgegen seiner Ansicht kommt es hierfür aber nicht darauf an, ob und in welcher Art ein Rücktritt für eine Vertragspartei nachteilige Folgen hätte. Das Rücktrittsrecht kann die Abhängigkeit des Vertrages über den Erwerb eines Erbbaurechts vom Baubetreuungsvertrag nicht auflösen. Entscheidend ist, dass der Vertrag in dem Fall, in dem die Bet. – wie in erster Linie vorgesehen – von dem Rücktrittsrecht keinen Gebrauch machen, nur zusammen mit dem weiteren Vertrag Geltung haben soll [...]."

Zum „Einheitlichkeitswillen" und dessen „Anerkenntnis":.

39

„Der zweifelsfrei beurkundungsbedürftige Optionsvertrag ist nach den §§ 313, 125 BGB nichtig, wenn weitere, nicht zum Grundstücksgeschäft gehörende, aber mit diesem eine recht-

---

[97] Vgl. *Hermanns* DNotZ 2013, 9, 14 – zum Geschäftsanteilskaufvertrag.
[98] *Keim* DNotZ 2001, 827, 834.
[99] BGH VII ZR 230/07, NJW-RR 2009, 953, 954.

liche Einheit bildende Vereinbarungen unbeurkundet geblieben sind. Eine solche Einheit von an sich selbständigen Vereinbarungen ist dann anzunehmen, wenn sie nach dem Willen der Bet. derart voneinander abhängig sind, dass sie nicht für sich allein gelten, sondern miteinander „stehen und fallen" sollen. **Die Einheitlichkeit wird nicht dadurch ausgeschlossen, dass die Rechtsgeschäfte, wie hier, <u>verschiedenen juristischen Geschäftstypen angehören</u> und an ihnen <u>zum Teil verschiedene Personen beteiligt</u> sind. Auch wenn nur einer der Vertragspartner einen solchen Einheitlichkeitswillen erkennen lässt und der andere Partner ihn anerkennt oder zumindest hinnimmt, kann ein einheitlicher Vertrag vorliegen** (st. Rspr. des BGH, LM § 139 BGB Nr. 34 = WM 1966, 899 (900); NJW 1976, 1931 (1932); NJW 1983, 565; BGHZ 76, 43 (49) = NJW 1980, 829; BGHZ 78, 346 (349) = NJW 1981, 274; NJW 1984, 869 (870))."[100]

Wie dies im Dreiecksverhältnis genau gehandhabt werden soll, insbesondere, wenn die dritte Partei (zB eine Bank) überhaupt kein Interesse an einer Beurkundung des Drittvertrages hat, lässt der *BGH* offen. Im Jahr 2010 hat er jedoch die Kriterien für die Annahme eines beurkundungspflichtigen Drittgeschäftes im Drei-Personen-Verhältnis (anlässlich eines Bauvertrages) zumindest etwas präzisiert.

Die Klägerin hatte mit dem Beklagten einen privatschriftlichen Bauvertrag über die Errichtung eines Hauses auf einem Grundstück abschloss, das zum Zeitpunkt des Vertragsschlusses noch im Eigentum einer dritten Person stand. Für den Fall, dass das Grundstück nicht erworben werden sollte, wurde ihnen ein Rücktrittsrecht von dem Bauvertrag eingeräumt. Der Kaufvertrag wurde nicht abgeschlossen und das Rücktrittsrecht wurde ausgeübt. Der *BGH* führt hierzu aus:

„*Ein solcher Verknüpfungswille kann nicht schon deshalb angenommen werden, weil der Besteller für die Durchführung eines Bauvertrages ein Grundstück benötigt* (BGH, Urteile v. 6.12.1979 – VII ZR 313/78, BGHZ 76, 43, 49; v. 13.6.2002 – VII ZR 321/00, aaO). *Auch der Umstand, dass der Bauvertrag auf einem bestimmten, bereits ins Auge gefassten Grundstück ausgeführt werden soll, reicht für sich genommen nicht. Ein Wille, die Verträge in der notwendigen Weise zu einer rechtlichen Einheit zu verknüpfen, kommt aber dann in Betracht, wenn die Parteien des Bauvertrages und diejenigen des Kaufvertrages identisch sind oder der Bauunternehmer maßgeblich Einfluss auf die Durchführung des Kaufvertrages hat. Er wird dann häufig dadurch im Bauvertrag manifestiert, dass die Bebauung auf einem bestimmten Grundstück erfolgen soll* (BGH, Urteile v. 6.11.1980 – VII ZR 12/80, BGHZ 78, 346 ff.; v. 16.12.1993 – VII ZR 25/93, BauR 1994, 239 = ZfBR 1994, 122, und zum Baubetreuungsvertrag Urt. v. 12.2.2009 – VII ZR 230/07, aaO). **Hat der Bauunternehmer hingegen keine Einflussmöglichkeit auf die Durchführung des Kaufvertrages, bedarf es anderer, besonderer Umstände, die den Schluss zulassen, der Bauvertrag sei beurkundungsbedürftig** (vgl. auch BGH, Urt. v. 22.3.1991 – V ZR 318/89, NJW-RR 1991, 1031, 1032)."[101]

---

[100] BGH V ZR 247/85, NJW 1987, 1069.
[101] BGH VII ZR 246/08, DNotZ 2011, 196, 198.

IV. Der Umfang der Beurkundungspflicht beim Asset Deal

Nach der Rechtsprechung[102] kommt also der Wille zur Abhängigkeit der Geschäfte nur in Betracht, wenn die Parteien des Kaufvertrages und des Drittvertrages identisch sind oder im Fall des Bauunternehmers dieser selbst maßgeblich Einfluss auf die Durchführung des Kaufvertrages hat. Zumindest soll dies ein Indiz für die Abhängigkeit sein (richtigerweise wohl Voraussetzung). Hat der Bauunternehmer keinen Einfluss, soll es besonderer sonstiger Umstände bedürfen, die den Schluss zulassen, der Bauvertrag sei beurkundungsbedürftig.

Auch in der Literatur wird teilweise vertreten, dass, wenn Dritte oder ein Beteiligter des Grundstückskaufvertrages wirtschaftlich verflochten seien und eine Art „Interessenparallelität" bestünde, ein mehrseitiger Vertrag und damit die Beurkundungspflicht auch des Drittvertrages naheliege.[103] In die ähnliche Richtung geht das Urteil des OLG Karlsruhe.[104] In diesem Fall ging es ebenso um einen Bauvertrag und einen Grundstückskaufvertrag. Die Bauunternehmer-GmbH solle maßgeblichen Einfluss auf den Verkäufer gehabt haben, der ihr einen provisionspflichtigen Vermittlungsauftrag erteilt habe. Auch das OLG Koblenz[105] ging von einer rechtlichen Einheit des Bauvertrages mit dem später abgeschlossenen Grundstückskaufvertrages aus, wenn jedenfalls der Bauunternehmer den Abschluss des Kaufvertrages maßgeblich gefördert habe, der Bauvertrag sich auf das später erworbene Grundstück bezöge und dies den Parteien des Bauvertrages und des Grundstückskaufvertrages bekannt sei.

Außerhalb des Zwei-Personen-Verhältnisses bedarf es daher nach der Rechtsprechung für den Fall, dass zunächst der eigentlich nicht beurkundungsbedürftige Vertrag geschlossen wird, neben dem Willen zur rechtlichen Verknüpfung auch noch der **tatsächlichen Einflussmöglichkeit** einer der Parteien dieses Vertrages, die dritte Partei des noch abzuschließenden Grundstückskaufvertrages dahingehend beeinflussen zu können, dass diese den Grundstückskaufvertrag abschließt. Es erscheint sachgerecht, dieses Erfordernis auch für den umgekehrten Fall, wenn zeitlich vorangehend das eigentlich beurkundungspflichtige Geschäft abgeschlossen wird, anzunehmen.

Für die Ausgangsfrage, wann im Drei-Personen-Verhältnis tatsächlich eine rechtliche Abhängigkeit gegeben ist und wann diese – zusätzlich zur tatsächlichen Einflussmöglichkeit – vorliegt, besteht aber noch keine klare Rechtsprechung. Der Literatur ist zuzustimmen, wenn sie kritisiert, dass der BGH die Rechtsprechung zu zusammengesetzten Verträgen ohne Einschränkung auf die Mehrpersonenverhältnisse übertrage.[106] Richtig ist auch, dass eine Verknüpfung durch Bedingung, Rücktrittsvorbehalt oder Abschlussverpflichtung nicht ohne weiteres zur Beurkundungspflichtigkeit des Drittvertrages führt. Anderenfalls würde durch die Aufnahme

---

[102] OLG Koblenz 3 U 1080/13, NJW-RR 2014, 982, 984 mwN.
[103] *Wedemann* WM 2010, 395.
[104] OLG Karlsruhe 13 U 121/10, IBR 2011, 468.
[105] OLG Koblenz 3 U 1080/13, NJW-RR 2014, 982.
[106] Vgl. *Opgenhoff* RNotZ 2006, 257, 262 zum Überblick und mwN.

der Bedingung oder der Rücktrittsvorbehalt dem Dritten für seinen eigenen Vertrag ein Formbedürfnis gegen seinen Willen aufgezwungen.[107] Zutreffend ist es in jedem Einzelfall genau zu überprüfen, ob im Mehrpersonenverhältnis eine Abhängigkeit im Sinne einer „echten Geschäftseinheit"[108] vorliegt, in der die Einbeziehung in das Gegenseitigkeitsverhältnis zum Ausdruck kommt.[109] Besteht keine solche echte Geschäftseinheit, so erscheint es sachgerecht, nur die jeweilige Verknüpfungsabrede (also etwa das Rücktrittsrecht oder die Bedingung) zu beurkunden, nicht aber das weitere Rechtsgeschäft an sich.[110] Vereinbaren die Parteien des Grundstückskaufvertrages eine Bedingung oder einen Rücktrittsvorbehalt, so ist aber stets der Vertragsinhalt des Vertrages mit dem Dritten insoweit zu beurkunden, als dies erforderlich ist, um die Voraussetzungen des Rücktrittsrechts zu beschreiben.[111] Umgekehrt heißt dies auch: Nicht jedes Rücktrittsrecht oder jede Bedingung des Abschlusses eines Drittvertrages führt automatisch auch zur Beurkundungspflichtigkeit des Drittvertrages. Insofern ist es auch richtig, wenn in der Literatur vertreten wird, dass ein Grundstückskaufvertrag, der ein Rücktrittsrecht für den Fall erhält, dass das Käufervehikel einen sog. Equity Commitment Letter mit dem dahinterstehenden finanzierenden Fonds nicht abschließt, gerade nicht zur Beurkundung des Equity Commitment Letter zwischen seinen Parteien zwingt.[112] Die Beurkundungspflicht im Mehrparteienverhältnis sollte nicht aufgrund pauschaler Anwendung der Leitsätze des BGH zu weit ausgedehnt werden. Schon gar nicht sollte die Rechtsprechung zum Immobilienrecht kritiklos auf den Geschäftsanteilskaufvertrag übertragen werden, denn § 15 Abs. 4 GmbHG hat einen anderen Schutzzweck als § 311 b Abs. 1 BGB. Beim GmbHG besteht die Beurkundungspflicht nur im Hinblick auf die Abtretungsverpflichtung, was für eine enge Auslegung der Beurkundungspflicht spricht.[113]

3. Fallgruppe „mittelbarer Zwang" zur Übereignung oder zum Erwerb eines Grundstücks

43 Ein wesentlicher Schutzzweck des § 311b Abs. 1 S. 1 BGB ist die Beratungs- und Belehrungsfunktion. Die Belehrung und Warnung der Vertragsparteien soll bereits dann erfolgen, wenn diese sich binden.[114] Daher sind auch solche Vereinbarungen gem. § 311b Abs. 1 BGB analog formbedürftig, die einen **wirtschaftlichen Zwang** zur Abgabe entsprechender Verpflichtungserklärungen auslösen.

---

[107] Vgl. *Keim* RNotZ 2005, 102, 104.
[108] *Krauß* Immobilienkaufverträge in der Praxis, Rn. 83 ff.
[109] Vgl. *Keim* DNotZ 2001, 827, 840.
[110] Vgl. *Krauß* Immobilienkaufverträge in der Praxis, Rn. 83 ff.
[111] *Keim* RNotZ 2005, 102, 104.
[112] Vgl. *Hermanns* DNotZ 2013, 9, 17; *Leyendecker*, NZG 2012, 129, 133 jeweils zum Geschäftsanteilskaufvertrag.
[113] Vgl. *Erbacher/Klarmann* Corporate Finance 2011, 151 ff.
[114] Beck'sches Notar-Handbuch/*Heckschen* A.I Rn. 194; sowie juris-PK/Ludwig § 311 b Rn. 112 ff.

IV. Der Umfang der Beurkundungspflicht beim Asset Deal

Ein solcher wirtschaftlicher Zwang ist in der Rechtsprechung für folgende Fälle anerkannt:[115]

- **Vertragsstrafe** bei Abschluss oder Nichtabschlusses des Geschäfts
- **Verfall** einer Kaufpreisanzahlung
- einer **erfolgsunabhängigen Maklerprovision**
- sowie einem **Vorvertrag** oder
- einem **Vorkaufsrecht**, wenn es eine Vertragspartei bereits verpflichtet

Erforderlich ist nicht, dass die Verpflichtung unmittelbar auf die Veräußerung oder den Erwerb von Grundeigentum gerichtet ist. Für das Vorliegen eines „mittelbaren Zwangs" ist jedoch notwendig, dass der Vertrag Regelungen enthält, welche an die Nichtveräußerung oder den Nichterwerb des Grundstücks **wesentliche wirtschaftliche Nachteile** knüpft, die **mittelbar** zur Veräußerung/Erwerb des Grundeigentums zwingen. 44

> *„Nach §§ 313 S. 1, 125 S. 1 BGB ist ein Vertrag, durch den sich der eine Teil verpflichtet, das Eigentum an einem Grundstück zu übertragen oder zu erwerben, bei fehlender notarieller Beurkundung nichtig. Die Formvorschrift bezweckt u.a., Veräußerer und Erwerber vor übereilten Verträgen zu bewahren, sie auf die Wichtigkeit des Geschäfts hinzuweisen und ihnen die Möglichkeit rechtskundiger Belehrung und Beratung zu eröffnen (…). Um diesem Zweck auch gegenüber möglichen **Umgehungsversuchen** Geltung zu verschaffen, wird § 313 S. 1 BGB in der Rechtsprechung des BGH in bestimmten Fällen analog auch auf Verträge angewandt, die nicht selbst die Verpflichtung zur Übertragung und zum Erwerb des Eigentums an einem Grundstück zum Gegenstand haben. Danach können Verträge, auch wenn sie mit Dritten abgeschlossen wurden, formbedürftig sein, wenn sie **einen Vertragsteil bereits dadurch wirtschaftlich binden, dass für den Fall des Unterbleibens des Geschäfts über den Erwerb oder die Veräußerung von Grundstücken ins Gewicht fallende wirtschaftliche Nachteile vereinbart werden**. Dies wurde insbesondere bei Verträgen angenommen, in denen für den Fall des Abschlusses oder Nichtabschlusses eines solchen Geschäfts eine **Vertragsstrafe**, der **Verfall einer Kaufpreisanzahlung** oder eine **erfolgsunabhängige Maklerprovision** versprochen wurde (…)."*[116]

> *„Nach dem hier gem. Art. 229 § 5 S. 1 EGBGB noch anwendbaren § 313 S. 1 BGB a.F. (jetzt: § 311b I 1 BGB) bedarf ein Vertrag der notariellen Beurkundung, wenn er die Verpflichtung einer Vertragspartei enthält, das Eigentum an einem Grundstück zu übertragen oder zu erwerben. Eine solche Verpflichtung muss nicht darauf gerichtet sein, das Grundeigentum sogleich zu veräußern oder zu erwerben (…). Auch eine **bedingte Verpflichtung** genügt (…). Beurkundungspflichtig ist deshalb auch ein **Vorvertrag**, wenn er eine Partei bereits verpflichtet (…). Das gleiche gilt für einen Vertrag, mit dem ein Vorkaufsrecht eingeräumt werden soll (…). Die Verpflichtung muss auch nicht unmittelbar auf die Veräußerung oder den Erwerb* 45

---
[115] Vgl. zu den Fallgruppen im Einzelnen: Staudinger/*Schumacher* § 311b Abs. 1 Rn. 104 ff.; Erman/*Grziwotz* BGB § 311b Rn. 13; BeckOK BGB/*Gehrlein* § 311b Rn. 14 – mit vielen Nachweisen.
[116] BGH XI ZR 10/89, NJW 1990, 390, 391.

*von Grundeigentum gerichtet sein. **Es reicht vielmehr aus, wenn der Vertrag Regelungen enthält, welche an die Nichtveräußerung oder den Nichterwerb des Grundeigentums wesentliche wirtschaftliche Nachteile knüpfen, die mittelbar zur Veräußerung oder zum Erwerb des Grundeigentums zwingen** (...)."*[117]

Relevant kann die Fallgruppe des „mittelbaren Zwangs" insbesondere bei Verträgen sein, die zwar vom Grundstückskaufvertrag abhängen – jedoch nicht umgekehrt. Verträge, die nur einseitig vom Abschluss des Grundstückskaufvertrags abhängig sind und daher trotz ihres Zusammenhangs mit diesem nach der „neuen Formel" des *BGH* nicht beurkundet werden müssen, enthalten für den Fall des nicht Zustandekommens des Grundstücksgeschäfts oft Sanktionen, die die Entschlussfreiheit einer Vertragspartei einschränken.[118] Aufgrund des mittelbaren Zwangs zur Grundstücksübertragung sind auch solche Verträge im Ergebnis notariell beurkundungspflichtig.

V. Nachträgliche Veränderung des Grundstückkaufvertrags

1. Allgemein

46 Grundsätzlich sind nachträgliche Vereinbarungen der Parteien eines Grundstücksveräußerungsvertrags bis zum Zeitpunkt der **Auflassung** gem. § 925 BGB notariell beurkundungsbedürftig. Die Beurkundungspflicht einer Vertragsveränderung besteht daher, wenn eine bereits formgültig begründete **Verpflichtung** in **rechtlich erheblicher Weise verändert** wird.

*„Aus dem Schutzzweck des § 313 Satz 1 BGB ergibt sich, dass nicht nur die Begründung der vertraglichen Leistungspflichten, sondern auch die diesbezüglichen **vertraglichen Abänderungen** ihrerseits prinzipiell der notariellen Beurkundung bedürfen."*[119]

Formbedürftig ist beispielsweise der **Erlass** oder die **Herabsetzung** des **Kaufpreises**:

*„Entscheidend ist hier aber jedenfalls die zugleich vereinbarte **Herabsetzung des Kaufpreises**, die in dem Verzicht des Kl. auf den Pachtzinsrückstand, einschließlich der Zinsen für die erst am 14.12.1976 gezahlten 120.000 DM, und damit auf einen Teil der vom Bekl. geschuldeten Gegenleistung für das Grundstück lag. Ein solcher **Teilerlass des beurkundeten Kaufpreises ist formbedürftig** (...). Dabei spielt es keine Rolle, ob die Abrede im Rahmen einer Vereinbarung zur Behebung von Abwicklungsschwierigkeiten getroffen wird. Die hier erlassene Forderung war auch nicht so geringfügig, dass dem Erlass keine wirtschaftliche Be-*

---

[117] BGH V ZR 108/07, NJW-RR 2008, 824, 825.
[118] *Keim* DNotZ 2001, 827, 833.
[119] OLG Düsseldorf 9 U 24/97, DNotZ 1998, 949, 953.

V. Nachträgliche Veränderung des Grundstückkaufvertrags

*deutung zugekommen wäre. Der Formzwang entfiel auch nicht etwa deshalb, weil sich der Kl. nur für den Fall fristgemäßer Erfüllung der Vereinbarung vom 20.9.1976 zum Erlass des Pachtrückstandes verpflichtet hatte; denn auch **bedingte Verpflichtungen in einem wesentlichen Punkt unterliegen der Formvorschrift des § 313 BGB** (…). Bei dieser Rechtslage ist die Vereinbarung vom 20.9.1976 wegen Formverstoßes nichtig (§§ 313, 125 BGB)."*[120]

2. Ausnahmen

Der *BGH* macht jedoch in ständiger Rechtsprechung von der Formbedürftigkeit nachträglicher Vertragsänderungen unter folgenden Voraussetzungen zwei Ausnahmen: 47

a) Keine Verschärfung oder Erweiterung der Veräußerungs- oder Erwerbspflicht

Die erste Fallgruppe betrifft Änderungen, die keine mittelbare oder unmittelbare Verschärfung oder Erweiterung der Veräußerung oder der Erwerbspflicht begründen.[121] In der Kernentscheidung des *BGH* ging es um eine Verlängerung eines vertraglich vereinbarten Rücktrittsrechts.

Der *BGH* verneinte beispielsweise die Beurkundungspflicht einer nachträglichen Vereinbarung der **Voraussetzungen eines Rücktrittsrechts** folgendermaßen:

„Die nachträgliche Vereinbarung diente dazu, die Vertragsabwicklung im Hinblick auf das nach Vertragsabschluss entstandene besondere Interesse des Bekl. an einer frühzeitigen oder zumindest fristgerechten Fertigstellung der Wohnung einvernehmlich zu regeln, um Streitigkeiten über die zeitgerechte Bauausführung während des Bauablaufs nach dem vereinbarten Beginn zu vermeiden.

*Durch die Vereinbarung sind die **gegenseitigen Pflichten aus dem Erwerbervertrag nicht wesentlich verändert** worden. Die Vereinbarung berührt nicht unmittelbar die jeweiligen durch den notariell beurkundeten Vertrag wirksam begründeten Hauptpflichten, sondern lediglich die Abwicklung des Vertrags für den Fall, dass die Kl. mit dem Bau nicht fristgerecht beginnen würden. Die Vereinbarung einer **Vertragsfrist für den Beginn des Baus** und eines **Kündigungsrechts** des Bekl. bei nicht fristgerechtem Baubeginn konkretisiert lediglich die mit dem notariell beurkundeten Vertrag begründeten Rechte des Erwerbers.*

*Nach der Rechtsprechung des BGH kann der Auftraggeber eines Werkvertrags vor Ablauf der vereinbarten Herstellungsfrist vom Vertrag zurücktreten, wenn vor der Fertigstellung absehbar ist, dass der Termin vom Auftraggeber nicht eingehalten werden kann (…). **Mit der nachträglichen Vereinbarung haben die Vertragsparteien als Voraussetzung eines derartigen Rücktrittsrechts den nicht fristgerechten Baubeginn einvernehmlich fest-***

---

[120] BGH V ZR 138/80, NJW 1982, 434, 435.
[121] Vgl. Erman/*Grziwotz* BGB § 311b Rn. 58; jurisPK-BGB/*Ludwig* § 311b Rn. 268, 269.

gelegt. Danach war es **nicht** *für die Wirksamkeit des Vertrags vom 5.7.1997 erforderlich, dass er* **entsprechend § 313 S. 1 BGB notariell beurkundet** *wurde."*[122]

48 In einem anderen Fall verneinte der *BGH* ebenfalls die Formbedürftigkeit einer Vereinbarung, durch welche die Vertragsparteien die **Frist** für die Ausübung eines aufschiebend bedingten Wiederkaufrechts **nachträglich verlängerten**.

„*Wenn die Parteien in ihrem Briefwechsel übereinkamen, die vertraglich vorgesehenen Fristen für die Bebauung um ein halbes Jahr zu verlängern, geschah dies unstreitig im Hinblick auf Schwierigkeiten, die sich damals der Verwirklichung des Bauprojekts des Beklagten entgegenstellten. Die Beteiligten wollten damit ersichtlich diese* **Abwicklungsschwierigkeiten** *beseitigen. Durch die Fristverlängerung wurde an der Wiederverkaufsverpflichtung als solcher nichts geändert. Sie gewährte dem Beklagten* **unter Aufrechterhaltung seiner bisherigen Verbindlichkeiten** *lediglich einen Aufschub, der darin bestand, dass die Zeiträume, innerhalb deren er mit dem Bau beginnen, diesen fertigstellen und seine gewerbliche Tätigkeit aufnehmen musste, weiter hinausgeschoben wurden. Wollte man eine solche* **Fristverlängerung** *dem Beurkundungszwang unterwerfen, so würde das auf eine durch Wortlaut und Zweck des § 313 BGB nicht gebotene Ausdehnung dieser Vorschrift hinauslaufen, die den praktischen Bedürfnissen des Grundstücksverkehrs keine Rechnung trüge und zu nicht billigenswerten Ergebnissen führen müsste. Denn da angesichts der Entwicklung auf dem Baumarkt sich erfahrungsgemäß der Zeitpunkt des Baubeginns und der Gebäude-Fertigstellung häufig nicht mit der erforderlichen Sicherheit voraussehen lässt, hätte eine Bejahung des Formbedürfnisses zur Folge, dass die an Verträgen der hier vorliegenden Art Beteiligten genötigt wären, später erneut den Notar aufzusuchen und möglicherweise sogar wiederholt abändernde Beurkundungen vornehmen zu lassen. Dem Senat erscheint es daher angezeigt, von einer Anwendung des § 313 BGB auf den hier zu entscheidenden Fall abzusehen."*[123]

49 Dagegen sah der *BGH* in einem anderen Fall die Voraussetzungen einer nicht formbedürftigen Änderung des Grundstückkaufvertrags als nicht erfüllt an – sie unterlag daher der Beurkundungspflicht. Konkret war über die Formbedürftigkeit **neuer Rücktrittsvoraussetzungen** vom Grundstückskaufvertrag zu urteilen.

„*Eine Ausnahme vom Formzwang kann hier auch nicht – wie es das BerGer. angenommen hat – im Anschluss an BGHZ 66, 270 = NJW 1976, 1842 zugelassen werden. (…) Anders als in dem in BGHZ 66, 270 = NJW 1976, 1842 entschiedenen Fall ist hier nicht bloß zugunsten der Bekl. die Möglichkeit der Ausübung des Rücktrittsrechts verlängert worden.* **Die Rücktrittsvoraussetzungen wurden vielmehr gegenüber der beurkundeten Absprache verschärft.** *Während nach der ursprünglichen Vereinbarung der Rücktritt schon dann erklärt werden konnte, wenn die Kl. zu 4 den Vertrag nicht bis zum 15.7.1981 genehmigte, sollten die Bekl. nunmehr auf die Genehmigung bis zum 30.9.1981 warten müssen.* **Eine solche, den Inhalt des Kaufvertrages bezüglich des Rücktrittsrechts nicht unwesentlich zu Lasten**

---

[122] BGH VII ZR 119/99, NJW 2001, 1932, 1933.
[123] BGH V ZR 37/71, NJW 1973, 37.

V. Nachträgliche Veränderung des Grundstückkaufvertrags

der Käufer ändernde Vereinbarung bedarf aber der notariellen Beurkundung. Sie ist daher vorliegend mangels Einhaltung dieser Form nichtig (§§ 313, 125 BGB).[124]

b) Schwierigkeiten bei Vertragsabwicklung

Die zweite Ausnahme betrifft vertragliche Veränderungen bei Schwierigkeiten der Vertragsabwicklung.

Eine nachträgliche Veränderung des Grundstückskaufvertrags bedarf dann keiner notariellen Beurkundung, wenn durch die nachträgliche Vereinbarung nur

- unvorhergesehen aufgetretene Schwierigkeiten bei der Vertragsabwicklung beseitigt werden sollen

und

- die zu diesem Zweck getroffene Vereinbarung die **beiderseitigen Verpflichtungen** aus dem Grundstückskaufvertrag **nicht wesentlich verändert**.

„Nach der ständigen Rechtsprechung des BGH sind nachträgliche Vereinbarungen der Parteien eines Grundstücksveräußerungsvertrags gem. § 313 S. 1 BGB beurkundungsbedürftig, wenn eine bereits formgültig begründete Verpflichtung in rechtlich erheblicher Weise verändert wird. Eine Ausnahme von diesem Grundsatz kommt dann in Betracht, wenn durch eine nachträgliche Vereinbarung nur unvorhergesehen aufgetretene Schwierigkeiten bei der Vertragsabwicklung beseitigt werden sollen und wenn die zu diesem Zweck getroffene Vereinbarung die beiderseitigen Verpflichtungen aus dem Grundstückskaufvertrag nicht wesentlich verändert (…).“[125]

3. Zeitliche Grenze – keine Beurkundungspflicht bei einer Vertragsänderung nach Auflassung

Vertragsänderungen nach der **Auflassung** – also der dinglich notariell beurkundeten Einigung des Veräußerers und Erwerbers über die Übertragung des Eigentums an dem Grundstück gem. § 925 BGB – sind nach ständiger Rechtsprechung des *BGH* nicht formbedürftig, weil die Übereignungs- und Erwerbspflicht mit der Auflassung erlischt und daher nicht mehr besteht. Der Warnfunktion des § 311b Abs. 1 S. 1 BGB sei damit Rechnung getragen worden.

„Dem BerGer. ist darin zu folgen, dass die zwischen den Parteien am 2.12.1975 getroffene Vereinbarung nicht mehr nach § 313 BGB beurkundungspflichtig war, weil der Kaufvertrag vom 24.4.1974 bereits die Auflassung enthielt. **Der BGH hat im Anschluss an die Rechtsprechung des RG (…) eine Formbedürftigkeit der nach der Auflassung (aber noch vor Eigentumsumschreibung) abgeschlossenen Abänderungsverträge verneint (…).** *Durch*

---

[124] BGH V ZR 260/86, NJW 1988, 3263.
[125] BGH VII ZR 119/99, NJW 2001, 1932, 1933; sowie BGH V ZR 138/80, NJW 1982, 434 und BGH V ZR 37/71, NJW 1973, 37.

gefestigte höchstrichterliche Rechtsprechung, die auch im Schrifttum überwiegend Zustimmung gefunden hat (…), ist somit § 313 BGB in bestimmter Weise ausgeformt worden. Deutlich überwiegende oder schlechthin zwingende Gründe für eine Abkehr von dieser Rechtsentwicklung (…) sind nicht gegeben. Insbesondere lässt sich aus § 313 S. 2 BGB die zeitliche Grenze der Beurkundungsbedürftigkeit nicht zwingend entnehmen (…). Die Änderung von § 313 BGB durch Gesetz vom 30.5.1973 (BGBl I, 501) bildet ebenfalls keinen Grund zur Änderung der Senatsrechtsprechung. Hält man nach der alten Fassung des § 313 BGB, die lediglich an die Übertragungspflicht des Veräußerers anknüpft, einen Abänderungsvertrag nach der Auflassung formfrei für möglich, so kann dies im Hinblick auf die Formbedürftigkeit wegen der Erwerbspflicht nicht anders beurteilt werden.[126]

52 Eine **Einschränkung** gilt jedoch bei nachträglichen Vertragsänderungen, die eine durch die bereits erfolgte Auflassung **noch nicht erfüllte** Übereignungspflicht betreffen.[127] In einem Fall des OLG Düsseldorf war durch eine – nicht notariell beurkundete – Abänderung die grundbuchrechtliche Vollziehung der Eigentumsumschreibung nicht mehr in das freie Belieben des Übertragenden gestellt worden.

„*Die Formfreiheit dieser abändernden Vereinbarung folgt auch nicht daraus, dass die Parteien in dem notariellen Vertrag schon die Auflassung erklärt hatten. Zwar lässt die Rechtsprechung eine weitere Ausnahme für den Beurkundungszwang bei solchen Vertragsänderungen gelten, die zeitlich der erklärten Auflassung nachfolgen. Begründet wird dies damit, dass mit der Erklärung der Auflassung die Verpflichtung zur Übertragung oder zum Erwerb des Grundstücks schon „erloschen" ist, weil der Veräußerer in der Regel mit der Auflassung alles seinerseits Erforderliche getan hat, um den Eigentumsübergang herbeizuführen, so dass auch der Warnfunktion des § 313 Satz 1 BGB Rechnung getragen worden ist (…). **Eine abweichende Beurteilung müssen demgegenüber jedoch die Fallgestaltungen erfahren, in denen es um nachträgliche Vereinbarungen geht, die – wie hier – eine durch die Auflassung selbst noch nicht „erfüllte" Übereignungspflicht betreffen und diese zum Nachteil des Übertragenden maßgeblich modifizieren** (…).*
(…)
*Durch die von der Klägerin behauptete Vereinbarung hingegen soll der notarielle Vertrag in eben diesem Punkt dergestalt abgeändert worden sein, dass ihr nach Durchführung der Renovierungsarbeiten gegenüber der Beklagten ein Übereignungsanspruch zustehen sollte. **Eine solche nachträgliche, die Übereignungspflicht betreffende Vertragsänderung bedurfte ebenfalls der notariellen Beurkundung, da weder der Zweck des § 313 Satz 1 BGB, den Grundstückseigentümer zu schützen, noch der daneben beabsichtigte, den Beweis der getroffenen Vereinbarung zu sichern, gegenstandslos geworden ist.***"[128]

---

[126] BGH V ZR 43/83, NJW 1985, 266; ebenfalls BGH V ZR 25/69, NJW 1971, 1450.
[127] Vgl. mit Beispielen juris-PK-BGB/*Ludwig* § 311 b Rn. 274.
[128] OLG Düsseldorf 9 U 24/97, DNotZ 1998, 949, 953.

VI. Beurkundungspflicht bei Grundstücksbeteiligung/gesellschaftsrechtlicher Beteiligung?

Die Auffassung des *BGH*, Vertragsänderungen nach erklärter Auflassung von der notariellen Beurkundungspflicht auszunehmen, ist in der Literatur teilweise umstritten. Gegen die Ansicht der Rechtsprechung wird angeführt, dass sie einseitig nur den Veräußerer im Blick habe und die **Erwerbsverpflichtung**, die gleichfalls vom Normzweck des § 311b Abs. 1 S. 1 BGB erfasst werde, vernachlässige. Richtiger Zeitpunkt, ab dem Änderungen des Vertrages formfrei möglich sein, sei nach dieser Meinung demnach derjenige, in dem der Grundbuchvollzug erfolgt sein könnte – mithin der Zeitpunkt der **Erklärung der Auflassung** und des **Antrags auf Eigentumsumschreibung beim Grundbuchamt** (auch) **durch den Erwerber**.[129] Nach einer anderen Ansicht ist schließlich der Zeitpunkt des **Vollzugs der Eigentumsumschreibung** entscheidend.[130]

53

Für die **Aufhebung** des Grundstückskaufvertrages kann nach der Rechtsprechung festgehalten werden:[131]

54

- Bis zur Auflassung ist diese formlos wirksam;[132]
- Nach Auflassung und vor Eintragung ist sie formbedürftig, wenn eine Rückabwicklung/Rückkaufsverpflichtung gewollt ist;[133] und
- Zwischen Auflassung und Eintragung gilt: Ist eine Auflassungsvormerkung zugunsten des Erwerbers eingetragen und hat der Erwerber die Eintragung als Eigentümer beim Grundbuchamt beantragt, besteht ein Anwartschaftsrecht, dessen Aufhebung in entsprechender Anwendung des § 311b Abs. 1 Satz 1 BGB zu beurkunden ist.[134]

VI. Beurkundungspflicht bei mittelbarer Grundstücksbeteiligung (Share Deal) und gesellschaftsrechtlicher Beteiligung?

1. Share Deal

a) Grundsatz: Keine Beurkundung

Juristische Personen und Gesamthandsgemeinschaften sind häufig selbst Eigentümer eines Grundstücks. Bei Erwerb einer Beteiligung an einer solchen Ge-

55

---

[129] Vgl. Erman/*Grziwotz* BGB § 311b Rn. 59.
[130] Staudinger/*Wufka* § 313 Rn. 210; Soergel/*Wolf* BGB § 313 Rn. 85.
[131] Siehe juris-PK-BGB/*Ludwig* § 311 b Rn. 275 ff.
[132] BGH V ZR 146/86, NJW 1988, 1386; BGH V ZR 211/82, NJW 1984, 973; BGH V ZR 104/81, NJW 1982, 1639, 1640.
[133] BGH V ZR 104/81, NJW 1982, 1639; BGH V ZR 228/80, NJW 1983, 566, 567.
[134] BGH V ZR 104/81, NJW 1982, 1639, 1640 – zu Heilungsmöglichkeiten der Auflassungsvormerkung vgl. jurisPK-BGB/*Ludwig* § 311b Rn. 278.

§ 3 Grundstücksveräußerungen im Rahmen eines Asset Deal (§ 311b BGB)

sellschaft stellt sich dann die Frage, ob – abgesehen von § 15 Abs. 4 S. 1 GmbHG – die Verpflichtung zum Erwerb einer solchen Beteiligung (etwa an einer Personengesellschaft) der notariellen Beurkundung nach § 311b Abs. 1 S. 1 BGB bedarf. Der mittelbare Erwerb oder Verlust der „Berechtigung" an einem Gesellschaftsgrundstück ist in solchen Fällen jedoch lediglich gesetzliche Folge des Wechsels der Gesellschafterstellung. Die Gesellschaft ist Eigentümerin des Gesellschaftsvermögens und nicht der einzelne Gesellschaften. Daher folgt in der Regel nach der Rechtsprechung des *BGH* aus der Übertragung von Gesellschaftsanteilen an einer Personengesellschaft keine Beurkundungspflicht nach § 311b Abs. 1 S. 1 BGB. Nach § 311b Abs. 1 S. 1 BGB …

„bedarf ein Vertrag, durch den sich jemand verpflichtet, das Eigentum an einem Grundstück zu übertragen oder zu erwerben, der notariellen Beurkundung. Die damit vorausgesetzte Verpflichtung, Grundstückseigentum zu veräußern oder zu erwerben, ist aber gerade nicht Gegenstand eines Vertrages, mit dem sich jemand verpflichtet, in eine Personengesellschaft mit Grundbesitz einzutreten, aus ihr auszuscheiden oder Anteile an ihr zu übertragen oder zu erwerben. **Der Erwerb oder Verlust der (gesamthänderischen) Mitberechtigung an einem Gesellschaftsgrundstück ist vielmehr in diesen Fällen nur eine gesetzliche Folge des Erwerbs oder Verlusts der Mitgliedschaft und die Konsequenz davon, dass das Gesellschaftsvermögen auch bei einem Mitgliederwechsel stets dem jeweiligen Gesellschafterkreis zugeordnet bleibt (§ 738 I 1 BGB).** *Für rechtsgeschäftliche Verfügungen über das Eigentum an Gegenständen des Gesellschaftsvermögens (wie Grundstücken) ist insoweit kein Raum. Diese Rechtslage ist nicht anders, wenn aus einer mehrgliedrigen Gesellschaft alle Gesellschafter bis auf einen ausscheiden oder alle bisherigen Gesellschafter ihre Mitgliedschaftsrechte auf mehrere andere Personen oder – wie im vorliegenden Fall – auf einen Erwerber übertragen. Im Schrifttum und in der Rechtsprechung geht daher die überwiegende Meinung dahin, dass auch dann, wenn Grundstücke einen mehr oder weniger großen Teil des Gesellschaftsvermögens bilden, § 313 BGB auf die Verpflichtung, über Mitgliedschaftsrechte an Personengesellschaften zu verfügen oder solche zu erwerben, nicht anzuwenden ist."*[135]

56 Die rechtliche Beurteilung ändert sich nach der Rechtsprechung des *BGH* auch dann nicht, wenn sich der Zweck der Gesellschaft ausschließlich auf das Halten von Grundeigentum beschränkt oder mit „Verwaltung und Verwertung" beschrieben wird.

„Nach § 313 BGB bedarf ein Vertrag, durch den sich der eine Teil verpflichtet, das Eigentum an einem Grundstück zu übertragen oder zu erwerben, der notariellen Beurkundung. Dies trifft auf einen Gesellschaftsvertrag, der den Zweck einer Grundstücksgesellschaft mit „Verwaltung und Verwertung" beschreibt, einen Verkauf der Grundstücke aber nicht bindend festlegt, nicht zu."[136]

---

[135] BGH II ZR 288/81, NJW 1983, 1110; ebenfalls BGH II ZR 115/89, NJW 1990, 1171.
[136] BGH II ZR 249/96, NJW 1998, 376.

VI. Beurkundungspflicht bei Grundstücksbeteiligung/gesellschaftsrechtlicher Beteiligung?

Auch das OLG Düsseldorf hat dies bestätigt.

„*Der privatschriftliche Anteilsübertragungsvertrag vom 15.12.1999 ist formwirksam. Der Meinung der Bekl., der Vertrag sei mangels notarieller Beurkundung wegen Verstoßes gegen § 313 BGB a.F. (= § 311b I 1 BGB) gem. § 125 S. 1 BGB formunwirksam, kann nicht gefolgt werden. Nach § 313 S. 1 BGB a.F. bedarf zwar ein Vertrag, durch den sich der eine Teil verpflichtet, Grundstückseigentum zu erwerben oder zu veräußern, der notariellen Beurkundung. Dies trifft auf die Übertragung eines Gesellschaftsanteils aber selbst dann nicht zu, wenn das Gesellschaftsvermögen im Wesentlichen aus Grundbesitz besteht (…). Der Erwerb oder Verlust der (gesamthänderischen) Mitberechtigung an einem Gesellschaftsgrundstück ist in diesen Fällen nicht Gegenstand eines Vertrags, mit dem sich jemand verpflichtet, Grundstückseigentum zu erwerben oder zu veräußern. Er ist vielmehr nur eine Folge des Erwerbs oder Verlusts der Mitgliedschaft und die Konsequenz davon, dass das Gesellschaftsvermögen auch bei einem Mitgliederwechsel stets dem jeweiligen Gesellschafterkreis zugeordnet bleibt (§ 738 I 1 BGB). Für rechtsgeschäftliche Verfügungen über das Eigentum an Gegenständen des Gesellschaftsvermögens (wie Grundstücken) ist insoweit kein Raum. Die Anwendung des § 313 BGB im Bereich gesellschaftsrechtlicher Übertragungsakte ist daher allenfalls den Fällen einer* **bewussten Umgehung** *der Vorschrift vorbehalten, wenn etwa Grundstücksgesellschaften nur zu dem Zweck gegründet werden, um mit Hilfe der hier verfügbaren rechtlichen Gestaltungsmöglichkeiten Grundvermögen außerhalb des Grundbuchs und ohne Formzwang beweglicher verlagern zu können (…). Für einen solchen Ausnahmefall fehlt hier jeder Anhaltspunkt.*

Der analogen Anwendung des § 313 BGB auf Anteilsübertragungen an solchen Gesellschaften, deren Vermögen im Wesentlichen aus Grundbesitz besteht, hat der BGH in der Entscheidung BGHZ 86, 367 [370 f.] = NJW 1983, 1110 eine Absage erteilt und darauf hingewiesen, dass **§ 313 S. 1 BGB als Formvorschrift mit Nichtigkeitsfolge im Interesse der Sicherheit des Rechtsverkehrs streng tatbestandsmäßig anzuwenden – und damit einer den Anwendungsbereich erweiternden Analogie nicht zugänglich – sei***. Die Verfechter einer entsprechenden Anwendung des § 313 BGB (etwa: K. Schmidt, AcP 182 [1982], 481 [511]; Ulmer/Löbbe, DNotZ 1998, 711 [713 f., 732 f.] mwN) sehen hingegen in den Fällen, in denen sich der Gesellschaftszweck auf das Halten und Verwalten von Grundeigentum beschränkt, die Übertragung eines Gesellschaftsanteils bei wirtschaftlicher Betrachtungsweise als Umgehungsgeschäft an, da die Übertragung von Gesellschaftsanteilen in Wahrheit der formfreien Übertragung von Grundbesitz diene. Dem kann schon in dieser Allgemeinheit nicht gefolgt werden. Vor allem berücksichtigt diese Meinung aber nicht, dass das Gesetz die Möglichkeit der formfreien Übertragung von Gesellschaftsanteilen – gleichviel, ob sich Grundbesitz im Gesellschaftsvermögen findet – zulässt und lediglich die eigentlichen Grundstücksgeschäfte unter Formzwang stellt, die Wertung des Gesetzgebers mithin schon einer Analogie entgegensteht.*"[137]

---

[137] OLG Düsseldorf I 10 U 68/06, NZG 2007, 510.

b) Enger Ausnahmefall: Umgehung

57 Nach der Rechtsprechung ist die Anwendung des § 311b Abs. 1 BGB im Bereich gesellschaftsrechtlicher Übertragungsakte daher allenfalls den Fällen einer **bewussten Umgehung** der Vorschrift vorbehalten.[138] Dies soll der Fall sein, wenn etwa Grundstücksgesellschaften nur zu dem Zweck gegründet werden, um mit Hilfe der hier verfügbaren rechtlichen Gestaltungsmöglichkeiten Grundvermögen außerhalb des Grundbuchs und ohne Formzwang beweglicher verlagern zu können. Diese Ausnahme dürfte nur in Extremfällen zur Anwendung kommen.

> *„Das BerGer. hat (...) gemeint, hiervon sei eine Ausnahme zu machen, wenn im Einzelfall der Zweck des § 313 BGB durchgreife, Eigentümer und Erwerber von Grundstücken vor Übereilung und mangelnder Beratung zu schützen; das sei der Fall, wenn es – wie hier – wirtschaftlich nur um die Übertragung eines Grundstückes gehe. Damit befindet es sich im Einklang mit einer im Schrifttum vertretenen Mindermeinung, nach der die Übertragung von Mitgliedschaftsrechten an Gesellschaften, deren Vermögen „im wesentlichen" aus Grundbesitz besteht, der Formvorschrift des § 313 BGB unterworfen sein soll. Dem ist jedoch nicht zu folgen.*

58 ***Formvorschriften**, an deren Nichtbeachtung das Gesetz die Nichtigkeit des Rechtsgeschäfts knüpft (§ 125 BGB), sind um der Sicherheit im Rechtsverkehr willen **grundsätzlich streng tatbestandsmäßig** anzuwenden. Wenn das Gesetz einerseits den Formzwang für die eigentlichen Grundstücksverkehrsgeschäfte anordnet, andererseits aber gesellschaftsrechtliche Verfügungen formlos zulässt ohne Rücksicht darauf, dass sich diese unmittelbar auf die Rechtszuständigkeit für Gesellschaftsgrundstücke auswirken können, dann muss das grundsätzlich auch in den Grenzfällen anerkannt werden, in denen in zulässiger Weise von der gesellschaftsrechtlichen Gestaltungsmöglichkeit Gebrauch gemacht worden ist. Selbst wenn man mit Hilfe einer wirtschaftlichen Betrachtungsweise versuchen wollte, gesellschaftsrechtliche Verfügungen über die Mitgliedschaft dem Formzwang zu unterwerfen, falls der Zweck im Vordergrund steht, das Gesellschaftsgrundstück zu veräußern oder zu erwerben, würde man häufig nicht nur auf schwer feststellbare subjektive Motivationen zurückgreifen müssen; es wäre auch sonst nicht möglich, feste, allgemein plausible und klare Maßstäbe zu finden, wie man sie haben müsste, um zwischen formbedürftigen und formfreien Anteilsübertragungen eine deutliche Grenzlinie zu ziehen. Selbst der vorliegende Fall, in dem das Gesellschaftsvermögen praktisch auf den Grundbesitz zurückgeschrumpft war, zeigt die Zweifelhaftigkeit einer solchen Rechtsanwendung; denn es steht nach dem bisherigen Parteivortrag noch nicht einmal fest, ob es dem Architekten K nur auf das Betriebsgrundstück oder auch auf das Recht zur Fortführung der Firma und die Verwertung eines möglicherweise noch vorhandenen Firmenwertes ankam. Für eine Anwendung des § 313 BGB im Bereich der gesellschaftsrechtlichen Übertragungsakte sind daher allenfalls die Fälle einer **bewussten Umgehung der Vorschrift in Betracht zu ziehen**, wo etwa Grundstücksgesellschaften nur zu dem Zweck gegründet werden, um mit*

---

[138] Zum Meinungsbild in der Literatur vgl. jurisPK-BGB/*Ludwig* § 311b Rn. 159 ff., insbesondere 161.

VI. Beurkundungspflicht bei Grundstücksbeteiligung/gesellschaftsrechtlicher Beteiligung?

Hilfe der hier verfügbaren rechtlichen Konstruktionsmöglichkeiten Grundvermögen außerhalb des Grundbuches und ohne förmliche Zwänge beweglicher verlagern zu können (Karsten Schmidt, AcP 182, 510 ff.)."[139]

„Die Anwendung des § 313 BGB im Bereich gesellschaftsrechtlicher Übertragungsakte ist daher allenfalls den Fällen einer **bewussten Umgehung der Vorschrift** vorbehalten, wenn etwa Grundstücksgesellschaften nur zu dem Zweck gegründet werden, um mit Hilfe der hier verfügbaren rechtlichen Gestaltungsmöglichkeiten Grundvermögen außerhalb des Grundbuchs und ohne Formzwang beweglicher verlagern zu können (vgl. BGHZ 86, 367 [371] = NJW 1983, 1110; BGH, NJW 1998, 376 [377])."[140] **59**

Einen Überblick zur Haltung der insoweit strikteren Literatur, die allgemein auf den Gesellschaftszweck („Halten von Grundstücken") abstellen will, gibt *Ludwig*[141].

2. Sonstige Anwendung im Bereich des Gesellschaftsrechts

Neben dem Verkauf von Anteilen an Gesellschaften, die Grundbesitz halten, gibt es noch weitere Berührungspunkte des Gesellschaftsrechts zur Formvorschrift des § 311b Abs. 1 S. 1 BGB. **60**

Verpflichtet sich ein Gesellschafter, als **Einlageleistung** der Gesellschaft ein Grundstück zu übereignen, so ist diese Verpflichtung beurkundungspflichtig. Ist dies im Gesellschaftsvertrag vereinbart, so macht diese Pflicht zur Sacheinlage auch den Gesellschaftsvertrag beurkundungspflichtig, wenn er es nicht ohnehin schon ist.[142] Nach dem oben Gesagten (→ Rn. 55 ff.) ist auch die **Gründung einer Gesellschaft**, die den Zweck hat, generell Grundstücke zu erwerben und zu veräußern, allein wegen dieses Zwecks nicht beurkundungspflichtig. Teilweise wird allerdings in der Literatur vertreten, dass auch in den Fällen der allgemeinen Erwerbspflicht ausnahmsweise die Beurkundungspflicht des § 311b Abs. 1 S. 1 BGB eingreife, wenn einzelne Gesellschafter von der Geschäftsführung ausgeschlossen wären oder gesellschaftsvertraglich das Mehrheitsprinzip (zB 75 %) gelte.[143] Die herrschende Meinung lehnt dies ab.[144] Anders werden die Fälle behandelt, wenn eine Gesellschaft zum Zwecke des Erwerbs und/oder der Veräußerung **bestimmter oder zumindest bestimmbarer Grundstücke** begründet wird. Hier sei der Gesellschaftsvertrag selbst beurkundungspflichtig.[145] Dies ist nicht unumstritten, wie das Beispiel „Immobilienfonds" zeigt.[146]

---

[139] BGH II ZR 288/81, NJW 1983, 1110.
[140] OLG Düsseldorf I 10 U 68/06, NZG 2007, 510, 511.
[141] jurisPK-BGB/*Ludwig* § 311b Rn. 162.
[142] Vgl. MünchKommBGB/*Kanzleiter* § 311b Rn. 40 mwN.
[143] Vgl. zum Meinungsstand jurisPK-BGB/*Ludwig* § 311b Rn. 149.
[144] jurisPK-BGB/*Ludwig* § 311b Rn. 149.
[145] Vgl. Staudinger/*Schumacher* § 311b Abs. 1 Rn. 114 mwN zum Meinungsstand.
[146] Vgl. Beck'sches Notar-Handbuch/*Heckschen* A.X Rn. 10.

61 Diesen Grundsätzen folgend werden wie bei der Übertragung des Anteils an einer Gesellschaft auch der **Beitritt oder Austritt aus einer Gesellschaft**, insbesondere zu oder aus einer Grundbesitzgesellschaft, nicht für beurkundungspflichtig gehalten. Etwas anderes gelte aber dann, wenn nach dem soeben Gesagten gemäß dem Gesellschaftszweck auch der Abschluss des Gesellschaftsvertrages selbst formbedürftig sei. In diesem Fall seien auch der Beitritt oder auch sogar die Verpflichtung zur Anteilsübertragung beurkundungspflichtig, soweit der Erwerb des Grundstücks durch die Gesellschaft noch nicht erfolgt sei (Gesellschaftszweck ist auf Erwerb eines individuellen Grundstücks ausgerichtet).[147]

Für die Fälle der Verschmelzung oder Spaltung nach dem Umwandlungsgesetz gilt, dass es sich um eine Rechtsnachfolge qua Gesetz handelt. Daher ist § 311b Abs. 1 BGB nicht anwendbar, da keine Verpflichtung, Grundbesitz durch Rechtsgeschäft zu veräußern oder zu erwerben, vorliegt.[148] Gleiches gilt für Anwachsungsmodelle, bei denen der letztverbleibende Gesellschafter einer Personengesellschaft bei Ausscheiden aller anderen Gesellschafter sämtliche Vermögensgegenstände der Gesellschaft übernimmt.[149]

VII. Rechtsfolgen einer unvollständigen Beurkundung

1. Nichtigkeit gem. § 125 BGB

62 Ist die Unternehmenstransaktion aufgrund der (Mit-)Veräußerung eines Grundstücks trotz Formbedürftigkeit nicht ordnungsgemäß beurkundet, ist das gesamte Vertragswerk nach § 125 BGB nichtig. Das klassische Beispiel ist der Schwarzkauf, bei dem ein niedrigerer als der wahre Kaufpreis in der notariellen Urkunde angegeben wird.

2. Teilnichtigkeit gem. § 139 BGB

63 Nach § 139 BGB ist im Fall der Teilnichtigkeit eines Rechtsgeschäfts im Zweifel das ganze Rechtsgeschäft nichtig. Das gilt jedoch nicht, wenn anzunehmen ist, dass die Vertragsparteien das Geschäft auch ohne den nichtigen Teil vorgenommen hätten. Hätten die Vertragsparteien also das Geschäft auch ohne einen nicht beurkundeten Teil abgeschlossen, führt der Formverstoß gem. § 139 BGB nicht zur Nichtigkeit des abtrennbaren Teils. Dies gilt auch im Fall des § 311b Abs. 1 BGB.

---

[147] Zu Einzelfragen: Staudinger/*Schumacher* § 311b Abs. 1 Rn. 120, 121.
[148] Vgl. MünchKommBGB/*Kanzleiter* § 311b Rn. 23.
[149] Vgl. MünchKommBGB/*Kanzleiter* § 311b Rn. 23; jurisPK-BGB/*Ludwig* § 311b Abs. 1 Rn. 83.

VII. Rechtsfolgen einer unvollständigen Beurkundung

„Zutreffend geht das BerGer. davon aus, dass dem Beurkundungserfordernis gem. § 313 BGB nicht nur die Verpflichtung zur Grundstücksübertragung, sondern alle Vereinbarungen unterliegen, die nach dem Willen der Parteien zu dem schuldrechtlichen Übereignungsgeschäft gehören (...). Wenn daher, wie das BerGer. rechtsbedenkenfrei feststellt, die Versorgungsabrede eine Gegenleistung für die Grundstücksübertragung sein sollte, so hätte diese Vereinbarung mitbeurkundet werden müssen. **Für die Entscheidung kommt es mithin darauf an, ob die Parteien den beurkundeten Teil des Vertrages nach ihrem mutmaßlichen Willen auch ohne die mangels Beurkundung nichtige Versorgungsabrede geschlossen hätten (§ 139 BGB).**"[150]

„Ebenso wenig erfordert es der Schutzzweck des § 313 S. 1 BGB, eine privatschriftliche Vereinbarung, durch die sich der Schuldner wahlweise zur Veräußerung oder zum Erwerb eines Grundstücks und zur Leistung einer Geldsumme verpflichtet, wegen Verstoßes gegen die genannte Vorschrift grundsätzlich als insgesamt nichtig anzusehen (so aber anscheinend Kanzleiter, in: MünchKomm, 2. Aufl., § 313 Rn. 34); *vielmehr ist in solchen Fällen zu prüfen, ob die Formnichtigkeit der grundstücksbezogenen Verpflichtung im Blick auf die §§ 265, 139 BGB die Wirksamkeit der Geldzahlungspflicht unberührt lässt* (RG, Gruchot 48, 970 (973)). Hiernach ist die Vereinbarung zu Nr. 4 S. 1 lit. b der Garantieerklärung trotz der Formnichtigkeit der Ausbietungsgarantie wirksam; denn nach den rechtsfehlerfreien tatrichterlichen Feststellungen ist davon auszugehen, dass **die Vertragspartner die Verpflichtung zur Schadloshaltung nach Nr. 4 S. 1 lit. b auch ohne die formnichtige Ausbietungsgarantie vereinbart hätten (§ 139 BGB)**."[151]

Voraussetzung für die Anwendung des § 139 BGB ist, dass ein „einheitliches Rechtsgeschäft" vorliegt. Das hierfür entscheidende Kriterium ist der Einheitlichkeitswille der Vertragsparteien. Aus den Erklärungen der Parteien muss sich ergeben, dass die – möglicherweise äußerlich getrennten Rechtsgeschäfte – miteinander „stehen und fallen" sollen.

„Der für die Annahme eines einheitlichen Rechtsgeschäftes im Sinne dieser Vorschrift erforderliche Einheitlichkeitswille liegt vor, wenn das eine Geschäft nicht ohne das andere gewollt ist, die möglicherweise äußerlich getrennten Rechtsgeschäfte also miteinander stehen und fallen sollen (...). Dabei kommt es auf den rechtlichen Zusammenhang, nicht auf eine wirtschaftliche Verknüpfung an (...). Ob es sich insoweit auf Grund eines Einheitlichkeitswillens der Vertragsparteien um ein einheitliches Rechtsgeschäft handelt, ist Tatfrage und durch Ermittlung und Auslegung des Parteiwillens festzustellen (...)."[152]

Die gesetzliche Regel des § 139 BGB geht bei Teilnichtigkeit eines einheitlichen Rechtsgeschäfts von der Gesamtnichtigkeit aus. Üblicherweise wird hier differenziert, ob die Vertragsparteien die Formnichtigkeit des Teils des Rechtsgeschäfts kannten oder ob ihnen dies nicht bewusst war.[153]

---

[150] BGH V ZR 84/79, NJW 1981, 222.
[151] BGH III ZR 100/91, NJW-RR 1993, 14, 15.
[152] BGH XI ZR 216/05, NJW-RR 2007, 395, 396.
[153] jurisPK-BGB/*Ludwig* § 311b Rn. 282 mwN.

66 Die Rechtsprechung geht davon aus, dass bei bewusster Teilnichtigkeit[154] die notwendige Absicht der Beteiligten, Rechtswirkung zu erzeugen, fehle, wenn ihnen bei Vertragsschluss die Nichtigkeit einer vertraglichen Bestimmung bewusst gewesen sei.[155] Wenn aber dieser eine Teil keine rechtsgeschäftliche Bedeutung habe, könne nicht von einer Nichtigkeit oder auch nicht von einer Teilnichtigkeit gesprochen werden.[156] So lautet der Leitsatz des 5. Zivilsenats in einem *BGH*-Urteil vom 29. Juni 1966[157]:

„*Wissen die Parteien bei Vertragsschluss, dass ein Teil ihrer Abmachung wegen Nichtbeachtung der gesetzlich vorgeschriebenen Form unwirksam ist, so wird das Rechtsgeschäft lediglich von den übrigen Vertragsbestimmungen gebildet. Diese sind aber nur dann rechtswirksam, wenn sie mit diesem Inhalt von den Parteien für sich allein gewollt sind, was im Einzelfall vom Tatrichter zu prüfen ist (Ergänzung zu RGZ 122, 138).*"

67 An der ständigen Rechtsprechung ist viel Kritik geübt worden, da sie aus Sicht der Literatur unnötig einen Sonderfall bildet. Stattdessen böte es sich an, die Fallgruppe der bewussten Teilnichtigkeit ebenfalls unter § 139 BGB zu subsumieren.[158] Das formgerecht Beurkundete soll daher grundsätzlich gültig sein und das Nichtbeurkundete nichtig. Zu prüfen sei jedoch stets, ob die nicht beurkundeten Erklärungen trotz der Kenntnis um die Nichtigkeit nicht doch in einem Zusammenhang mit dem Rest stehen und der sonstige Rechtsvertrag „mit dem verbleibenden Inhalt nicht mehr gewollt ist".[159] Eine Frage, die wenn man bejaht, dass die Parteien wollten, dass die Geschäfte miteinander stehen und fallen, schwer zu verneinen ist. Ist es so, dass die Vertragsparteien die Nichtigkeit eines Teils des Vertrages nicht kannten, so gilt § 139 BGB und es ist zu prüfen, ob das verbleibende „Rechtsgeschäft" wirksam bleibt oder nicht.[160]

Für die mögliche Rechtsfolge der Heilung ist es wichtig, zu wissen, ob die Auflassung, die möglicherweise im Grundstückskaufvertrag enthalten ist, von der Formnichtigkeit erfasst ist. Die Auflassung soll dabei als Verfügungsgeschäft mit dem zugrunde liegenden Grundstückskaufvertrag kein einheitliches Geschäft im Sinne des § 139 BGB bilden. Dabei soll es nicht darauf ankommen, ob der Grundstückskaufvertrag formnichtig ist, weil er überhaupt nicht, unvollständig oder unrichtig beurkundet worden ist.[161] Beruht also die Nichtigkeit des Grundstückskaufvertrages nur auf einer „Formungültigkeit", so infiziert diese Nichtigkeit nicht die Auflassung.[162]

---

[154] So der Begriff von jurisPK-BGB/*Ludwig* § 311b Rn. 283.
[155] Vgl. *Keim* NJW 1999, 2866 – unter Hinweis auf die BGH-Rechtsprechung.
[156] BGH V ZR 68/65, NJW 1966, 1747.
[157] BGH V ZR 68/65, NJW 1966, 1747.
[158] Vgl. etwa *Keim* NJW 1999, 2866, 2867; jurisPK-BGB/*Ludwig* § 311b Rn. 283; ähnlich MünchKommBGB/*Kanzleiter* § 311b Rn. 71.
[159] So Staudinger/*Schumacher* § 311b Abs. 1 Rn. 237.
[160] So jurisPK-BGB/*Ludwig* § 311b Rn. 285 mwN – auch zur Rechtsprechung.
[161] So Staudinger/*Schumacher* § 311b Abs. 1 Rn. 250.
[162] Staudinger/*Schumacher* § 311b Abs. 1 Rn. 250.

VIII. Die Heilung formnichtiger Grundstückskaufverträge gem. § 311b Abs. 1 S. 2 BGB

1. Zweck

Zweck der Heilung ist die Aufrechterhaltung sachenrechtlich abgeschlossener Verhältnisse. Die Beteiligten sollen nicht gegenseitigen Bereicherungsansprüchen bis zum Ablauf der Verjährungsfrist ausgesetzt sein, nachdem das Eigentum an dem Grundstück übergegangen ist.

„*Der daraus folgende weite Anwendungsbereich des § 313 S. 2 BGB findet in erster Linie in dem Ziel der* **Rechtssicherheit** *im Sinne der* **Aufrechterhaltung sachenrechtlich abgeschlossener Verhältnisse seine Rechtfertigung***. Die Beteiligten sollen nicht gegenseitigen Bereicherungsansprüchen bis zum Ablauf der Verjährungsfrist ausgesetzt sein, nachdem das Eigentum an dem Grundstück – der wichtigste Vertragsgegenstand – übergegangen ist (…).*"[163]

Der *BGH* lässt diese Begründung jedoch – jedenfalls für sich allein betrachtet – nicht mehr ausreichen. Die Rückabwicklung nach Bereicherungsrecht sei „nicht weniger erträglich" als bei anderen Geschäften. Zudem sei nicht ersichtlich, warum eine sachenrechtliche Rückabwicklung nur dann vermieden werden soll, wenn das Fehlen des Rechtsgrundes in dem Formmangel seinen Grund hat.[164]

„*Ob die Ratio der Norm auf diesen allgemeinen Gedanken reduziert werden kann, ist jedoch fraglich. Das dem deutschen Recht eigentümliche* **Trennungsprinzip** *hat nun einmal zur Folge, dass sachenrechtlich wirksam vollzogene Rechtsgeschäfte nach* **den Regeln des Bereicherungsrechts bis zum Eintritt der Verjährung rückabzuwickeln sind, wenn** *das als Rechtsgrund gedachte Verpflichtungsgeschäft, aus welchen Gründen auch immer, nichtig ist.* **Das ist bei Grundstücksgeschäften nicht anders und auch nicht weniger erträglich als bei anderen Geschäften.** *Zudem bedürfte es einer Begründung dafür, dass eine sachenrechtliche Rückabwicklung nur dann vermieden werden soll, wenn das Fehlen des Rechtsgrundes in dem Formmangel seinen Grund hat, nicht aber, wenn andere Mängel dafür die Ursache bilden. Allein der Gedanke der Rechtssicherheit ist daher wenig aussagekräftig.*"

Auch die mit der notariellen Beurkundung gem. § 311b Abs. 1 S. 1 BGB verfolgten Schutzzwecke könnten die Heilungswirkung des Abs. 1 S. 2 nicht (allein) rechtfertigen.[165] Die Auflassung nach § 925 BGB könne die fehlende Belehrung und Beratung im Hinblick auf die nicht beurkundeten Teile des Rechtsgeschäfts nicht mehr nachholen.

---

[163] BGH V ZR 217/75, NJW 1978, 1577.
[164] BGH V ZR 178/03, NJW 2004, 3626.
[165] *Keim* DNotZ 2005, 324/328.

71 „Nahe liegt es, die Heilungsvorschrift in Bezug zu setzen zu dem **Zweck des Formgebots**. Im Vordergrund der Schutzzwecke des § 313 S. 1 BGB a.F. stand ursprünglich der Gedanke des **Schutzes vor Übereilung** (…). Nur die Verpflichtung zur Veräußerung von Grundbesitz war dem Beurkundungsgebot unterworfen. Dabei sah der Gesetzgeber den angestrebten Schutz vor Übereilung auch dann noch als erreicht an, wenn sich an den formlosen Vertragsschluss die vor dem Notar zu erklärende Auflassung und die Eintragung in das Grundbuch anschlossen (…). Zwar ist die Auflassung selbst nicht beurkundungsbedürftig (§ 925 I BGB). Der Gesetzgeber sah der Schutzbedürftigkeit aber hinreichend dadurch Rechnung getragen, dass der Notar jedenfalls einzuschalten war und allein schon hierdurch die besondere Bedeutung des Geschäfts hervortrat. Im Übrigen kommt in der Praxis eine nicht notariell beurkundete Auflassung nahezu nicht vor, so dass in der Regel eine Belehrung über die Bedeutung der Auflassung erfolgt.

Dieser Sachzusammenhang hat im Laufe der Rechtsentwicklung allerdings an Bedeutung verloren. Zum einen ist mit der Ausweitung des Formgebots auf die Verpflichtung zum Erwerb von Grundstückseigentum der **Schutzzweck differenzierter** geworden. **Der Erwerber soll vor allem vor dem Erwerb zu unüberlegten Bedingungen geschützt werden** (…). Zum anderen geht es oft nicht um die Heilung überhaupt nicht beurkundeter Grundstückskaufverträge, sondern um **nur unvollständig beurkundete Verträge** (…). <u>In beiden Fällen kann mit Auflassung und Eintragung der Schutzzweck des § 313 S. 1 BGB a.F. nur sehr unvollkommen erreicht werden.</u>"[166]

Letztlich sieht der *BGH* die Rechtfertigung für die Heilungswirkung des § 311b Abs. 1 S. 2 BGB in dem Gedanken der Erfüllung.

„Können nach allem weder Überlegungen zur Rechtssicherheit noch zum Schutzzweck des Formgebots allein die Rechtfertigung für die in § 313 S. 2 BGB a.F. angeordnete Heilung liefern, so bleibt als Ratio der **Gedanke der Erfüllung**. Auflassung und Eintragung bilden den Erfüllungstatbestand zu dem bislang unwirksamen Verpflichtungsgeschäft. Hieran knüpft der Gesetzgeber die Heilung (…). Haben die Parteien wirksam verfügt, so sollen Mängel des Kausalgeschäfts keine Rolle mehr spielen, dieses vielmehr „seinem ganzen Inhalt nach" gültig werden."[167]

2. Voraussetzung

72   Voraussetzung der Heilung nach § 311b Abs. 1 S. 2 BGB ist, dass die Willensübereinstimmung der Vertragsparteien noch zum Zeitpunkt der Auflassung fortbesteht und keine anderen Mängel bestehen und die Eintragung des neuen Eigentümers im Grundbuch erfolgt. Die Willensübereinstimmung wird vermutet, solange eine Partei nicht erkennbar einen abweichenden Willen äußert.[168]

---

[166] BGH V ZR 178/03, NJW 2004, 3626.
[167] BGH V ZR 178/03, NJW 2004, 3626, 3627.
[168] Vgl. BeckOK BGB/*Gehrlein* § 311b Rn. 32.

VIII. Die Heilung formnichtiger Grundstückskaufverträge gem. § 311b Abs. 1 S. 2 BGB

3. Wirkung

Ein nach § 311b Abs. 1 S. 1 iVm § 125 BGB formunwirksamer Unternehmenskaufvertrag wird durch Auflassung und Eintragung des neuen Eigentümers im Grundbuch gem. § 311b Abs. 1 S. 2 BGB geheilt. Er wird ab diesem Zeitpunkt (ex nunc) wirksam. Es besteht keine Rückwirkung.

a) Allgemeine Reichweite (insbesondere für zusammengesetzte Verträge)

Wirksam wird das Rechtsgeschäft mit dem **gesamten Inhalt,** über den sich die Vertragsteile bei Erklärung der Auflassung einig waren, einschließlich zwischen der Auflassung und der Eintragung getroffener Vereinbarungen.[169]

„Wird ein formnichtiger Grundstücksveräußerungsvertrag nachträglich durch Auflassung und grundbuchrechtliche Eintragung des Erwerbers geheilt, so wird der Vertrag „seinem ganzen Inhalte nach" gültig (§ 313 S. 2 BGB), d.h. **die Heilung erstreckt sich auf die Gesamtheit der vertraglichen Vereinbarungen** *(BGH, LM § 313 BGB Nr. 15; BGH, NJW 1952, 1171 = LM § 313 BGB Nr. 1; vgl. auch BGH, NJW 1974, 136 = LM § 313 BGB Nr. 62)."*[170]

Die Heilung erstreckt sich auch auf Nebenabreden, die nicht beurkundet worden sind. Gleiches gilt für nicht beurkundete Verträge mit Dritten.[171] Erstreckt sich die Heilungswirkung damit auch auf nicht beurkundete Drittverträge, so muss die Heilung auch über den Mangel der Verknüpfungsabrede hinweg helfen. Soweit der *BGH*[172] für den Fall des Vorvertrags darauf hinweist, dass bei Fehlen einer Verknüpfungsabrede die rechtliche Grundlage „für eine Erstreckung der Heilungswirkung auch auf den nicht beurkundeten Teil des Vorvertrags fehle", betraf dies den Sonderfall des Vorvertrages. Bei einem Vorvertrag hatten schon die vom *BGH* zitierte Reichsgerichtsrechtsprechung[173] und der *BGH*[174] bestimmt, dass ein formnichtiger Vorvertrag in entsprechender Anwendung von § 313 S. 2 BGB aF mit dem formgültigen Abschluss des Hauptvertrages geheilt werde. Vielmehr muss für sonstige Fälle in einem Erst-Recht-Schluss gelten, dass, wenn sämtliche Nebenabreden, die nicht beurkundet sind, auch geheilt werden, dies erst recht dann gelten muss, wenn die Verknüpfungsabrede vergessen worden ist. Anders das soeben erwähnte *BGH*-Urteil, wonach gilt:

---

[169] MünchKommBGB/*Kanzleiter* § 311b Rn. 85.
[170] BGH V ZR 217/75, NJW 1978, 1577.
[171] So Staudinger/*Schumacher* § 311b Abs. 1 Rn. 304 mN – zur Rechtsprechung; MünchKommBGB/*Kanzleiter*, § 311b Rn. 82 aE; Erman/*Grziwotz* BGB § 311b Rn. 78 – jeweils mwN zur Rechtsprechung.
[172] BGH IX ZR 76/99, NJW-RR 2003, 1565, 1566.
[173] RG V 132/41, RGZ 169, 185, 189 ff.
[174] BGH V ZR 233/80, NJW 1982, 759.

„Geht man davon aus, dass diese Abhängigkeit weiterhin gewollt war und einen maßgeblichen Bestandteil des in dem Hauptvertrag zum Ausdruck kommenden Willens Übereinkunft darstellte, wurde der Hauptvertrag nicht formgültig beurkundet, dann fehlt die rechtliche Grundlage für eine Erstreckung der Heilungswirkung auch auf nicht beurkundete Teile des Vorvertrags."[175]

b) Die analoge Anwendung des § 311b Abs. 1 S. 2 BGB auf die Heilung formnichtiger Vorverträge

76 Auch ein Vorvertrag über eine Grundstücksveräußerung unterliegt der notariellen Beurkundungspflicht, soweit er eine mittelbare Verpflichtung zum Erwerb oder Veräußerung eines Grundstücks enthält. Wenn dieser jedoch nicht notariell beurkundet wurde, stellt sich die Frage einer (analogen) Heilung nach § 311b Abs. 1 S. 2 BGB. Praktisch bedeutsam kann die Wirksamkeit eines Vorvertrags beispielsweise dann werden, wenn in diesem Vertragsstrafen vereinbart wurden.

Der *BGH* lässt grundsätzlich die Heilung eines formnichtigen Vorvertrags in Analogie zu § 311b Abs. 1 S. 2 BGB zu. Maßgebender Gesichtspunkt ist dabei in der neueren Rechtsprechung der „Gedanke der Erfüllung".[176] Die ältere Rechtsprechung stellte dagegen noch darauf ab, dass sachenrechtlich abgeschlossene Verhältnisse aufrechterhalten werden sollen.[177]

77 Fraglich sind in diesem Zusammenhang lediglich die genauen Voraussetzungen einer Heilung. Insoweit kommt grundsätzlich der Abschluss des Hauptvertrags oder die Auflassung und Eintragung in das Grundbuch in Betracht. Der *BGH* stellt in seiner Rechtsprechung auf die notarielle Beurkundung des Kaufvertrags ab. Zwingend erforderlich ist dabei, dass der – formwirksame – Kaufvertrag die Erfüllung des – zunächst formunwirksamen – Vorvertrags darstellt. Zwischen Vorvertrag und Hauptvertrag muss also notwendig ein Erfüllungszusammenhang bestehen.

In einem *BGH*-Urteil aus dem Jahr **1981** ging es um die formnichtige Verpflichtung eines Grundstückseigentümers, sein Grundstück an einen von dem Vertragspartner nachgewiesenen Dritten zu verkaufen. Zu entscheiden war, ob der zunächst unwirksame Vertrag schließlich durch den formgültig abgeschlossenen Vertrag mit dem Dritten wirksam wurde.

*„Die Frage nach dem Formzwang braucht jedoch nicht abschließend beantwortet zu werden, da ein Formmangel jedenfalls **entsprechend § 313 S. 2 BGB geheilt** wäre: Falls die Vereinbarung vom 18.1.1977 die Verpflichtung der Kl. zum Verkauf von Teilflächen ihres Grundstücks beinhaltet, **ergibt sich die Formbedürftigkeit aus einer entsprechenden Anwendung des § 313 S. 1 BGB**. Eine unmittelbare Anwendung der Vorschrift entfällt,*

---

[175] BGH IX ZR 76/99, NJW-RR 2003, 1565, 1566.
[176] BGH V ZR 178/03, NJW 2004, 3626, 3628.
[177] BGH V ZR 233/80, NJW 1982, 759, 760.

VIII. Die Heilung formnichtiger Grundstückskaufverträge gem. § 311b Abs. 1 S. 2 BGB

da ein Kaufvertrag, der die Grundstückseigentümerin zur Übertragung von Teilflächen ihres Grundstücks verpflichtet, noch nicht vorliegt; es ist vielmehr nur die Verpflichtung zum Abschluss eines solchen Vertrages begründet worden. **Die entsprechende Anwendung des § 313 S. 1 BGB führt dann auch zur sinngemäßen Anwendung der Heilungsvorschrift des § 313 S. 2 BGB.** *Nach dieser Vorschrift wird ein ohne Beobachtung der Form des S. 1 geschlossener Vertrag seinem ganzen Inhalt nach gültig, wenn die Auflassung und die Eintragung in das Grundbuch erfolgen. (…) Das RG hat demgegenüber in RGZ 169, 185 (189 ff.) einen formnichtigen Vorvertrag auf Abgabe eines Verkaufsangebotes über ein Grundstück in entsprechender Anwendung des § 313 S. 2 BGB nicht erst durch Auflassung und Eintragung, sondern* **bereits durch nachfolgende alle vereinbarten Bedingungen enthaltende <u>Abgabe des Angebotes in notariell beurkundeter Form</u>** *als geheilt angesehen.*

(…)

Im vorliegenden Fall hat der erkennende Senat keine Bedenken, die **Heilungswirkung aufgrund entsprechender Anwendung des § 313 S. 2 BGB <u>schon mit der notariellen Beurkundung der Kaufverträge</u>** *mit den Erwerbsinteressenten eintreten zu lassen. Mit dem Abschluss der Kaufverträge kann sich die Verkäuferin den sachenrechtlichen Konsequenzen aus der Vereinbarung mit den Bekl. nicht mehr entziehen; […]. Angesichts einer derart* **gefestigten Rechtslage** *in Bezug auf die Verpflichtung der Kl. zur Übereignung des Grundstücks ist es in einem Fall der vorliegenden Art* **im Bereich der entsprechenden Anwendung des § 313 S. 2 BGB nicht geboten, die Heilung des formnichtigen Vertrages zwischen den Parteien erst mit Auflassung und Eintragung eintreten zu lassen. […]"**[178]

Teilweise kritisch zu dieser Entscheidung – insbesondere zum Schutzzweck des § 311b Abs. 1 S. 2 BGB und dem erforderlichen Erfüllungszusammenhang zwischen Vor- und Hauptvertrag – äußert sich jedoch der *BGH* in einem Urteil aus dem Jahr **2004**. Danach rechtfertigt der *BGH* die analoge Anwendung der Heilungsvorschrift des § 311b Abs. 1 S. 2 BGB maßgeblich mit dem „**Gedanken der Erfüllung**" durch den Abschluss des Hauptvertrages. Der Gedanke der Rechtssicherheit allein könne die Heilungswirkung nicht überzeugend begründen. Auch der erforderliche Erfüllungszusammenhang wurde weiter konkretisiert. Die Heilungswirkung trete nicht ein, wenn der Hauptvertrag nicht mit dem Partner des Vorvertrags abgeschlossen wird, sondern mit einem Dritten, im Verhältnis zu dem keine Pflicht zum Verkauf bestehe. Im Einzelnen:

„*Hinzu tritt die Problematik, dass das die Heilungswirkung auslösende Geschäft nicht mit dem Partner des formunwirksamen Vertrags geschlossen wurde, sondern mit einem* **Dritten**. *Diesen Umstand hat der Senat für unerheblich erachtet und dem Kaufvertrag mit dem Dritten Heilungswirkung beigemessen, und zwar gerade auch im Hinblick auf die nur mit dem Partner des Vorvertrags getroffene Vertragsstrafenabrede.*

Diese Entscheidung [BGH, NJW 1982, 759] ist in der Begründung nicht frei von Bedenken. […]

---

[178] BGH V ZR 233/80, NJW 1982, 759, 760 f.

§ 3 Grundstücksveräußerungen im Rahmen eines Asset Deal (§ 311b BGB)

Ein weiteres Bedenken gegen die Begründung der Entscheidung (BGHZ 82, 398 = NJW 1982, 759) tritt hinzu. Dass der Verkäufer nach dem formwirksamen Kaufvertrag mit dem Dritten gebunden ist, sich den sachenrechtlichen Konsequenzen also nicht mehr entziehen kann, ist kein Umstand, aus dem Folgerungen für eine etwaige Bindung des Vertragspartners des formunwirksamen Vorvertrags gezogen werden könnten. Es ist nicht erkennbar, warum dessen bislang unwirksamen Verpflichtungen, die allein Bestandteil des formunwirksamen Vorvertrags waren, wirksam werden sollten, weil der Verkäufer nunmehr einen der Form genügenden Hauptvertrag schließt, der solche Verpflichtungen nicht enthält. Der Senat begründet dies auch nicht.

Ihre Berechtigung findet die Entscheidung daher allein in dem **Gedanken der Erfüllung. Die formnichtige Verpflichtung des Eigentümers, das Grundstück an den von seinem Vertragspartner nachgewiesenen Dritten zu verkaufen, wurde mit dem formwirksam abgeschlossenen Kaufvertrag mit dem Dritten erfüllt. Darin liegt die Vergleichbarkeit mit dem unmittelbar durch § 313 S. 2 BGB a.F. geregelten Fall.** *Dass der Käufer mit dem Vertragspartner des (formunwirksamen) Vorvertrags nicht identisch war, ist unerheblich. Auch im unmittelbaren Anwendungsbereich der Norm ist dies für die Heilungswirkung ohne Belang. Das Gesetz stellt nur darauf ab, dass die Verfügung (Auflassung und Eintragung) die Erfüllung der Verpflichtung darstellt. Verpflichtet sich der Verkäufer, an einen Dritten zu übereignen, kann allein die Auflassung an den Dritten und dessen Eintragung die Wirkungen des § 313 S. 2 BGB a.F. auslösen. Nichts anderes gilt dann, wenn in entsprechender Anwendung der Norm der formwirksam abgeschlossene Kaufvertrag den formunwirksamen Vorvertrag erfüllt.*

bb) Daraus wird deutlich, dass die damalige Entscheidung (BGHZ 82, 398 = NJW 1982, 759) keine Grundlage für die vorliegend von dem BerGer. zu Grunde gelegte entsprechende Anwendung des § 313 S. 2 BGB a.F. bietet. Denn der Kaufvertrag des Kl. mit der A-GmbH stellt – wie bereits ausgeführt – **nicht die Erfüllung eines unwirksamen Kaufvertrags des Kl. mit dem Bekl. dar.** *Zu den ursprünglichen Angeboten des Kl., an die allein die in den privatschriftlichen Vereinbarungen von dem Bekl. übernommenen und hier eingeklagten Zahlungsverpflichtungen anknüpfen, besteht* **kein rechtlicher Zusammenhang.** *Er wird auch nicht dadurch hergestellt, dass der Bekl. das Recht hatte, die A-GmbH als Käufer zu vermitteln. Dies ändert nichts daran, dass der Vertrag zwischen dem Kl. und der A-GmbH selbstständig neben den Vereinbarungen zwischen dem Kl. und dem Bekl. steht. Der Kl. hatte sich nicht verpflichtet, an die A-GmbH zu verkaufen. Dem Bekl. war lediglich das Recht eingeräumt worden, einen Dritten als Käufer zu vermitteln. Kam es zu einem Kaufvertrag mit dem Dritten, sollten die eingegangenen Zahlungsverpflichtungen des Bekl. enden. Darin erschöpfte sich der Zusammenhang. Von einer Erfüllung einer formunwirksamen Verpflichtung des Kl. – sieht man einmal davon ab, dass ohnehin nur zwei Angebote des Kl. vorlagen – durch den Abschluss des Kaufvertrags mit der A-GmbH kann somit hier – anders als bei BGHZ 82, 398 = NJW 1982, 759 – nicht die Rede sein."*[179]

---

[179] BGH V ZR 178/03, NJW 2004, 3626, 3627 f.

VIII. Die Heilung formnichtiger Grundstückskaufverträge gem. § 311b Abs. 1 S. 2 BGB

Kritisch zu dem Ergebnis im konkreten Sachverhalt äußert sich *Keim*[180]: Bei der Frage der Heilung könne es nur darauf ankommen, ob die Veräußerung an den Dritten eine Erfüllung der mittelbaren Erwerbsverpflichtung darstelle. Dies sei jedoch der Fall, da der wirtschaftliche Erwerbsdruck teilweise darauf gerichtet gewesen sei, entweder selbst zu erwerben **oder** einen Dritten als Käufer zu bestimmen. Damit wären aber sämtliche Erwerbspflichten aus dem Vorvertrag mit Abschluss des Kaufvertrags mit dem Dritten erledigt.

79

Die Auffassung des *BGH* zur Heilung des Vorvertrags durch Abschluss des Hauptvertrags wird von der Literatur grundsätzlich geteilt.[181] Ergänzend wird zur Begründung angeführt, dass die analoge Anwendung des § 311b Abs. 1 S. 2 BGB erst dann überzeuge, wenn der **Gedanke der Erfüllung** mit dem des **begrenzten Schutzes der Formvorschrift des § 311b BGB** in Beziehung gesetzt werde. Aus der Sicht der Schutzziele der Vorschrift regelten Auflassung und Eintragung den Sachverhalt und vor allem den Zeitpunkt, ab dem das Gesetz den Formzweck als teilweise erfolgt und im Übrigen **nicht mehr als voll durchführbar ansehe**. **Rechtsfrieden** und **Rechtsklarheit** wögen dann mehr, als der zunächst mit der Beurkundung angestrebte Schutz der Entschließungsfreiheit und inneren Vertragsgerechtigkeit. Diese Beschränkung nehme der Gesetzgeber also selbst bei der direkten Anwendung der Heilungsvorschrift bewusst in Kauf. Bei den Formvorschriften mit Heilungsnorm ende also der Schutz mit Erbringung der dort genannten Leistung. **Da die analoge Anwendung der Beurkundungsvorschrift des § 311b Abs. 1 S. 1 BGB auf Vorverträge mit dem Formzweck begründet werde, müssten jedoch umgekehrt auch dessen Grenzen beachtet werden**. Der Schutz der Vorvertragsform könne schließlich nicht weiter gehen als derjenige der Hauptvertragsform. Daraus folgt, dass die Erbringung der Leistung – dh der Abschluss des Hauptvertrags – die mangelnde Form heile. Erforderlich sei jedoch, dass mit dem Abschluss des Hauptvertrags eine im Vorvertrag enthaltene Verpflichtung zum Abschluss des Grundstücksvertrags erfüllt werden müsse – sog. Erfüllungszusammenhang. Werde der Grundstückskaufvertrag völlig unabhängig vom Vorvertrag geschlossen, so heile er dessen Formbedürftigkeit nicht. Würde man darüber hinaus die Heilung des Vorvertrags ausschließlich durch Auflassung und Eintragung ins Grundbuch zulassen, würden seine Vereinbarungen nie wirksam werden, sofern sie nicht auch im Hauptvertrag enthalten seien. Denn sie richteten sich gar nicht auf Eigentumserwerb, sondern nur auf den Abschluss des Hauptvertrags.[182]

---

[180] *Keim* DNotZ 2005, 324 ff.
[181] Vgl. *Keim* DNotZ 2005, 324, 330.
[182] So *Keim* DNotZ 2005, 324, 331; Staudinger/*Schumacher* § 311b Abs. 1 Rn. 328.

c) Kenntnis der Teilnichtigkeit der Nebenabrede

80 Probleme können entstehen, wenn die Vertragsparteien von der Beurkundungspflicht von Nebenabreden Kenntnis haben, diese aber trotzdem nicht beurkunden lassen.[183]

Nach einem Urteil des *BGH*[184] aus dem Jahr **1966** werde bei Kenntnis der Parteien von der Formunwirksamkeit eines Teils ihrer Vereinbarungen das Rechtsgeschäft lediglich von den übrigen Vertragsbestimmungen gebildet. Denn zu einem Rechtsgeschäft gehöre eine auf **Erzeugung von Rechtswirkungen gerichtete Absicht der Beteiligten**, die aber fehle, wenn sie sich bei Vertragsschluss der **Nichtigkeit einer vertraglichen Bestimmung bewusst** gewesen seien. Da dieser Teil – das heißt der Nebenabreden – somit der rechtsgeschäftlichen Bedeutung entbehre, könne schon begrifflich von einer Nichtigkeit dieser Bestimmungen und damit von einer Teilnichtigkeit des Gesamtvertrags nach § 139 BGB nicht gesprochen werden.

„Das RG geht bei seiner vom BAG bestätigten und überwiegend auch vom Schrifttum gebilligten Rechtsprechung davon aus, dass zu einem Rechtsgeschäft eine auf Erzeugung von Rechtswirkungen gerichtete Absicht der Beteiligten gehöre, es aber hieran fehle, wenn sie sich bei Vertragsschluss der Nichtigkeit einer vertraglichen Bestimmung bewusst gewesen seien; es folgert hieraus, dass diese jeder rechtsgeschäftlichen Bedeutung entbehre und deshalb von der Nichtigkeit eines Teils des Rechtsgeschäfts im Sinne des § 139 BGB nicht gesprochen werden könne und das Rechtsgeschäft somit nur von den übrigen, von den Parteien allein im Rechtssinn gewollten Vertragsbestimmungen gebildet werde (RGZ 68, 322, 326; 79, 303, 305; 79, 434, 437; 122, 138, 140/411; 125, 209, 211; 137, 29, 32; BAGE 1, 258, 270 = NJW 55, 684; (...)).

Aus dieser Rechtsprechung, von der abzuweichen der Senat keinen Anlass hat, ergibt sich zwar, dass in den Fällen, in denen die Vertragsparteien in ein Rechtsgeschäft einzelne Bestimmungen in Kenntnis ihrer Unwirksamkeit aufgenommen haben, insoweit von rechtsgeschäftlichen Erklärungen und damit von einer Nichtigkeit dieser Bestimmungen im Sinne des § 139 BGB nicht gesprochen werden kann mit der Folge, dass auch eine Nichtigkeit des übrigen, von den Vertragsparteien gewollten Teils des Rechtsgeschäfts im Sinne des § 139 und damit dessen Anwendung insoweit ausscheidet."[185]

81 Ein „tatsächlicher Verpflichtungswille" wird vom *BGH* jedoch auch bei Kenntnis der Formnichtigkeit als Grundlage für die Heilung als ausreichend angesehen.

„Die rechtlichen Darlegungen der Revision entsprechen in ihrem Ausgangspunkt der vom RG allgemein unter dem Gesichtspunkt des § 139 BGB entwickelten, vom BAG bestätigten und vom Schrifttum überwiegend gebilligten Rechtsprechung, der sich auch der erkennende

---

[183] Vgl. hierzu *Keim* NJW 1999, 2866.
[184] BGH V ZR 68/65, NJW 1966, 1747.
[185] BGH V ZR 68/65, NJW 1966, 1747.

VIII. Die Heilung formnichtiger Grundstückskaufverträge gem. § 311b Abs. 1 S. 2 BGB

*Senat in seinem Urteil v. 29.6.1966 – V ZR 68/65 (…) grundsätzlich angeschlossen hat (…). Die diese Rechtsprechung tragenden Überlegungen können aber insoweit **nicht volle Geltung beanspruchen**, als, wie im Rahmen des § 313 BGB, eine nachträgliche Heilung des ursprünglich nichtigen Rechtsgeschäfts möglich ist. In einem solchen Fall schließt das Bewusstsein der (zunächst gegebenen) Formnichtigkeit einer Vereinbarung nicht notwendig einen Willen aus, Rechtsfolgen hervorzurufen. Wenn in § 313 BGB das Gesetz selbst eine Heilung der ursprünglich nichtigen Vereinbarung vorsieht, ohne dabei auf die Kenntnis oder Unkenntnis der Vertragschließenden von der Nichtigkeit abzustellen, erscheint es sachgerecht, hier – als Grundlage einer möglichen späteren Heilung – einen <u>tatsächlichen Verpflichtungswillen</u> der Vertragsparteien genügen zu lassen; dies entspricht auch der Linie der sonstigen Rechtsprechung des Senats zu § 313 BGB (vgl. z.B. die Urteile v. 27.10.1967 – V ZR 153/64 = BGHZ 48, 396 = NJW 1968, 39; v. 21.3.1969 – V ZR 87/67 = LM § 313 BGB Nr. 37 = NJW 1969, 1167; v. 2.7.1971 – V ZR 53/69 und v. 29.9.1972 – V ZR 170/70 = NJW 1972, 2265 (…)).*[186]

---

[186] BGH V ZR 78/73, NJW 1975, 205.

§ 4 Asset Deal und Verträge über die Veräußerung des gesamten Vermögens (§ 311b Abs. 3 BGB und § 179a AktG)

Literatur: *Böttcher/Fischer*, Beurkundungspflicht nach § 311b III BGB beim Asset Deal, NZG 2010, 1332; *Böttcher/Grewe*, Die Anwendbarkeit des § 311b III BGB beim Unternehmenskauf, NZG 2005, 950; *Bredol/Natterer*, Von Irrungen und Wirrungen bei der Veräußerung des „ganzen" Vermögens einer Kommanditgesellschaft: Keine analoge Anwendung von § 179a AktG!; *Eickelberg/Mühlen*, Versteckte Vorgaben für Unternehmenskaufverträge mit einer GmbH als Verkäufer; *Fortun/Neveling*, Beurkundungserfordernis beim Asset Deal, BB 2011, 2569; *Heckschen*, Die Formbedürftigkeit der Veräußerung des gesamten Vermögens im Wege des „asset deal", NZG 2006, 772; *Hüren*, Gesamtvermögensgeschäfte im Gesellschaftsrecht, RNotZ 2014, 77; *Kiem*, Das Beurkundungserfordernis beim Unternehmenskauf im Wege des Asset Deals, NJW 2006, 2363; *Klöckner*, Erfordernis der notariellen Beurkundung gem. § 311b Abs. 3 BGB beim Asset-Deal?, DB 2008, 1083; *Morshäuser*, Die Formvorschrift des § 311b Abs. 3 BGB bei Unternehmenskäufen, WM 2007, 337; *Müller*, Unternehmenskauf und notarielle Beurkundung nach § 311b III BGB, NZG 2007, 201; *Rödder/Hötzel/Mueller-Thuns*, Unternehmenskauf, Unternehmensverkauf, 2003; *Werner*, Zur Anwendbarkeit und Reichweite des § 311 Abs. 3 BGB, GmbHR 2008, 1135; *Wiesbrock*, Formerfordernisse beim Unternehmenskauf, DB 2002, 2311

I. Beurkundungspflicht nach § 311b Abs. 3 BGB

1. Allgemeines und Schutzzweck der Norm

1   Nach § 311b Abs. 3 BGB bedarf ein Vertrag, durch den der eine Teil verpflichtet wird, sein gegenwärtiges Vermögen oder einen Bruchteil seines gegenwärtigen Vermögens zu übertragen oder mit einem Nießbrauch zu belasten, der notariellen Beurkundung. Wird daher ein gesamtes Unternehmen verkauft – und ergibt sich die Beurkundungspflicht nicht bereits aus anderen Formvorschriften wie zB § 311b Abs. 1 BGB oder § 15 Abs. 4 GmbHG – kann sich die Pflicht zur notariellen Beurkundung der Unternehmenstransaktion auch aus § 311b Abs. 3 BGB ergeben. In der Literatur umstritten ist in diesem Zusammenhang die Anwendbarkeit der Formvorschrift auf juristische Personen (→ Rn. 5), die Vermeidbarkeit einer Beurkundungspflicht aufgrund einer abschließenden Einzelauflistung der gesamten Vermögenswerte, sowie die Behandlung von sog. „Auffangklauseln" in Unternehmenskaufverträgen (→ Rn. 6 ff.).

2   § 311b Abs. 3 BGB ist eine wenig beachtete Schattennorm. Von der Literatur wurde sie lange Zeit vernachlässigt. Bis auf wenige Aufsätze fand man keine Auseinandersetzungen im Detail zu § 311b Abs. 3 BGB. Dies hat sich durch ein neueres

I. Beurkundungspflicht nach § 311b Abs. 3 BGB

Urteil des OLG Hamm gewandelt.[1] Bis zu diesem Urteil aus dem Jahr 2010 war kaum aktuelle Rechtsprechung existent und es wurde noch häufig auf die Rechtsprechung des Reichsgerichts verwiesen.

Normzweck des § 311b Abs. 3 BGB ist, den sich Verpflichtenden vor übereilten und unüberlegten Handlungen zu schützen. Dieser Schutz ist nach der Rechtsprechung erforderlich, da der Vertragschließende bei Verträgen über sein ganzes gegenwärtiges Vermögen oft keine sichere Vorstellung über den Umfang der von ihm eingegangenen Verpflichtung habe. 3

„Die Form des § 311 BGB hat ihren Grund darin, dass derjenige vor übereilten und unüberlegten Handlungen geschützt werden soll, der die in der Vorschrift genannten Verträge über sein ganzes gegenwärtiges Vermögen oder über einen Bruchteil dieses ganzen Vermögens schließen will. Dieser Schutz ist notwendig, da der Vertragschließende in solchen Fällen oft keine sichere Vorstellung über den Umfang der von ihm eingegangenen Verpflichtung hat."[2]

Daneben treten die weiteren Schutzzwecke der Rechtssicherheit und der Schutz vor Umgehung der Formvorschriften für die Verfügungen von Todes wegen.[3] Der Umgehungsschutz vor zwingenden erbrechtlichen Vorschriften hat bei Unternehmenstransaktionen jedoch keine Bedeutung.[4] Im Übrigen ist die Warnfunktion – neben der Beratung durch den Notar – der im Vordergrund stehende Formzweck. Die Rechtsprechung stellt in ihren bisherigen Entscheidungen vorwiegend auf den **Schutz vor übereilten und unüberlegten Handlungen** bei einem solchen Geschäft ab.[5]

2. § 311b Abs. 3 BGB und Unternehmenstransaktionen

a) Die Unternehmenstransaktion als „Asset-Deal"

Die Formvorschrift ist insbesondere bedeutsam für Unternehmenstransaktionen, bei denen sich die notarielle Beurkundung nicht bereits aus anderen Formvorschriften ergibt. Dies sind vor allem: 4

- GmbH-Anteilskauf (§ 15 Abs. 3 u. 4 GmbHG)
- Grundstückskauf: Mitveräußerung eines Grundstücks (§ 311b Abs. 1 BGB)

Das Formerfordernis kann somit bei Unternehmenstransaktionen einschlägig sein, die in Form des Asset Deal vorgenommen werden – das heißt im Wege der Einzelrechtsübertragung.

---

[1] OLG Hamm 19 U 145/09; NZG 2010, 1189.
[2] BGH IV ZR 214/56; NJW 1957, 1514.
[3] MünchKommBGB/*Kanzleiter* § 311b Rn. 99.
[4] *Kiem* NJW 2006, 2363, 2366.
[5] OLG Hamm 19 U 145/09; NZG 2010, 1189; vgl. die Besprechung von *Böttcher/Fischer* NZG 2010, 1332.

b) Personeller Anwendungsbereich

5   Die Anwendbarkeit der Formvorschrift des § 311b Abs. 3 BGB auf juristische Personen war lange Zeit umstritten und von der Rechtsprechung nicht geklärt. Das OLG Hamm[6] hatte jedoch im Jahr 2010 einen Fall zu entscheiden, bei dem pauschal die Veräußerung sämtlicher Aktiva der Verkäuferin, einer GmbH, privatschriftlich an einen Käufer erfolgte. Die vollständige Kaufpreiszahlung unterblieb. Das OLG Hamm war mit der herrschenden Meinung in der Literatur der Ansicht, dass § 311b Abs. 3 BGB auch auf die Verpflichtung zur Übertragung des Vermögens einer GmbH anwendbar sei.

„Der Schutz vor Übereilung und die Gewährleistung von Rechtssicherheit erfüllen ihren Zweck auch bei Verpflichtungen zur Verfügung über das Vermögen einer GmbH."[7]

Kiem[8] verneint jedoch die Anwendbarkeit der Formvorschrift auf juristische Personen, denn die Geschäftsführungsorgane von AG und GmbH seien bereits durch den zwingend erforderlichen Beschluss der Hauptversammlung bei der AG gem. § 179a AktG bzw. der notwendigen Befassung der Gesellschafterversammlung bei der GmbH vor übereilten Entscheidungen bei der Durchführung „inhaltsschwerer Geschäfte" **hinreichend geschützt**.[9] Für einen gesonderten Übereilungsschutz in Form der notariellen Beurkundung gem. § 311b Abs. 3 BGB sei daher kein Bedarf erkennbar.[10] Eine solche „beteiligtenabhängige Sicht" der Formvorschrift lehnen die Mehrheit der Literaturstimmen und das OLG Hamm allerdings ab.[11] Für die Rechtspraxis steht damit fest, dass es für die Anwendbarkeit von § 311b Abs. 3 BGB nicht darauf ankommt, ob der Verkäufer eine Personengesellschaft, Kapitalgesellschaft oder eine natürliche Person ist.

c) Veräußerung des gesamten Vermögens

aa) Begriff des gesamten Vermögens: Bausch und Bogen vs. Einzelauflistung

6   Nach dem Wortlaut des § 311b Abs. 3 BGB muss der Schuldner durch Vertrag eine Verpflichtung eingegangen sein, das **„gegenwärtige Vermögen"** oder **„einen Bruchteil seines gegenwärtigen Vermögens"** zu übertragen. Für das Bestehen der notariellen Beurkundungspflicht ist daher entscheidend, wie das Tatbestandsmerkmal „gegenwärtiges Vermögen" zu verstehen ist.

---

[6] OLG Hamm 19 U 145/09; NZG 2010, 1189.
[7] OLG Hamm 19 U 145/09; NZG 2010, 1189, 1190.
[8] *Kiem* NJW 2006, 2363.
[9] *Kiem* NJW 2006, 2363, 2367.
[10] Kritisch im Hinblick auf die Anwendung des § 311b Abs. 3 BGB auf Kapitalgesellschaften auch: Rödder/Hötzel/Mueller-Thuns § 5 Rn. 8; zweifelnd auch: *Wiesbrok* DB 2002, 2311, 2312 Fn. 10.
[11] OLG Hamm 19 U 145/09; NZG 2010, 1189, 1190; *Heckschen* NZG 2006, 772, 777; *Müller* NZG 2007, 201, 205; MünchKommBGB/*Kanzleiter* § 311b Rn. 104; Palandt/*Grüneberg* BGB § 311b Rn. 65.

I. Beurkundungspflicht nach § 311b Abs. 3 BGB

Die Rechtsprechung versteht den Begriff „gegenwärtiges Vermögen" **einschränkend**. Einschlägig sei die Vorschrift aufgrund ihres Schutzzwecks nur dann, wenn Verträge eine Übertragung des Vermögens „als Ganzes" zum Gegenstand haben. Das Vermögen des Verpflichteten müsse in Bausch und Bogen übertragen werden.[12] Der Verkäufer habe in solchen Fällen oft keine sichere Vorstellung über den Umfang der von ihm eingegangenen Verpflichtung.[13]

> „Gem. § 311, 125 BGB kann der Sicherungsübereignungsvertrag des Kl. vom 24.8.1988 mit dem Schuldner S sogar dann nicht nichtig sein, wenn die übereigneten Kraftfahrzeuge – gemäß der Behauptung der Bekl. – das gesamte restliche pfändbare Vermögen des Schuldners dargestellt hätten. § 311 BGB setzt voraus, daß der Vertrag zur Übertragung des Vermögens als Ganzes oder eines pauschalen Bruchteils davon verpflichtet (RGZ 76, 1 (3)). **Werden hingegen nur einzelne Gegenstände übereignet, ohne daß die Beteiligten damit stellvertretend das Vermögen „in Bausch und Bogen" bezeichnen wollten, ist § 311 BGB sogar dann nicht anwendbar, wenn die Gegenstände in ihrer Summe objektiv das ganze Vermögen ausmachen** (...)."[14]

Weitere Beispiele für Formulierungen, die eine Vermögensübertragung „als Ganzes" bezwecken:

- „gesamter Geschäftsbetrieb"
- „alle Vermögensgegenstände"
- „das gesamte Aktivvermögen"

Im Fall des OLG Hamm[15] lautet die vertragliche Formulierung, der das OLG Hamm die Beurkundungspflicht entnahm:

> „Hiermit verkauft die H ihre gesamten Aktiva und/inkl. den kompletten Laden in Q. (Inventar und Inventurgegenstände) an H/T2."

Eine Übertragung des gesamten Vermögens soll aber nach der Rechtsprechung nicht vorliegen, wenn die zu übertragenden Vermögensgegenstände **einzeln bestimmt** bezeichnet sind.[16] Der Schutzzweck des § 311b Abs. 3 BGB sei dann nicht einschlägig,

> „wenn die den Gegenstand des Vertrags bildenden Vermögensteile in dem Vertrag selbst **bestimmt bezeichnet** sind. Dazu ist nicht unbedingt erforderlich, dass die einzelnen Vermögensgegenstände namentlich benannt werden, sondern es genügt, wenn ihre konkrete Bestimmung sich aus dem Inhalt des Vertrages einwandfrei ergibt."[17]

---

[12] BGH IX ZR 9/90; NJW 1991, 353, 355; RGZ 69, 416, 420; RGZ 94, 314, 315.
[13] BGH IV ZR 214/56; NJW 1957, 1514.
[14] BGH IX ZR 9/90; NJW 1991, 353, 355.
[15] OLG Hamm 19 U 145/09; NZG 2010, 1189.
[16] BGH IX ZR 9/90; NJW 1991, 353, 355; BGH IV ZR 214/56; NJW 1957, 1514; MünchKommBGB/*Kanzleiter* § 311b Rn. 103.
[17] BGH IV ZR 214/56; NJW 1957, 1514.

§ 4 Asset Deal und Verträge über die Veräußerung des gesamten Vermögens

Der Verpflichtete soll somit vor allem davor geschützt werden, sein Vermögen „in einem Rutsch" wegzugeben. Sind die einzelnen Vermögensgegenstände dagegen konkret aufgeführt, ist den Verpflichteten bewusst, dass er genau diese Gegenstände verkauft. Daher bedarf es auch keines Schutzes durch notarielle Beurkundung.[18] § 311b Abs. 3 BGB ist nach der Rechtsprechung also selbst dann nicht anwendbar, wenn die einzelnen aufgelisteten Gegenstände in ihrer Summe objektiv das ganze Vermögen ausmachen.[19] Die Rechtsprechung betrachtet den Vermögensbegriff in § 311b Abs. 3 BGB also nicht wirtschaftlich. Es gehe in erster Linie nicht um den Schutz des Vertragschließenden vor dem wirtschaftlich schwerwiegenden Geschäft, sondern vor der **fehlenden Überschaubarkeit seiner Verpflichtung**.[20]

8 Die Frage, wie sich bei einem Asset Deal die regelmäßig vorgenommene **Einzelauflistung** (in Anlagen, Verzeichnissen, etc) der zu veräußernden Vermögensgegenstände auf die Anwendung des § 311b Abs. 3 BGB auswirkt, ist in der Literatur dennoch umstritten. *Heckschen*[21] ist insoweit der Ansicht, dass auch derjenige, der über den Umfang der Übertragung im Klaren ist, übereilt handeln könne. Entscheidend könne somit nicht sein, ob die Gegenstände aufgelistet wurden oder nicht. Erst durch die unabhängige notarielle Beratung beider Vertragsparteien sei eine ausgewogene Aufklärung über den Umfang des Rechtsgeschäfts möglich. Überdies hätten die Beteiligten es ansonsten in der Hand, die Form des § 311 Abs. 3 BGB zu umgehen.[22] Die Rechtsprechung des BGH sei nicht mehr heranzuziehen, da sie nach den heutigen wirtschaftlichen Veränderungen völlig veraltet sei.[23]

Dagegen wendet sich der überwiegende Teil der Literatur. Eine Beurkundungspflicht nach § 311b Abs. 3 BGB bestehe beim Asset Deal nicht, wenn eine abschließende Aufstellung der einzelnen Vermögenswerte im Vertrag erfolge. Ein hinreichender Schutz vor Übereilung sei unter diesen Umständen gewahrt.[24] Die genannte Literatur kann sich insoweit auf die Rechtsprechung des BGH berufen. Danach ist § 311b Abs. 3 BGB selbst dann nicht anwendbar, wenn die einzelnen Gegenstände in ihrer Summe objektiv das ganze Vermögen ausmachen.[25] Des Weiteren wird angeführt, dass die Parteien bei einer Einzelauflistung bereits am besten den Umfang des Rechtsgeschäfts kennen würden.[26] Eine notarielle Beratung biete den Parteien insoweit „keinen entscheidenden Erkenntnisgewinn" und auch der Einwand, dass bei einer Einzelauflistung ebenfalls eine Übereilung gegeben sein könne, überzeuge nicht, da man mit dieser Begründung jedes an sich form-

---

[18] Vgl. *Kiem* NJW 2006, 2363, 2364.
[19] So ausdrücklich: BGH IX ZR 9/90; NJW 1991, 353, 355.
[20] So überzeugend: *Morshäuser* WM 2007, 337, 339.
[21] *Heckschen* NZG 2006, 772, 776.
[22] *Heckschen* NZG 2006, 772, 777.
[23] *Heckschen* NZG 2006, 772, 777.
[24] *Böttcher/Grewe* NZG 2005, 950, 954; *Müller* NZG 2007, 201, 205; *Morshäuser* WM 2007, 337, 342; *Rödder/Hötzel/Mueller-Thuns* § 5 Rn. 7.
[25] BGH IX ZR 9/90; NJW 1991, 353, 355.
[26] *Müller* NZG 2007, 201, 205.

I. Beurkundungspflicht nach § 311b Abs. 3 BGB

los mögliche Rechtsgeschäft der notariellen Beurkundung unterwerfen könne.[27] Dennoch wird auch vertreten, dass man in der Beratungspraxis auf den sichersten Weg hinzuweisen habe.[28] Folgt man der herrschenden Meinung in der Literatur und der Rechtsprechung, sind demnach Unternehmenskaufverträge über Vermögensgegenstände beurkundungsfrei, wenn der Verkaufsgegenstand abschließend durch Listen und Vermögensverzeichnisse (Vertragsanlagen) festgelegt ist[29] – auch wenn dies das gesamte Vermögen darstellt.

Nun ist es bei einer Unternehmenstransaktion aus verschiedenen Gründen oft nicht möglich, sämtliche Gegenstände im Einzelnen aufzulisten und es werden oft Kategorien gebildet. Es fragt sich daher, ob sogenannte Sammelbezeichnungen ausreichend für die notwendige Bestimmtheit der Einzelauflistung, wie sie von der Rechtsprechung gefordert wird, sind. So werden zum Beispiel oft die Kategorien des § 266 HGB aufgezählt. Die ausschließliche Verwendung der Bezeichnungen des § 266 Abs. 2 HGB zum Beispiel, dh die Aufgliederung nach „unbeweglichen Sachvermögen", „beweglichen Sachvermögen", etc, ist nach *Morshäuser*[30] insoweit nicht ausreichend. Etwas anderes gelte jedoch, wenn darüber hinaus eine weitere Aufgliederung in Listen erfolge. So sieht dies auch *Klöckner*[31], der jedenfalls bei Auffangklauseln (→ Rn. 10) dies für vollkommen ausreichend hält, wenn auf die Aufnahme der Gegenstände in die Inventur aufgrund ihrer Eigenart verzichtet wurde. In der Praxis dürfte es sich empfehlen, soweit dies möglich ist, die Einzelgegenstände durch Listen aufzuzählen. **9**

bb) Relevanz von sog. „Auffangklauseln" („catch-all"-Klausel)

Durch die Verwendung von sog. „Auffangklauseln" soll in Unternehmenskaufverträgen sichergestellt werden, dass auch solche Vermögensgegenstände mitveräußert werden, die zwar nicht ausdrücklich in den Anlagen des Kaufvertrags aufgelistet sind (zB geringwertige Wirtschaftsgüter), jedoch dem Unternehmen zuzuordnen sind. Durch die Benutzung von Auffangklauseln wird dann bewirkt, dass auch eine Pflicht zur Übertragung solcher Gegenstände besteht („versehentlich nicht erfasste Vermögensgegenstände"[32]). Das Bedürfnis nach einer Verwendung von Auffangklauseln in Unternehmenskaufverträgen besteht daher, weil ein Inventarverzeichnis meist nicht den tatsächlichen Bestand an Vermögensgegenständen genau oder vollständig widergibt. Zudem kann zwischen Vertragsschluss („*Signing*") und Vertragsvollzug („*Closing*") ein längerer Zeitraum liegen. Eine Auffangklausel stellt dann sicher, dass auch solche Vermögensgegenstände übereignet **10**

---

[27] *Müller* NZG 2007, 201, 205.
[28] *Eickelberg/Mühlen* NJW 2011, 2476, 2478.
[29] *Morshäuser* WM 2007, 337, 342.
[30] Vgl. *Morshäuser* WM 2007, 337, 343.
[31] *Klöckner* DB 2008, 1083, 1089.
[32] Vgl. *Kiem* NJW 2006, 2363, 2365.

werden, die erst nach dem Vertragsschluss dem zu veräußernden Unternehmen objektiv zuzuordnen sind.

Beispiele für solche Klauseln:[33]

„Stellt sich nach dem Abgrenzungszeitpunkt heraus, dass in Ergänzung zu den aufgeführten materiellen und immateriellen Vermögensgegenständen weitere Vermögensgegenstände zu dem verkauften Geschäftsbetrieb in der Art gehören, dass sie überwiegend in oder im Zusammenhang mit diesem genutzt worden sind, gelten diese als ebenfalls an den Käufer vom Verkäufer verkauft. Der Verkäufer ist verpflichtet, solche Vermögensgegenstände unverzüglich auf Verlangen des Käufers an diesen zu übereignen und diesem, soweit erforderlich, den Besitz hieran einzuräumen."[34]

oder:

„Der Verkäufer verkauft hiermit an den Käufer alle zu seinem Geschäftsbetrieb gehörigen Vermögensgegenstände. Hierzu gehören insbesondere: (…)."[35]

11 Umstritten ist in diesem Zusammenhang, ob das Verwenden einer Auffangklausel die notarielle Beurkundungspflicht des Unternehmenskaufvertrags begründen kann. Zwar ist bei einer vorhandenen Einzelauflistung die Verpflichtung zur Übertragung auf bestimmte Vermögensgegenstände bezogen. Jedoch sollen darüber hinaus auch solche Vermögensgegenstände erfasst werden, die nicht einzeln aufgelistet sind. Insoweit könnte man annehmen, der Unternehmenskaufvertrag enthielte eine Verpflichtung zur Übertragung des nur „abstrakt bezeichneten Gesamtvermögens".[36]

Eine gerichtliche Entscheidung zu dieser Frage existiert bisher nicht. Das OLG Hamm musste zu dieser Frage nicht Stellung nehmen. Die somit bestehende Rechtsunsicherheit veranlasst viele Autoren zu dem Rat der notariellen Beurkundung – obwohl teilweise Zweifel an der Beurkundungsbedürftigkeit geäußert werden.[37] Dabei überrascht es nicht, dass diese Auffassung auch von zwei Notarassessoren vertreten wird. Nach Ansicht von *Morshäuser*[38] folgt aus der Verwendung von Auffangklauseln zwingend die Beurkundungsbedürftigkeit der gesamten Unternehmenstransaktion. Dies ergebe sich aus dem Umstand, dass die zu übertragenden Einzelgegenstände zwar näher bezeichnet seien, jedoch sich aus dem Vertrag gleichwohl die Verpflichtung des Verkäufers ergebe, sein gesamtes Vermögen zu übertragen. Sobald die Aufzählung aber nur exemplarisch und nicht abschließend

---

[33] Siehe auch für weitere Beispiele: *Werner* GmbHR 2008, 1135, 1137, 1138.
[34] *Böttcher/Grewe* NZG 2005, 950, 954 Fn. 43.
[35] *Morshäuser* WM 2007, 337, 343.
[36] Vgl. *Kiem* NJW 2006, 2363, 2365.
[37] Vgl. *Müller* NZG 2007, 201, 202; *Hüren* RNotZ 2014, 77, 96; *Eickelberg/Mühlen* NJW 2011, 2476, 2479; *Fortun/Neveling* BB 2011, 2568, 2570; *Werner* GmbHR 2008, 1135, 1138; *Rödder/Hötzel/Mueller-Thuns* § 5 Rn. 7, 9.
[38] *Morshäuser* WM 2007, 337, 343.

I. Beurkundungspflicht nach § 311b Abs. 3 BGB

sei, bestehe die Beurkundungspflicht.[39] Die Verpflichtung des Verkäufers beziehe sich dann auf die Übertragung des gesamten Geschäftsbetriebs, auch auf nicht ausdrücklich bezeichnete Gegenstände.

Dagegen wendet sich *Müller*[40]. Durch die Einzelauflistung sei der Schutzzweck des § 311b Abs. 3 BGB bereits erfüllt, den Parteien sei die Bedeutsamkeit und Reichweite des Geschäfts bekannt. Diese Einsicht werde durch eine Auffangklausel nicht wieder zerstört.[41] Im gleichen Sinne äußern sich *Böttcher/Grewe*[42]. Auch durch eine notarielle Beurkundung könne die Unsicherheit der Parteien gerade im Hinblick auf die Vermögenswerte, die durch die Auffangklausel letztlich erfasst werden – nicht vollends beseitigt werden. Der Schutzzweck der Übereilung sei überhaupt nicht einschlägig. In die ähnliche Richtung argumentiert zutreffend *Klöckner*[43]. Er weist darauf hin, dass „offenen" Catch-all-Klauseln regelmäßig eine genaue und detaillierte Auflistung der bedeutenden Vermögensbestandteile des Unternehmens im Vertrag vorausginge. Gerade diese Vermögenswerte seien es doch, die die Parteien als wesentlich angesehen hätten. Je konkreter der Inhalt der Auflistung sei und je weniger (zulässige) Sammelbezeichnungen verwendet würden, desto deutlicher werde dies. Zu Recht weist er deshalb darauf hin, dass eine solche Catch-all-Klausel nur der Vollständigkeit des Rechtsgeschäfts diene, welches nach dem Parteiwillen „das gesamte Vermögen" betreffen soll.[44] Solche Catch-all-Klauseln sind bei Unternehmenskäufen Standard und es bedarf daher in einer solchen Situation, wie von *Klöckner* beschrieben, aus den genannten Gründen keiner Beurkundung. Klare höchstrichterliche Rechtsprechung gibt es jedoch nicht dazu. Soweit möglich sollten die Vermögensgegenstände aufgelistet werden. Ist dies zum Beispiel wegen einer Änderung zwischen Signing und Closing nicht möglich, so kann es sich empfehlen eine vertragliche Verpflichtung vorzusehen, wonach ein „Update" des Inventars zum Closing erstellt wird. Dies ist auch für die dingliche Übertragung sinnvoll und teilweise auch notwendig.

cc) Ausschluss bestimmter Vermögensgegenstände („excluded assets") und Veräußerung von Teilbereichen

Die notarielle Beurkundungspflicht nach § 311b Abs. 3 BGB kann auch entfallen, wenn im Rahmen der Transaktion nicht das gesamte Unternehmensvermögen veräußert wird. Häufig sind in Unternehmenskaufverträgen bestimmte Vermögensgegenstände von der Verpflichtung zur Veräußerung ausgenommen (sog. „*excluded assets*"). So kann sich die Veräußerungspflicht zB nicht auf den Kassenbe-

---

[39] *Morshäuser* WM 2007, 337, 341.
[40] Vgl. *Müller* NZG 2007, 201.
[41] *Müller* NZG 2007, 201, 205.
[42] *Böttcher/Grewe* NZG 2005, 950, 954.
[43] Vgl. *Klöckner* DB 2008, 1083, 1089.
[44] *Klöckner* DB 2008, 1083, 1088 u. 1089.

§ 4 Asset Deal und Verträge über die Veräußerung des gesamten Vermögens

stand oder andere Bereiche beziehen. Fraglich ist dann in diesem Zusammenhang, wann § 311b Abs. 3 BGB nicht (mehr) eingreift.

Nach der Rechtsprechung des Reichsgerichts sind solche Verträge formbedürftig, wenn nur Gegenstände ausgenommen sind, die von **verhältnismäßig untergeordneter Bedeutung** sind.[45] In der Literatur findet sich hierzu die Formulierung, dass die Formvorschrift auch dann eingreife, wenn die Parteien das ganze Vermögen erfassen wollen und nur verhältnismäßig unbedeutende Gegenstände ausnehmen.[46] Die Beurkundungspflicht wird daher auch dann teilweise verneint, wenn die von der Veräußerung ausgenommenen Gegenstände im Vergleich zum veräußerten Vermögen unwesentlich seien. Zur praktischen Konkretisierung wird insoweit vertreten, eine Beurkundungspflicht zu verneinen, wenn der Wert des nicht veräußerten Vermögens 5 % des maßgeblichen Unternehmenswertes übersteigt.[47] Dies kann der Praxis als Anhaltspunkt dienen.

Jedenfalls macht die Veräußerung lediglich eines einzelnen **Geschäftsbereiches** oder eines **Teilbetriebs** macht die Unternehmenstransaktion an sich nicht beurkundungspflichtig, da insoweit keine Verpflichtung zur Übertragung des gesamten Vermögens besteht.[48] Eine Formbedürftigkeit könnte sich in der Gestaltung ergeben, dass ein bestimmter **Prozentsatz** oder eine **Quote** des Vermögens des veräußernden Unternehmens Gegenstand der Transaktion ist. Insoweit könnte dann die Tatbestandsalternative der Verpflichtung zur Übertragung eines Bruchteils des gegenwärtigen Vermögens einschlägig sein (§ 311b Abs. 3 2. Alt. BGB). Besonders praxisrelevant scheint jedoch diese Alternative – jedenfalls bei anwaltlicher Beratung – nicht zu sein.

4. Rechtsfolgen

13   Die Rechtsfolgen einer mangelnden Beurkundung gemäß § 311b Abs. 3 BGB sind drakonisch. Der schuldrechtliche Vertrag ist nichtig (§ 125 s. 1 BGB). Die dinglichen Verfügungsgeschäfte trotz Nichtbeachtung von § 311b Abs. 3 BGB wirksam.[49] Eine Heilung durch Vollzug scheidet aus.[50] Sollte zu dem gesamten Vermögen auch Grundbesitz gehören, so heilt die Auflassung und Eintragung des neuen Eigentümers im Grundbuch den Formmangel nach § 311b Abs. 3 BGB nicht. Es stellt sich die Frage, ob der Grundstückskaufvertrag nach § 139 BGB auf-

---

[45] Vgl. *Morshäuser* WM 2007, 337, 341 mit Verweis auf RGZ 137, 324, 349.
[46] Vgl. MünchKommBGB/*Kanzleiter* § 311b Rn. 103.
[47] *Morshäuser* WM 2007, 337, 344.
[48] Vgl. *Böttcher/Grewe* NZG 2005, 950, 953; *Morshäuser* WM 2007, 337, 344.
[49] Vgl. hierzu im Einzelnen und zum Folgenden die Darstellung bei jurisPK-BGB/*Ludwig* § 311b Rn. 416 und 411 ff.
[50] jurisPK-BGB/*Ludwig* § 311b Rn. 412.

rechterhalten werden kann.[51] Zurecht weißt *Ludwig*[52] darauf hin, dass, wenn bei einem Asset Deal nur der Verkauf der Betriebsgrundstücke beurkundet wird, es sich aber ansonsten auch um einen Fall des § 311b Abs. 3 BGB handele, der gesamte Vertrag aus diesem Grunde auch der Beurkundung bedürfe, gerade weil die Heilung für den gesamten Vertrag nicht durch die Eintragung ins Grundbuch geheilt werden könne.

II. Anwendung von § 179a AktG auf Unternehmenstransaktionen

1. Allgemeines und Schutzzweck der Norm

Ebenso wie die Beurkundungspflicht nach § 311b Abs. 3 BGB bei der Veräußerung des gesamten Vermögens, führt auch § 179a AktG, zumindest wenn keine Aktiengesellschaften betroffen sind, eher ein Schattendasein. § 179a AktG bestimmt, dass ein Vertrag, durch den sich eine Aktiengesellschaft zur Übertragung des ganzen Gesellschaftsvermögens verpflichtet, ohne dass diese Übertragung unter die Vorschriften des Umwandlungsgesetzes fällt, eines Beschlusses der Hauptversammlung gemäß § 179 AktG bedarf. Eine Beurkundungspflicht wird daher direkt durch § 179a AktG begründet. Allerdings folgt diese aus § 179 Abs. 2 AktG iVm § 130 Abs. 1 S. 1 AktG, wonach der Zustimmungsbeschluss der notariellen Beurkundung bedarf, was auch bei nicht börsennotierten Aktiengesellschaften aufgrund der erforderlichen Dreiviertelmehrheit gilt. Insoweit und wegen des engen Zusammenhangs mit § 311b Abs. 3 BGB wird im Folgenden auch der Anwendungsbereich von § 179a AktG kurz dargestellt. Schutzzweck der Norm ist der materielle Schutz der Bestands- und Vermögensinteressen der Aktionäre sowie deren Dispositionsvorbehalt durch eine entsprechende Begrenzung der Vertretungsmacht des Vorstandes.[53]

14

2. Anwendungsbereich, Voraussetzungen und Rechtsfolgen bei Aktiengesellschaften

a) Anwendungsbereich

Die Erforderlichkeit der Zustimmung bezieht sich allein auf das schuldrechtliche Verpflichtungsgeschäft. Ein Hauptversammlungsbeschluss nach § 179a Abs. 1 S. 1

15

---

[51] jurisPK-BGB/*Ludwig* § 311b Rn. 413.
[52] jurisPK-BGB/*Ludwig* § 311b Rn. 414.
[53] *Hüren* RNotZ 2014, 77, 78; *Leitzen* NZG 2012, 491, 492 jeweils mwN.

AktG wird für die dinglichen Erfüllungsgeschäfte nicht benötigt.[54] Wie § 311b Abs. 3 BGB stellt sich auch im Rahmen des § 179a AktG (früher § 361 AktG) die Frage, ob die Norm nur eingreift, wenn es sich beim Vertragsgegenstand um das „gesamte Vermögen" handelt oder ob auch eine geringere Schwelle ausreicht. Nach ganz überwiegender Auffassung der Rechtsprechung und der Literatur wird die Zustimmungsbedürftigkeit nach § 179a AktG bereits dann ausgelöst, wenn nicht das gesamte, jedoch zumindest ein wesentlicher Teil des Vermögens übertragen wird.[55] Ob der verbleibende Vermögensbestandteil unwesentlich ist, wird unterschiedlich beurteilt. Nach wohl herrschender Ansicht ist auf einen qualitativen (und nicht quantitativen) Maßstab abzustellen. Entscheidend sei danach, ob die Gesellschaft aufgrund der Übertragung eines oder mehrerer Vermögensgegenstände nicht mehr in der Lage sei, entsprechend ihrem in der Satzung festgelegten Unternehmensgegenstand weiterhin, wenn auch in eingeschränktem Umfang, tätig zu sein.[56]

Hüren[57] weist zu Recht darauf hin, dass in der Beratungspraxis eine Transaktion immer alternativ an qualitativen und quantitativen Kriterien gemessen werden sollte. Zwar gibt es hier keine genauen Richtwerte. *Hüren* meint aufgrund von Parallelen zu § 1365 Abs. 1 BGB und den aktienrechtlichen Squeeze Out-Regelungen, dass aus Gründen der Vorsicht wohl bei der quantitativen Betrachtungsweise von einem Schwellenwert zwischen 80 und 85 % auszugehen sei.[58] Dies dürfte für die Praxis eine gute Richtschnur sein.

b) Voraussetzungen

16   Der Zustimmungsbeschluss bedarf einer Dreiviertelmehrheit des bei der Beschlussfassung vertretenen Grundkapitals (§ 179 Abs. 2 AktG). Da der Beschluss mit einer Dreiviertelmehrheit gefasst werden muss, bedarf er nach § 130 Abs. 1 S. 1 AktG der notariellen Beurkundung. Die Gesellschaft ist verpflichtet, den Vertrag mit der Einberufung in den Geschäftsräumen der Gesellschaft auszulegen oder auf Verlangen unverzüglich eine Abschrift zu erteilen; die Veröffentlichung auf der Internetseite ist ebenfalls möglich (vgl. § 179 Abs. 2 AktG).

---

[54] Siehe *Hüren* RNotZ 2014, 77, 79, 80 mwN.
[55] BGH II ZR 174/80; NJW 1982, 1703, 1704; Henssler/Strohn/*Strohn* AktG § 179a Rn. 4; Hölters/Haberstock/Greitemann AktG § 179a Rn. 4; Schmidt/Lutter/*Seibt* AktG § 179a Rn. 8; Spindler/Stilz/*Holzborn* AktG § 179a Rn. 19.
[56] BGH II ZR 174/80; NJW 1982, 1703, 1704; Hüffer/*Koch* AktG § 179a Rn. 5; Spindler/Stilz/*Holzborn* AktG § 179a Rn. 19.
[57] *Hüren* RNotZ 2014, 77, 81.
[58] *Hüren* RNotZ 2014, 77, 82.

II. Anwendung von § 179a AktG auf Unternehmenstransaktionen

c) Rechtsfolgen

Wie bereits oben ausgeführt, sind die dinglichen Erfüllungsgeschäfte wirksam. 17
Das zugrundeliegende schuldrechtliche Verpflichtungsgeschäft ist schwebend unwirksam, solange der Zustimmungsbeschluss nicht erteilt ist. Sollte die Hauptversammlung die Zustimmung verweigern, wird der Vertrag endgültig unwirksam. Ggf. ohne Rechtsgrund erbrachte Leistungen sind gemäß § 812 ff. BGB zurückzugewähren. Es gelten die allgemeinen Regelungen.

3. Anwendung auf Personengesellschaften (insbesondere Kommanditgesellschaften)

Unklarheit herrscht darüber, ob § 179a AktG analog auch auf Personenge- 18
sellschaften anwendbar ist. Die Frage ist von großer Relevanz, da insbesondere Kommanditgesellschaften oft Grundstücke als sog. „Ein-Objekt"-Gesellschaften halten. *Leitzen*[59] ist zuzustimmen, wenn er vermutet, dass die Dunkelziffer in diesem Bereich erheblich sein dürfte.

a) Analoge Anwendung

Der *BGH* hat mit Urteil vom 09.01.1995 entschieden, dass es zur Veräußerung 19
des gesamten Geschäftsbetriebs einer Kommanditgesellschaft eines zustimmenden Gesellschafterbeschlusses bedürfe. Hierbei hat sich der *BGH* ausdrücklich auf den Rechtsgedanken des § 361 Abs. 1 AktG aF (jetzt inhaltsgleich mit § 179a AktG) bezogen. Wörtlich führt der *BGH* aus:

> „*Veräußert eine Gesellschaft ihr gesamtes Unternehmen, so bedeutet das in aller Regel – hier war es offensichtlich so – die Einstellung des eigenen Geschäftsbetriebs; die Gesellschaft verliert damit ihre Eigenschaft als werbendes Unternehmen. Das führt, wenn es nicht sogar zur Auflösung der Gesellschaft zwingt, zu einer Änderung des Gesellschaftszwecks. Aus diesem Grund schreibt § 361 Abs. 1 AktG für einen Vertrag, durch den sich eine AG oder eine KG a.A. zur Übertragung des ganzen Gesellschaftsvermögens verpflichtet, das Erfordernis der Zustimmung der Hauptversammlung vor. Der Rechtsgedanke dieser Vorschrift [...] trifft auch für das Personengesellschaftsrecht zu. Die soeben umschriebene Umgestaltung der Gesellschaft, die mit der Veräußerung des von ihr bis dahin betriebenen Unternehmens verbunden ist, wird von der Vertretungsmacht des oder der geschäftsführenden Gesellschafter nicht mehr gedeckt. Es bedarf deshalb auch hier zur Wirksamkeit des – zur Geschäftsveräußerung verpflichtenden – schuldrechtlichen – Vertrages eines Beschlusses der Gesellschafter.*"[60]

---

[59] *Leitzen* NZG 2012, 491, 492.
[60] BGH II ZR 24/94; NJW 1995, 596.

Aus der Entscheidung des *BGH* wird allgemein[60a] gefolgert, dass ein Vertrag, durch den sich eine Kommanditgesellschaft zur Veräußerung ihres gesamten Vermögens verpflichtet, unabhängig davon, ob die Firma mitübertragen werde oder nicht, zu seiner Wirksamkeit eines zustimmenden Gesellschafterbeschlusses der Kommanditgesellschaft bedürfe.[61] In der Literatur wird das Urteil des *BGH* zumeist so gedeutet, dass es sich bei der Veräußerung des gesamten Gesellschaftsvermögens um ein sog. „Grundlagengeschäft" handele.[62] Dies sind solche Geschäfte, bei denen die Grundlagen des Gesellschaftsverhältnisses in Frage stehen oder die das innere Verhältnis der Gesellschafter zueinander betreffen.[63] Nach allgemeiner Auffassung sind derartige Geschäfte nicht von der Vertretungsmacht der geschäftsführenden Gesellschafter umfasst.[64] Grundsätzlich bedarf die Durchführung von Grundlagengeschäften somit eines zustimmenden Gesellschafterbeschlusses. Daraus könnte der Schluss gezogen werden, dass die vom *BGH* durch den Verweis auf § 361 Abs. 1 AktG aF begründete Zustimmungsbedürftigkeit im Grunde nicht aus der Analogie zum Aktiengesetz folgt, sondern bereits aus allgemeinen Erwägungen des Personengesellschaftsrecht. In dieser Weise lässt sich etwa ein Beschluss vom OLG Hamm vom 24.05.2007 interpretieren, in dem das Gericht die Veräußerung des gesamten Vermögens unter dem Gesichtspunkt der Gesellschaftszweckänderung als Grundlagengeschäft ansieht.[65]

20   Ungeachtet dieser Einordnungsfragen ist in diesem Zusammenhang ungeklärt, wie weit die vom *BGH* ausgesprochene Analogie zu § 361 Abs. 1 AktG aF reicht. So ist fraglich, welche Mehrheiten für den zustimmenden Gesellschafterbeschluss erforderlich sind und welches formale Verfahren für die Beschlussfassung einzuhalten ist. Der *BGH* hatte sich mit diesen Einzelheiten nicht zu beschäftigen, da es in dem von ihm seinerzeit zu entscheidenden Fall an einem zustimmenden Gesellschafterbeschluss fehlte. Für die Praxis sind diese Fragen jedoch von grundlegender Bedeutung, denkt man etwa an die Veräußerung der einzigen Immobilie einer Objekt GmbH & Co. KG, an der zB noch ein Minderheitsgesellschafter mit 5,1 % beteiligt ist, wie es in der Praxis durchaus üblich ist.

[60a] Dezidiert gegen eine analoge Anwendung von § 179a AktG *Bredol/Natterer* ZIP 2015, 1419.
[61] Vgl. etwa *Bredthauer* NZG 2008, 816, 818, 819 mwN; *Hüren* RNotZ 2014, 77, 88 ebenfalls mwN.
[62] OLG Hamm 15 W 145/07; NZG 2008, 21; Baumbach/Hopt HGB/*Hopt* § 114 Rn. 3; Ebenroth/Boujong/Joost/Strohn HGB/*Hillmann* § 126 Rn. 9; Henssler/Strohn/*Steitz* HGB § 126 Rn. 10; Koller/Roth/Morck HGB/*Koller* § 114 Rn. 2; *Leitzen* NZG 2012, 491, 494; MünchKommHGB/*Schmidt* § 126 Rn. 13; Röhricht/Graf von Westphalen/Haas HGB/*Haas* § 126 Rn. 4; aA MünchKommHGB/*Mülbert*, nach § 230 HGB – § 136 InsO, Konzernrecht der Personengesellschaften, Rn. 74.
[63] Ebenroth/Boujong/Joost/Strohn HGB/*Hillmann* § 126 Rn. 7; Baumbach/Hopt HGB/*Hopt* § 126 Rn. 3 – jeweils mwN.
[64] Vgl. MünchKommHGB/*Schmidt* § 126 Rn. 10 mwN.
[65] OLG Hamm 15 W 145/07; NZG 2008, 21, 23.

II. Anwendung von § 179a AktG auf Unternehmenstransaktionen

b) Mehrheiten

Mit welcher Mehrheit ein Zustimmungsbeschluss zur Übertragung des gesamten Gesellschaftsvermögens einer Kommanditgesellschaft gefasst werden muss, wird in der Literatur nicht eindeutig beantwortet. 21

Für eine Übertragung des Mehrheitserfordernisses aus § 179a AktG (qualifizierte Mehrheit von dreiviertel der abgegebenen Stimmen iSv § 179 Abs. 2 AktG) besteht nach dem Urteil des *BGH* kein Anhaltspunkt. Jedenfalls für personalistisch strukturierte Kommanditgesellschaften wäre die Übertragung auch nicht sachgerecht, da, anders als bei einer Aktiengesellschaft, hier grundsätzlich das Einstimmigkeitsprinzip gilt. Aber auch angesichts der Tatsache, dass bei Publikumspersonengesellschaften die Anforderungen an Beschlussmehrheiten im Einzelnen streitig sind[66], ist auch insoweit für eine Übertragung der aktienrechtlichen Vorgaben kein Platz. Dies folgt schon aus der Überlegung, dass auch bei Publikumspersonengesellschaften nach der Rechtsprechung des *BGH* das Einstimmigkeitsprinzip gilt, wenn in den Kernbereich der Mitgliedschaft eingegriffen wird.[67]

Legt man die allgemeinen Grundsätze der Rechtsprechung des *BGH* an, so wäre auf zwei Stufen zu untersuchen, ob das allgemein geltende Einstimmigkeitserfordernis im konkreten Fall nicht zur Anwendung kommt.[68] Auf der *ersten Stufe* ist formal zu prüfen, ob die beabsichtigte Veräußerung nach dem – ggf. auszulegenden – Gesellschaftsvertrag eindeutig einer Mehrheitsentscheidung unterworfen ist.[69] Der *BGH* wendet offensichtlich diesen so verstandenen Bestimmtheitsgrundsatz auch auf Publikumspersonengesellschaften an.[70] Mit anderen Worten ist zunächst zu prüfen, ob der Gesellschaftsvertrag eine Mehrheitsklausel für die Veräußerung des gesamten Gesellschaftsvermögens enthält. Auf der *zweiten Stufe* ist nach der Rechtsprechung des *BGH* eine inhaltliche Wirksamkeitsprüfung der Mehrheitsentscheidung durchzuführen.[71] Hier soll geprüft werden, ob ein Eingriff in schlechthin unentziehbare Gesellschafterrechte vorliegt. Die Veräußerung des gesamten Gesellschaftsvermögens wird in den einschlägigen Kommentierungen nicht als Eingriff in unverzichtbare Mitgliedschaftsrechte genannt.[72]

Im Ergebnis: Soweit die Veräußerung so wesentlich ist, dass sie als Grundlagengeschäft anzusehen ist, ist grundsätzlich Einstimmigkeit erforderlich. Etwas anderes gilt nur, wenn der Gesellschaftsvertrag einer Gesellschaft ausdrücklich die Veräußerung des gesamten Gesellschaftsvermögens unter ein anderes Mehrheitserfordernis stellt.

---

[66] Vgl. nur Baumbach/Hopt HGB/*Hopt*, Anhang § 177a Rn. 69b.
[67] BGH II ZR 18/94, NJW 1995, 194, 195.
[68] So auch Heidel AktR/*Wagner* § 179a Rn. 20.
[69] BGH II ZR 266/09; NZG 2012, 393, 394; BGH II ZR 245/05; NZG 2007, 259, 260.
[70] Vgl. BGH II ZR 266/09; NZG, 2012, 393, 394.
[71] BGH II ZR 245/05; NZG 2007, 259, 260; BGH II ZR 116/08; NZG 2009, 183, 185; BGH II ZR 266/09; NZG 2012, 393, 395.
[72] Vgl. nur die Ausführungen in MünchKommHGB/*Enzinger* § 119 Rn. 68.

c) Verfahren und Beurkundungspflicht

22   Aus dem Urteil des *BGH* aus dem Jahr 1995[73] geht nicht hervor, ob Vorgaben zum Beschlussverfahren aus § 179a AktG analog auch auf die Kommanditgesellschaft anzuwenden sind oder nicht. Es spricht einiges dafür, dass durch das Urteil lediglich das „Ob" eines zustimmenden Gesellschafterbeschlusses in Anlehnung an § 179a AktG statuiert worden ist, nicht jedoch das „Wie". Schließlich ergeben sich die besonderen Informationspflichten aus § 179 Abs. 2 AktG gerade durch die Besonderheiten der Hauptversammlung, die es erforderlich machen, dass einem konkreten Vertrag zugestimmt wird.[74] Höchstrichterliche Rechtsprechung existiert hierzu allerdings nicht.

Gleiches gilt für die Frage, ob der Beschluss zur Zustimmung zu beurkunden ist. Dies folgt im Aktienrecht daraus, dass der Beschluss mit einer Dreiviertelmehrheit zu fassen ist, wonach gemäß § 130 AktG eine notarielle Beurkundungspflicht folgt. Für eine Analogie – auch der Formvorschriften – spricht bei der Kommanditgesellschaft, deren Gesellschaftsvertrag in privatschriftlicher Form abgeschlossen und geändert werden kann, nichts, auch wenn dies vereinzelt vertreten wird.[75] Höchstrichterliche Rechtsprechung hierzu gibt es nicht.

4. Anwendung auf die GmbH

23   Bei der Frage, ob § 179a AktG analog auf die GmbH anzuwenden ist, stellen sich die gleichen Probleme wie bei der Kommanditgesellschaft. Insoweit wird auf die dortigen Ausführungen verwiesen. Die herrschende Meinung geht davon aus, dass § 179a AktG analog anzuwenden ist.[76] Was die Mehrheitserfordernisse anbelangt, ist nach herrschender Literaturmeinung eine Mehrheit von Dreivierteln der abgegebenen Stimmen notwendig. Dies wird in Anlehnung an § 53 Abs. 2 S. 1 GmbHG gefolgert.[77] Für die hier interessierende Frage der Beurkundung des Zustimmungsbeschlusses ist die herrschende Meinung der Auffassung, dass dieser notariell beurkundet werden müsse. Dies ergebe sich entweder aus § 53 Abs. 2 S. 1 GmbHG, wonach der Beschluss den Anforderungen an eine Satzungsänderung genügen müsse (was nicht zwingend ist) oder eben aus der analogen Anwendung von § 179 Abs. 2 S. 1 iVm § 130 Abs. 1 AktG[78] (was ja gerade in Frage steht). Andere halten den Beschluss nicht für formbedürftig.[79] Für letztere Auffassung spricht,

---

[73] BGH II ZR 24/94; NJW 1995, 596.
[74] Vgl. etwa *Hüren* RNotZ 2014, 77, 87 und 89, 90.
[75] Für eine Beurkundungspflicht: *Hermanns* DNotZ 2013, 9, 12 (allerdings ohne Begründung) – Dagegen: *Hüren* RNotZ 2014, 77, 90.
[76] Siehe zB *Leitzen* NZG 2012, 491, 493 mwN.
[77] Vgl. *Hüren* RNotZ 2014, 77, 87; *Leitzen* NZG 491, 493 jeweils mwN.
[78] *Hüren* RNotZ 2014, 77, 88; *Leitzen* NZG 2012, 491, 493.
[79] Siehe etwa: *Leitzen* NZG 2012, 491, 493.

II. Anwendung von § 179a AktG auf Unternehmenstransaktionen

dass das Formerfordernis im GmbH-Recht in erster Linie nur Beweis- und Rechtssicherheitszwecken dient und in engem Zusammenhang mit § 54 GmbHG zu sehen ist (Eintragung der Änderung des Gesellschaftsvertrages im Register), worauf ausdrücklich *Leitzen*[80] zu Recht hinweist. Klare Rechtsprechung fehlt auch hier. Zu Recht vermerkt allerdings *Hüren*[81] daraufhin, dass nicht dem konkreten Vertrag zugestimmt werden muss, sondern auch ein Ermächtigungsbeschluss zulässig sei, wenngleich es in der Praxis ratsam sei, die Zustimmung möglichst dennoch zu einem konkreten Vertrag einzuholen. Höchstrichterliche Rechtsprechung gibt es leider auch zu diesem Punkt nicht.

---

[80] *Leitzen* NZG 2012, 491, 493.
[81] *Hüren* RNotZ 2014, 77, 87.

§ 5 Formerfordernisse bei Umwandlungen (Überblick)

Literatur: *Banerjea,* Der Schutz von Übernahme- und Fusionsplänen, DB 2003, 1489; *Brocker,* Die grenzüberschreitende Verschmelzung von Kapitalgesellschaften, BB 2010, 971; *Klein,* Grenzüberschreitende Verschmelzung von Kapitalgesellschaften, RNotZ 2007, 565; *Teicke,* Herausforderungen bei Planung und Umsetzung einer grenzüberschreitenden Verschmelzung, DB 2012, 2675.

I. Formerfordernisse im Rahmen einer Umwandlung

Bei einer Unternehmenstransaktion, die durch Verschmelzung von Rechtsträgern durchgeführt wird, ergeben sich besondere Formerfordernisse aus dem UmwG. So muss der **Verschmelzungsvertrag** gem. § 6 UmwG notariell beurkundet werden (dazu II.). Für die **Spaltung** gilt das notarielle Formerfordernis nach § 125 S. 1 UmwG entsprechend.

1 Darüber hinaus bedürfen Zustimmungsbeschlüsse (§ 13 Abs. 3 UmwG), **Zustimmungserklärungen** sowie evtl. **Verzichtserklärungen** gem. §§ 8 Abs. 3, 9 Abs. 3 UmwG (Verzicht auf Verschmelzungsbericht bzw. Verschmelzungsprüfung) der notariellen Beurkundung (hierzu III.).

Besonderheiten sind bei grenzüberschreitenden Verschmelzungen (cross border mergers) zu beachten (hierzu IV.)

II. Verschmelzungsvertrag § 6 UmwG

1. Schutzzweck der Beurkundung

Die Gesetzesbegründung zu § 6 UmwG vom 01.02.1994 führt die mit der notariellen Beurkundung verfolgten Schutzzwecke nicht ausdrücklich auf, sondern nimmt auf die notarielle Beurkundungspflicht nach § 311b Abs. 3 BGB (Vertrag über das gesamte Vermögen) Bezug.

2 *„Der Grundsatz des § 311 BGB, dass Verträge über die Übertragung des Vermögens notariell beurkundet werden müssen, soll auch für den Verschmelzungsvertrag gelten, wie dies bisher auch schon in den meisten Fällen vorgesehen ist.*

Die Ausnahmen, die für die Verschmelzung von Genossenschaften (§ 93c GenG) und genossenschaftlichen Prüfungsverbänden in der Rechtsform des eingetragenen Vereins (§ 63e Abs. 2 GenG) miteinander die Schriftform ausreichen lassen, sollen entfallen. Zum einen

II. Verschmelzungsvertrag gem. § 6 UmwG

finden sich heute unter den fusionswilligen Genossenschaften und Verbänden eher größere Unternehmen, denen die Kostenbelastung durch die Notargebühr bei einem so seltenen Vorgang wie einer Verschmelzung zugemutet werden kann. Zum anderen soll bei Verschmelzungen von Rechtsträgern verschiedener Rechtsformen unter Beteiligung von Genossenschaften eindeutig sein, welche Form des Vertrags vorgeschrieben ist. Schließlich kann bei Spaltungen, für die auf das Recht der Verschmelzung verwiesen wird (vgl. § 125), in keinem Fall auf die notarielle Beurkundung verzichtet werden, weil sonst mit Hilfe des handelsrechtlichen Instruments die zwingenden Formvorschriften des bürgerlichen Rechts bei der Einzelübertragung umgangen werden könnten.

Die Abweichung des Wortlauts von § 341 Abs. 1 Satz 1 AktG hat nur redaktionelle Bedeutung; sie soll dem veränderten Sprachgebrauch Rechnung tragen."[1]

Die Beurkundung soll – wie im Fall des § 311b Abs. 3 BGB – den Beteiligten die **Tragweite der Entscheidung bewusst** machen. Darüber hinaus dient das Formerfordernis der **Beweissicherung** und der Sicherung einer **materiellen Richtigkeitsgewähr**, um dem vom Gesetzgeber beabsichtigten Schutz der Anteilseigner sicherzustellen[2].

Innerhalb des Verschmelzungsverfahrens sind **Vertragsentwürfe** vorzulegen oder anderen Dokumenten beizufügen. (zB § 5 Abs. 3, § 13 Abs. 3, S. 2, § 122d UmwG). Diese brauchen naturgemäß nicht beurkundet zu werden.

2. Umfang der Beurkundungspflicht

a) Allgemeines

Die überwiegende Ansicht in der Literatur zieht bei dem Umfang der Beurkundungspflicht die Grundsätze zu **§ 311b Abs. 1 BGB** als Maßstab heran. Die Beurkundung umfasse danach auch **alle Nebenabreden** und **alle Vereinbarungen, ohne die mindestens ein Partner den Verschmelzungsvertrag nicht abgeschlossen hätte**[3].

Bei der Verschmelzung durch Neugründung einer Personengesellschaft hat dies zur Folge, dass abweichend von den allgemeinen Regeln auch der Gesellschaftsvertrag der (übernehmenden) Personengesellschaft zu beurkunden sei[4].

Wie bei § 311b BGB seien alle Abreden, die nach dem Willen auch nur eines der beteiligten Rechtsträger mit dem Vertrag ein einheitliches Ganzes bilden sollen oder einen direkten oder wirtschaftlichen Zwang zum Abschluss ausübten, zu beurkunden. Gleichgültig sei, ob die Vereinbarungen in einer oder in mehreren Urkunden niedergelegt worden sind. Danach sind also neben dem Mindestinhalt

3

---

[1] BT-Drs. 12/6699, S. 83.
[2] *Lutter/Drygala* UmwG, § 6 Rn. 1.
[3] *Lutter/Drygala* UmwG, § 6 Rn. 4; *Kallmeyer/Zimmermann* UmwG, § 6 Rn. 7.
[4] *Lutter/Drygala* UmwG, § 6 Rn. 2.

des Vertrags (§ 5 UmwG) alle Nebenabreden mit Regelungscharakter beurkundungsbedürftig, ausgenommen solche, die der bloßen Erläuterung dienen[5].

Wenn mehrere Verschmelzungsvorgänge ein **einheitliches Ganzes** bilden (also miteinander „stehen und fallen") und die Verträge in verschiedenen Urkunden enthalten sind, soll die Verknüpfung durch **wechselseitige Verweisung** in den Urkunden kenntlich zu machen sein[6]. Diese Sichtweise lehnt sich uE ohne triftigen Grund an die grundstücksrechtliche Verknüpfungs-Dogmatik an und erscheint im Kontext von Verschmelzungen als eine verfehlte Formalie.

b) Insbesondere: Vorvertrag und selbstständiges Strafversprechen („break-up fee")

4   Beurkundungsbedürftig ist auch ein **Vorvertrag**, aus dem sich die Verpflichtung zum Abschluss eines Verschmelzungsvertrages ergibt[7].

In einer Entscheidung des *LG Paderborn* geht es um eine wirtschaftlich entsprechende Gestaltung, die einem Vorvertrag zum Abschluss eines Verschmelzungsvertrags (§ 6 UmwG) entspricht, nämlich um einen Vorvertrag mit der bindenden Verpflichtung, den **Verschmelzungsbeschluss** (§ 13 Abs. 3 UmwG) zu fassen. Diese Verpflichtung war im konkreten Fall mit einer sogenannten „break-up fee" bewehrt. Diese hat das *LG Paderborn* für formnichtig gehalten.

> *Ein „Letter of Intent" enthält grundsätzlich die einseitig erklärte Bereitschaft, unter bestimmten Voraussetzungen einen Vertrag zu schließen, ohne dass hierzu bereits eine rechtlich bindende Verpflichtung übernommen wird (…). Die im vorliegenden Fall getroffene Regelung geht allerdings darüber hinaus. Sie enthält gerade eine **bindende Verpflichtung, die zur Verschmelzung erforderlichen Beschlüsse zu fassen**, andernfalls wird die „break-up fee" fällig. Ein Verschmelzungsbeschluss muss gemäß § 13 III UmwG notariell beurkundet werden. Wird diese Form nicht beachtet, tritt Nichtigkeit nach § 125 BGB ein. Geht man mit dem Willen der Parteien davon aus, dass Ziff. 11 der Vereinbarung bereits eine Verpflichtung enthält, die Beschlüsse zur Verschmelzung mitzutragen, so handelt es sich dabei nicht um einen „Letter of Intent" im eigentlichen Sinne. **Die Vereinbarung ist vielmehr rechtlich als Vorvertrag zu qualifizieren mit der Folge, dass auch dafür die notarielle Form zu beachten ist. Da die Parteien lediglich eine privatschriftliche Vereinbarung getroffen haben, ist die Regelung gemäß § 125 BGB wegen Formmangels nichtig.** …*
>
> *Erblickt man in der getroffenen Regelung hingegen keine bindende Verpflichtung zur Mittragung der Verschmelzung, so ist die „break-up fee" als selbstständiges Strafversprechen auszulegen. Dabei wird die Strafe für den Fall versprochen, dass eine Handlung vorgenommen oder unterlassen wird, ohne dass sich der Versprechende zu der Handlung oder Unterlassung verpflichtet hat (Palandt/Heinrichs, BGB, vor § 339 Rdn. 4). Nach § 344 BGB erstreckt sich*

---

[5] *Kallmeyer/Zimmermann*, § 6 Rn. 7.
[6] *Kallmeyer/Zimmermann*, § 6 Rn. 7 unter Verweis auf OLG Hamm vom 4.7.1996 – 22 U 116/95.
[7] *Lutter/Drygala* UmwG, § 6 Rn. 3.

II. Verschmelzungsvertrag gem. § 6 UmwG

*die Unwirksamkeit der Hauptverbindlichkeit auf das Strafversprechen. Die Vorschrift ist auf ein selbständiges Strafversprechen anwendbar, sofern der Zwang zur Erfüllung des Versprechens gegen § 125 BGB verstoßen würde (Palandt/Heinrichs, BGB, § 344 Rdn. 1). … Das bedeutet, dass die **Verpflichtung zur Zahlung der break-up fee gem. § 344 i.V.m. § 125 BGB nichtig** ist, da eine Verpflichtung zur Mittragung der Verschmelzungsbeschlüsse nur in der Form der notariellen Beurkundung wirksam wäre und daher eine Verpflichtung zur Zahlung eines Betrages bei Nichtdurchführung der Verschmelzung der gleichen Form unterliegt.*[8]

Zu den Einzelheiten der Beurkundungsbedürftigkeit von break-up fees → § 2 Rn. 77 f.

3. Registervollzug

a) Einzureichende Unterlagen

Für den Registervollzug einer Verschmelzung sind der Verschmelzungsvertrag und die Niederschriften der Verschmelzungsbeschlüsse aller beteiligten Gesellschaften in Ausfertigung oder öffentlich beglaubigter Abschrift einzureichen.

4a

Wenn der Anmeldung eine Ausfertigung oder öffentlich beglaubigte Abschrift der Vertragsurkunde schon als Anlage zu den Verschmelzungsbeschlüssen beigefügt war, braucht der Verschmelzungsvertrag nicht erneut vorgelegt zu werden; die Einreichung zusammen mit den Beschlüssen genügt. Seine separate, formgültige Vorlage ist allerdings unabdingbar, wenn sich die Verschmelzungsbeschlüsse – was möglich ist – nur auf einen Entwurf des Verschmelzungsvertrags beziehen (§ 13 Abs. 3 S. 2 Alt. 2 i.V. mit § 4 UmwG). Folgen die Verschmelzungsbeschlüsse jedoch dem notariell bekundeten (§ 6 UmwG) Verschmelzungsvertrag zeitlich nach und ist ihnen dieser Verschmelzungsvertrag in der nach § 17 UmwG vorgeschriebenen Form beigefügt, so ist Sinn und Zweck der gesetzlichen Regelung (Überprüfungsmöglichkeit, ob sich die Verschmelzungsbeschlüsse tatsächlich auf den eingereichten Verschmelzungsvertrag beziehen) genügt; einer mehrfach formgültigen Vorlage des Verschmelzungsvertrags bedarf es deshalb nicht.[9]

b) Heilung durch Eintragung (§ 20 Abs. 1 Nr. 4 UmwG)

Der Mangel der notariellen Beurkundung des Verschmelzungsvertrags und gegebenenfalls erforderlicher Zustimmung- oder Verzichtserklärungen einzelner Anteilsinhaber wird gem. § 20 Abs. 1 Nr. 4 UmwG durch die Eintragung der Verschmelzung in das Register des Sitzes des übernehmenden Rechtsträgers geheilt.

5

---

[8] LG Paderborn, NZG 2000, 899, Hervorhebungen durch den Verfasser; ablehnende Würdigung von *Banerjea*, DB 2003, 1489.
[9] OLG Karlsruhe, NZG 1998, 433/434.

III. Sonstige Formerfordernisse im Rahmen einer Verschmelzung

1. Verschmelzungsbeschluss und Zustimmungserklärungen (§ 13 Abs. 3 UmwG)

6   Gemäß § 13 Abs. 3 Satz 1 UmwG müssen der Verschmelzungsbeschluss und die nach dem Gesetz erforderlichen Zustimmungserklärungen einzelner Anteilsinhaber einschließlich der erforderlichen Zustimmungserklärungen nicht erschienener Anteilsinhaber notariell beurkundet werden.

2. Verzichtserklärungen (§§ 8 Abs. 3, 9 Abs. 3 UmwG)

7   Die Anteilsinhaber aller beteiligten Rechtsträger können auf die Erstattung des Verschmelzungsberichts verzichten (§ 8 Abs. 3 UmwG); gleiches gilt für die Prüfung der Verschmelzung (§ 9 Abs. 3 UmwG).

8   Die entsprechenden Verzichtserklärungen der Anteilsinhaber sind notariell zu beurkunden (§ 8 Abs. 3 Satz 2 UmwG; § 9 Abs. 3 iVm § 8 Abs. 3 UmwG).

IV. Grenzüberschreitende Verschmelzung

1. Allgemeines

a) Konzeption des UmwG

9   Dem UmwG ist die Konstellation einer grenzüberschreitenden Verschmelzung zunächst einmal fremd. Beteiligt an einer Verschmelzung können nämlich dem Grundsatz nach nur Rechtsträger mit Sitz im Inland sein (§ 1 Abs. 1 UmwG). Dieser enge nationale Rahmen entspricht nicht den gemeinschaftsrechtlichen Grundfreiheiten und der Richtlinie 2005/56/EG über die Verschmelzung von Kapitalgesellschaften aus verschiedenen Mitgliedsstaaten und erfährt deshalb in §§ 122a ff. UmwG Ausnahmen für Verschmelzungen, bei denen mindestens eine der beteiligten Gesellschaften dem Recht eines anderen Mitgliedsstaats der Europäischen Union oder eines anderen Vertragsstaats des Abkommens über den europäischen Wirtschaftsraum unterliegt (hierzu → Rn. 11 ff.).

IV. Grenzüberschreitende Verschmelzung

b) Beurkundung des Verschmelzungsvertrags im Ausland

Auch bei einer Transaktion, bei der zwei Rechtsträger mit Sitz in Deutschland verschmolzen werden, kann es in Betracht kommen, die Beurkundung im Ausland vornehmen zu lassen, zB weil sich der deutsche Verschmelzungsvorgang als Anhängsel einer größeren, im Ausland angesiedelten und dort maßgeblich gesteuerten und vollzogenen Transaktion darstellt. **10**

Das Ausreichen der **Ortsform** gem. Art. 11 Abs. 1 1. Alt EGBGB (und damit uU eine Erleichterung der Formstrenge) wird im Anwendungsbereich von Formvorschriften für gesellschaftsrechtliche Organisationsmaßnahmen bzw. verfassungsrechtlichen Akten wie Gründungen, Satzungsänderungen, Kapitalmaßnahmen, Umwandlungsvorgängen und Unternehmensverträgen nahezu einhellig **verneint** (→ § 10 Rn. 15). Derartige Vorgänge sind also so zu beurkunden, dass sie den deutschen Anforderungen an das Beurkundungsverfahren genügen, was die **Gleichwertigkeit** der ausländischen Beurkundung voraussetzen würde.

Das *LG Augsburg* verneinte 1996 in einer instruktiven und breit abgestützten Entscheidung bei der Frage der Formwirksamkeit eines Verschmelzungsvertrages und des Zustimmungsbeschlusses nach Art 11 Abs. 1 EGBGB eine wirksame Beurkundung durch einen Zürcher Notar:

> *Mit der überwiegenden Meinung (vgl. Priester, in: Scholz, GmbHG, 8. Aufl. (1995), § 53 Rdnr. 72) ist das LG der Ansicht, daß die **Ortsform** (Art. 11 I Halbs. 2 EGBGB) bei der Auslandsbeurkundung auch von Verschmelzungsverträgen nicht ausreichend ist.* Ob die nach §§ 6, 13 III UmwG zwingend erforderliche Beurkundung des Verschmelzungsvertrages und der Zustimmungsbeschlüsse auch von einem ausländischen Notar wahrgenommen werden kann, richtet sich danach, inwieweit die ausländische Beurkundung der deutschen entspricht (…). Für Zürich hat der BGH im Jahr 1981 die Gleichwertigkeit bejaht (BGHZ80, 76 (78) = NJW 1981, 1160). In seiner Entscheidung hat der BGH insbesondere darauf hingewiesen, daß die in § 17 BeurkG vorgesehene Prüfungs- und Belehrungsfunktion nicht Wirksamkeitsvoraussetzung sei, sondern es den Beteiligten unbenommen sei darauf zu verzichten, wovon bei Beurkundungen im Ausland immer auszugehen sei, weil dort die erforderliche Belehrung nicht erfolgen könne. Mittlerweile hat der BGH die materielle Richtigkeitsgewähr für die Beurkundung zunehmend in den Vordergrund gestellt. In seiner Entscheidung vom 2.10.1988 (BGHZ 105, 324 (338) = NJW 1989, 295) hat der BGH für den Fall der Satzungsänderung einer GmbH hervorgehoben, daß diese aus **Beweissicherungs-** und damit **Rechtssicherheitsgründen**, aber auch zum Zweck **materieller Richtigkeitsgewähr** sowie zur **Gewährleistung einer Prüfungs- und Belehrungspflicht** der Beurkundungspflicht unterliege. …
>
> Wenn man zutreffend die Rechtmäßigkeitskontrolle bei der Beurkundung von Verschmelzungsverträgen und der entsprechenden Zustimmungsbeschlüsse als eine Aufgabe des Notars ansieht, kann eine Beurkundung durch einen nicht in Deutschland zugelassenen Notar nicht ausreichen. Die juristische Qualifikation des Notariats in Zürich soll in keiner Weise angezweifelt werden. Die juristischen Kenntnisse werden sich in der Regel schon aufgrund der

Ausbildung auf das Recht der Eidgenossenschaft und der Kantone beschränken. Eine umfassende Ausbildung und Weiterbildung im deutschen Gesellschafts- und Umwandlungsrecht haben Notare in der Schweiz nicht. Gerade Verschmelzungsverträge erfordern nicht nur Kenntnisse der deutschen Gesetzgebung, sondern auch der einschlägigen Rechtsprechung und Literatur. Nur dann kann die notwendige Rechtmäßigkeitsprüfung erfolgen. In Einzelfällen mögen Notare in der Schweiz über spezielle Kenntnisse der deutschen Rechtsordnung verfügen, darauf darf es aber im Interesse der Rechtssicherheit nicht ankommen (Priester, in: Scholz, § 53 Rdnr. 74).

Ohne Bedeutung ist es zudem, daß die Verträge von deutschen Fachanwälten ausgearbeitet wurden. Das Gesetz schreibt eine notarielle Beurkundung vor. Aufgrund der erheblichen Drittwirkung der Verschmelzung kann die mit der Beurkundung erforderliche Rechtmäßigkeitsprüfung in objektiver Weise nur von einem in Deutschland zugelassenen Notar durchgeführt werden.[10]

Nach der hier konzise wiedergegebenen hM scheidet also die Beurkundung verschmelzungsrechtlicher Vorgänge im Ausland wegen fehlender Gleichwertigkeit aus.

Darüber hinaus wird die Ansicht, dass die Haftungsbeschränkung von ausländischen Notaren die Gleichwertigkeit beseitige, vertreten[11]. Sie berücksichtigt allerdings nicht, dass die Ausgestaltung der Notarhaftung nicht oder zumindest nicht maßgeblich Teil der Gleichwertigkeitsprüfung ist (→ § 10 Rn. 29).

2. Verschmelzungen im Rahmen der EU-Verschmelzungsrichtlinie und §§ 122a ff. UmwG

11 In der Terminologie der gemeinschaftlichen grenzüberschreitenden Verschmelzung heißt der Verschmelzungsvertrag „**Verschmelzungsplan**". In Umsetzung der EU-Verschmelzungsrichtlinie (Richtlinie 2005/56/EG über die Verschmelzung von Kapitalgesellschaften aus verschiedenen Mitgliedsstaaten) eröffnen die §§ 122a ff. UmwG das Verschmelzungsregime des UmwG in der speziellen Ausgestaltung durch die Verschmelzungsrichtlinie für Gesellschaften, von denen mindestens eine dem Recht eines anderen Mitgliedsstaats der Europäischen Union oder eines anderen Vertragsstaats des Abkommens über den europäischen Wirtschaftsraum unterliegt. Dabei wird das Regime des UmwG in §§ 122a ff UmwG so modifiziert, wie es die EU-Verschmelzungsrichtlinie gebietet. Konzeptionell wird durch die Richtlinie also zwar ein spezielles materielles Verschmelzungsregime geschaffen, nicht jedoch eine Vereinheitlichung der nationalen Registerverfahren, die lediglich miteinander verzahnt werden, ohne voll harmonisiert zu werden[12].

---

[10] LG Augsburg, NJW-RR 1997, 420.
[11] *Lutter/Drygala* UmwG, § 6 Rn. 10.
[12] Zu den hieraus folgenden Problemstellungen eingehend und instruktiv *Teicke*, DB 2012, 2675.

V. Ausstrahlen verschmelzungsrechtlicher Formvorschriften auf weitere Vertragsbestandteile?

Der **Verschmelzungsplan** muss bei einer grenzüberschreitenden Verschmelzung gem. § 122c Abs. 4 UmwG notariell beurkundet werden.   12

Die **Prüfung des Verschmelzungsplans** ist auch bei der grenzüberschreitenden Verschmelzung verzichtbar; die entsprechenden Erklärungen sind notariell zu beurkunden (§§ 122f., 9 Abs. 3, 8 Abs. 3 UmwG). Anders als bei der rein nationalen Verschmelzung ist der **Verschmelzungsbericht** nach § 8 im Rahmen einer grenzüberschreitenden Verschmelzung nicht verzichtbar (§ 122e Satz 3 UmwG).

Zur Beantwortung der Frage, ob die Beurkundung des Verschmelzungsplans durch einen Notar im Land einer anderen der beteiligten Gesellschaften auch bezüglich der Anforderungen des UmwG hinreichend ist, ließe sich der Standpunkt vertreten, dass aufgrund des einheitlichen gemeinschaftsrechtlichen Rahmens für die grenzüberschreitende Verschmelzung eine **Auslandbeurkundung** per se einer deutschen Beurkundung gleichwertig sein müsste. Bei genauerem Hinsehen verhält es sich jedoch nicht so: für jede der beteiligten Gesellschaften gilt ihr eigenes Gesellschaftsstatut, und die Frage der **Gleichwertigkeit** der Auslandbeurkundung beurteilt sich maßgeblich danach, ob der dortige Notar mit dem Rechtsrahmen einer deutschen Gesellschaft hinreichend vertraut ist, was nach herrschender Meinung aufgrund einer abstrakten Betrachtung abzulehnen ist (vgl. → Rn. 10).

Hinsichtlich der Erklärung über den **Verzicht auf die Verschmelzungsprüfung** wird sich diese strenge Sichtweise nicht vertreten lassen, denn der Verzicht auf die Verschmelzungsprüfung ist einheitlich gemeinschaftsrechtlich geregelt und damit auch anwendbares Recht im Land der Beurkundung, so dass die Verzichtserklärung nach § 122f., 9 Abs. 3, 8 Abs. 3 UmwG gleichwertig durch einen Notar mit Amtssitz innerhalb der EU oder des europäischen Wirtschaftsraums beurkundet werden kann, sofern er auch die übrigen Vergleichbarkeitsvoraussetzungen erfüllt.   13

V. Ausstrahlen verschmelzungsrechtlicher Formvorschriften auf weitere Vertragsbestandteile?

1. Allgemeines

Wenn sich eine Verschmelzung (unabhängig davon ob inländisch oder grenzüberschreitend) als Teil einer größeren Unternehmenstransaktion darstellt, kann es zu einem „Ausstrahlen" der Beurkundungspflicht hinsichtlich der Verschmelzungsdokumente auf das übrige Vertragswerk kommen.   14

Dies ergibt aus der oben in Rn. 3 dargestellten hM, wonach alle Abreden, die nach dem Willen der Parteien ein einheitliches Ganzes bilden sollen, zu beurkunden seien. Dies gilt jedenfalls dann, wenn das Gesamtvertragswerk deutschem Recht unterliegt.

§ 5 Formerfordernisse bei Umwandlungen (Überblick)

Auch wenn diese hM sich uE unzutreffend aus grundstücksrechtlichen Erwägungen inspiriert und deshalb abzulehnen ist, muss sie doch bis auf weiteres als maßgeblich gelten und der Beratung zugrunde gelegt werden.

2. Grenzüberschreitende Vertragsgestaltungen

15   Bei Verschmelzungen im Zusammenhang mit umfangreicheren Transaktionen, die grenzüberschreitende Bezüge aufweisen, kommt in Betracht, die Verpflichtungserklärungen des Vertrages und hierunter auch die Verpflichtung zur Durchführung einer (inländischen oder grenzüberschreitenden) Verschmelzung einer **ausländischen Rechtsordnung** zu unterstellen, die hierfür keine erhöhten Formanforderungen stellt (→ ie § 10 Rn. 26). Da das gesamte schuldrechtliche Vertragswerk durch Rechtswahl oder per IPR anwendbares ausländisches Recht dem Regime der §§ 125, 139 BGB entzogen ist, entfällt durch diese Gestaltung die Beurkundungspflicht hinsichtlich des gesamten Vertragswerkes.

16   Unabhängig davon sind selbstverständlich die **Verschmelzungsvorgänge selbst**, zu deren Durchführung sich die Parteien verpflichten nach dem deutschen Gesellschaftsstatut und damit unter Berücksichtigung der dort festgelegten Beurkundungspflichten durchzuführen (**Trennung von Verpflichtung nach ausländischem Recht und Vollzug nach deutschem Recht** → für GmbH-Anteilsübertragungen § 10 Rn. 9 ff.).

§ 6 Beteiligungsverträge

Literatur: *Sieger/Norbert Schulte*, Vereinbarung über Satzungsänderungen, Ein Beitrag zur Frage der Formbedürftigkeit von vertraglichen Absprachen der Gesellschafter einer GmbH über die Vornahmen von Satzungsänderung GmbHR 2002; 1050 ff.; *Müller*, Stimmbindung von GmbH-Gesellschaftern, GmbHR 2007, 113 ff.; *Gosch/Schwedhelm/Spiegelberger*, GmbH-Beratung, 1. Aufl. 2005; 36. Lieferung 09.2014

I. Allgemeines

Statt der Übertragung von Anteilen, Vermögensgegenständen und/oder Immobilien kann die Unternehmenstransaktion auch durch den Einstieg eines Investors im Zuge einer Kapitalerhöhung erfolgen. Eine solche Gestaltung dient meist der Finanzierung des Unternehmens durch Aufnahme eines weiteren Gesellschafters. In der Regel verpflichten sich die Altgesellschafter durch einen sog. Beteiligungsvertrag, das (im Falle der GmbH) Stammkapital um einen bestimmten Betrag zu erhöhen und ausschließlich den Investor zur Übernahme der neugeschaffenen Geschäftsanteile zuzulassen. Im Gegenzug verpflichtet sich der Investor zur Übernahme der neuen Geschäftsanteile (§ 55 Abs. 1 GmbHG) und zur Zahlung eines Aufgeldes oder aber auch weiterer Zahlungen in die Rücklagen der Gesellschaft. 1

Der Beteiligungsvertrag gleicht dabei in der Regel einem Rahmenvertrag, der zunächst die Pflicht zur Kapitalerhöhung und die Pflicht zur Übernahme der neuen Geschäftsanteile bestimmt, aber auch sonst die Verpflichtung zur Anpassung der „Corporate Governance" der Gesellschaft vorsieht. So enthält der Beteiligungsvertrag in der Regel die Verpflichtung, den Gesellschaftsvertrag neu zu fassen (z.B. weil bestimmte Vetorechte dem Investor eingeräumt werden). Ferner wird oft parallel zu dem Gesellschaftsvertrag noch eine, nicht beim Handelsregister einzureichende, Gesellschaftervereinbarung geschlossen, die etwa Regelungen zur zukünftigen Finanzierung der Gesellschaft enthält oder aber auch Regelungen über den Verkauf der Anteile (wie z.B. Mitverkaufspflichten oder Mitverkaufsrechte). Nicht zuletzt wird der Investor oft auch von den Altgesellschaftern Garantien im Hinblick auf die Gesellschaft fordern, die, sollten sie verletzt sein, ihn zum Schadensersatz berechtigen. 2

Die damit zusammenhängenden Formfragen sollen nachfolgend am Beispiel eines Investments in eine GmbH erörtert werden.

II. Verpflichtung zur Beurkundung wegen Änderung des Gesellschaftsvertrages?

3   Die Änderung des Gesellschaftervertrages einer GmbH bedarf nach § 53 Abs. 2 Satz 1 GmbHG der Beurkundung. Sinn und Zweck des Beurkundungserfordernisses ist es, zum einen „den Beweis über das Zustandekommen des Satzungsänderungsbeschlusses zu erbringen" und außerdem „die materielle Richtigkeit der Satzung im allgemeinen Rechtsverkehr zu gewährleisten"[1]. Die herrschende Meinung geht daher davon aus, dass wenn sich Gesellschafter untereinander verpflichten, den Gesellschaftsvertrag zu ändern, eine notarielle Beurkundung nicht erforderlich sei, da der Schutzzweck nicht berührt sei.[2]

III. Beurkundungspflicht wegen Verpflichtung zur Übernahme von Geschäftsanteilen?

4   Während das Übernahmeangebot der Gesellschaft keine besondere Form benötigt, bedarf es zur Übernahme des Geschäftsanteils zumindest einer beglaubigten Erklärung des Übernehmers (§ 55 Abs. 1 GmbHG). Normzweck ist nicht die Wahrungs- oder Belehrungsfunktion, sondern die Aufklärung des Rechtsverkehrs über die Eigenkapitalbasis der Gesellschaft[3]. Nach OLG München[4] ist für eine schuldrechtliche Verpflichtung zur Übernahme eines Geschäftsanteils eine entsprechende Form nicht zu fordern, denn die Formvorschrift habe keine Warnfunktion für den Übernehmer, sondern solle lediglich der Aufklärung der Öffentlichkeit über die Kapitalgrundlage der Gesellschaft dienen. Für einen Vorvertrag zwischen den Gesellschaftern sei jedenfalls dieser Zweck nicht einschlägig. Aus diesem Grund sei die Auffassung, dass auch die Verpflichtung zur Übernahme nach § 55 Abs. 1 GmbH formbedürftig sei, nicht zu folgen. Dies entspricht auch der herrschenden Meinung in der Literatur[5].

---

[1] *Sieger/Schulte* GmbHR 2002, 1050, 1052 m.w.N.; zur Frage, ob auch die Belehrungsfunktion davon erfasst wäre und im Ergebnis verneinend, Müller GmbHR 2007, 113, 114.

[2] So etwa *Lohr* in: Gosch/Schwedhelm/Spiegelberger, GmbH-Beratung, zum Stichwort „Beurkundung"; *Sieger/Schulte* GmbHR 2002, 1050, 1052; einschränkend Müller GmbHR 2007, 113, der einer Stimmbindung gegenüber Nichtgesellschaftern zur Änderung des Gesellschaftsvertrages für unzulässig hält. Nach Müller ist eine Stimmbindung gegenüber zukünftigen Gesellschaftern wiederum zulässig (und auch formlos möglich *Müller* GmbHR 2007, 113, 114 und 117).

[3] So *Lieder* in MünchKommGmbHG § 55 Rn. 128.

[4] Urteil vom 04.05.2005, 23 U 5121/04 NZG 2005, 756.

[5] Vgl. etwa *Sieger/Schulte* GmbHR 2002, 1050, 1053 m.w.N.

IV. Beurkundungserfordernis aufgrund anderer Absprachen

Regelmäßig ist einem Beteiligungsvertrag oder Joint Venture Agreement auch geregelt, wer wann verpflichtet ist, Geschäftsanteile an einer GmbH zu verkaufen. Dies kann etwa bei der Vereinbarung von Call oder Put Optionen der Fall sein. Auch bei sogenannten Mitverkaufsrechten (Tag-Along)oder Mitverkaufspflichten (Drag-Along) trifft dies zu. In einem solchen Fall folgt die Beurkundungspflichtigkeit der anderen Elemente des Beteiligungsvertrages oder der sonstigen Vertragsdokumentation dann, wenn diese mit dem beurkundungspflichtigen Teil „stehen und fallen". In der Praxis erfolgt daher meist eine Beurkundung des gesamten Vertragspaketes.

§ 7 Unterwerfung unter die sofortige Zwangsvollstreckung (§ 794 Abs. 1 Nr. 5 ZPO)

Literatur: *Bangert*, Gegenstand und Inhalt vollstreckbarer Urkunden, 2006; *Bauer/Stürner/Bruns*, Zwangsvollstreckungsrecht, 13. Aufl. 2006; *Böckmann*, Schuldnerschutz bei vollstreckbaren Urkunden, 2003; *Brambring/Jerschke*, Beck'sches Notar-Handbuch, 5. Aufl. 2009; *Brox/Walker*, Zwangsvollstreckungsrecht, 10. Aufl. 2014; *Franzmann*, Der europäische Vollstreckungstitel für unbestrittene Forderungen – Hinweise für die notarielle Praxis, MittBayNot 2005, 470; *Gaul/Schilken/Becker-Eberhard*, Zwangsvollstreckungsrecht, 12. Aufl. 2010; *Gottwald/Mock*, Zwangsvollstreckung, 6. Aufl. 2013; *Groh*, Räumungsvollstreckung aufgrund notarieller Urkunde nach Beendigung der Mietzeit bei gewerblich genutzten Immobilien, NZM 1999, 698; *Joswig*, Nichtbestreiten, Geständnis und Anerkenntnis im Klauselerteilungsverfahren, RPfleger 1991, 146; *Kohler*, Über executorische Urkunden, AcP 72 (1888), 1; *Leutner*, Die vollstreckbare Urkunde im europäischen Rechtsverkehr, 1997; *Limmer/Hertel/Frenz/Mayer*, Würzburger Notarhandbuch, 3. Aufl. 2012; *Lindemeier*, Die Unterwerfungserklärung in der vollstreckbaren notariellen Urkunde, 2000; *Lüke/Walchshöfer*, Münchener Kommentar zur Zivilprozessordnung, 1992; *Moeser*, Räumungsvollstreckung aus notarieller Urkunde – Zu Unrecht im Verborgenen, NZM 2004, 769; *Münch*, Der Anwendungsbereich der Vollstreckungsunterwerfung – Zum neuen Recht der vollstreckbaren Urkunde, ZNotP 1998, 474; *ders.*, Die Reichweite die Vollstreckungsunterwerfung, ZIP 1991, 1041; *ders.*, Vollstreckbare Urkunde und prozessualer Anspruch, 1989; *Münzberg*, Geständnis, Geständnisfiktion und Anerkenntnis im Klauselerteilungsverfahren?, NJW 1992, 201; *Nieder*, Entwicklungstendenzen und Probleme des Grundbuchverfahrensrechts, NJW 1984, 329; *Opalka*, Ausgewählte Probleme der Grundschuldbestellung, Unterwerfungserklärung und der Schuldübernahme, NJW 1991, 1796; *Piltz*, EuGVÜ zur Brüssel-I-Verordnung, NJW 2002, 789; *v. Rintelen*, Probleme und Grenzen der Vollstreckungsunterwerfung in der notariellen Urkunde, RNotZ 2001, 2; *Schuschke/Walker*, Vollstreckung und Vorläufiger Rechtsschutz, 4. Aufl. 2008; *Stöber*, Zwangsvollstreckungs-Unterwerfung durch den bevollmächtigten Vertreter, NotBZ 2008, 209; *Volmer*, Rechtsprechung zur Zwangsvollstreckung aus einer Grundschuld und der damit zusammenhängenden Probleme, ZfIR 2008, 634; *Werner*, Die Rechtsnatur der notariellen Unterwerfungsklausel, DNotZ 1969, 722; *Wieczorek/Schütze*, Zivilprozeßordnung und Nebengesetze, 3. Aufl 1994; *Wolfsteiner*, Die vollstreckbare Urkunde, 1978; *ders.*, Die Zwangsvollstreckung findet aus Urkunden statt, DNotZ 1990, 531; *ders*, Die vollstreckbare Urkunde nach der 2. Zwangsvollstreckungsnovelle, DNotZ 1999, 306; *ders.*, Die vollstreckbare Urkunde, 1978; *ders.*, Nochmals – Zur Erteilung vollstreckbarer Ausfertigungen getrennt beurkundeter Angebots- und Annahmeerklärungen, MittRhNotK 1985, 113; *Weber*, Integrierte Schriftanlagen im Sinne des § 9 Absatz 1 Satz 2 BeurkG und nichtschriftliche Beifügungen zur Niederschrift als Identifizierungsbehelf, DNotZ 1972, 133;

I. Allgemeines

1   Nach § 794 Abs. 1 Nr. 5 ZPO kann die Zwangsvollstreckung auch aus notariellen Urkunden stattfinden, sofern die Urkunde über einen Anspruch errichtet ist, der einer vergleichsweisen Regelung zugänglich, nicht auf Abgabe einer Willens-

erklärung gerichtet ist und nicht den Bestand eines Mietverhältnisses betrifft, und der Schuldner sich in der Urkunde wegen des zu bezeichnenden Anspruchs der sofortigen Zwangsvollstreckung unterworfen hat.

II. Bedeutung für Unternehmenstransaktionen

Eine nach § 794 Abs. 1 Nr. 5 ZPO errichtete notarielle Urkunde stellt einen **vollwertigen Vollstreckungstitel** dar, aus dem ohne Vorschaltung eines gerichtlichen Verfahrens vollstreckt werden kann[1]. Erklärt sich der Schuldner zur Abgabe einer Unterwerfungserklärung bereit, so ist die Errichtung einer vollstreckbaren Urkunde für den Gläubiger ein **rechtssicherer, schnellerer und kostengünstigerer Weg zur Erlangung eines Vollstreckungstitels**[2]. Die Parteien eines Vertrags können auch gegenseitig Unterwerfungserklärungen abgeben mit dem Ziel, den Vertragsinhalt vollstreckbar zu machen, **ohne ein öffentliches Zivilverfahren** durchlaufen zu müssen.

Im Rahmen von Unternehmenstransaktionen können Unterwerfungserklärungen in verschiedenen Konstellationen zur Anwendung kommen:

- Die meisten Primäransprüche eines Unternehmenskaufvertrags, insbesondere der **Anspruch auf Kaufpreiszahlung**, können mit einer Unterwerfungserklärung verbunden werden[3]. In der Regel wird hierbei eine Bedingung auf den Eintritt der materiellen Voraussetzungen, z.B. Kartellfreigabe, gewünscht sein, was in der Unterwerfungserklärung ausdrücklich geregelt werden kann. Hinsichtlich des **Anspruchs auf Verschaffung von Eigentum** ist allerdings zu beachten, dass dieser tatbestandlich nicht Gegenstand einer Unterwerfungserklärung sein kann, da er im Wesentlichen auf die Abgabe einer Willenserklärung gerichtet ist[4]. In aller Regel werden die Willenserklärungen nach §§ 398, 413 BGB bzw. §§ 929 ff. BGB ohnehin bereits im Unternehmenskaufvertrag abgegeben, sodass eine Vollstreckung insofern entfällt[5]. Unterwerfungsfähig ist

2

3

---

[1] *Gaul/Schilken/Becker-Eberhard* § 13 Rn. 41.

[2] BT-Drucks. 134/94 v. 9.2.1994; BGH XI ZR 421/02, NJW 2004, 839; *Bauer/Stürner/Bruns* Rn. 16.14; *Brox/Walker* § 4 Rn. 87; *Gaul/Schilken/Becker-Eberhard* § 13 Rn. 41; *Leutner* S. 27; Münch-KommZPO/*Wolfsteiner* § 794 Rn. 127; s. auch Wieczorek/Schütze/*Paulus* ZPO, § 794 Rn. 83; *Volmer*, ZfIR 2008, 634.

[3] Vgl. Auflistung der Ansprüche in Limmer/Hertel/Frenz/Mayer/*Volmer* Würzburger Notarhandbuch, Teil 1 Kap. 3 Rn. 19; MünchKommZPO/*Wolfsteiner* § 794 Rn. 202; *Wolfsteiner* DNotZ 1999, 310; titulierbar soll auch ein Anspruch sein, der öffentlich-rechtlicher Natur ist, vgl. BGH I ZB 3/05, NJW-RR 2006, 645; BVerwG 11 C 14/93, NJW 1995, 1104.

[4] Zutreffend *Münch* ZNotP 1998, 474; *v. Rintelen* RNotZ 2001, 2, 4; Limmer/Hertel/Frenz/Mayer/*Volmer* Würzburger Notarhandbuch, Teil 1 Kap. 3 Rn. 16; a.A. MünchKommZPO/*Wolfsteiner* § 794 Rn. 209; *Wolfsteiner* DNotZ 1999, 314 f.

[5] Vgl. Limmer/Hertel/Frenz/Mayer/*Volmer* Würzburger Notarhandbuch, Teil 1 Kap. 3 Rn. 18.

dagegen der **Anspruch auf Verschaffung von Besitz**, es sei denn, es handelt sich um Wohnraum[6].
- Im Bereich der **Sekundäransprüche** können insbesondere Ansprüche, die sich aus der Verletzung von **Garantien** ergeben, mit einer Unterwerfungserklärung kombiniert werden. Dabei sollte auf eine genaue Formulierung der Vollstreckungsvoraussetzungen geachtet werden.

III. Inhalt der Unterwerfungserklärung

4   Die Unterwerfungserklärung ist eine **einseitige Prozesserklärung**, die ausschließlich auf die Schaffung eines Vollstreckungstitels gerichtet ist[7]. Sie kann durch einen **Bevollmächtigten** (§§ 78 ff. ZPO)[8] wie durch einen vollmachtlosen Vertreter abgegeben werden (allgemeiner Rechtsgedanke des § 89 ZPO analog)[9]. Die **Vollmacht** bedarf **keiner Form** (vgl. § 167 Abs. 2 BGB)[10].

Die Unterwerfungserklärung muss hinsichtlich Gläubiger, Schuldner, Anspruchsgrund und Anspruchsumfang **hinreichend bestimmt** sein[11]. Es muss folglich in der Vollstreckungsunterwerfung deutlich gemacht werden, welche Art und welchen Inhalt der zu vollstreckende Anspruch hat; es müssen so viele Elemente in die Vollstreckungsunterwerfung aufgenommen werden, dass der Anspruch sich von anderen Ansprüchen unterscheidet[12]. Ungenügend ist daher eine Klausel, nach der sich die Beteiligten wegen aller in der Urkunde enthaltenen Ansprüche der Vollstreckung unterwerfen[13]. Die Unterwerfung unter die Zwangsvollstreckung

---

[6] S. Brambring/Jerschke/*Bernhard* Beck'sches NotarHdb, G Rn. 336; *Schuschke/Walker* § 794 Rn. 38 f.; MünchKommZPO/*Wolfsteiner* § 794 Rn. 211.

[7] BGH V ZR 244/83, NJW 1985, 2423; BGH IV ZR 124/06, NJW-RR 2007, 750; BGH XI ZR 332/02, NJW 2004, 844; BGH IV ZR 398/02, ZIP 2003, 2348; BGH V ZR 244/83, DNotZ 1985, 475, MünchKommZPO/*Wolfsteiner* § 794 Rn. 162 m.w.N; a.A. *Kohler* AcP 72 (1888), 1 ff.

[8] RG V B 2/35, RGZ 146, 313; a.A. *Wolfsteiner* S. 23, der §§ 164 ff. BGB anwenden will.

[9] Allg. Stein/Jonas/*Münzberg* ZPO, § 797 Rn. 14 f.; Limmer/Hertel/Frenz/Mayer/*Volmer* Würzburger Notarhandbuch, Teil 1 Kap. 3 Rn. 49; MünchKommZPO/*Wolfsteiner* § 794 Rn. 149; insbes. zum vollmachtlosen Vertreter RG V B 2/35, DNotZ 1935, 294; LG Bonn 4 T 70/90 Rpfleger 1990, 374; Baumbach/Lauterbach/Albers/*Hartmann* ZPO, § 794 Rn. 38; Musielak/*Lackmann* ZPO § 794, Rn. 36; *Nieder* NJW 1984, 333; *Opalka* NJW 1991, 1799; MünchKommZPO/*Wolfsteiner* § 794 ZPO Rn. 168.

[10] BGH XI ZR 332/02, NJW 2004, 844.

[11] Stein/Jonas/*Münzberg* ZPO, vor § 704 Rn. 26; Limmer/Hertel/Frenz/Mayer/*Volmer* Würzburger Notarhandbuch, Teil 1 Kap. 3 Rn. 20; wohingegen eine Bestimmbarkeit nicht ausreicht, vgl. *Gottwald*/Mock ZPO, § 794 Rn. 24.

[12] Vgl. BGH IX ZR 14/88, MittBayNot 1989, 174.

[13] Zur Unwirksamkeit einer solchen Klausel Limmer/Hertel/Frenz/Mayer/*Volmer*, Würzburger Notarhandbuch, Teil 1 Kap. 3 Rn. 25; *Wolfsteiner* DNotZ 1999, 323 f.,; a.A. Brambring/*Jerschke*, Beck'sches NotarHdb, A V Rn. 183; vgl. ferner *v. Rintelen* RNotZ 2001, 5, der dem Erfordernis der Bezeichnung des Anspruchs eine eigenständige Bedeutung neben dem Bestimmtheitsgrundsatz zuteilt,

III. Inhalt der Unterwerfungserklärung

ist auch wegen **künftiger Ansprüche** zulässig[14]. Bei einer **Geldforderung** muss die Höhe beziffert sowie ggf. Zinsen und sonstige Nebenleistungen bestimmt werden[15]. Ein Geldzahlungsanspruch ist hinreichend bestimmt, wenn er betragsmäßig festgelegt ist oder sich aus der Urkunde ohne weiteres errechnen lässt[16]. Die Unterwerfungserklärung ist auch dann bestimmt, wenn der betragsmäßig festgelegte vollstreckbare Anspruch weiter gefasst ist, als die zu Grunde liegende materielle Forderung, deren Höhe noch nicht feststeht, sondern erst später unter Einbeziehung künftiger eintretender Umstände ermittelt werden muss[17]. Möglich ist demnach die Vereinbarung einer **höchstzulässigen Vollstreckung**[18]. Die Vollstreckung von Zinsansprüchen kann an den **Basiszinssatz** gemäß § 247 BGB geknüpft werden[19].

Vom Grundsatz her ist die Vollstreckung aus einer Urkunde nach § 794 Abs. 1 Nr. 5 ZPO nicht an die Voraussetzungen gebunden, die das materielle Recht an den zu vollstreckenden Anspruch stellt.[20] Die Unterwerfungserklärung kann die **Voraussetzungen der Vollstreckung** vielmehr **frei und ungebunden festlegen**[21]. Insbesondere kann die Vollstreckung davon abhängig gemacht werden, dass die materiellen Anspruchsvoraussetzungen, etwa Fälligkeit des Kaufpreises vorliegen. Dies kann z.B. durch eine (ausdrückliche) **Bezugnahmeklausel** geregelt

5

---

da nach Letzterem sonst pauschale Unterwerfungen für sämtliche unterwerfungsfähigen Ansprüche in einer Urkunde zulässig wären; anders *Münch* ZNotP 1998, 480, nach dessen Auffassung Bezeichnungs- und Bestimmtheitsgebot identisch sind.

[14] S. dazu grundlegend RG IV 320/30, RGZ 132, 7 ff. betreffend einen „künftigen, demnächst mit Annahme des Vertragsangebots entstehenden Anspruch" auf bestimmte Unterhaltsrente; s. ferner OLG Celle 8 W 229/67, DNotZ 1969, 102 m. Anm. *Stoll*; Stein/Jonas/*Münzberg* ZPO, § 794 Rn. 117; MünchKommZPO/*Wolfsteiner* § 794 Rn. 165.

[15] BGH VII ZB 102/08, NJW-RR 2010, 1365; BGH V ZR 127/55, BGHZ 22, 58; Zöller/*Stöber* § 794 Rn. 28; Limmer/Hertel/Frenz/Mayer/*Volmer* Würzburger Notarhandbuch, Teil 1 Kap. 3 Rn. 29, 31; MünchKommZPO/*Wolfsteiner* § 794 Rn. 161.

[16] BGH IXa ZB 73/04, NJW-RR 2005, 366; BGH II ZR 358/01, NJW-RR 2004, 472; BGH XI ZR 184/99, NJW-RR 2000, 1365, wonach ein Zahlungsanspruch aus einer vollstreckbaren Urkunde dann bestimmt ist, wenn die Berechnung mit Hilfe offenkundiger, insbesondere aus dem Grundbuch ersichtlicher Daten möglich ist; BGH VIII ZR 212/94, NJW 1996, 2165; BGH V ZB 20/82, NJW 1983, 2262.

[17] BGH VIII ZR 212/94, NJW 1996, 2166; BGH VIII ZR 239/96, NJW 1997, 2888; BGH V ZR 251/98, NJW 2000, 952; OLG Frankfurt 13 U 24/01, NJW-RR 2004, 137, 138.

[18] Häufig wird dies als „Zwangsvollstreckung eines Höchstbetrages" bezeichnet, vgl. MünchKommZPO/*Wolfsteiner* § 794 Rn. 184; s. aber Stein/Jonas/*Münzberg* ZPO, § 794 Rn. 113.

[19] OLG Düsseldorf 13 U 76/70, NJW 1971, 436; Limmer/Hertel/Frenz/Mayer/*Volmer* Würzburger Notarhandbuch, Teil 1 Kap. 3 Rn. 31; MünchKommZPO/*Wolfsteiner* § 794 Rn. 171.

[20] BGH V ZR 260/88, DNotZ 1991, 531; OLG Düsseldorf 25 U 27/38, DNotZ 1983, 686; *Werner* DNotZ 1969, 722.

[21] RG V 60/09, RGZ 72, 22: insbesondere besteht keine Bindung an Tatbestandsvoraussetzungen, an die das materielle Recht Entstehung, Fälligkeit und Erlöschen der Ansprüche knüpft, die mittels der vollstreckbaren Urkunde Vollstreckbarkeit erlangen sollen; MünchKommZPO/*Wolfsteiner* § 794 Rn. 157.

werden[22]. Dabei sollte jedoch berücksichtigt werden, dass die Voraussetzungen für die Erteilung einer vollstreckbaren Ausfertigung grundsätzlich durch öffentliche oder öffentlich beglaubigte Urkunden nachgewiesen werden müssen (§ 726 ZPO). Es kann aber ebenso vollständig auf das Vorliegen materieller Voraussetzungen „verzichtet" werden[23]. Ein solcher **„Nachweisverzicht"** führt nicht zu einer Beweislastumkehr[24]. In allgemeinen Geschäftsbedingungen kann er unwirksam sein[25]. Schließlich kann die Zwangsvollstreckung hinsichtlich des haftenden Vermögens **gegenständlich beschränkt** werden[26].

IV. Umfang der Beurkundungspflicht

6   **Beurkundungspflichtig ist ausschließlich die Unterwerfungserklärung** an sich[27]. Der zugrundeliegende materielle Anspruch bedarf dagegen nach gefestigter Rechtsprechung keiner Beurkundung[28]. Demnach ist es zulässig, die Unterwerfung unter die Zwangsvollstreckung für einen Anspruch zu erklären, der in einer Privaturkunde begründet ist[29]. Begründet wird dies u.a. mit der praktischen Erwägung, dass die Erstreckung des Formzwangs auf die Entstehung des materiellen Anspruchs undurchführbar sei, wenn die Unterwerfungserklärung der Anspruchsbegründung zeitlich nachfolge und der Anspruch somit bereits entstanden sei[30].

7   Nicht der materielle Anspruch, sondern die abstrakte Unterwerfungserklärung ist die Grundlage der Vollstreckung, so dass auch nur sie der besonderen

---

[22] Hierzu Stein/Jonas/*Münzberg* ZPO, § 794 Rn. 122; eine „stillschweigende Bezugnahme" würde den Unterschied zwischen Unterwerfung und materiellem Anspruch verwischen, vgl. OLG Düsseldorf 3 Wx 291/90, DNotZ 1991, 537.

[23] Allg. M. Brambring/Jerschke/*Bernhard* Beck'sches NotarHdb, G Rn. 323, 327; erhebt der Schuldner bestimmte Anspruchsvoraussetzungen des materiellen Rechts nicht auch zur Vollstreckungsvoraussetzung, so liegt kein Verzicht auf den Nachweis dieser Voraussetzungen im eigentlichen Sinne vor, der Schuldner setzt vielmehr eine Vollstreckungsvoraussetzung nicht, vgl. MünchKomm/ *Wolfsteiner* § 794 Rn. 157.

[24] BGH XI ZR 120/00, NJW 2001, 2096 unter Aufgabe der Rechtsprechung BGH III ZR 179/79, NJW 1981, 2756.

[25] S. hierzu BGH IX ZR 294/00, DNotZ 2002, 878; OLG Düsseldorf 21 U 18/95, DNotI-Report 1995, 212; Brambring/Jerschke/*Bernhard* Beck'sches NotarHdb, G Rn. 323; Limmer/Hertel/Frenz/ Mayer/*Volmer* Würzburger Notarhandbuch, Teil 1 Kap. 3 Rn. 8 ff.

[26] Brambring/Jerschke/*Bernhard* Beck'sches NotarHdb, G Rn. 328; vgl. für Betriebsvermögen DNotI-Report 2000, 1.

[27] Grundlegend BGH V ZB 17/78, NJW 1979, 928; BayObLG BReg 2 Z 60/73, DNotZ 1974, 374; OLG Celle, 8 W 229/67, DNotZ 1969, 105 m. abl. Anm. *Stoll; Wolfsteiner* S. 28.

[28] BGH V ZB 17/78, NJW 1979, 928; a.A. BayObLG 2 Z 34/72, BayObLGZ 1973, 216.

[29] Brambring/Jerschke/*Bernhard* Beck'sches NotarHdb, G Rn. 322; zur Frage der Beurkundung eines Mietvertrages wegen Zwangsvollstreckungsunterwerfung DNotI-Report 1999, 9.

[30] BGH V ZB 17/78, NJW 1979, 928.

IV. Umfang der Beurkundungspflicht

für die Entstehung des Vollstreckungstitels vorgeschriebenen Form bedarf. Die Unterwerfungserklärung ist eine ausschließlich auf das Zustandekommen des Vollstreckungstitels gerichtete **einseitige prozessuale Erklärung, die lediglich prozessrechtlichen Grundsätzen untersteht**[31]. Ein materielles Formerfordernis hinsichtlich des Anspruchs ergibt sich aus § 794 Abs. 1 Nr. 5 ZPO daher nicht[32].

Teilweise wird die **strikte Trennung** zwischen prozessualer Unterwerfungserklärung und materiell-rechtlicher Vereinbarung zwar als „*unglücklich*" angesehen[33]. Für Erklärungen, die in einer Urkunde enthalten sind, müsse unterschiedliches Recht angewandt werden, wenn die Regelungen im Prozess- und materiellen Recht unterschiedlich seien. *Lackmann* führt in diesem Zusammenhang das Beispiel der unterschiedlichen Regelungen für Vollmachten an – §§ 164 BGB einerseits und §§ 79 ff. ZPO andererseits. Die Anwendung unterschiedlichen Rechts müsse jedoch hingenommen werden, da dies ansonsten dem besonderen prozessualen Charakter der Unterwerfungserklärung nicht gerecht werde[34]. 8

Nach der Rechtsprechung des BGH geht die Trennung zwischen Prozess- und materiellem Recht sogar so weit, dass ein **nach materiellem Recht formnichtiger Vertrag keine Auswirkung auf die darin enthaltene notarielle Unterwerfungserklärung** hat[35]. In dem der Entscheidung zugrunde liegenden Sachverhalt bewirkte die Nichtbeurkundung einer Nebenabrede die Nichtigkeit des gesamten Grundstückskaufvertrags. Die Nichtigkeit des Kaufvertrags wirkte sich jedoch nicht auf die Wirksamkeit der Unterwerfungserklärung aus[36]. 9

Die Unterwerfungserklärung kann nach dem BGH demnach wirksam sein, obwohl der sie enthaltende schuldrechtliche Vertrag (form)nichtig ist. Das Berufungsgericht war in der Vorinstanz noch der Auffassung, die Nichtigkeit eines Kaufvertrags über Teileigentum habe gem. **§ 139 BGB** den Kaufvertrag über Inventar und damit auch die notarielle Unterwerfungsklausel erfasst. Der BGH hob das Urteil jedoch mit der Begründung auf, die Nichtigkeit des Inventarkaufvertrags habe nicht die Unwirksamkeit der darin enthaltenen notariellen Unterwerfungsklausel zur Folge[37]. Die Unterwerfung unter die sofortige Vollstreckung gem. § 794 Abs. 1 Nr. 5 ZPO sei eine einseitige prozessuale Willenserklärung, die lediglich prozessrechtlichen Grundsätzen unterliege. Daher seien Vorschriften des BGB, 10

---

[31] BGH IV ZR 222/02, DNotZ 2003, 694; Zöller/*Stöber* ZPO, § 794 Rn. 32.
[32] *Groh* NZM 1999, 699.
[33] Musielak/*Lackmann* ZPO, § 794 Rn. 35; vorgeschlagen wird daher vereinzelt die einheitliche Anwendung der BGB-Vorschriften, vgl. MünchKommZPO/*Wolfsteiner* § 794 Rn. 144.
[34] Musielak/*Lackmann* ZPO, § 794 Rn. 35.
[35] BGH V ZR 19/93, NJW 1994, 2755, 2756; BGH V ZR 202/95, NJW 1996, 2792; BGH V ZR 244/83, NJW 1985, 2423; Stein/Jonas/*Münzberg* ZPO, § 794, Rn. 125; a.A. OLG Düsseldorf, 25 U 27/83, DNotZ 1983, 686.
[36] BGH V ZR 19/93, NJW 1994, 2756.
[37] BGH V ZR 244/83, NJW 1985, 2423; siehe auch V ZR 106/95, NJW 1996, 2792.

wie z.B. § 139 BGB, grundsätzlich auf sie **nicht anwendbar**[38]. Die Nichtigkeit des die Unterwerfungsklausel enthaltenen Vertrags hat somit nicht gem. § 139 BGB die Unwirksamkeit der Unterwerfungserklärung selbst zur Folge[39].

11   Eine **Ausnahme** von diesem Grundsatz ließ der BGH bisher lediglich im Hinblick auf die Anwendung des **§ 134 BGB** (Gesetzliches Verbot) zu. Der **Verstoß gegen das Rechtsberatungsgesetz**[40] hat nach § 134 BGB ausnahmsweise auch die Unwirksamkeit einer prozessualen Vollmacht zur Konsequenz[41]. Dies gilt, obwohl die prozessuale Vollmacht als Prozesshandlung eigentlich nicht dem materiellen Recht unterliegt, sondern den §§ 78 ff. ZPO. Andernfalls wären jedoch Sinn und Zweck des gesetzlichen Verbots nicht gewährleistet[42].

12   Mit Blick auf verfügbare **Vorlesungserleichterungen** ist zu berücksichtigen, dass die Unterwerfungserklärung zwar in eine Anlage, auf die gem. § 9 Abs. 1 S. 2[43] oder § 13a BeurkG[44] verwiesen wird, aufgenommen werden kann, nicht jedoch in ein gem. § 14 BeurkG beigefügtes Schriftstück (§ 14 Abs. 1 S. 3 BeurkG)[45].

V. Verjährung

13   Mit Errichtung einer vollstreckbaren Urkunde verlängert sich die **Verjährungsfrist** des titulierten Anspruchs gem. § 197 Abs. 1 Nr. 5 BGB auf **dreißig Jahre**[46]. Demgegenüber haben die Parteien von Unternehmenstransaktionen typischerweise ein Interesse an kurzen Verjährungsfristen, um möglichst rasch

---

[38] BGH V ZR 244/83, NJW 1985, 2423; siehe auch V ZR 106/95, NJW 1996, 2792; *Schuschke/Walker* § 794, Rn. 45; *Werner*, DNotZ 1969, 721; vgl. ferner MünchKommZPO/*Wolfsteiner* § 794, Rn. 143, demnach die Unterwerfungserklärung als „abstrakt" hinsichtlich der Voraussetzungen ihrer Wirksamkeit als auch ihrer Wirkungen und ihres weiteren Schicksals von den Erklärungen des materiellen Rechts anzusehen ist.

[39] Stein/Jonas/*Münzberg* ZPO, § 794 Rn. 125.

[40] Am 1. Juli 2008 abgelöst durch das Rechtsdienstleistungsgesetz (Gesetz über außergerichtliche Rechtsdienstleistungen, „RDG").

[41] BGH III ZR 62/03, NJW 2004, 69, 70; BGH IV ZR 222/02, BGHZ 154, 283; *Stöber* NotBZ 2008, 209; Zöller/*Stöber* ZPO, § 794 Rn. 32.

[42] BGH III ZR 62/03, NJW 2004, 69, 70; vgl. ferner BGH VII ZR 99/97, NJW 1991, 51, wonach die unmittelbaren Auswirkungen der Vertragsgestaltung ungeachtet des prozessualen Charakters der Unterwerfungserklärung die Anwendung des § 134 BGB gebieten (so bezwecke z.B. die Verbotsnorm des § 12 MaBV den Schutz des Erwerbers, der nur durch Nichtigkeit zu erreichen wäre).

[43] OLG Celle 8 W 229/67, DNotZ 1969, 102; *Weber* DNotZ 1972, 133.

[44] *Wolfsteiner* MittRhNotK 1985, 113.

[45] S.*Gaul/Schilken/Becker-Eberhard* § 13 Rn. 60; Musielak/*Lackmann* ZPO, § 794 Rn. 40; Stein/Jonas/*Münzberg* ZPO, § 794 Rn. 124; Wieczorek/Schütze/*Paulus* ZPO, § 794 Rn. 88; Limmer/Hertel/Frenz/Mayer/*Volmer* Würzburger Notarhandbuch, Teil 1 Kap. 3 Rn. 45.

[46] Eine Verlängerung der Verjährung tritt nach Ansicht von *Volmer* auch dann ein, wenn der Bestand des Anspruchs oder seine Fälligkeit trotz notarieller Beurkundung zweifelhaft sein sollten, vgl. Limmer/Hertel/Frenz/Mayer/*Volmer* Würzburger Notarhandbuch, Teil 1 Kap. 3 Rn. 7.

Rechtssicherheit zu erlangen. Da die Verjährungsregeln grundsätzlich **dispositiv** sind, können die Parteien eine kürzere Verjährungsfrist vertraglich vereinbaren[47].

VI. Vollstreckung

Zur Einleitung der Zwangsvollstreckung aus einer Urkunde nach § 794 Abs. 1 Nr. 5 ZPO ist das Vorliegen der allgemeinen und besonderen Vollstreckungsvoraussetzungen erforderlich. Zu achten ist insbesondere auf die Erteilung einer **Vollstreckungsklausel** nach den §§ 51, 52 BeurkG i.V.m. §§ 724ff. ZPO[48]. Zuständig für die Erteilung einer vollstreckbaren Ausfertigung ist der **Notar**, der die Urkunde verwahrt (§ 797 Abs. 2 S. 1 ZPO). Dies ist derjenige Notar, der die Urkunde errichtet hat (§§ 48, 52 BeurkG). 14

Der Notar kann auch eine von einem **ausländischen Notar** ausgestellte vollstreckbare Urkunde in Deutschland für vollstreckbar erklären (§ 55 Abs. 3 AVAG)[49]. Eine vollstreckbare Urkunde eines deutschen Notars für eine unbestrittene Forderung kann mit einer Bestätigung versehen nach der Vollstreckungstitel-VO (EG 805/2004[50]) ohne zusätzliches Anerkennungsverfahren im **EU-Gebiet** mit Ausnahme von Dänemark vollstreckt werden[51]. 15

Soweit der Schuldner die Unterwerfung unter die Zwangsvollstreckung von bestimmten **Bedingungen** abhängig gemacht hat[52], ist das **Verfahren nach § 726 ZPO** einzuhalten; vor allem kann der Nachweis des Eintritts nur durch öffentliche oder öffentlich beglaubigte Urkunde geführt werden[53]. Dabei ist noch nicht abschließend geklärt, ob die Parteien § 726 ZPO mit der Maßgabe abbedingen können, dass auch Privaturkunden oder ähnliche Beweismittel als Nachweise zulässig sind[54]. Zu berücksichtigen ist in jedem Fall die Abgabe eines Geständnisses durch 16

---

[47] S. v. *Rintelen* RNotZ 2001, 20; Limmer/Hertel/Frenz/Mayer/*Volmer* Würzburger Notarhandbuch, Teil 1 Kap. 3 Rn. 5; vgl. ferner *Wolfsteiner* DNotZ 1999, 320.
[48] Musielak/*Lackmann* ZPO, § 797 Rn. 3; Limmer/Hertel/Frenz/Mayer/*Volmer* Würzburger Notarhandbuch, Teil 1 Kap. 3 Rn. 57.
[49] Hierzu Art. 57 der EU-VO Nr. 44/2001 vom 22.12.2000 über die gerichtliche Zuständigkeit und die Anerkennung und Vollstreckung von Entscheidungen in Zivil- und Handelssachen; Brambring/Jerschke/*Bernhard* Beck'sches NotarHdb, G Rn. 319, *Piltz* NJW 2002, 789.
[50] EU-VO Nr. 805/2004 vom 21. April 2004 zur Einführung eines europäischen Vollstreckungstitels für unbestrittene Forderungen.
[51] Brambring/Jerschke/*Bernhard* Beck'sches NotarHdb, G Rn. 319a; *Franzmann* MittBayNot 2005, 470.
[52] Vgl. Musielak/*Lackmann* ZPO, § 794, Rn. 38, MünchKommZPO/*Wolfsteiner* § 794, Rn. 180.
[53] Sog. Beweismittelbeschränkung, vgl. Limmer/Hertel/Frenz/Mayer/*Volmer* Würzburger Notarhandbuch, Teil1 Kap. 3 Rn. 65.
[54] Zustimmend OLG Stuttgart 8 W 433/85, NJW-RR 1986, 549; Zöller/*Stöber* ZPO, § 726 Rn. 16; Limmer/Hertel/Frenz/Mayer/*Volmer* Würzburger Notarhandbuch, Teil 1 Kap. 3 Rn. 73 f.;

§ 7 *Unterwerfung unter die sofortige Zwangsvollstreckung gem. § 794 Abs. 1 Nr. 5 ZPO*

den Schuldner im Klauselverfahren[55]. Aus Gründen der Rechtssicherheit sollte daher bei der Gestaltung auf eine entsprechende Nachweisbarkeit geachtet werden. Hierbei können sich die Parteien wechselseitig verpflichten, der Gegenseite geeignete Nachweise zur Verfügung zu stellen.

17   Eine Besonderheit ergibt sich in Bezug auf **mit verkaufte Ansprüche des Verkäufers**, etwa **Gesellschafterdarlehen**, die im Zuge der Vertragserfüllung an den Käufer abgetreten werden sollen: es ist möglich, dass solche Ansprüche ihrerseits durch eine Unterwerfungserklärung nach § 794 Abs. 1 Nr. 5 ZPO tituliert sind. Will der Käufer diese Ansprüche nach Abtretung vollstrecken, ist es aufgrund der Rechtsnachfolge in der Person des Gläubigers notwendig, eine titelumschreibende Klausel nach **§ 727 ZPO** zu beantragen, wobei die Rechtsnachfolge, sofern diese nicht bei Gericht offenkundig ist, durch öffentliche oder öffentlich beglaubigte Urkunden nachgewiesen werden muss[56]. Insofern bietet sich die Aufnahme einer Verpflichtung des Verkäufers an, dem Käufer entsprechende Nachweismöglichkeiten bereitzustellen. Zulässig ist daneben auch die Abgabe eines Geständnisses durch den Schuldner im Klauselverfahren[57].

18   Eine Klauselumschreibung gem. § 727 ZPO ist auch dann möglich, wenn auf Gläubiger- oder Schuldnerseite nach der Unterwerfung unter die Zwangsvollstreckung eine **Gesamtrechtsnachfolge**, insbesondere aufgrund Umwandlung oder personengesellschaftsrechtlicher Anwachsung, eingetreten ist[58].

---

ablehnend Musielak/*Lackmann* ZPO, § 794 Rn. 38; Stein/Jonas/*Münzberg* ZPO, § 794 Rn. 123; MünchKommZPO/*Wolfsteiner*, § 797 Rn. 20.

[55] BGH VII ZB 23/05, DNotZ 2005, 917 (für § 727 ZPO); OLG Frankfurt 20 W 244/75, Rpfleger 1975, 326; Stein/Jonas/*Münzberg* ZPO, § 726 Rn. 19; *Münzberg*, NJW 1992, 201; a.A. *Joswig*, RPfleger 1991, 146.

[56] Limmer/Hertel/Frenz/Mayer/*Volmer* Würzburger Notarhandbuch, Teil 1 Kap. 3 Rn. 78, zur „Offenkundigkeit" bei Gericht Rn. 79 f.

[57] BGH VII ZB 23/05, DNotZ 2005, 917; Stein/Jonas/*Münzberg* ZPO, § 727 Rn. 44.

[58] Dazu Brambring/Jerschke/*Bernhard* Beck'sches NotarHdb, G Rn. 345 ff.; allg. Übersicht zur Rechtsnachfolge auf Gläubiger- und Schuldnerseite bei Limmer/Hertel/Frenz/Mayer/*Volmer* Würzburger Notarhandbuch, Teil1 Kap. 3 Rn. 81 f.

§ 8 Umfang der Beurkundungspflicht: Zusammenfassung und allgemeine Hinweise

Literatur: *Maier-Reimer,* Vorwirkung von Formvorschriften – Formzwang aus nicht abgeschlossenen Verträgen?, NJW 2015, 273

I. Problemstellung: Inhaltlicher Umfang der Beurkundungspflicht

In den §§ 2 bis 7 wurden die materiellrechtlichen Bestimmungen, die zu einer Beurkundungspflicht eines Vertrages oder Vertragswerkes führen, im Einzelnen dargestellt. Zu fast allen dieser Bestimmungen hat die Rechtsprechung Erweiterungen der jeweils auf einen spezifischen Vertragstyp gemünzten Beurkundungspflicht vorgenommen und diese Pflicht auf „alle wesentlichen Abreden", „mit dem Hauptvertrag stehende und fallende" Geschäfte, „einheitliche Geschäfte" oder ähnlich definierte Abreden erstreckt. Hierfür wird oft pauschal der Begriff „Vollständigkeitsgrundsatz" verwendet. Die Sanktion der Nichtbefolgung der Erstreckung der Beurkundungspflicht liegt grundsätzlich in der entsprechenden Anwendung von § 139 BGB mit der Begründung, dass für einen Teil eines beurkundungsbedürftigen Gesamtvertragswerkes Formnichtigkeit gem. § 125 BGB vorliege[1].

1

Von dieser – hier im einzelnen kritisch gesehenen – Konzeption wird bei der nachfolgenden Zusammenfassung anerkannter und nicht anerkannter Fälle einer Gesamtbeurkundungsbedürftigkeit und bei der Formulierung von Gestaltungshinweisen zur Vermeidung eines Gesamtzusammenhanges ausgegangen; hierbei wird der Begriff „einheitliches Geschäft" verwendet.

Hinzu kommen die Fälle einer Beurkundungspflicht, die die hM in erweiternder Auslegung der jeweiligen Norm zur Begründung der Beurkundungspflicht etabliert hat, um dem Schutzzweck der betreffenden Gesetzesbestimmung Genüge zu tun (zB bestimmte Formen von Absichtserklärungen, § 2 Rn. 48; die meisten Ausprägungen der Treuhand, § 2 Rn. 69 ff.; Vorverträge, § 2 Rn. 82). Hieraus ergibt sich ebenfalls eine Beurkundungspflicht über dem Buchstaben des Gesetzes hinaus, wobei jedoch die Frage eines „Gesamtgeschäfts" und die Sanktionierung durch §§ 139, 125 BGB keine Rolle spielt.

---

[1] S. i.e. zu § 15 GmbHG die Kritik oben § 2 Rn. 35 ff. und neuerdings kritisch zur Erweiterung der Beurkundungspflicht allgemein *Maier-Reimer* NJW 2015, 273.

§ 8 Umfang der Beurkundungspflicht: Zusammenfassung und allgemeine Hinweise

Wegen der Einzelheiten wird im weiteren auf die ausführlichen Textteile in §§ 2 bis 7 und § 10 verwiesen.

2   Neben den nachfolgend zusammenzufassenden Regeln über die inhaltliche Reichweite eines Zusammenhangs verschiedener Rechtsgeschäfte ist jeweils der verfahrensrechtliche Regelungsrahmen des Beurkundungsrechts zu beachten; hierzu wird auf § 9 Rn. 33 ff., 95 verwiesen.

II. Typische Fälle

Aus Sicht der Praxis spielen die folgenden Kategorien eine herausgehobene Rolle.

1. Anteils- oder Asset-Veräußerung mit Finanzierungsvereinbarung

3   Finanzierungsverpflichtungen eines Dritten unterliegen in der Regel nicht der Beurkundungspflicht, da sie meist nicht in das Verhältnis vom Leistung und Gegenleistung einbezogen sind. Dies gilt auch für sogenannte Equity Committment Letter (vgl. § 2 Rn. 52 und § 3 Rn. 36).

2. Asset- oder Anteils-Veräußerung einer Immobilien-GmbH oder einer Immobilie kombiniert mit Anmietung durch den Verkäufer

4   • Der Grundstückskaufvertrag ist in dieser Konstellation (nicht zu verwechseln mit dem terminologisch ähnlichen „Sale and lease back" als Finanzierungsinstrument) einseitig vom Rück-Mietvertrag abhängig (vgl. § 3 Rn. 15 ff.) und damit auch letzterer beurkundungsbedürftig.
   • Wird die Immobilie von der veräußerten Objektgesellschaft zurückgemietet, ergibt sich die Beurkundungspflicht aus dem Gesichtspunkt der „Nebenabrede in notwendigem Zusammenhang" mit der Anteilsabtretung bzw. der Verpflichtung dazu (vgl. § 2 Rn. 24).

3. Begleitende Verträge mit Vergütungscharakter zum Anteilskaufvertrag

5   Im Gesamtzusammenhang mit einer GmbH-Anteilsveräußerung geschlossene sonstige Verträge, wie etwa Lizenzverträge oder ähnliche Verträge über die ent-

geltliche Nutzung gewerblicher Schutzrechte mit dem Verkäufer stehen mit dieser in der Regel ebenfalls in notwendigem Zusammenhang im Sinne eines Stehens und Fallens und sind deshalb beurkundungspflichtig (vgl. § 2 Rn. 24).

4. KG-Übertragung mit kombinierter Abtretung der Anteile am persönlich haftenden Gesellschafter

- Die Verpflichtung zur Übertragung einer KG-Beteiligung zusammen mit der Abtretung der Geschäftsanteile am persönlich haftenden Gesellschafter ist beurkundungsbedürftig aufgrund der untrennbaren Verbundenheit beider Geschäfte miteinander (§ 2 Rn. 106 ff.). 6
- Bei einer KG mit einer ausländischen Gesellschaft mit beschränkter Haftung als persönlich haftendem Gesellschafter ist zu beachten, dass für die Verpflichtung nach deutschem Recht auch für die ausländischen „GmbH-Anteile" zT Beurkundungspflicht vertreten wird (§ 2 Rn. 49 ff.).

5. Verpflichtungsgeschäft und Erfüllungsgeschäft (zB privatschriftlicher GmbH-Anteilskauf nach ausländischem Recht ohne Beurkundungspflicht und separate Beurkundung der Abtretung der Anteile)

- Das (gegebenenfalls beurkundungsfreie) Verpflichtungsgeschäft nach ausländischem Recht und das beurkundungspflichtige Erfüllungsgeschäft zur Abtretung der Anteile sind nicht als einheitliches Geschäft zu betrachten, so dass die Pflicht zur Beurkundung des Erfüllungsgeschäfts nicht auf das Verpflichtungsgeschäft durchschlägt (§ 10 Rn. 26). 7
- Verschiedene Teile eines größeren schuldrechtlichen Vertrages, die unterschiedlichen Rechtsordnungen unterliegen, bilden in aller Regel ein einheitliches Geschäft; die Unwirksamkeit nach §§ 125, 139 (analog) BGB kommt jedoch dann nicht zum Zug, wenn keines der Teilgeschäfte für sich der Beurkundungspflicht unterliegt, sei es, weil bereits das deutsche Recht keine Beurkundungspflicht vorsieht, sei es, weil durch Wahl eines großzügigeren ausländischen Rechts die Beurkundungspflicht entfällt, insbesondere in Fällen der GmbH-Anteilsveräußerung (§ 10 Rn. 27).

III. Sonstige Fälle einheitlicher Rechtsgeschäfte

8 Mit allen Vorbehalten zur Vergleichbarkeit der gerichtlich entschiedenen Fälle, der jeweiligen Aktualität der Entscheidung und der Autorität des entscheidenden Gerichts (bzw. der vorgefundenen hA in der Literatur) lassen sich folgenden Fallgruppen anführen, wobei der Schwerpunkt auf Unternehmenstransaktionen liegt, um den Rahmen dieser Darstellung nicht zu sprengen:

- Verpflichtung zur Vornahme von Renovierungsarbeiten bei Immobilienverkauf (§ 3 Rn. 9)
- Vereinbarungen über die vertragliche Beschaffenheit beim Immobilienkauf (§ 3 Rn. 9)
- Mobiliarkauf beim Immobilienkauf (§ 3 Rn. 20)
- Vertragsstrafenversprechen beim Immobilienkauf (§ 3 Rn. 43)
- Erfolgsunabhängige Maklerprovision beim Immobilienkauf (§ 3 Rn. 43)
- Verträge, die für mindestens eine Partei mit einem Verschmelzungsvertrag untrennbar verbunden sind, insbesondere der Gesellschaftsvertrag einer Personengesellschaft bei Verschmelzung durch Neugründung (§ 5 Rn. 3).
- (Verpflichtende) Vorverträge oder Vorkaufsrechte (§ 2 Rn. 80, § 3 Rn. 43, § 5 Rn. 4)

IV. Sonstige Fälle fehlender Einheitlichkeit

9 Mit denselben Vorbehalten wie eingangs oben Rn. 8 geäußert, sind hier folgende Fallgruppen aufzuführen:

- In der Regel: Darlehen und Finanzierungszusagen eines Dritten beim Immobilienkauf (§ 3 Rn. 34 ff.)
- Maklerprovision beim GmbH-Anteilskauf (§ 2 Rn. 57)
- (Prozessuale) Unterwerfung unter die sofortige Zwangsvollstreckung (§ 7 Rn. 6)
- Schiedsvereinbarungen, Schiedsordnungen (§ 2 Rn. 65)
- Schuldrechtliche Verpflichtung zur Übernahme eines GmbH-Geschäftsanteils (§ 6 Rn. 4)
- (Schuldrechtliche) Verträge nach ausländischem Recht bei beurkundungspflichtigem dinglichen Vollzugsakt nach deutschem Recht (§ 10 Rn. 26 f.)

V. Allgemeine Grundsätze und Gestaltungshinweise

1. „Miteinander Stehen und Fallen"

Die Faustformel, wonach Rechtsgeschäfte, die „miteinander stehen und fallen", 10 insgesamt beurkundungspflichtig sind, wenn nur eines von ihnen der Beurkundungspflicht unterliegt, stellt heuristisch gesehen sicherlich einen guten Indikator dar, sich in einem konkreten Fall der Frage der Gesamtbeurkundungsbedürftigkeit zu nähern. Diese Formel darf allerdings nicht vorschnell und reflexartig zu einer möglichst umfänglichen Einbeziehung von Vertragsdokumenten in den Beurkundungsprozess führen; vielmehr müssen die von der Rechtsprechung herausgearbeiteten, jeweils spezifisch auf die jeweilige Formvorschrift bezogenen Leitlinien und Maßstäbe beachtet werden (insbesondere zur „einseitigen Abhängigkeit" bei Grundstücksgeschäften, vgl. § 3 Rn. 15 ff.). Zudem ist für die konkrete Konstellation zu prüfen, ob Gestaltungsmöglichkeiten zur Verfügung stehen, die – uU unter Hinnahme einer als beherrschbar oder vernachlässigbar angesehenen vertraglichen Unsicherheit – zu einer Verringerung des Umfangs des Beurkundungsstoffs führen.

2. Zeitlicher Versatz verschiedener Teilgeschäfte

Die zeitliche Reihenfolge zusammengesetzter einheitlicher Rechtsgeschäfte ist 11 zwar nicht relevant für den Befund, ob die Verträge in einem Verhältnis rechtlicher Abhängigkeit voneinander stehen (vgl. § 3 Rn. 15 ff., Rn. 21 ff.).

Allerdings kann die zeitliche Abfolge dazu führen, dass der innere Zusammenhang des einheitlichen Rechtsgeschäfts nicht vorliegt, so dass für das spätere abgeschlossene Geschäft keine Beurkundungspflicht unter dem Gesichtspunkt des „einheitlichen Rechtsgeschäfts" besteht (s. ie unten Rn. 12 ff.).

3. Personenidentität

- Ein einheitliches Geschäft kann auch dann vorliegen, wenn die an verschiede- 12 nen, miteinander im Zusammenhang stehenden Verträgen beteiligten Personen voneinander verschieden sind. Verträge mit Dritten werden nur dann von der Beurkundungspflicht erfasst, wenn die Parteien die Drittleistung in den Zusammenhang von Leistung und Gegenleistung des beurkundungspflichtigen Vertrags einbeziehen wollen (vgl. § 3 Rn. 33 ff.). Dies bedarf jeweils der genauen Bestimmung im Einzelfall.

> Ein Grundstückskaufvertrag steht unter der aufschiebenden Bedingung des Abschlusses eines Mietvertrages mit einer dritten Partei (zB als Anker-Mieter der Immobilie). Der Kaufvertrag ist damit schwebend unwirksam. Sowohl eine Einbeziehung in das Verhältnis von Leistung und Gegenleistung als auch ein Fehlen eines solchen Zusammenhangs sind gedanklich möglich. Dies hängt vom Willen der Parteien ab, wobei es schwer vorstellbar ist, dass der Verkäufer die Unsicherheit über den genauen Inhalt des Mietvertrages zu seinen Lasten hinnehmen wird. Ihm (und damit im Ergebnis beiden Parteien des Grundstückskaufvertrages) wird es in der Regel auf das „Ob" des Mietvertrages ankommen, nicht auf seinen Inhalt in Einzelnen.

- Die Rechtsprechung hat im Immobilienrecht bei zeitlich vorgelagertem Abschluss des eigentlich nicht beurkundungsbedürftigem Geschäfts bei Einflussmöglichkeit einer der Parteien auf die Durchführung des Grundstückskaufvertrages den Schluss gezogen, dass auch der an sich nicht beurkundungspflichtige Vertrag zu beurkunden ist. Zutreffender Weise wird man dies uE zum einen als Voraussetzung ansehen müssen. Zum anderen muss dies uE auch gelten, wenn zuerst der beurkundungspflichtige Vertrag geschlossen wird.

4. Insbesondere: „Verknüpfungswille" und „(ausdrückliche) Verknüpfungsabrede"

13 • Mit dem „Verknüpfungswillen" wird letztlich der Wille der Parteien bezeichnet, aus verschiedenen für sich existenzfähigen Verträgen ein „einheitliches Rechtsgeschäft" zu machen, ggf. unter Einbeziehung Dritter. Für Grundstückgeschäfte fordert die Rechtsprechung, dass dieser Verknüpfungswille in einer „Verknüpfungsabrede" zum Ausdruck kommt (vgl. § 3 Rn. 24 ff.). Diese kann ausdrücklich formuliert sein, wie es die notarielle Kautelarpraxis oft tut. Sie kann allerdings auch in Vereinbarungen enthalten sein, die die innere Verbindung der Verträge zum Inhalt haben (zB Bedingung).
- Eine Übertragung dieser Anforderung einer Verknüpfungsabrede auf andere beurkundungspflichtige Geschäfte (insbesondere GmbH-Anteilsveräußerungen) ist unter Schutzzweckgesichtspunkten nicht angezeigt und deshalb abzulehnen. Eine überflüssigerweise aufgenommene Verknüpfungsabrede ist allerdings unschädlich.

V. Allgemeine Grundsätze und Gestaltungshinweise

5. Abdingbarkeit von § 139 BGB und Grenzen

- § 139 (analog) BGB ist als solcher nicht durch schlichte Abrede abdingbar; die **14** nach § 139 BGB zu bewertenden Konstellation ist allerding gestaltbar.
- Die Vereinbarung eines Teilgeschäfts als „noch im einzelnen zu verhandeln und separat abzuschließen" oder ähnliche Formulierungen bringt zum Ausdruck, dass es den Parteien nicht entscheidend auf den exakten Inhalt des (künftigen) Teilgeschäfts und die Sicherheit seines Abschlusses ankommt. Sie nehmen die Unsicherheit des Ob und des Wie des künftigen Teilgeschäfts in Kauf und dokumentieren dadurch die fehlende Einheitlichkeit beider Rechtsgeschäfte. Eine bloße Verneinung des Zusammenhangs verschiedener Geschäfte im Vertragstext bei (nahezu) gleichzeitigem Abschluss genügt nicht für die Einschränkung der Beurkundungspflicht, da dies widersprüchliches Verhalten der Parteien darstellen würde.
- Zur Beschleunigung eines beurkundungsfreien Vertragsschlusses kann derjenige Teil der Gesamtvereinbarung, der die Beurkundungspflicht auslöst, unter die aufschiebende Bedingung der Beurkundung des gesamten Vertrages gestellt werden.

> In einem größeren vertraglichen Zusammenhang können (beurkundungspflichtige) Abreden über die Abtretung von GmbH-Anteilen unter die Bedingung der Beurkundung des Gesamtvertrags gestellt werden. Damit kann die Vereinbarung im Übrigen sofort und beurkundungsfrei in Kraft treten. Die Parteien dokumentieren durch diese Vorgehensweise, dass es ihnen nicht entscheidend auf den Abschluss des formbedürftigen Teilgeschäfts ankommt. Diese Gestaltung kommt selbstredend nur in Betracht, wenn Beschleunigung des Vertragsschlusses angezeigt ist und die Unsicherheit über das Zustandekommen des beurkundungsbedürftigen Teils akzeptabel ist.

- Die Vereinbarung ausländischen Rechts für ein nach deutschem Recht beurkundungspflichtiges Geschäft führt, soweit kollisionsrechtlich zulässig, zum Entfallen der Beurkundungspflicht; diese wird auch nicht durch die Beurkundungspflicht des dinglichen Vollzugs via §§ 125, 139 (analog) BGB durch die Hintertür erneut begründet (vgl. § 10 Rn. 26).

§ 9 Beurkundungsverfahren

Literatur: *Armbrüster/Preuß/Renner*, Beurkundungsgesetz und Dienstordnung für Notarinnen und Notare, 6. Aufl. 2013; *Armbrüster/Leske*, Die Mitwirkungsverbote des § 3 BeurkG – eine kritische Analyse ZNotP 2001, 450; *Arndt/Lerch/Sandkühler*, Bundesnotarordnung, 6. Aufl. 2008; *Baumann/Limmer*, Das Mitwirkungsverbot des Notars in eigenen Angelegenheiten, RNotZ 2005, 356; *Bayer*, Gesellschafterliste: Einreichungspflichtige Veränderungen der Beteiligungsverhältnisse, GmbHR 2012, 1; *Bednarz*, Die Gesellschafterliste als Rechtsscheinträger für einen gutgläubigen Erwerb von GmbH-Geschäftsanteilen, BB 2008, 1854; Benecke/Ehinger, MDR 2005, 1265; *Binz/Mayer*, Beurkundungspflichten bei der GmbH & Co. KG, NJW 2002, 3054; *Bockemühl*, Formbedürftige Willenserklärungen und Bezugnahmemöglichkeiten, 1969; *Bohrer*, Notare – Ein Berufsstand der Urkundsvernichter? NJW 2007, 2019; *Bormann/Diehn/Sommerfeldt*, Gesetz über Kosten der freiwilligen Gerichtsbarkeit für Gerichte und Notare, 2014; *Brambring,* Das Gesetz zur Änderung und Ergänzung beurkundungsrechtlicher Vorschriften in der notariellen Praxis, DNotZ 1980, 287; *ders.*, Das „berechtigte Sicherungsinteresse" als Voraussetzung für notarielle Verwahrungstätigkeit DNotZ 1999, 381; *Brambring/Jerschke*, Besck'sches Notar-Handbuch, 5. Aufl. 2009; *Breitenstein/Meyding*, GmbH-Reform: Die „neue" GmbH als wettbewerbsfähige Alternative oder nur „GmbH light"?, BB 2006, 1457; *Broichmann/Matthäus*, Beurkundung von Schiedsordnungen, SchiedsVZ 2008, 274; *Bücker/Viefhues*, Notarprüfung: Häufige Fehler bei der notariellen Amtsführung (Teil 6), ZNotP 2004, 428; *Bundesnotarkammer*, Richtlinienempfehlungen der Bundesnotarkammer, DNotZ 1999, 258; *Bungert*, Sitzanknüpfung für Rechtsfähigkeit von Gesellschaften gilt auch nicht mehr im Verhältnis zu den USA, DB 2003, 1043; *Deutsches Notarinstitut*, Bestandsverzeichnis; keine eingeschränkte Vorlesungspflicht bei einem Verzeichnis über den zu übertragenden Grundbesitz, DNotI-Rep. 2003, 17; *Diehn*, Notarkostenabrechnungen, 3. Aufl. 2014; *Disput/Hübner/Schmitt*, Die Immobilientransaktion, ZfIR 2008, 610; *Dorsel*, Stellvertretung und Internationales Privatrecht, MittRhNotK 1997, 6; *Ebenroth/Boujong/Joost/Strohn*, Handelsgesetzbuch, 3. Aufl. 2014; *Engelstädter/Lubberich*, Neues Kostenrecht: Erste Erkenntnisse aus der Anwendung des Gerichts- und Notarkostengesetzes im Bereich des Gesellschaftsrechts und M&A, NZG 2014, 564; *Eylmann*, Bewegung im Berufsrecht der Notare, NJW 1998, 2929; *Eylmann/Vaasen*, Bundesnotarordnung, Beurkundungsgesetz, 3. Aufl. 2011; *Fackelmann/Heinemann*, Gerichts- und Notarkostengesetz, 2013; *Faßbender/Grauel/Ohmen/Peter/Roemer/Wittkowski*, Notariatskunde, 16. Aufl. 2007; *Fischer*, Klaus K., Existenz- und Vertretungsnachweis bei US Corporations, ZNotP 1999, 352; *Fischer, Lorenz*, Die Zulässigkeit der Verweisung auf eine eine Willenserklärung nicht enthaltende Mutterurkunde, DNotZ 1982, 153; *Fleischer/Goette*, Münchener Kommentar zum GmbHG, 2010; *Görk*, Zur Zulässigkeit der Änderung von Hauptversammlungsniederschriften – zugleich Anmerkung zum Beschluss des OLG Frankfurt am Main vom 29.11.2006, 2 Ws 173/05, MittBayNot 2007, 382; *Götze/Bressler*, Praxisfragen der Gesellschafterliste und des gutgläubigen Erwerbs von Geschäftsanteilen nach dem MoMiG, NZG 2007, 894; *Hanke/Socher*, Fachbegriffe aus M & A und Corporate Finance – Der Unternehmenskauf in der Due Diligence Phase NJW 2010, 829; *Harborth/Lau*, Die Mitwirkungsverbote des § 3 BeurkG und das Instrumentarium ihrer Einhaltung, DNotZ 2002, 412; *Harder/Schmidt*, Zur Auslegung und Anwendung des neuen § 3 BeurkG, DNotZ 1999, 949; *Hasselmann*, Die Gesellschafterliste nach dem MoMiG – Überblick und Gesellschaftsgründung, NZG 2009, 409; *Hauschild/Kallrath/Wachter*, Notarhandbuch Gesellschafts- und Unternehmensrecht, 2011; *Heilmeier*, Listeneinreichungszuständigkeit bei mittelbarer Mitwirkung eines Notars nach § 40 GmbHG, NZG 2012, 217; *Hermanns*, Beurkundungspflichten, Beurkundungsverfahren und Beurkundungsmängel unter besonderer Berücksichtigung des Unternehmenskaufvertrages, DNotZ 2013, 9; *Herrler*, Aktuelles zur Kapitalerhöhung bei der GmbH, DNotZ 2008, 903; *Heyn*, Notarielle

Prioritätsverhandlung und Schutz von Datenbanken DNotZ 1998, 177; *Hülsmann*, Die Steuerklausel im Unternehmenskaufvertrag DStR 2008, 2402; *Huhn/v. Schuckmann*, Beurkundungsgesetz, 4. Aufl. 2003; *Ising/v. Loewenich*, Eingeschränkte Vorlesungspflicht gem. § 14 BeurkG bei Bestandsverzeichnissen, ZNotP 2003, 176; *Kanzleiter*, Formzwecke, Beurkundungsverfahren und Berufsrecht – Die Änderungen des Beurkundungsverfahrensrechts durch die BNotO-Novelle v. 31.8.1998, DNotZ 1999, 292; *ders.*, Anforderungen an die Unterschriften von Beteiligten und Notar unter der notariellen Niederschrift – Zugleich Anmerkungen zum Urt. des OLG Stuttgart v. 14.11.2001 – 3 U 123/01, DNotZ 2002, 520; *ders.*, Die Berichtigung der notariellen Niederschrift über die Hauptversammlung einer Aktiengesellschaft und die Zulässigkeit mehrerer Niederschriften, DNotZ 2007, 804; *Klein*, Der fehlsame, gleichwohl straffrei ausgehende Notar – Anmerkungen zu den Beschlüssen des Pfälz. OLG Zweibrücken v. 16.6.2003, 1 Ws 236/03 und des BGH v. 6.8.2004, 2 StR 241/04, DNotZ 2005, 193; *Kort*, Offene Fragen zu Gesellschafterliste, Gesellschafterstellung und gutgläubigem Anteilserwerb (§§ 40 und 16 GmbHG n.F.), GmbHR 2009, 169; *Krasauskaite/Schwarz*, Rechtswahlklauseln in Unternehmenskaufverträgen nach Einführung des Gerichts- und Notarkostengesetzes, DZWiR 2014, 51; *Küperkoch*, Notarielle Mitteilungspflichten, RNotZ 2002, 298; *Langhein*, Notarieller Rechtsverkehr mit englischen Gesellschaften, NZG 2001, 1123; *Lichtenberger*, Das Gesetz zur Änderung und Ergänzung beurkundungsrechtlicher Vorschriften, NJW 1980, 864; *ders.*, Muß die VOB/B öffentlich beurkundet werden?, NJW 1984, 159; *Limmer/Hertel/Frenz/Mayer*, Würzburger Notarhandbuch, 3. Aufl. 2012; *Link*, Gesellschafterliste und gutgläubiger Erwerb von GmbH-Anteilen aus Sicht der Notarpraxis RNotZ 2009, 193; *Löbbe*, Zuständigkeit von Geschäftsführer und Notar für Inhalt und Einreichung der GmbH-Gesellschafterliste, GmbHR 2012, 7; *Lüttmann/Breyer*, Notarielle Beurkundung von Schiedsvereinbarungen?, ZZP 119 (2006), 475; *Mayer*, Aufwertung der Gesellschafterliste durch das MoMiG, ZIP 2009, 1037, *ders.*, Der Erwerb einer GmbH nach den Änderungen durch das MoMiG, DNotZ 2008, 403; *ders.*, Aufwertung der Gesellschafterliste durch das MoMiG – Fluch oder Segen?, ZIP 2009, 1037; *Melchers*, Zur Verweisung als Erklärungsmittel in der notariellen Niederschrift BWNotZ 1991, 41; *Merkt*, Vertragsform beim Kauf von Anteilen an einer ausländischen Gesellschaft, ZIP 1994, 1417; *Meyding/Grau*, Earn-out-Klauseln und Absicherung von Garantieansprüchen – „tickende Zeitbomben" bei Distressed M&A?, NZG 2011, 41; *Mihm*, Die Mitwirkungsverbote gemäß § 3 BeurkG nach der Novellierung des notariellen BerufsrechtsDNotZ 1999, 8; *Mödl*, Die ausländische Kapitalgesellschaft in der notariellen Praxis, RNotZ 2008, 1; *Neumayer*, Die Vertretung öffentlich-rechtlicher Körperschaften, RNotZ 2001, 249; *Pfeiffer*, Auswirkungen der geplanten Notarkostenreform auf gesellschaftsrechtliche Vorgänge und M&A-Transaktionen, NZG 2013, 244; *Preuss*, Gesellschafterliste, Legitimation gegenüber der Gesellschaft und gutgläubiger Erwerb von GmbH-Anteilen, ZGR 2008, 676; *Reithmann*, Die „Verhandlung" (§ 8 BeurkG) als Kernstück der Beurkundung, DNotZ 2003, 603; *ders.*, Muss der Notar die Vollzugsnachrichten des Grundbuchamtes überprüfen?, NotBZ 2004, 100; *ders.*, Berichtigung notarieller Urkunden DNotZ 1999, 27; *Röll*, Die Beurkundung von GmbH-Gesellschafterbeschlüssen, DNotZ 1979, 644; *Schäfer*, Das Vollmachtsstatut im deutschen IPR – einige neuere Ansätze in kritischer Würdigung, RIW 1969, 189; *Schaub*, Ausländische Handelsgesellschaften und Registerverfahren, NZG 2000, 953; *ders.*, Stellvertretung bei Handelsregisteranmeldungen, MittBayNot 1999, 539; *Scheuch*, Die Pflicht zur Eintragung der Gesellschafter einer GbR in die GmbH-Gesellschafterliste, GmbHR 2014, 568; *Schippel/Bracker*, Bundesnotarordnung, 9. Aufl. 2011; *Schneeweiß*, Verbotene Rechtsberatung als Fallstrick für die notarielle Beurkundungspraxis? – Folgerungen aus dem Urteil des BGH vom 28.9.2000 – IX ZR 279/99, MittBayNot 2001, 24; *Schneider, Egon*, Über gekrümmte Linien, Bogen, Striche, Haken und Unterschriften, NJW 1998, 1844; *Schneider, Uwe*, Neue Haftungsrisiken für GmbH-Geschäftsführer bei Erstellung und Einreichung der Gesellschafterliste, GmbHR 2009, 393; *Schockenhoff/Höder*, Gutgläubiger Erwerb von GmbH-Anteilen nach dem MoMiG: Nachbesserungsbedarf aus Sicht der M&A-Praxis, ZIP 2006, 1841; *Schotten/Schmellenkamp*, Das Internationale Privatrecht in der notariellen Praxis, 2. Aufl. 2007; *Schuck*, Haftung des Notars für steuerliche Belehrungspflichten, BB 1996, 2332; *Schütze*, Internationales Notarverfahrensrecht, DNotZ 1992, 66; *Seibold/Groner*, Die Vollmacht in internationalen M&A-

145

und Finanzierungstransaktionen, NZG 2009, 126; *Stauf*, Umfang und Grenzen der Verweisungsmöglichkeiten nach § 13a BeurkG und der eingeschränkten Vorlesungspflicht nach § 14 BeurkG, RNotZ 2001, 129; *Suttmann*, Insichgeschäfte im Gesellschaftsrecht, MittBayNot 2011, 1; *Tebben*, Die Reform der GmbH – das MoMiG in der notariellen Praxis, RNotZ 2008, 441; *Tiedtke/Heitzer/Strauß/Rothhaar/Moderegger/Storch*, Streifzug durch das GNotKG, 10. Aufl. 2013; *Turiaux/Knigge*, Umweltrisiken bei M & A-Transaktionen. Risikominimierung durch Environmental Due Diligence Auditing, BB 1999, 913; *Vossius*, Gutgläubiger Erwerb von GmbH-Anteilen nach MoMiG, DB 2007, 2299; *Wachter*, Vertretungsfragen bei der Gründung einer Einpersonen-GmbH, GmbHR 2003, 660; *ders.*, Unternehmensnachfolge bei der GmbH und GmbH & Co. KG nach dem MoMiG. DB 2009, 159; *ders.*, GmbH-Reform: Auswirkungen auf die Übertragung von GmbH-Geschäftsanteilen, ZNotP 2008, 378; *ders.*, Neue Anzeigepflichten für Notare im Gesellschaftsrecht, ZNotP 2008, 113; *Weingärtner*, Das notarielle Verwahrungsgeschäft, 2004; *Winkler*, Änderungen des Beurkundungsgesetzes, MittBayNot 1999, 2; *ders.*, Beurkundungsgesetz, 17. Aufl. 2013; *ders.*, Änderung und Ergänzung beurkundungsrechtlicher Vorschriften; RPfleger 1980, 169; *ders.*, Der Wortlaut des GmbH-Vertrags bei Anmeldungen zum Handelsregister, DNotZ 1980, 578; *Wöstmann*, Anforderungen an das Verhalten des Notars (§ 14 III BNotO) unter Berücksichtigung der Richtlinien der Notarkammern, ZNotP 2002, 246; *Wolf*, Der Nachweis der Untervollmacht bei Notar und Grundbuchamt, MittBayNot 1996, 266; *Ziemons*, Freie Bahn für den Umzug von Gesellschaften nach Inspire Art?!, ZIP 2003, 1913; *Zimmer*, Rechtsgeschäftliche Vertretung und Zwangsvollstreckungsunterwerfung, NotBZ 2006, 302

I. Vorbereitung der Beurkundung

1. Mitwirkungsverbote

1 Vor jeder Beurkundung hat der Notar zu prüfen, ob er einem **Mitwirkungsverbot gem. § 3 BeurkG** unterliegt. Nach § 3 Abs. 1 S. 1 BeurkG soll der Notar bei der Beurkundung bestimmter Angelegenheiten nicht mitwirken. Der zentrale **Betriff der Angelegenheit** ist ähnlich dem zivilprozessualen Begriff des Streitgegenstandes auszulegen: Es handelt sich **nicht um einen bestimmten rechtlichen Vorgang, sondern um einen Lebenssachverhalt**[1]. Die Grenzen des Lebenssachverhaltes sind so zu sehen, dass aus der Sicht des Rechtsverkehrs die Besorgnis der Befangenheit des Notars nicht aufkommt[2]. Insofern kommt es im Wesentlichen darauf an, inwieweit die Interessen der beteiligten Personen einen bestimmten Sachverhalt aus der Sicht des Rechtsverkehrs zu einem einheitlichen machen[3].

---

[1] *Baumann/Limmer* RNotZ 2005, 358; *Arndt/Lerch/Sandkühler* BNotO, § 16 Rz. 13; a.A. *Armbrüster*, dieser präzisiert die Angelegenheit dahingehend, dass er auf das durch den konkreten Beurkundungsauftrag begrenzte Rechtsverhältnis abstellt, unter Einbeziehung der dadurch unmittelbar präjudizierten Rechtsverhältnisse, vgl. *Armbrüster/Leske* ZNotP 2001, 453; *Huhn/v. Schuckmann/Armbrüster* BeurkG, § 3 Rz. 19.

[2] BT-Drucks. 13/4184, S. 36; BT-Drucks. 890/95, S. 36.

[3] § 16 BNotO a.F. brachte dies deutlicher zum Ausdruck. Dort wurde die Sachbeteiligung als Beteiligung „bei der den Gegenstand des Amtsgeschäfts bildenden Angelegenheit" bezeichnet, vgl. *Armbrüster/Leske* ZNotP 2001, 454 f.; *Armbrüster/Preuß/Renner* BeurkG, § 3, Rn. 18.

I. Vorbereitung der Beurkundung

Der Notar soll an Angelegenheiten nicht mitwirken, die ihm als eigene Angelegenheiten zuzurechnen sind (Nr. 1), ebenso wenig an Angelegenheiten enger Angehöriger (Nr. 2, Nr. 2a und Nr. 3) oder an Angelegenheiten seiner Sozien (Nr. 4) oder Angelegenheiten einer Person, die der Notar oder sein Sozius gesetzlich vertritt. Auch Angelegenheiten aller Personen, deren vertretungsberechtigtem Organ der Notar oder ein Sozius angehört unterliegend dem genannten Beurkundungsverbot.

Von **besonderer Bedeutung im Bereich des Anwaltsnotariats ist § 3 Abs. 1 S. 1 Nr. 7 BeurkG – sog. Vorbefassungsverbot.** Hiernach ist der Notar von der Beurkundung ausgeschlossen, wenn er oder ein Sozius in Angelegenheiten einer an der Beurkundung beteiligten Person außerhalb seiner Amtstätigkeit – also als Rechtsanwalt – bereits tätig war oder ist, es sei denn, diese Tätigkeit wurde im Auftrag aller Personen ausgeübt, die an der Beurkundung beteiligt sein sollen[4]. Eine im Vorfeld der geplanten Beurkundung geleistete anwaltliche Beratung durch den Anwaltsnotar oder einen Sozius führt daher zu einem Ausschluss der Tätigkeit als Notar in der geplanten Beurkundung[5]. Eine **Ausnahme** besteht lediglich dann, wenn die **anwaltliche Tätigkeit im Auftrag aller Beteiligten ausgeführt** wurde; d.h., sie kommt insbesondere in Betracht, wenn der Anwalt oder seine Sozien für mehrere an einer Beurkundung beteiligte **Konzerngesellschaften** tätig waren[6]. Ansonsten sind schon aufgrund des anwaltlichen Berufsrechts die Fälle selten, in denen ein Rechtsanwalt oder eine Rechtsanwaltskanzlei mehrere Parteien mit widerstreitenden Interessen in einer Angelegenheit gemeinsam vertreten können[7].

Gem. Nr. 8 darf der Notar außerdem nicht handeln, wenn ihn eine an der Beurkundung beteiligte Person in derselben Angelegenheit bevollmächtigt hat oder zu welcher der Notar oder ein Sozius in einem ständigen Dienst- oder ähnlichem Geschäftsverhältnis steht, bzw. gem. Nr. 9 in Angelegenheiten einer Gesellschaft, an welcher der Notar mehr als nur unmaßgeblich beteiligt ist.

Die genannten Mitwirkungsverbote sind zwar als Sollvorschrift formuliert, binden den Notar allerdings als **berufsrechtliches Verbot**[8]. Die Mitwirkungsverbote stehen auch **nicht zur Disposition der Parteien**, so dass auch ein Einver-

---

[4] OLG Frankfurt am Main 2 Not 13/10, BeckRS 2012, 07813.
[5] Der Anwendungsbereich des § 3 Abs. 1 Nr. 7 BeurkG lässt sich mit den Worten des Vorsitzenden des Rechtsausschusses des Deutschen Bundestages wie folgt umschreiben: „War oder ist der Anwalt oder sein Sozius oder sein Partner als Rechtsanwalt, Patentanwalt, Steuerberater, Wirtschaftsprüfer, vereidigter Buchprüfer oder in sonstiger Weise, die auch privates Handeln einschließt, in einer Angelegenheit tätig, ist diese für ihn als Notar tabu." vgl. *Eylmann* NJW 1998, 2931.
[6] OLG Köln 2 X (Not) 17/03, NJW 2005, 2092; s. auch OLG Celle Not 10/05, DNotZ 2006, 553; OLG Celle Not 24/03 DNotZ 2004, 716.
[7] Zu den wenigen Fällen, in denen eine Ausnahmeregelung in Betracht kommt, gehören etwa solche des Umwandlungsrechts oder der Einmann-GmbH. Lässt sich etwa ein Mandant zunächst steuerrechtlich beraten, ist die anschließende Beurkundung der Gründung einer Ein-Mann-GmbH zulässig, weil hier der Mandant der einzige materiell Beteiligte ist, vgl. *Eylmann* NJW 1998, 2931.
[8] BayObLG 3 Z BR 58/95, NJW-RR 1996, 991; *Armbrüster/Preuß/Renner* BeurkG § 3 Rn. 2; *Mihm* DNotZ 1999, 9; *Winkler* BeurkG, § 3 Rn. 10.

§ 9 Beurkundungsverfahren

ständnis aller Beteiligten mit der Mitwirkung des Notars das Mitwirkungsverbot nicht aufhebt[9].

4 Im Bereich von Unternehmenstransaktionen führt immer wieder das in geregelte § 3 Abs. 1 S. 1 Nr. 7 BeurkG **Vorbefassungsverbot** zu schwierigen **Abgrenzungsfragen**. Entscheidend ist die Frage, wie weit der Lebenssachverhalt der Unternehmenstransaktionen zu fassen ist, d.h. **welche Vorgänge noch zu der Angelegenheit Unternehmenstransaktion der beteiligten Parteien zu zählen sind**. So führt z.B. die anwaltliche Beratung des Verkäufers im Hinblick auf den Kaufgegenstand ohne Zusammenhang mit der nunmehr beabsichtigten Veräußerung des Kaufgegenstandes nicht zu einem Beurkundungsverbot. Dies ändert sich auch nicht dadurch, dass bestimmte Rechtsverhältnisse, die im Rahmen eines Garantiekataloges zum Gegenstand des Unternehmenskaufvertrages gemacht werden, in der Vergangenheit durch den Notar oder seiner Sozien anwaltlich beraten wurden. So wird z.B. die arbeitsrechtliche Beratung beim Abschluss von Betriebsvereinbarungen mit dem Betriebsrat nicht dadurch zu einer Angelegenheit von Käufer und Verkäufer bei der Veräußerung des betroffenen Unternehmens, das in einem Garantiekatalog das Bestehen dieser bestimmen Betriebsvereinbarung zugesichert wird oder zugesichert wird, dass es keine anderen Betriebsvereinbarungen gibt. Anders ist dagegen der Fall zu beurteilen, in dem der Notar als Rechtsanwalt in Umsetzung oder Vorbereitung der Unternehmensveräußerung Umstrukturierungen rechtlich begleitet hat. Hier dürfte in den meisten Fällen eine einheitliche Angelegenheit des Verkäufers, die sowohl die Unternehmensveräußerung sowie die Vorbereitung umfasst, anzunehmen sein. Die Besonderheit des Vorbefassungsverbots besteht darin, dass der Begriff der Angelegenheit sich nicht aus der Zuordnung zu einer bestimmten Person ergibt – in diesem Fall ist die Feststellung, ob ein Mitwirkungsverbot des Notars besteht, relativ einfach zu treffen, da die Angelegenheit nur daraufhin untersucht werden muss, ob die Rechte und Pflichten dieser Person durch den Beurkundungsvorgang unmittelbar betroffen werden[10]. Beim Vorbefassungsverbot kommt dagegen hinzu, dass es sich der Sache nach um dieselbe Angelegenheit handeln muss, so dass nicht nur eine Zuordnung des Lebenssachverhaltes zu einer an der Beurkundung beteiligten Person, sondern auch die genaue Abgrenzung seiner Reichweite erforderlich ist[11].

5 Von besonderer Bedeutung bei Unternehmenstransaktionen ist neben den Mitwirkungsverboten des § 3 Absatz 1 das **Ablehnungsrecht des § 3 Abs. 3 S. 1 Nr. 1 BeurkG**. Danach ist der Notar verpflichtet, die Beteiligten vor der Beurkundung darauf hinzuweisen, wenn er in einer Angelegenheit einer Gesellschaft tätig ist, deren Aufsichtsrat er angehört. In diesem Fall haben die Beteiligten ein Ablehnungsrecht.

---

[9] *Baumann/Limmer* RNotZ 2005, 357.
[10] *Armbrüster/Leske* ZNotP 2001, 453; *Harborth/Lau* DNotZ 2002, 414; *Winkler* BeurkG, § 3 Rn. 24.
[11] *Harder/Schmidt* DNotZ 1999, 960 f.; *Mihm* DNotZ 1999, 8.

I. Vorbereitung der Beurkundung

Im Ergebnis ist bei der Prüfung der Mitwirkungsverbote von einem eher **weiten Begriff der Angelegenheit** auszugehen, da die Vorschrift der Wahrung der Unparteilichkeit des Notars dient und insbesondere auch gem. § 14 Abs. 3 S. 2 BNotO der Notar selbst den Anschein parteiischen Verhaltens zu vermeiden hat[12]. In Zweifelsfällen kann die **Amtsgewährungspflicht gem. § 15 Abs. 1 BNotO in Konflikt mit** einem möglicherweise bestehenden **Mitwirkungsverbot** nach § 3 des BeurkG stehen; sinnvollerweise sollte der Notar in diesen Fällen gem. § 16 Abs. 2 BNotO eine **Selbstablehnung wegen Befangenheit** aussprechen.[13]

6

Im Zusammenhang mit Unternehmenstransaktionen steht der Notar häufig vor der Aufgabe, **Gesellschafterbeschlüsse** zu beurkunden. Auch hier gelten die genannten Vorschriften. Interessanterweise differenziert die herrschende Meinung allerdings zwischen Hauptversammlungsbeschlüssen einer Aktiengesellschaft und Gesellschafterbeschlüssen bei der Gesellschaft mit beschränkter Haftung[14].

Bei der **Hauptversammlung** soll die Aktionärseigenschaft der in Nr. 2, 3 und 4 genannten Personen der Beurkundung nicht entgegenstehen, und es ist überdies strittig, ob deren Teilnahme an der Hauptversammlung ein Mitwirkungsverbot begründet oder nicht[15].

Anders bei der **GmbH**: Hier soll bereits die reine Gesellschaftereigenschaft der in Nr. 2, 3 und 4 genannten Personen ein Mitwirkungsverbot des Notars begründen[16]. Häufig wird auch nach personalistischer oder kapitalistischer Struktur der Gesellschaft unterschieden[17]. Ratsam ist, von der Beurkundung eines Gesellschafterbeschlusses immer dann Abstand zu nehmen, wenn vermutungsbegründende Personen Gesellschafter sind.

2. Festlegung der materiell Beteiligten

Wesentlicher Teil der Vorbereitung der Beurkundung einer Unternehmenstransaktion ist die Festlegung derjenigen juristischen und natürlichen Personen auf allen Seiten, die im Rahmen der Beurkundung rechtsverbindliche Erklärungen abgeben sollen – sog. materiell Beteiligte[18]. Dies erscheint auf den ersten Blick keine be-

7

---

[12] So ausdrücklich der BT-Rechtsausschuss, BT-Drucks. 13/11034, S. 37.
[13] Diese Selbstablehnung ist bei jeder Amtstätigkeit, nicht nur bei der Beurkundungstätigkeit, möglich. Gründe der Selbstablehnung können z.B. in persönlichen Beziehungen zu den Beteiligten oder Vorbehalten der Beteiligten im Hinblick auf die Verletzung der Unparteilichkeit liegen, vgl. *Winkler* BeurkG, § 3 Rn. 9.
[14] *Winkler* BeurkG, § 3 Rn. 43.
[15] *Winkler* BeurkG, § 3 Rn. 43, 45.
[16] So allgemein – nicht nur für Versammlungsbeschlüsse – *Armbrüster/Preuß/Renner* BeurkG, § 3 Rn. 25.
[17] *Winkler* BeurkG, § 3 Rn. 49 f.; Arndt/Lerch/*Sandkühler* BNotO, § 16 Rn. 35 zur AG, anders dagegen Rn. 39 zur GmbH; a.A. *Armbrüster/Preuß/Renner* BeurkG, § 3 Rn. 45; Eylmann/Vaasen/ *Eylmann* BeurkG, § 3 Rn. 19; Schippel/Bracker/*Schäfer* BNotO, § 16 Rn. 22.
[18] Im Gegensatz zu den sog. formell Beteiligten gem. § 6 Abs. 2 BeurkG.

sonderen Schwierigkeiten zu bereiten: Auf Verkäuferseite müssen die berechtigten Eigentümer bzw. Inhaber der Kaufsache festgestellt werden und auf der Käuferseite die Erwerber.

8   Darüber hinaus kommt es jedoch sehr häufig vor, dass neben den direkten Verkäufern und Käufern zahlreiche weitere juristische oder natürliche Personen Erklärungen abgeben müssen[19]. Dies trifft insbesondere auf mit Käufer oder Verkäufer **konzernverbundene Unternehmen** zu. Häufig ist vorgesehen, dass Mutter- bzw. Konzernübergesellschaften die eine **Bürgschaft** oder selbstschuldnerische **Mithaftung** für alle oder einzelne Vertragspflichten der unmittelbar Beteiligten übernehmen. Zudem kann es sein, dass die Gesellschafter der unmittelbar Beteiligten im Rahmen der Urkunde **Zustimmungserklärungen** abgeben oder **Gesellschafterbeschlüsse** fassen. Insbesondere **Vinkulierungsklauseln** in GmbH-Gesellschaftsverträgen machen solche Beschlüsse erforderlich. Werden im Rahmen einer Unternehmensaktion bestehende **schuldrechtliche Vereinbarungen aufgehoben oder geändert**, z.B. bestehende Vertragsverhältnisse mit Konzerngesellschaften der Verkäuferseite oder Familienmitgliedern des Verkäufers, ist auch die Mitwirkung aller an den Vertragsverhältnissen beteiligten Personen erforderlich. Ist die Unternehmenstransaktion zusätzlich zum Übergang von Geschäftsanteilen mit der Abtretung von **Gesellschafterdarlehen** verbunden, sind die Darlehensgeber an der Beurkundung zu beteiligen; gleiches gilt für die Inhaber freizugebender **Sicherheiten**. Die Anzahl an der Beurkundung zu beteiligender Personen kann dadurch reduziert werden, dass bestimmte Erklärungen, Zustimmungsbeschlüsse und ähnliches entweder **vor der Beurkundung eingeholt** werden **oder als Vollzugsbedingung im Nachgang zu der Beurkundung beschafft** werden sollen. Hierbei ist dann darauf zu achten, ob eine Seite für den Eingang solcher Erklärungen die Verantwortung übernehmen soll oder nicht.

9   Da bei Unternehmenskaufverträgen häufig **Gesellschaften** als materiell Beteiligte auftreten, sollte sich der Notar **von deren Existenz vergewissern**. Bei Beteiligung von deutschen juristischen Personen und Personenhandelsgesellschaften kann der Notar dies durch **Einsichtnahme in das elektronische Handelsregister** ermitteln. Im Fall von **ausländischen Gesellschaften** kann die Ermittlung der Existenz dagegen Schwierigkeiten bereiten. Bei Gesellschaften aus **Staaten, die über ein dem Handelsregister vergleichbares Gesellschaftsregister verfügen**, etwa Frankreich[20], Luxemburg[21], die Niederlande[22], Österreich[23], Schweden[24]

---

[19] Zu den Fallgestaltungen in der Praxis vgl. auch Hauschild/Kallrath/Wachter/*de Lousanoff* NotarHdb, § 20 Rn. 16.
[20] Eine Einsichtnahme und Abrufung der sog. K-*bis* ist online möglich unter www.infogreffe.fr.
[21] Unter www.rcsl.lu können Registerauszüge online abgerufen werden.
[22] Eine Einsichtnahme und Abrufung von Handelsregisterauszügen ist online möglich unter www.kvk.nl//handelsregister.
[23] Eine Abfrage ist online möglich unter www.firmenbuch.at.
[24] Unter www.bolagsverket.se/en kann der Handelsregisterauszug elektronisch abgerufen werden.

und die Schweiz[25], lässt sich der Existenznachweis durch Einsichtnahme in das entsprechende Register führen[26], auf deren Grundlage der Notar eine Bescheinigung gem. § 21 BNotO ausstellen kann[27]. Bei **englischen** haftungsbeschränkten **Gesellschaften** kann der Notar beim *Companies House* ein sog. *Certificate of Good Standing* anfordern, das die Existenz der Gesellschaft zum derzeitigen Zeitpunkt, also über die Gründung (*Certificate of Incorporation*) hinaus, beweist[28]. Bei haftungsbeschränkten **US-amerikanischen Gesellschaften** kann der Notar beim zuständigen *Secretary of State* ebenfalls ein *Certificate of Good Standing* beantragen[29]. Zum Nachweis der Echtheit ist das englische bzw. US-amerikanische *Certificate of Good Standing* grundsätzlich **mit einer Apostille zu versehen**[30]. Im Übrigen kann der **Nachweis** auch **durch einen örtlichen Notar** erbracht werden, dessen Bestätigung ebenfalls mit einer Apostille bzw. Legalisation versehen werden muss[31]. Notfalls kann sich der Notar auch mit den Beteiligten verständigen, ob sie mit der **Bestätigung durch einen örtlichen Rechtsanwalt** einverstanden sind[32].

3. Festlegung der formell Beteiligten

Der Notar muss die **Identität und ggf. die Vertretungsbefugnis der tatsächlich erschienenen Personen prüfen und feststellen** – sog. formell Beteiligte gem. § 6 Abs. 2 BeurkG.

a) Identitätsfeststellung bei natürlichen Personen

Bei **natürlichen Personen** ist zunächst zu **klären, ob diese selbst an der Beurkundung teilnehmen oder sich vertreten lassen**. Handelt die natürliche Person für sich selbst, ist lediglich die Feststellung ihrer Identität im Beurkundungstermin notwendig. Nach § 26 Abs. 1 DONot hat der Notar auf die zweifelsfreie **Identitätsfeststellung** in jedem Fall besondere Sorgfalt zu verwenden. In der Regel genügen hierzu von einer Behörde im Rahmen ihrer Funktion ausgestellte Lichtbildausweise[33], wogegen für die Identifikationsprüfung nach dem Geldwä-

---

[25] Unter www.zefix.ch können Firmen gesucht und die Kontaktdaten des zuständigen Handelsregisters abgerufen werden.
[26] Hauschild/Kallrath/Wachter/*de Lousanoff* NotarHdb, § 20 Rn. 14.
[27] Schippel/Bracker/*Reithmann* BNotO, § 21 Rn. 20.
[28] LG Berlin 102 T 48/04, NZG 2004, 1014; *Langhein* NZG 2001, 1123, 1125; *Mödl* RNotZ 2008, 1, 11.
[29] OLG Köln 2 Wx 42/13, FGPrax 2013, 74; vgl. auch *Fischer* ZNotP 1999, 352, 356 f.
[30] Nach LG Berlin 102 T 48/04, NZG 2004, 1014 ist bei Fehlen einer Apostille gem. § 438 Abs. 1 ZPO nach pflichtgemäßem Ermessen zu entscheiden, ob das *Certificate of Good Standing* als echt anzusehen ist.
[31] Bezüglich der englischen Notare Süß/*Wachter* Hdb Int GmbH-Recht, § 2 Rn. 65.
[32] Hauschild/Kallrath/Wachter/*de Lousanoff* NotarHdb, § 20 Rn. 15.
[33] Vgl. bereits BGH III ZR 11/55, DNotZ 1956, 502.

schegesetz nur ein Personalausweis oder Reisepass hinreichend sind (§ 1 Abs. 5 GwG). Auf den Ablauf der Gültigkeitsdauer kommt es nicht an[34]. Zur Not kann der Notar seine Feststellungsverpflichtung auch dadurch nachkommen, dass eine ihm als zuverlässig bekannte Auskunftsperson ihm die handelnde Person vorstellt[35]. Dies sollte jedoch die absolute Ausnahme bleiben.

11 Im **Anwendungsbereich des Geldwäschegesetzes** bestehen **erweiterte Prüfungspflichten**: Da der Kauf und Verkauf von Immobilien oder Gewerbebetrieben gem. § 2 Abs. 1 Nr. 7 GwG eine allgemeine Identifizierungspflicht des Notars jenseits der Identifizierungspflicht nach § 10 des BeurkG auslöst, sind auch die dortigen strengeren Vorgaben zu beachten. So hat der Notar, wenn die Person zum ersten Mal vor ihm auftritt, nach § 6 Abs. 2 Nr. 2 GwG sich anhand eines gültigen Personalausweises oder Reisepasses von der Identität der Person zu überzeugen. Zudem muss der Notar den wirtschaftlich Berechtigten des beabsichtigten Rechtsgeschäfts erfragen[36]. Das **Verhältnis** der Vorschriften des Geldwäschegesetzes **zur Urkundsgewährungspflicht** ist umstritten[37]. § 3 Abs. 6 S. 3 GwG hebt ausdrücklich das Verbot der Begründung einer Geschäftsbeziehung für den Fall auf, dass ein Beteiligter um Rechtsberatung nachsucht. Daher ist es grundsätzlich nicht gerechtfertigt, die Vornahme einer Beurkundung wegen fehlender Identifizierung nach dem GwG grundsätzlich abzulehnen[38]. Allerdings sollte der Notar in diesem Fall auf einer nachträglichen Identifizierung bestehen und ggf. erforderliche Vollzugshandlungen von der Vornahme der Identifizierung abhängig machen[39]. Eine hartnäckige Verweigerung seitens der Mandanten und Beteiligten sollte der Notar allerdings zur Versagung seiner Amtstätigkeit veranlassen, da dies einen ausreichenden Grund im Sinne von § 15 Abs. 1 S. 1 BNotO darstellt[40]. Jenseits dieser Fälle darf der Notar seine Mitwirkung nicht deswegen verweigern, weil er hinreichende Feststellungen über die Identität der Beteiligten nicht treffen konnte[41]. Er muss dies allerdings in der Urkunde festhalten und darf nur beurkunden, wenn alle Beteiligten dies verlangen (§ 10 Abs. 2 S. 2 BeurkG). Da ein solcher Vermerk die praktische Verwendbarkeit der Urkunde erheblich beeinträchtigt, ist von einem

---

[34] OLG Frankfurt a.M. Not 4/88, DNotZ 1989, 640; *Winkler* BeurkG, § 10 Rn. 19.

[35] Hierzu anschaulich § 25 Abs. 1 S. 3 BeurkG a.F.: „Als Erkennungszeugen sind regelmäßig nur solche Personen geeignet, die der Notar selbst als zuverlässig kennt und die nicht an der den Gegenstand der Amtshandlung bildenden Angelegenheit beteiligt sind oder zu einem Beteiligten in näheren verwandtschaftlichen oder sonstigen, dem Notar bekannten Beziehungen stehen."; Armbrüster/Preuß/Renner/*Eickelberg* DONot, § 26 Rn. 14; *Winkler* BeurkG, § 10 Rn. 23.

[36] Hauschild/Kallrath/Wachter/*Heinemann* NotarHdb, § 8 Rn. 75; Armbrüster/Preuß/Renner/*Piegsa* BeurkG, § 10 Rn. 25 ff.

[37] Armbrüster/Preuß/Renner/*Piegsa* BeurkG, § 10 Rn. 29; *Winkler* BeurkG, § 10 Rn. 75 f.

[38] Rdschr. BNotK 11/2009 v. 13.5.2009, S. 23.

[39] Rdschr. BNotK 11/2009 v. 13.5.2009, S. 23.

[40] Rdschr. BNotK 11/2009 v. 13.5.2009, S. 23.

[41] Rdschr. BNotK 11/2009 v. 13.5.2009, S. 23.

I. Vorbereitung der Beurkundung

solchen Vorgehen bei Unternehmenstransaktionen Abstand zu nehmen. Zumindest die Vorstellung durch eine Auskunftsperson – siehe oben – sollte möglich sein.

b) Vertretungsbefugnis

Natürliche Personen können und juristische Personen müssen Willenserklärungen durch **Vertreter** abgeben lassen. Gem. § 12 BeurkG sind bei der Beurkundung vorgelegte **Vollmachten und sonstige Vertretungsnachweise** der Niederschrift zumindest **in beglaubigter Abschrift** beizufügen. Ergibt sich die Vertretungsmacht eines Erschienenen aus der Eintragung im **Handelsregister**, so genügt eine entsprechende Bescheinigung des amtierenden oder eines anderen Notars[42]. Der Notar hat die **Vertretungsmacht der Erschienenen zu überprüfen**[43]. Hierzu ist zwischen rechtsgeschäftlicher Vollmachten einerseits und gesetzlich bestehender Vertretungsmacht andererseits zu unterscheiden.

12

aa) Vollmacht

Im Falle der **Vollmachterteilung** hat sich der Notar diese in Urschrift oder in Ausfertigung vorlegen zu lassen, denn nur so kann er prüfen, ob die Vollmacht ihrem **Umfang** nach für das beabsichtigte Rechtsgeschäft geeignet ist und zum Beurkundungstermin noch fortbesteht[44]. Die vorgelegten Vollmachten sind gem. § 12 BeurkG der Niederschrift in Urschrift oder in beglaubigter Abschrift beizufügen. Die Aufgabe des Notars erschöpft sich jedoch nicht darin, das Bestehen und die fortdauernde Wirksamkeit der Vollmacht zu überprüfen, sondern er muss auch überprüfen, ob die ihm vorgelegte Vollmacht durch die handelnden Personen für das konkrete beabsichtigte Rechtsgeschäft hinreichend sind[45]. Hierbei stellt das **Verbot des Insichgeschäfts nach § 181 BGB** ein besonderes Problem dar. Handelt wie häufig ein Erschienener für mehrere Urkundsbeteiligte, ist zum einen die Anwendbarkeit des § 181 BGB zu prüfen, und zum anderen – falls erforderlich – das Vorliegen einer Befreiung.[46] Der **Anwendungsbereich** des § 181 BGB muss zunächst **in internationaler und** dann in **sachlicher Hinsicht festgestellt werden**. Die ganz h.M. knüpft die Erteilung von Vollmachten und damit auch die Geltung des Verbots des § 181 BGB selbständig, d.h., an das sog. **Vollmachtstatut** an[47]. Dieses ist nach der Rechtsprechung grundsätzlich das Recht des Staates, in

13

---

[42] Hauschild/Kallrath/Wachter/*de Lousanoff* NotarHdb, § 8 Rn. 75.
[43] BGH IX ZR 252/86, DNotZ 1989, 43; Eylmann/Vaasen/*Limmer* BeurkG, § 12 Rn. 3; *Neumeyer* RNotZ 2001, 250; *Winkler* BeurkG, § 12 Rn. 1.
[44] BGH IX ZR 66/92, NJW 1993, 2745; *Dorsel* MittRhNotK 1997, 7; *Mödl* RNotZ 2008, 18.
[45] OLG Hamm 15 W 309/99, DNotZ 2000, 382.
[46] Das Verbot des Selbstkontrahierens gilt nicht für Insichgeschäfte des Vertreters, die dem Vertretenen lediglich einen rechtlichen Vorteil bringen (BGH IV ZR 225/69, NJW 1972, 2262); zu Insichgeschäften im Gesellschaftsrecht ausführlich *Suttmann* MittBayNot 2011, 1.
[47] Eingehend *Seibold/Groner* NZG 2003, 126 ff.; MünchKommBGB/*Spellenberg*, Vorbemerkung zu Art. 11 EGBGB Rn. 107 ff.

dem von der Vollmacht Gebrauch gemacht wird oder Gebrauch gemacht werden soll – sog. **Wirkungsstatut**[48]. Danach kommt deutsches Recht und mithin § 181 BGB zur Anwendung, wenn die Vollmacht in Deutschland benutzt werden soll. Hat ein (kaufmännischer) Vertreter eine feste Niederlassung, bestimmt die Rechtsprechung das anzuwendende Recht teilweise nach dem **Ortsrecht der Niederlassung**, wenn der Vertreter dort gehandelt hat[49]. In Zweifelsfällen sollte der Notar darauf hinwirken, dass durch das Auftreten mehrerer Bevollmächtigter das Eingreifen des § 181 BGB von vorneherein vermieden wird. Sollte das aufgrund des Umstandes, dass mehrere Urkundsbeteiligte lediglich eine einzige Person bevollmächtigt haben, nicht möglich sein, ist an eine **nachträgliche Genehmigung** zu denken. Besonderheiten gelten bei Vollmachten im Grundstücksverkehr. Hinsichtlich der **Grundstücksverfügung** sollen diese immer dem **Recht der Belegenheit** unterliegen (*lex rei sitae*), so dass bei Vollmachten zur Verfügung über deutsche Grundstücke § 181 BGB immer zur Anwendung kommt[50]; bezüglich des zugrundeliegenden schuldrechtlichen Vertrags soll dagegen wiederum das Recht des Wirkungslandes gelten[51].

14 Ob hinsichtlich der Vollmacht eine **Rechtswahl** möglich ist, wurde bislang nicht abschließend geklärt. Die herrschende Lehre geht davon aus, dass eine Rechtswahl **grundsätzlich zulässig** ist, wenn der Vertragspartner Kenntnis von der Rechtswahl hat[52]. In der Praxis ist die vorsorgliche Aufnahme einer Rechtswahlklausel zu empfehlen[53].

Die Vollmacht bedarf gem. § 167 Abs. 2 BGB **grundsätzlich nicht der Form des Hauptgeschäfts**. Ausnahmen können sich aus spezialgesetzlichen Anordnungen ergeben[54]. Zu Einzelheiten hinsichtlich der Formbedürftigkeit von Vollmachten siehe unter Rn. 96 f.

15 Die von der Anwendbarkeit des materiellen Rechts zu trennende Frag nach der **internationalen Formwirksamkeit der Vollmacht** richtet sich nach Art. 11

---

[48] Bezugnahme auf den Gebrauchsort: BGH III ZR 142/89, NJW 1990, 3088; RG I 10/31, RGZ 134, 69; Bezugnahme auf den intendierten Gebrauchsort: BGH IVb ZB 626/80, NJW 1982, 2733; BGH I ZR 40/73, NJW 1975, 1222; vgl. auch BGH XI ZR 125/03, NJW 2004, 1315; *Schütze* DNotZ 1992, 73; *Seibold/Groner* NZG 2009, 128.

[49] BGH VII ZR 218/89, NJW 1990, 3088; BGH I ZR 40/73, NJW 1975, 1222; BGH VIII ZR 146/60, JZ 1963, 167; *Dorsel* MittRhNotK 1997, 8; *Seibold/Groner* NZG 2009, 127; krit. *Schäfer* RIW 1996, 192.

[50] BGH V ZR 212/60, NJW 1963, 47; RG VII 83/35, RGZ 149, 94; *Dorsel* MittRhNotK 1997, 8; *Seibold/Groner* NZG 2009.

[51] BGH V ZR 212/60, NJW 1963, 47; Palandt/*Thorn*, Anhang zu Art. 10 EGBGB Rn. 2.

[52] *Dorsel* MittRhNotK 1997, 11; *Schäfer* RIW 1996, 190; *Seibold/Groner* NZG 2009, 129; ausführlich MünchKommBGB/*Spellenberg*, Vorbemerkung zu Art. 11 EGBGB Rn. 91 ff.

[53] *Seibold/Groner* NZG 2003, 126, 129.

[54] In ständiger Rechtsprechung ist außerdem anerkannt, dass unwiderrufliche Vollmachten zum Abschluss von Geschäften, die nach § 311 b BGB formbedürftig sind, d.h. insbesondere Verträge über die Verpflichtung zum Erwerb oder der Übertragung des Eigentums an Grundstücken, selbst notariell beurkundet werden müssen, vgl. BGH VIII ZR 187/06, NJW 2008, 845.

I. Vorbereitung der Beurkundung

Abs. 1, 4 EGBGB. Danach ist es grundsätzlich ausreichend, wenn die **Vollmacht entweder nach dem Vollmachtstatut oder nach dem Ortsrecht der Erteilung formwirksam** ist[55].

Sind lediglich **privatschriftliche Vollmachten** erforderlich, ist es gleichgültig, 16 ob diese im In- oder Ausland unterschrieben wurden. Sind **Vollmachten** jedoch **in beglaubigter Form erforderlich, ist eine im Inland anerkannte Beglaubigung notwendig**[56]. Die Beglaubigung der Vollmacht durch einen **ausländischen Notar** setzt somit, sofern nicht ausnahmsweise auf staatsvertraglicher Grundlage eine **Ausnahme** besteht (so für **Belgien, Dänemark, Frankreich, Italien und Österreich**[57]), die Bestätigung der ausländischen Beglaubigung durch die sog. **Apostille**[58] nach dem Haager Übereinkommen[59] voraus. Ist das Land dem Haager Übereinkommen nicht beigetreten, ist die sog. **Legalisation**[60] erforderlich. Die Legalisation erfolgt in der Weise, dass zunächst die Unterschrift des ausländischen Notars durch eine entsprechende staatliche Stelle beglaubigt und sodann die Unterschrift des entsprechenden Staatsbeamten durch die Botschaft bzw. Konsulat der Bundesrepublik Deutschland überbeglaubigt wird. Gleiches gilt für Bescheinigungen ausländischer Stellen über organschaftliche Vertretungsmacht bei Gesellschaften.

bb) Organschaftliche Vertretungsmacht

Bei **organschaftlicher Vertretungsmacht** legt der erschienene Geschäfts- 17 führer naturgemäß keine Vollmachtsurkunde vor, sondern bezieht sich auf die mit seiner Organstellung verbundene Vertretungsmacht. Diese ist üblicherweise durch eine **Notarbescheinigung** gemäß § 21 BNotO nach Einsicht in das entsprechende Register nachzuweisen. Bei Beteiligung von deutschen juristischen Personen und Personenhandelsgesellschaften kann der Notar die Vertretungsbefugnisse durch **Einsichtnahme in das Handelsregister** ermitteln.[61] Wenn bei einer **Auslandsgesellschaft eine Zweigniederlassung im Handelsregister eingetragen** ist, genügt es ebenso, das Handelsregister einzusehen[62].

---

[55] Zu den Einschränkungen der Ortsform MünchKommBGB/*Spellenberg*, Art. 11 EGBGB Rn. 172 ff.

[56] Armbrüster/Preuß/Renner/*Piegsa* BeurkG § 12 Rn. 21; Palandt/*Thorn* Anhang zu Art. 10 EGBGB Rn. 3.

[57] MünchKommBGB/*Spellenberg*, Art. 11 EGBGB Rn. 198.

[58] Die Apostille ermöglicht einen vereinfachten Echtheitsnachweis für ausländische öffentliche Urkunden. Zuständig ist in diesem Fall eine dazu bestimmte Behörde des Staates, in dem die Urkunde errichtet wurde, siehe dazu *Schaub* NZG 2000, 953, 957 f.

[59] Haager Übereinkommen über das auf die Form letztwilliger Verfügungen anzuwendende Recht vom 5. Oktober 1961.

[60] Hierzu *Schaub* NZG 2000, 953, 956.

[61] Hauschild/Kallrath/Wachter/*de Lousanoff* NotarHdb, § 20 Rn. 18; Armbrüster/Preuß/Renner/ *Piegsa* BeurkG § 12 Rn. 23 f.; *Winkler* BeurkG, § 12 Rn. 20.

[62] KG 1 W 434/12, RNotZ 2013, 426; Armbrüster/Preuß/Renner/*Piegsa* BeurkG, § 12 Rn. 36 f.

18 Im Fall von **ausländischen Gesellschaften** kann die Feststellung der Vertretungsverhältnisse im Übrigen Schwierigkeiten bereiten. Nach dem deutschen IPR entscheidet das **Gesellschaftsstatut** über die Frage, wer die Auslandsgesellschaft vertreten darf[63]. Das Gesellschaftsstatut richtet sich nach der Rechtsprechung grundsätzlich nach der **Sitztheorie**, also nach dem Ort der Hauptverwaltung; dies betrifft insbesondere auch die Schweiz[64]. Bei Gesellschaften, die in der **EU oder im EWR gegründet** worden sind, gilt dagegen die **Gründungtheorie**, nach der das Recht des Gründungsstaates anzuwenden ist[65]. Aufgrund des Freundschaft-, Handels- und Schifffahrtsvertrags[66] zwischen der BRD und den USA gilt die Gründungstheorie auch für **US-amerikanische Gesellschaften**[67].

19 Von der Frage nach dem anwendbaren Recht zu trennen ist, **wie die Vertretungsverhältnisse von Auslandsgesellschaften tatsächlich nachgewiesen werden können**. Bei **englischen** haftungsbeschränkten **Gesellschaften** kann die individuelle Vertretungsbefugnis grundsätzlich nicht aus den im *Companies House* hinterlegten Dokumenten, insbesondere den *Articles of Association*[68], ermittelt werden[69]. Daher reicht ein *Certificate of Good Standing* zum Nachweis der Vertretungsbefugnisse trotz namentlicher Nennung der *Directors* und des *Company Secretary* nicht aus, da die konkreten Vertretungsbefugnisse nicht aufgeführt werden[70]. Auf Grundlage der im *Companies House* zur Verfügung gestellten Dokumente kann ein deutscher Notar somit auch keine Bestätigung gem. § 21 BNotO ausstellen[71]. Im englischen Rechtsverkehr wird der Vertretungsnachweis in der Regel durch Vorlage eines ordnungsgemäßen Beschlusses des *Board* bzw. *General Meeting* geführt, wobei eine entsprechende Abschrift des *Minutes Book* (Protokollbuch) üblicherweise durch den *Company Secretary* erteilt wird[72]: Die Nachweisführung durch **Vorlage einer Abschrift der *Articles of Association* und des vollständigen *Minutes Book*** ist prinzipiell auch in Deutschland anerkannt[73]. Die Vertretungsbefugnis kann aber auch mittels **Bestätigung durch einen englischen Notar** aufgrund Einsicht in die relevanten Unterlagen – *Articles of Association* und *Minutes Book* – bestätigt

---

[63] OLG Celle 20 U 26/91, NJW-RR 1992, 1128 (obiter dictum); *Merkt* ZIP 1994, 1419; MünchKommGmbHG/*Reichert/Weller*, § 15 Rn. 170.

[64] BGH II ZR 158/06, NJW 2009, 289.

[65] BGH II ZR 158/06, NJW 2009, 289; BGH VII ZR 370/98, BGHZ 154, 185; Ebenroth/Boujong/Joost/Strohn/*Schaub* HGB Anhang zu § 12, Rn. 25 ff.

[66] Freundschafts-, Handels- und Schifffahrtsvertrag zwischen der Bundesrepublik Deutschland und den Vereinigten Staaten von Amerika vom 29. Oktober 1954 (BGBl. 1956 II S. 487).

[67] BGH VIII ZR 155/02, NJW 2003, 1607; *Bungert* DB 2003, 1043; *Ziemons* ZIP 2003, 1918.

[68] Das gleichfalls zu hinterlegende *Memorandum* betrifft ohnehin nur das Innenverhältnis zwischen Gesellschaft und Gesellschaftern.

[69] *Langhein* NZG 2001, 1123, 1125 f.; *Mödl* RNotZ 2008, 1, 13; zumindest missverständlich *Schaub* NZG 2000, 953, 956.

[70] Süß/Wachter/*Wachter* Hdb Int GmbH-Recht, § 2 Rn. 110.

[71] KG 1 W 164-165/10, DNotZ 2012, 604; OLG Nürnberg 12 W 48/15, GWR 2015, 101.

[72] *Langhein* NZG 2001, 1123, 1126.

[73] Siehe OLG Dresden 1 W 52/07, NZG 2008, 265; KG 1 W 444/02, NZG 2004, 49.

I. Vorbereitung der Beurkundung

werden[74]. Die *Notaries* in der Londoner Innenstadt haben sich darauf spezialisiert, entsprechende Bestätigungen für den Gebrauch im Ausland auszustellen[75]. Für den Nachweis genügt es jedoch nicht, wenn der englische Notar nur die Unterlagen im *Companies House* einsieht[76]; dieser sollte auf jeden Fall auch das *Minutes Book* durchsehen. Die Bescheinigung des englischen Notars sollte dabei konkrete nachvollziehbare Angaben zu den tatsächlichen Grundlagen der notariellen Feststellungen enthalten[77]; d.h., insbesondere diejenigen Dokumente genau benennen, aus denen sich die Vertretungsbefugnis herleitet, damit eine Beweiswürdigung möglich ist. Die **Notarbescheinigung ist mit einer Apostille zu versehen**, eine Legalisation ist nicht erforderlich[78]. Zum Teil wird auch eine **Bescheinigung des *Company Secretary*** als ausreichend angesehen, wenn diese eine Abschrift des entsprechenden Beschlusses aus dem *Minute Book* enthält und eine Bestätigung, dass der entsprechende Beschluss über die Bestellung der *Directors* ordnungsgemäß gefasst worden ist und unverändert weiterhin Gültigkeit besitzt; die Abschrift bedarf zudem der Beglaubigung durch einen englischen Notar sowie einer Apostille[79].

Bei **US-amerikanischen Gesellschaften** kann der Vertretungsnachweis ebenso wenig durch ein *Certificate of Good Standing* erbracht werden, da sich die konkreten Vertretungsverhältnisse daraus nicht ergeben[80]. Anerkannt ist jedoch eine **Bestätigung des *Company Secretary*** in einem sog. *Certificate of Incumbency*, das die Position des Vertreters und seine Vertretungsmacht aufgrund Gesetz, Satzung und den *By-Laws* bescheinigt; zusätzlich muss die Unterschrift des *Company Secretary* durch einen örtlichen Notar beglaubigt und die Unterlagen durch eine Apostille ergänzt werden[81]. 20

Da sich die Reichweite organschaftlicher Vertretungsmacht nach dem Gesellschaftsstatut richtet[82], ist **§ 181 BGB bei Gesellschaften mit ausländischem Gesellschaftsstatut nicht anwendbar** und daher sind auch keine Feststellungen einer etwaigen Befreiung von dieser Vorschrift erforderlich. Dies gilt **auch** dann, wenn die ausländische Gesellschaft vertreten durch ihr Organ inländische **Grundstücksgeschäfte** tätigt, da in diesem Fall eine dem inländischen Recht zu unter- 21

---

[74] *Langhein* NZG 2001, 1123, 1127; *Schaub* NZG 2000, 953, 956; *Süß/Wachter/Wachter* Hdb Int GmbH-Recht, § 2 Rn. 111.

[75] Zu diesen zählen vor allem. Cheesewrights (www.cheesewrights.co.uk); De Pinna (www.depinna.com); John Venn & Sons (www.johnvenn.co.uk); Saville & Co. (www.savillenotaries.com).

[76] So OLG Köln 2 Wx 184/12 2013, 03365.

[77] Ausdrücklich OLG Nürnberg15 W 381/14, BeckRS 2014, 10949; OLG Hamm 15 W 27/06, 2006, 550.

[78] *Langhein* NZG 2001, 1123, 1127.

[79] LG Chemnitz 2 HK T 722/06, BeckRS 2011, 09656; siehe auch *Süß/Wachter/Wachter* Hdb Int GmbH-Recht, § 2 Rn. 113.

[80] *Fischer* ZNotP 1999, 352, 357.

[81] Hauschild/Kallrath/Wachter/de Lousanoff NotarHdb, § 20 Rn. 21; *Fischer* ZNotP 1999, 352, 357.

[82] OLG Celle 20 U 26/91, NJW-RR 1992, 1128 (obiter dictum); *Merkt* ZIP 1994, 1419; MünchKommGmbHG/*Reichert/Weller*, § 15 Rn. 170.

§ 9 Beurkundungsverfahren

stellende Vollmacht nicht vorliegt, sondern die bestehende oder nicht bestehende organschaftliche Vertretungsmacht nach ausländischem Recht[83].

22   Bleiben dem Notar **Zweifel** hinsichtlich des Bestehens der Vertretungsmacht, ist dies **in der Urkunde zu vermerken**[84]. Ein **Beurkundungsverbot ergibt sich** aus dem Fehlen hinreichender Bevollmächtigung oder dem Fehlen hinreichender Bevollmächtigungsnachweise **nicht**[85]; jedenfalls dann nicht, wenn das abzuschließende Geschäft genehmigungsfähig ist[86]. Werden allerdings nachprüfbare Nachweise bestehender Vertretungsmacht dem Notar nach der Beurkundung **nicht nachgereicht**, sollte der Notar den Vollzug bzw. die Erteilung von Ausfertigungen **verweigern**[87]. Verletzt der Notar seine Nachprüfungspflichten nach § 12 BeurkG, hat dies auf die **Wirksamkeit der Beurkundung keine Auswirkungen**, kann aber wie bei sämtlichen Amtspflichtverstößen zu Amtshaftungsansprüchen führen[88].

23   Bei **mehrseitigen Rechtsgeschäften** ist die **Vertretung ohne Vertretungsmacht** mit anschließender Einholung der Genehmigung der vollmachtlos Vertretenen **zulässig**[89]. Wichtig in diesem Zusammenhang ist das **Verbot** der vollmachtlosen Vertretung **bei einseitigen Rechtsgeschäften** gem. § 180 Abs. 1 BGB, so dass z.B. die Gründung einer GmbH durch einen Alleingesellschafter aufgrund vollmachtloser Vertretung unwirksam ist[90].

24   Sind **minderjährige Personen** Vertragsparteien, so ist zunächst nach deren **Personalstatut** festzustellen, ob sie geschäftsfähig sind oder nicht[91]. Ist dies nicht der Fall, ist nach dem **Kindschaftsstatut** festzustellen, wer die elterliche Sorge bzw. die Vermögenssorge für den beteiligten Minderjährigen innehat[92]. Auch dies ist durch Vorlage geeigneter Urkunden zu überprüfen. Überdies ist festzustellen, ob die anwendbaren Regeln des Minderjährigenschutzes die Vertretungsmacht der Sorgeberechtigten nicht einschränken (vgl. §§ 1629 Abs. 2 S. 1, 1643, 1795, 1821, 1822 BGB).

Sofern sich die behandelten Fragen des Umfangs bzw. des Bestehens der Vertretungsmacht nach **ausländischen Recht** richten, wird der Notar in vielen Fällen nicht in der Lage sein, das Vorliegen einer Vollmacht wirklich abschließend zu beurteilen. Dennoch sollte der Notar versuchen, eine **entsprechende Gewissheit**

---

[83] BGH V ZR 212/60, NJW 1963, 47.
[84] *Wolf* MittBayNot 1996, 266.
[85] *Winkler* BeurkG, § 12 Rn. 19a.
[86] BGH IX ZR 252/86, DNotZ 1989, 44; Armbrüster/Preuß/Renner/*Piegsa* BeurkG, § 12 Rn. 15; *Zimmer* NotBZ 2006, 302.
[87] BGH IX ZR 66/92, DNotZ 1994, 486; Eylmann/Vaasen/*Limmer* BeurkG, § 12 Rn. 11.
[88] BGH IX ZR 163/96, DNotZ 1998, 621; *Schneeweiß* MittBayNot 2001, 24; *Winkler* BeurkG, § 12 Rn. 33.
[89] MünchKommBGB/*Schramm*, § 179 Rn. 21.
[90] *Wachter* GmbHR 2003, 660.
[91] Armbrüster/Preuß/Renner/*Piegsa* BeurkG, § 11 Rn. 7 f.
[92] *Winkler* BeurkG, § 12 Rn. 11 f.

4. Vorhandensein zur Beurkundung notwendiger Dokumente

Der Notar sollte sich vor Eintritt in die Beurkundung **vergewissern, dass alle** 25
Dokumente vorhanden sind, die für die Beurkundung erforderlich sind:

Dies sind zum einen diejenigen Dokumente, die sich auf die Beteiligten beziehen[94]:

- (amtliche) Lichtbildausweise zur Identitätsfeststellung der erschienenen natürlichen Personen[95];
- Vertretungsbescheinigungen für die Leitungsorgane von juristischen Personen und Personenhandelsgesellschaften[96]; und
- (ggf. beglaubigte) Vollmachten im Original, bei Vorlage einer Kopie sollte das Original nachgereicht werden.[97]

Daneben müssen alle für die Beurkundung der geplanten Geschäfte notwendigen Dokumente vorliegen[98]: 26

- Vertragsentwurf;
- Nebenabreden, z.B. Gesellschaftervereinbarungen;
- Anlagen;
- Bezugsurkunden (siehe dazu unter Rn. 36 ff.);
- Gesellschafterbeschlüsse (zur Beurkundung siehe bei Rn. 98 ff.);
- Gremienbeschlüsse; und
- ggf. gerichtliche oder behördliche Genehmigungen (dazu unter Rn. 61 f.).

II. Durchführung der Beurkundung

1. Struktur der Urkunde

Bei Beurkundung einer Unternehmenstransaktion sollte der **Notar sorgfältig** 27
darüber nachdenken, wie er die Niederschrift strukturiert. Leitende Faktoren sind dabei der Umfang der Vertragsdokumentation, die Praktikabilität der

---

[93] Hauschild/Kallrath/Wachter/*de Lousanoff* NotarHdb, § 20 Rn. 33.
[94] Vgl. hierzu Hauschild/Kallrath/Wachter/*de Lousanoff* NotarHdb, § 20 Rn. 11.
[95] BGH III ZR 11/55, DNotZ 1956, 502; RG III 284/28, RGZ 124, 62; RG III 225/12, RGZ 81, 125; Beck'sches NotHdb/*Bernhard* Abschnitt G, Rn. 159; *Winkler* BeurkG, § 10 Rn. 19.
[96] Beck'sches NotHdb/*Bernhard* Abschnitt G, Rn. 157.
[97] Hauschild/Kallrath/Wachter/*de Lousanoff* NotarHdb, § 20 Rn. 64.
[98] S. Hauschild/Kallrath/Wachter/*de Lousanoff* NotarHdb, § 20 Rn. 12.

§ 9 Beurkundungsverfahren

Vorbereitung, die zur Verfügung stehende Zeit und der Umfang des Beurkundungstermins.

In der Regel ist es ratsam, die **Mantelurkunde schlank zu halten**, damit diese gut vorbereitet und ggf. rasch angepasst werden kann. Der **Unternehmenskaufvertrag** wird dabei **als Anlage** i.S.v. § 9 Abs. 1 S. 2 BeurkG **beigefügt**, auf die in der Mantelurkunde verweisen wird[99]. Der Vertragstext kann selbstverständlich auch als textlicher Bestandteil der Mantelurkunde aufgenommen werden, was aus Praktikabilitätsgründen indes nicht zu empfehlen ist[100].

28   Häufig sollen mit dem Unternehmenskaufvertrag **weitere Geschäfte** abgeschlossen werden, insbesondere Gesellschafterbeschlüsse, Gesellschaftervereinbarungen, Finanzierungsverträge, Sicherheitsvereinbarungen etc. Hierbei bietet sich an, diese **in einer Urkunde mit dem Unternehmenskaufvertrag zu verbinden**. Diese weiteren Geschäfte sollten hierbei wiederum **in verwiesene Anlagen ausgegliedert** werden.[101]

Nach § 9 Abs. 1 Satz 2 BeurkG gelten Erklärungen in einem Schriftstück, auf das in der Niederschrift verwiesen und das dieser beigefügt wird (**Anlagen**), **als in der Niederschrift selbst enthalten**.[102] Aus der Verweisung muss sich klar ergeben, welche Schrift unter den Anlagen gemeint ist, so dass über den Beurkundungsgegenstand kein Zweifel bestehen kann. Die Anlage ist gem. § 44 S. 2 BeurkG durch Schnur und Siegel mit der Urkunde zu verbinden.[103]

29   Hinsichtlich der beizufügenden Anlagen sollte der Notar die **Beurkundung von Bezugsurkunden** erwägen, auf die in der Mantelurkunde ebenfalls verwiesen wird.[104] Die Auslagerung der Beurkundungstätigkeit in Bezugsurkunden stellt im Rahmen von Unternehmenstransaktionen eine wichtige Maßnahme dar, um den Beurkundungstermin zu entlasten, der andernfalls undurchführbar sein kann[105]. Ausführlich zum Einsatz von Bezugsurkunden unter Rn. 36 ff.

Wurden etwaige Bezugsurkunden durch **vollmachtlose Vertreter** abgeschlossen, so muss deren Handeln in der Mantelurkunde durch die Vertretenen **genehmigt werden**; im Fall von **Bevollmächtigten genügt ein Verweis** auf die Bezugsurkunde[106].

Gelegentlich wünschen die Beteiligten, dass sämtliche dem Käufer vom Verkäufer **im Rahmen der Due Diligence offengelegten Dokumente durch Beifügen**

---

[99] Siehe Hauschild/Kallrath/Wachter/Heinemann NotarHdb, § 8 Rn. 114.
[100] So Hauschild/Kallrath/Wachter/*de Lousanoff* NotarHdb, § 20 Rn. 50.
[101] *Winkler* BeurkG, § 9 Rn. 29.
[102] Die Verweisung führt folglich dazu, dass die in dem Schriftstück enthaltenen Erklärungen ebenso beurkundet sind wie die nach Abs. 1 Nr. 2 abgegebenen Erklärungen, d.h. die Verweisung ersetzt eine Wiedergabe in der Niederschrift selbst, vgl. BGH V ZR 131/92, NJW 1994, 1288; OLG Stuttgart 8 W 225/78, RPfleger 1979, 63; BayObLG BReg 1 Z 5/78, DB 1978, 880; *Bockemühl* S. 6.
[103] Beck'sches NotHdb/*Bernhard* Abschnitt G, Rn. 143 f.
[104] Hauschild/Kallrath/Wachter/*de Lousanoff* NotarHdb, § 20 Rn. 43.
[105] Vgl. Hauschild/Kallrath/Wachter/*de Lousanoff* NotarHdb, § 20 Rn. 12.
[106] Hauschild/Kallrath/Wachter/*de Lousanoff* NotarHdb, § 20 Rn. 51.

II. Durchführung der Beurkundung

eines elektronischen Datenträgers dokumentiert werden[107]. Dies ist zulässig, wenn der Datenträger keine rechtsgeschäftlichen Erklärungen der Beteiligten enthält. Zur **Verwahrung des Datenrauminhalts** durch den Notar unter Rn. 87.

2. Vorlesungspflicht

Angesichts des großen Umfangs stellt die Verlesung der Vertragsdokumentation einer Unternehmenstransaktion eine zeitliche und körperliche Herausforderung für den Notar ebenso wie für die Beteiligten dar. Dennoch sollte diese mit größter Sorgfalt durchgeführt werden, da es sich um ein **wesentliches zwingendes Formerfordernis** handelt, **dessen Verletzung zur Nichtigkeit der Beurkundung führt**[108]. Etwaige **Formverstöße** können materiell-rechtlich **nur in gesetzlich geregelten Sonderfällen geheilt** werden, insbesondere nach § 311b Abs. 1 S. 2 BGB, § 15 Abs. 4 S. 2 GmbHG[109]. Ein **Verzicht** auf das Formerfordernis bzw. eine Zustimmung der Beteiligten zu einem Formverstoß sind **unerheblich**[110]. 30

Die Niederschrift nebst Anlagen i.S.v. § 9 Abs. 1 S. 2 BeurkG muss den Beteiligten gem. § 13 Abs. 1 S. 1 Hs. 1 BeurkG in Gegenwart des Notars vorgelesen werden. Der Notar und die Beteiligten müssen während der gesamten Verlesung örtlich zugegen sein[111]. Dabei braucht der Notar die Niederschrift nicht selbst zu verlesen; er kann diese auch durch eine neutrale Person, z.B. einen Notariatsangestellten, verlesen lassen, die Verlesung muss jedoch weiterhin in seiner Gegenwart und unter seiner Leitung stattfinden[112]. Unzulässig ist dagegen das Abspielen eines Tonbands oder einer digitalen Datei[113]. Verlesen werden muss ein Schriftstück; das Ablesen von einem Computerbildschirm genügt nicht[114]. Bei Neuausdruck einer bereits verlesenen und anschließend geänderten Seite ist es ausreichend, wenn nur die inhaltlichen Änderungen verlesen werden[115]. 31

---

[107] Hierzu *Hermanns* DNotZ 2013, 9, 19.
[108] BGH 1 StR 313/74, NJW 1975, 940; Brambring/Jerschke/*Bernhard* Beck'sches Notarhdb, G Rn. 206.
[109] Brambring/Jerschke/*Bernhard* Beck'sches Notarhdb, G Rn. 206.
[110] OLG Hamm 15 W 113/77, DNotZ 1978, 54; Brambring/Jerschke/*Bernhard* Beck'sches Notarhdb, G Rn. 206; Limmer/Hertel/Frenz/Mayer/*Limmer* Würzburger NotarHdb, Teil 1 Kap. 2 Rn. 76.
[111] Brambring/Jerschke/*Bernhard* Beck'sches Notarhdb, G Rn. 203 f.
[112] BGH 1 StR 313/74, NJW 1975, 940; Brambring/Jerschke/*Bernhard* Beck'sches Notarhdb, G Rn. 204; Hauschild/Kallrath/Wachter/*Heinemann* NotarHdb, § 8 Rn. 106; Limmer/Hertel/Frenz/Mayer/*Limmer* Würzburger NotarHdb, Teil 1 Kap. 2 Rn. 76.
[113] OLG Hamm 15 W 113/77, DNotZ 1978, 54; Hauschild/Kallrath/Wachter/*Heinemann* NotarHdb, § 8 Rn. 106; Limmer/Hertel/Frenz/Mayer/*Limmer* Würzburger NotarHdb, Teil 1 Kap. 2 Rn. 77.
[114] OLG Frankfurt 1 Not 1/98, DNotZ 2000, 513; Brambring/Jerschke/*Bernhard* Beck'sches Notarhdb, G Rn. 208; Hauschild/Kallrath/Wachter/*Heinemann* NotarHdb, § 8 Rn. 106; Limmer/Hertel/Frenz/Mayer/*Limmer* Würzburger NotarHdb, Teil 1 Kap. 2 Rn. 77; a.A. LG Stralsund 7 O 185/96, NJW 1997, 3178.
[115] Brambring/Jerschke/*Bernhard* Beck'sches Notarhdb, G Rn. 208; Limmer/Hertel/Frenz/Mayer/*Limmer* Würzburger NotarHdb, Teil 1 Kap. 2 Rn. 77.

§ 9 Beurkundungsverfahren

32   Soweit Karten, Zeichnungen oder Abbildungen beigefügt werden sollen, muss auf diese verwiesen werden. Diese sind den Beteiligten anstelle des Vorlesens zur Durchsicht vorzulegen (§ 13 Abs. 1 S. 1 Hs. 2 BeurkG). Aus Gründen der Beweissicherung ist eine Abzeichnung dieser durch die Beteiligten zu empfehlen[116]. Sie sind gem. § 44 S. 2 BeurkG durch Schnur und Siegel fest mit der Urkunde zu verbinden.

Haben die Beteiligten die Niederschrift eigenhändig unterschrieben, so wird nach § 13 Abs. 1 Satz 3 BeurkG vermutet, dass sie in Gegenwart des Notars vorgelesen wurde.

3. Vorlesungserleichterungen

33   Das BeurkG enthält eine Reihe von Maßnahmen, mit deren Hilfe der Beurkundungstermin entlastet und verkürzt werden kann[117]. In Anbetracht des großen Umfangs von Unternehmenstransaktions-Dokumentationen sollte der Notar den Einsatz der verfügbaren **Beurkundungserleichterungen sorgfältig erwägen und diese zielgerecht einsetzen**. Äußere Grenze ist dabei nur die Pflicht zur ordnungsgemäßen Verfahrensgestaltung gem. § 17 Abs. 2a S. 1 BeurkG; im Übrigen steht die Ausnutzung der Vereinfachungsmaßnahmen im pflichtgemäßen Ermessen des Notars[118].

Zur Verfügung stehen folgende Beurkundungserleichterungen:

- die unechte Bezugnahme;
- die Sammelbeurkundung gem. § 13 Abs. 2 BeurkG;
- die Verweisung auf eine andere notarielle Niederschrift gem. § 13a BeurkG, und
- die eingeschränkte Vorlesungspflicht gem. § 14 BeurkG.

a) Unechte Bezugnahme

34   Wird in der Niederschrift auf **Erklärungen, Rechtsverhältnisse oder tatsächliche Umstände hingewiesen, die** nicht zum beurkundungsbedürftigen Inhalt des Rechtsgeschäfts gehören, sondern **die zu beurkundenden Erklärungen lediglich erläutern oder identifizieren**, so liegt lediglich eine sog. **unechte Bezugnahme**[119] vor[120]. Die in Bezug genommenen Erklärungen oder Tatsachen

---

[116] Hauschild/Kallrath/Wachter/Heinemann NotarHdb, § 8 Rn. 116.

[117] Siehe Hauschild/Kallrath/Wachter/*Heinemann* NotarHdb, § 8 Rn. 134; Erleichterungen auch aus Anwaltssicht erforderlich, vgl. *Binz/Mayer* NJW 2002, 3054.

[118] Vgl. Limmer/Hertel/Frenz/Mayer/*Limmer* Würzburger NotarHdb, Teil 1 Kap. 2 Rn. 90; *Winkler* BeurkG; § 13a Rn. 10 f.

[119] Die unechte Bezugnahme ist im BeurkG nicht geregelt – daher auch die Bezeichnung als „unechte" Bezugnahme-, sie ist jedoch allgemein anerkannt (vgl. BGH V ZR 99/77, NJW 1979, 1496); ausführlich *Brambring* DNotZ 1980, 287 f.

[120] *Winkler* BeurkG, § 13 Rn. 20.

II. Durchführung der Beurkundung

werden dabei **nicht mit beurkundet**[121]. Bei der Bezugnahme wird **kein neues Rechtsverhältnis begründet oder ein bestehendes geändert bzw. gestaltet**; die Bezugnahme dient lediglich der Erläuterung und Identifizierung des zu beurkundenden Geschäfts[122]. Regelungsqualität hat die Bezugnahme daher nicht.

Anerkannt ist eine Bezugnahme auf[123]:

- notarielle Niederschriften, an denen die Vertragsparteien selbst beteiligt waren, was vor allem bei der Beurkundung von Vertragsänderungen und -aufhebungen zum Tragen kommt[124];
- das Vertragsangebot bei Beurkundung der Annahme, es sei denn, nach dem Angebot müssen weitere Erklärungen als nur die Vertragsannahme erklärt werden;
- Rechtsverhältnisse mit Dritten bei Beurkundung von deren Übernahme[125];
- das übernommene Schuldverhältnis bei Beurkundung einer Schuldübernahme[126];
- auf den Inhalt eines von einem vollmachtlosen Vertreter geschlossenen Vertrags bei Beurkundung der Genehmigung[127];
- den Inhalt von Erklärungen, der durch Grundbucheintrag bereits sachenrechtlich verbindlich ist[128];
- Vollmachten oder sonstige Legitimationspapiere, da der Inhalt der rechtsgeschäftlichen Erklärung hiervon nicht betroffen ist[129];
- Gesetze und Rechtsverordnungen[130];
- die VOB[131]; und
- DIN-Standards, da sie halbamtlichen Charakter haben[132].

Nach h.M. ist die **Bezugnahme auf eine bestimmte Fassung einer Schiedsgerichtsordnung unzulässig**, sodass diese entweder mit beurkundet und verlesen

---

[121] Armbrüster/Preuß/Renner/*Piesga* BeurkG, § 9 Rn. 33.
[122] BGH V ZR 72/74, BGHZ 74, 346; *Winkler* BeurkG, § 13a Rn. 20.
[123] Siehe Armbrüster/Preuß/Renner/*Piesga* BeurkG, § 9 Rn. 37 ff.; *Winkler* BeurkG, § 9 Rn. 74 ff., § 13a Rn. 22 ff.
[124] BGH III ZR 84/87, NJW 1989, 164.
[125] *Brambring* DNotZ 1980, 288 ff.; *Lichtenberger* NJW 1980, 866; Eylmann/Vaasen/*Limmer* BeurkG, § 9 Rn. 13.
[126] *Brambring* DNotZ 1980, 290 f.; Eylmann/Vaasen/*Limmer* BeurkG, § 9 Rn. 13; *Winkler* BeurkG, § 9 Rn. 76.
[127] Armbrüster/Preuß/Renner/*Piesga* BeurkG, § 9 Rn. 39.
[128] Brambring/Jerschke/*Bernhard* Beck'sches Notarhdb, G Rn. 188.
[129] BayObLG BReg 3 Z 77/77, DNotZ 1981, 321.
[130] Armbrüster/Preuß/Renner/*Piesga* BeurkG, § 9 Rn. 40; *Winkler* BeurkG, § 9 Rn. 81.
[131] Diese ist trotz Veröffentlichung im Bundesanzeiger weder Gesetz noch Rechtsverordnung, aber nach h.M. bezugnahmefähig, vgl. OLG Düsseldorf 22 U 65/84, DNotZ 1985, 626 ff. m. Anm. *Reithmann*; *Brambring* DNotZ 1980, 288.
[132] BGH V ZR 180/83, DNotZ 1986, 80 m. Anm. *Reithmann*; OLG Düsseldorf 22 U 65/84, DNotZ 1985, 626; *Lichtenberger* NJW 1984, 159; *Lüttmann/Breyer* ZZP 119 (2006), 484.

oder gem. § 13a BeurkG verwiesen werden muss; zulässig ist dagegen die Bezugnahme auf eine Schiedsgerichtsordnung in ihrer jeweils gültigen Fassung[133].

b) Sammelbeurkundung gem. § 13 Abs. 2 BeurkG

35   Mitunter kann es vorkommen, dass **mehrere ähnlich lautende Verträge** zu beurkunden sind. Werden mehrere Niederschriften aufgenommen, die ganz oder teilweise übereinstimmen, so **genügt es, wenn der übereinstimmende Inhalt den Beteiligten nur einmal vorgelesen** oder anstelle des Vorlesens zur Durchsicht vorgelegt **wird** (§ 13 Abs. 2 S. 1 BeurkG)[134]. Nicht verlesen werden müssen z.B. gleich lautende Urkundseingänge, Definitionen, Vertragsklauseln etc. **Feststellungen** hierzu **müssen in der Niederschrift nicht getroffen werden**[135].

Sind an den Verträgen verschiedene Parteien beteiligt, müssen aufgrund der Verschwiegenheitspflicht des Notars gem. § 18 BNotO (vgl. § 13 Abs. 2 S. 2 BeurkG) **alle Beteiligten** mit dem Verfahren **einverstanden sein**[136].

Da Sammelbeurkundungen aufgrund der möglichen Vielzahl gegensätzlicher Interessen **verfahrensrechtlich nicht unbedenklich** sind, empfiehlt die Bundesnotarkammer die gleichzeitige Beurkundung von nicht mehr als fünf Niederschriften[137].

c) Verweisung auf eine andere notarielle Niederschrift gem. § 13a BeurkG

36   Unternehmenstransaktionen beinhalten regelmäßig eine so umfangreiche Menge zu verlesender Vertragsdokumentation, dass eine Überfrachtung des **Beurkundungstermins** droht. Um diesen **zu entlasten**, bietet sich oft die **Beurkundung von** einer oder mehrerer **Bezugsurkunden** im Vorfeld des Termins an[138]. Hierbei sollte der Notar genau **prüfen, welche Anlagen tatsächlich verlesen werden müssen** und bei welchen Schriftstücken die schlichte Bezugnahme bzw. eingeschränkte Vorlesungspflicht gem. § 14 BeurkG zur Anwendung kommen kann (zu dieser unter Rn. 43 ff.)[139].

---

[133] Zum Problem Hauschild/Kallrath/Wachter/*de Lousanoff* NotarHdb, § 20 Rn. 52 ff.; siehe auch Armbrüster/Preuß/Renner/*Piesga* BeurkG, § 9 Rn. 40; *Winkler* BeurkG, § 9 Rn. 79, 85.

[134] *Weber* DRiZ 1970, 48; *Winkler* BeurkG, § 13 Rn, 33 ff.; das Sammelbeurkundungsverfahren wird allgemein als kritisch angesehen (vgl. Armbrüster/Preuß/Renner/*Piesga* BeurkG, § 13 Rn. 26 f.).

[135] *Winkler* BeurkG, § 13 Rn. 31.

[136] BGH V ZR 168/99, DNotZ 2000, 512; Armbrüster/Preuß/Renner/*Piesga* BeurkG, § 13 Rn. 24; *Winkler* BeurkG, § 13 Rn. 36.

[137] BNotK, DNotZ 1999, 258, 260 (Richtlinienempfehlung der Bundesnotarkammer); nach den bayerischen Richtlinien sollen nicht mehr als drei Beurkundungen gleichzeitig erfolgen, vgl. Amtliches Mitteilungsblatt der Landesnotarkammer und der Notarkasse 1999 Nr. 3, 1; ein Verstoß gegen diese Richtlinien macht die Beurkundung allerdings nicht unwirksam, sondern hat nur dienstaufsichtsrechtliche Bedeutung, vgl. Armbrüster/Preuß/Renner/*Piesga* BeurkG, § 13 Rn. 27.

[138] Siehe Hauschild/Kallrath/Wachter/*Heinemann* NotarHdb, § 8 Rn. 125.

[139] Vgl. Hauschild/Kallrath/Wachter/*de Lousanoff* NotarHdb, § 20 Rn. 40.

II. Durchführung der Beurkundung

aa) Voraussetzungen und Einsatzmöglichkeiten von Bezugsurkunden

Wird in der Niederschrift auf eine andere notarielle Niederschrift verwiesen, die nach den Vorschriften über die Beurkundung von Willenserklärungen errichtet worden ist, so braucht diese **nicht vorgelesen zu werden**, wenn die Beteiligten erklären, dass ihnen der Inhalt der anderen Niederschrift bekannt ist und sie auf das Vorlesen verzichten (§ 13a Abs. 1 Satz 1 BeurkG). **Verwiesen werden kann demnach nur auf eine andere notarielle Niederschrift**, die bereits nach den Vorschriften der §§ 8 ff. BeurkG errichtet worden ist. Gegenstände der Verweisung können **auch Karten oder Zeichnungen** sein (vgl. § 13a Abs. 1 Satz 4 BeurkG). Die Verweisung hat zur Folge, dass die schon bestehenden notariellen Urkunden ebenfalls als mitbeurkundet gelten, ohne dass sie selbst vorzulesen bzw. zur Durchsicht vorzulegen oder beizufügen sind.[140] Die **Verweisung dient somit als „Verlesungssurrogat"**. 37

Die **Voraussetzungen für eine wirksame Verweisung** sind[141]:

- eine Verweisungsurkunde, die nach §§ 8 ff. BeurkG errichtet worden ist;
- Erklärung der Beteiligten, dass ihnen die Verweisungsurkunde bekannt ist („Bekanntheitserklärung");
- bei Absehen von Verlesung bzw. Durchsicht der Verzicht auf das Vorlesen der Verweisungsurkunde bzw. auf die Vorlage zur Durchsicht (bei Karten, Zeichnungen und Abbildungen); und
- bei Absehen vom Beifügen der Verzicht auf das Beifügen der Verweisungsurkunde.

Die **Abgabe der Erklärungen nach § 13a Abs. 1 S. 1 BeurkG** (Bekanntheitserklärung und Verzicht) ist **Wirksamkeitserfordernis** und muss durch alle Beteiligten erfolgen. Gibt einer der Beteiligten diese Erklärung nicht ab, ist die **Urkunde nichtig**[142]. **Fehlt** entgegen § 13a Abs. 1 Satz 2 BeurkG **in der Niederschrift die Feststellung, dass diese Erklärungen abgegeben wurden, so steht dies der Wirksamkeit aber nicht entgegen**[143].

Die Beteiligten können darüber hinaus sogar auf die **Beifügung der Verweisungsurkunde verzichten** (§ 13a Abs. 2 S. 1 BeurkG). In der Niederschrift soll in diesem Fall gem. § 13a Abs. 2 Satz 2 BeurkG festgestellt werden, dass die Beteiligten auf das Beifügen verzichtet haben.[144] Enthält die Niederschrift keinen solchen Hinweis, ist diese trotzdem nicht deswegen nichtig.

---

[140] *Winkler* BeurkG, § 13a Rn. 14.
[141] Siehe Armbrüster/Preuß/Renner/*Piesga* BeurkG, § 13a Rn. 6.
[142] BGH V ZR 431/02, NJW-RR 2003, 1423.
[143] BGH V ZR 431/02, NJW-RR 2003, 1423; Brambring/Jerschke/*Bernhard* Beck'sches Notarhdb, G Rn. 195.
[144] Haben die Beteiligten auf die Beifügung verzichtet, wurde dies jedoch in der Urkunde entgegen § 13a Abs. 2 S. 2 nicht festgehalten, so bleibt die Wirksamkeit der Urkunde unberührt, da hier nur ein Verstoß gegen eine „Soll-Vorschrift" vorliegt, vgl. Armbrüster/Preuß/Renner/*Piesga* BeurkG, § 13a Rn. 26.

Für die **Erklärungen des Verzichts auf Vorlesen und Beifügen der Verweisungsurkunde gilt der „formelle Beteiligtenbegriff"** des § 6 Abs. 2 BeurkG[145]. An der Beurkundung beteiligt sind demnach die Erschienenen (und nicht etwa die Vertretenen), deren im eigenen oder fremden Namen abgegebene Erklärungen beurkundet werden sollen[146].

38 Die **verwiesene Urkunde muss nach den §§ 8 ff. BeurkG errichtet worden sein.**[147] Nicht ausreichend sind beglaubigte Erklärungen, Tatsachenniederschriften gem. §§ 36 ff. BeurkG und die Abnahme von Eiden gem. § 38 BeurkG[148]. Gegenstand einer Verweisung kann auch **nicht die Niederschrift eines ausländischen Notars** sein, da dieser nicht an das BeurkG gebunden ist[149].

In der Praxis werden die Beteiligten **bei der Protokollierung** etwaiger Bezugsurkunden in der Regel **durch Bevollmächtigte oder vollmachtlose Vertreter vertreten** – sog. Vertretungsmodell[150]. In der Haupturkunde wird sodann entsprechend dem Verfahren gem. § 13a BeurkG auf die Bezugsurkunde verwiesen und ggf. das Handeln vollmachtloser Vertreter genehmigt.[151]

39 Zulässig und effizienter, wenn auch in der Praxis weniger verbreitet, ist die Errichtung als sog. **Ein-Mann-Bezugsurkunde**[152]. Dabei erstellt der Notar die Bezugsurkunde ohne Anwesenheit der Beteiligten bzw. ihrer Vertreter **nur unter Gegenwart eines beliebigen Dritten, z.B. eines Notariatsmitarbeiters**. Die Zulässigkeit dieser Vorgehensweise ergibt sich aus zwei anerkannten Grundsätzen: Erstens setzt § 13a BeurkG nicht voraus, dass die Bezugsurkunde zwischen den gleichen Beteiligten errichtet wird wie die Haupturkunde[153]. Zweitens kommt es nicht auf die tatsächliche Kenntnis der Beteiligten der Haupturkunde vom Inhalt

---

[145] Armbrüster/Preuß/Renner/*Piesga* BeurkG, § 13a Rn. 23.
[146] Armbrüster/Preuß/Renner/*Piesga* BeurkG, § 13a Rn. 23.
[147] Nach einhelliger Meinung kommt es dahingegen nicht auf die materielle Wirksamkeit an, so dass grundsätzlich auch auf anfechtbare oder nichtige Erklärungen, die nach materiellem Recht unwirksam sind, verwiesen werden kann – *Fischer* DNotZ 1982, 158; *Lichtenberger* NJW 1980, 876; *Melchers* BWNotZ 1991, 45; Armbrüster/Preuß/Renner/*Piesga* BeurkG, § 13a Rn. 12; *Stauf* RNotZ 2001, 140; *Winkler* BeurkG § 13a Rn. 35; *ders*. Rpfleger 1980, 172.
[148] Limmer/Hertel/Frenz/Mayer/*Limmer* Würzburger NotarHdb, Teil 1 Kap. 2 Rn. 87; *Winkler* BeurkG, § 13a Rn. 35 f.
[149] Eylmann/Vaasen/*Limmer* BeurkG, § 13a Rn. 6; Limmer/Hertel/Frenz/Mayer/*Limmer* Würzburger NotarHdb, Teil 1 Kap. 2 Rn. 88; Armbrüster/Preuß/Renner/*Piesga* BeurkG, § 13a Rn. 11; *Winkler* BeurkG, § 13a Rn. 41; dies gilt selbst dann, wenn der ausländische Notar nach allgemeiner Rechtsstellung und Verfahrensweise dem deutschen Notar gleichsteht.
[150] Hauschild/Kallrath/Wachter/*de Lousanoff* NotarHdb, § 20 Rn. 47.
[151] Selbst wenn nur eine Person für alle Beteiligten als Vertreter ohne Vertretungsmacht auftritt, liegt kein verbotenes Insichgeschäft vor, da § 181 BGB bei allseits vollmachtloser Vertretung mangels Interessenkonflikts teleologisch zu reduzieren ist, vgl. *Benecke/Ehinger* MDR 2005, 1266; Hauschild/Kallrath/Wachter/*de Lousanoff* NotarHdb, § 20 Rn. 47.
[152] Hauschild/Kallrath/Wachter/*de Lousanoff* NotarHdb, § 20 Rn. 47; *Winkler* BeurkG, § 13a Rn. 38.
[153] OLG Düsseldorf 3 Wx 321/01, DNotI-Rep. 2003, 14 f.; Armbrüster/Preuß/Renner/*Piesga* BeurkG, § 13a Rn. 14; *Winkler* BeurkG, § 13a Rn. 37.

der Bezugsurkunden an, sondern lediglich auf deren Bekanntheitserklärungen, die der Notar nicht auf ihre Richtigkeit hin überprüfen muss[154].

Möglich ist auch die Verweisung in der Haupturkunde auf eine Niederschrift (Zweiturkunde), die ihrerseits auf eine andere notarielle Niederschrift (Dritturkunde) verweist[155]. Durch diese sog. **Kettenverweisung** wird die Dritturkunde in die Haupturkunde mit einbezogen.

bb) Grenzen für den Einsatz von Bezugsurkunden

Im Rahmen von § 17 Abs. 2a S. 1 BeurkG kann der Notar **nach pflichtgemäßem Ermessen entscheiden, in welchem Umfang er von der Möglichkeit des § 13a BeurkG Gebrauch macht**[156]. Dabei muss er das Bedürfnis der Beteiligten nach Belehrung und Beweissicherung mit der Praktikabilität und Übersichtlichkeit des Beurkundungsprozesses abwägen, wobei er die Einhaltung seiner Belehrungspflichten in jedem Fall sicherstellen muss[157]. 40

Die **Auslagerung des gesamten Rechtsgeschäfts in eine Bezugsurkunde** wird dabei allgemein als **unzulässig** angesehen[158]. 41

Die **Ausgliederung geschäftswesentlicher Vereinbarungen**, z.B. Gewährleistungsregeln bei einem Kaufvertrag[159], in eine Bezugsurkunde wird von der Bundesnotarkammer als **unzulässig** erachtet, **wenn sie missbräuchlich, also unter Verstoß gegen die Belehrungspflicht, vorgenommen wird**[160]. Das Schrifttum hat sich dieser Ansicht angeschlossen[161]. Ein solcher Missbrauch liegt vor, wenn geschäftswesentliche Vereinbarungen in eine Bezugsurkunde aufgenommen werden, obwohl die Beteiligung eines Belehrungsbedürftigen und mithin Schutzwürdigen die Protokollierung in der Haupturkunde mit der damit verbundenen Vorlesung und Belehrung erforderlich erscheinen ließ[162]. Denn bei Verweisung auf eine Bezugsurkunde wird der Text in der Regel nicht mehr verlesen – es sei denn, die Beteiligten bestehen auf der Verlesung –, so dass Irrtümer nicht aufgedeckt werden, die rechtliche Tragweite des mit der Bezugnahme Vereinbarten 42

---

[154] Armbrüster/Preuß/Renner/*Piesga* BeurkG, § 13a Rn. 23; *Winkler* BeurkG, § 13a Rn. 72.

[155] Hierzu Armbrüster/Preuß/Renner/*Piesga* BeurkG, § 13a Rn. 17; *Winkler* BeurkG, § 13a Rn. 52; Wöstmann ZNotP 2002, 254f.

[156] Brambring/Jerschke/*Bernhard* Beck'sches Notarhdb, G Rn. 196; Limmer/Hertel/Frenz/Mayer/ *Limmer* Würzburger NotarHdb, Teil 1 Kap. 2 Rn. 90.

[157] Eylmann/Vaasen/*Limmer* BeurkG § 13a Rn. 4; *Winkler* BeurkG, § 13a Rn. 5 ff., § 17 Rn. 65.

[158] Armbrüster/Preuß/Renner/*Piesga* BeurkG, § 13a Rn. 5; *Winkler* BeurkG, § 17 Rn. 64; *Wöstmann* ZNotP 2002, 246, 254.

[159] *Starke* in ZNotP Sonderheft 2002 zum 26. Deutschen Notartag, S. 13; *Wöstmann* ZNotP 2002, 254f.

[160] BNotK, DNotZ 1999, 258, 260.

[161] Armbrüster/Preuß/Renner/*Piesga* BeurkG, § 13a Rn. 5; *Winkler* BeurkG, § 17 Rn. 64.

[162] Vgl. mit Unterschieden in den Einzelheiten Armbrüster/Preuß/Renner/*Piesga* BeurkG, § 17 Rn. 164, 166; *Winkler* BeurkG, § 17 Rn. 65.

§ 9 Beurkundungsverfahren

nicht hinreichend deutlich und die Möglichkeit, den Inhalt der Bezugsurkunde zum Gegenstand von Verhandlungen zu machen, eingeschränkt wird[163].

Die Unzulässigkeit der Auslagerung geschäftswesentlicher Vertragsteile in Bezugsurkunden kann auch nicht dadurch beseitigt werden, dass vor der Beurkundung Vertragsmuster oder ähnliche Unterlagen übergeben werden. Die Beratungs- und Belehrungsfunktion einer notariellen Beurkundung wird damit nicht in gleicher Weise erreicht. Soweit ausnahmsweise einzelne Bestandteile einer Bezugsurkunde zur Vermeidung einer Überfrachtung der vorzulesenden Urkunde auch einzelne geschäftswesentliche Vertragsteile enthalten, sollte der **Inhalt der geschäftswesentlichen Vertragsteile gekürzt in der zu verlesenden Urkunde wiedergegeben werden**[164].

d) Eingeschränkte Vorlesungspflicht gem. § 14 BeurkG

43   Vertragsdokumentationen von Unternehmenstransaktionen enthalten oft Bilanzen und andere Bestandsverzeichnisse, die zusammen mit dem Unternehmenskaufvertrag zu beurkunden sind. Hierfür enthält **§ 14 BeurkG** eine Einschränkung der Vorlesungspflicht, die gerade für Unternehmenstransaktionen eine **erhebliche Erleichterung des Beurkundungsvorgangs** bedeutet[165].

Werden nach § 14 Abs. 1 S. 1 BeurkG **Bilanzen, Inventare, Nachlassverzeichnisse oder sonstige Bestandsverzeichnisse** über Sachen, Rechte und Rechtsverhältnisse in ein Schriftstück aufgenommen, auf das **in der Niederschrift verwiesen und** das dieser **beigefügt** wird, so braucht dieses **nicht vorgelesen zu werden, wenn die Beteiligten auf das Vorlesen verzichten**. Nach § 14 Abs. 3 Hs. 1 BeurkG **muss in der Niederschrift festgestellt werden, dass die Beteiligten auf das Vorlesen verzichtet haben**. Fehlt dieser Hinweis, ist die Beurkundung nichtig.

44   Wird das beigefügte Schriftstück nicht vorgelesen, **soll** es nach § 14 Abs. 2 Hs. 1 BeurkG **den Beteiligten zur Kenntnisnahme vorgelegt und von ihnen unterschrieben werden**. Besteht das Schriftstück aus mehreren Seiten, soll jede Seite von den Beteiligten unterzeichnet werden (§ 14 Abs. 2 Hs. 2 BeurkG). Gem. § 14 Abs. 3 Hs. 2 BeurkG **soll zudem festgestellt werden, dass ihnen das beigefügte Schriftstück zur Kenntnis vorgelegt worden ist**.[166]

Das beigefügte Schriftstück ist gem. § 44 S. 2 BeurkG durch Schnur und Siegel mit der Urkunde zu verbinden.

45   Die in § 14 Abs. 1 S. 1 BeurkG einzeln aufgeführten Bilanzen, Inventare und Nachlassverzeichnisse stellen lediglich eine **beispielhafte Aufzählung** für Be-

---

[163] Vgl. *Winkler* BeurkG, § 13a Rn. 7.
[164] *Winkler* MittBayNot 1999, 2, 17.
[165] Ausdrücklich Armbrüster/Preuß/Renner/*Piesga* BeurkG, § 14 Rn. 12; *Winkler* MittBayNot 1999, 2, 19.
[166] Armbrüster/Preuß/Renner/*Piesga* BeurkG, § 14 Rn. 25; *Winkler* BeurkG, § 14 Rn. 4.

II. Durchführung der Beurkundung

standsverzeichnisse dar. Der Begriff „**Bestandsverzeichnis**" stellt somit das **zentrale Tatbestandsmerkmal** der eingeschränkten Vorlesungspflicht nach § 14 BeurkG dar[167].

Zu den für Unternehmenstransaktionen relevanten Bestandsverzeichnissen gem. § 14 BeurkG zählen u.a.[168]:

- Bilanzen;
- Gewinn- und Verlustrechnungen[169];
- Anhänge zum Jahresabschluss;
- Inventare i.S.v. § 240 HGB;
- Aufstellungen über den Auftragsbestand, bewegliche Wirtschaftsgüter, bestehende Verträge, Forderungen, Verbindlichkeiten, Beteiligungen an anderen Gesellschaften, Versicherungen, Patente, gewerbliche Schutzrechte, Lizenzen, anhängige Prozesse etc.; und
- Personenverzeichnisse von Mitarbeitern, Schuldnern, Gläubigern, Kunden, Lieferanten etc.

Die **Aufstellung zu veräußernden Grundbesitzes und seiner Belastungen insbesondere durch Grundbuchauszüge** fällt als Bestandsverzeichnis über Sachen und Rechte unter den Wortlaut des § 14 BeurkG[170]. Nach einer Stellungnahme des Deutschen Notarinstituts soll das Verfahren jedoch nur dann zulässig sein, wenn der gesamte Grundbesitz des Veräußerers übertragen wird[171]. Demgegenüber geht die herrschende Lehre davon aus, dass **auch Teilübertragungen zulässig sind**[172]. Dieser ist beizutreten, da unter materiellen Gesichtspunkten nicht einzusehen ist, warum ausgerechnet die Übertragung nur eines Teils der vorhandenen Grundstückpositionen schutzwürdiger behandelt werden soll als die Übertragung sämtlicher Grundstückswerte[173]. Angesichts der Bedeutung von Grundstücken im Rechtsverkehr (vgl. § 311b BGB) bildet allerdings **§ 17 Abs. 2a S. 1 BeurkG die Grenze für diese Vorgehensweise**: die eingeschränkte Vorlesung darf nicht zu einer Verletzung der Belehrungspflicht, insbesondere hinsichtlich auf den Grundstücken lastenden Rechten, führen[174].

46

---

[167] Im Einzelnen ist die Begriffsbildung umstritten (dazu Armbrüster/Preuß/Renner/*Piesga* BeurkG, § 14 Rn. 11, *Winkler* BeurkG, § 14 Rn. 12 ff.).
[168] Siehe Hauschild/Kallrath/Wachter/*Heinemann* NotarHdb, § 8 Rn. 128; Armbrüster/Preuß/Renner/*Piesga* BeurkG, § 14 Rn. 12; *Stauf* RNotZ 2001, 129, 146; *Winkler* BeurkG, § 14 Rn. 17.
[169] *Stauf* RNotZ 2001, 145; *Winkler* BeurkG, § 14 Rn. 17.
[170] *Kanzleiter* RNotZ 1999, 292, 298.
[171] DNotI-Rep. 2003, 17, 18.
[172] *Ising/v. Loewenich* ZNotP 2003, 176, 177 ff.; Armbrüster/Preuß/Renner/*Piesga* BeurkG, § 14 Rn. 13; *Winkler* BeurkG, § 14 Rn. 24.
[173] Die a.A. betreibt Begriffsjurisprudenz (vgl. Armbrüster/Preuß/Renner/*Piesga* BeurkG, § 14 Rn. 13).
[174] Zutreffend *Winkler* BeurkG, § 14 Rn. 26; enger *Kanzleiter* RNotZ 1999, 292, 298 f.; ihm folgend *Stauf* RNotZ 2001, 129, 146.

47   **Nicht anwendbar** ist § 14 BeurkG **auf Beschreibungen und Auflistungen von Gegenständen, die erst noch beschafft und hergestellt werden müssen**[175], wie z.B. die Baubeschreibung und das Leistungsverzeichnis im Rahmen des Bauträgervertrags[176]. Die Baubeschreibung dient der Konkretisierung der Rechte und Pflichten aus dem Bauträgervertrag und unterliegt somit der uneingeschränkten Vorlesungspflicht[177] Ebenso **keine Anwendung** findet die eingeschränkte Vorlesungspflicht gem. § 14 BeurkG, **wenn sich in dem Verzeichnis Erklärungen befinden, die rechtsgeschäftlicher Natur sind**[178].

4. Beurkundung in fremder Sprache

48   Unternehmenstransaktionen werden nicht selten in einer fremden Urkundssprache beurkundet. Zum Teil wird auch die Verhandlung in einer Fremdsprache geführt. Dies alles ist nach dem BeurkG unter bestimmten Voraussetzungen zulässig.

Urkunden sind gem. § 5 Abs. 1 BeurkG grundsätzlich in deutscher Sprache zu errichten. Die **Verhandlung kann** jedoch auch **in einer Fremdsprache** ggf. unter Hinzuziehung eines Dolmetschers geführt werden; hierüber ist dann eine Niederschrift auf Deutsch anzufertigen[179].

Auf Verlangen der Beteiligten kann die **Beurkundung ebenfalls in einer fremden Sprache** durchgeführt werden (§ 5 Abs. 2 S. 1 BeurkG). Der Notar soll diesem Verlangen indes nur dann entsprechen, wenn er der fremden Sprache hinreichend kundig ist (§ 5 Abs. 2 S. 2 BeurkG). Seine Sprachkenntnisse hat der Notar selbst nach pflichtgemäßem Ermessen einzuschätzen[180]. Zur Beurkundung in einer Fremdsprache ist der Notar jedoch in keinem Fall verpflichtet (§ 15 Abs. 1 S. 2 BNotO). Die Wirksamkeit der Urkunde hängt nicht davon ab, ob der Notar die Fremdsprache tatsächlich ausreichend beherrscht[181].

49   Die Urkunde kann zum Teil in Deutsch sowie in einer Fremdsprache errichtet werden[182]. Zulässig ist ebenso die **Erstellung einer zweisprachigen Urkunde**[183];

---

[175] Vgl. BT-Drucks. 13/10589 S. 39.
[176] Armbrüster/Preuß/Renner/*Piesga* BeurkG, § 14 Rn. 14; *Winkler* BeurkG, § 14 Rn. 27.
[177] Armbrüster/Preuß/Renner/*Piesga* BeurkG, § 14 Rn. 14; *Stauf*, RNotZ 2001, 129, 145.
[178] An dieser Stelle sollte der Notar besonders aufmerksam sein, da sich nicht selten bei der Beurkundung von Inventaren ein versteckter Vermerk mit rechtsgeschäftlichem Charakter vorfindet, vgl. *Winkler* BeurkG, § 14 Rn. 30.
[179] Brambring/Jerschke/*Bernhard* Beck'sches Notarhdb, G Rn. 173.
[180] Armbrüster/Preuß/Renner/*Armbrüster* BeurkG, § 5 Rn. 6; Eylmann/Vaasen/*Eylmann* BeurkG, § 5 Rn. 3; *Schütze* DNotZ 1992, 72; *Winkler* BeurkG, § 5 Rn. 8.
[181] Armbrüster/Preuß/Renner/*Armbrüster* BeurkG, § 5 Rn. 6; *Winkler* BeurkG, § 5 Rn. 7.
[182] Armbrüster/Preuß/Renner/*Armbrüster* BeurkG, § 5 Rn. 8; *Winkler* BeurkG, § 5 Rn. 11.
[183] Um den Bedürfnissen des Rechtsverkehrs mit dem Ausland Rechnung zu tragen, kann daher der in deutscher Sprache abgefassten Urkunde eine vom Notar oder Dolmetscher verfasste Übersetzung beigefügt werden, die als solche zweifelsfrei gekennzeichnet ist und mit der Urkunde fest

II. Durchführung der Beurkundung

hierbei sollte in der Urkunde klargestellt werden[184], welche Textfassung im Zweifelsfall maßgeblich ist.

Der **Gesellschaftsvertrag** einer GmbH kann in einer Fremdsprache abgefasst und beurkundet werden; das Handelsregister kann jedoch eine deutsche Übersetzung verlangen[185]. Die Niederschrift über eine **Gesellschafterversammlung** kann unabhängig von der Verhandlungssprache in einer fremden Sprache errichtet werden[186].

Unerheblich ist, **ob die Beteiligten der Urkundssprache hinreichend mächtig** sind[187]. Der Notar kann also Erklärungen, welche die Beteiligten auf Deutsch abgeben, in einer Fremdsprache beurkunden[188]. 50

Ist ein **Beteiligter**[189] **der Urkundssprache nicht hinreichend mächtig**, ist dies gem. § 16 Abs. 1 BeurkG in der Niederschrift festzustellen. Anstatt die Niederschrift vorzulesen, muss sie der betreffenden Person (mündlich) übersetzt werden (§ 16 Abs. 2. S. 1 BeurkG). Der Betreffende kann gem. § 16 Abs. 2 S. 2 BeurkG auch eine schriftliche **Übersetzung** verlangen, worauf ihn der Notar hinzuweisen hat (§ 16 Abs. 2 S. 3 BeurkG). Die vorgenannten Tatsachen sind in der Niederschrift festzustellen (§ 16 Abs. 2 S. 4 BeurkG).[190]

Die **Übersetzung** kann **vom Notar** selbst vorgenommen werden, wenn er der Sprache hinreichend mächtig ist. Andernfalls ist gem. § 16 Abs. 3 S. 1 BeurkG ein **Dolmetscher** hinzuziehen. Der Dolmetscher muss nach h.M. über **keine bestimmte Berufsqualifikation** verfügen[191]. Der Notar kann ihn bei Zweifeln über seine Sprachkenntnisse ablehnen[192]. Für ihn gelten die Ausschließungsgründe nach §§ 6, 7 BeurkG entsprechend (§ 16 Abs. 3 S. 2 BeurkG). Ist der Dolmetscher nicht allgemein, also auch für das Notariat vereidigt, so soll er vereidigt werden, sofern nicht die Beteiligten darauf verzichten (§ 16 Abs. 3 S. 3 BeurkG). Diese Tatsachen sind gem. § 16 Abs. 3 S. 4 BeurkG in die Niederschrift aufzunehmen. Der Dolmetscher soll nach § 16 Abs. 3 S. 5 BeurkG die Urkunde mit unterschreiben; ein Verstoß hiergegen führt indes nicht zur Unwirksamkeit der Urkunde[193]. 51

---

verbunden werden kann; weiterhin ist es auch möglich, dass deutscher und fremdsprachiger Text auf einer Seite nebeneinander in Spalten gesetzt werden; vgl. *Winkler* BeurkG, § 5 Rn. 1.

[184] Armbrüster/Preuß/Renner/*Armbrüster* BeurkG, § 5 Rn. 8; Brambring/Jerschke/*Bernhard* Beck'sches Notarhdb, G Rn. 175.

[185] Hauschild/Kallrath/Wachter/*Heinemann* NotarHdb, § 8 Rn. 95.

[186] Hauschild/Kallrath/Wachter/*Heinemann* NotarHdb, § 8 Rn. 95.

[187] Armbrüster/Preuß/Renner/*Armbrüster* BeurkG, § 5 Rn. 7; *Winkler* BeurkG, § 5 Rn. 9; Eylmann/Vaasen/*Eylmann* BeurkG, § 5 Rn. 4.

[188] Armbrüster/Preuß/Renner/*Armbrüster* BeurkG, § 5 Rn. 7; *Winkler* BeurkG, § 5 Rn. 9.

[189] Abzustellen ist hierbei auf die Erschienenen, gegebenenfalls also auf den Vertreter, nicht auf nicht erschienene Vertretene, vgl. *Winkler* BeurkG, § 5 Rn. 10.

[190] Hauschild/Kallrath/Wachter/*Heinemann* NotarHdb, § 8 Rn. 95.

[191] Zum Meinungsstand Armbrüster/Preuß/Renner/*Piegsa* BeurkG, § 16 Rn. 27.

[192] Hauschild/Kallrath/Wachter/*Heinemann* NotarHdb, § 8 Rn. 97; Armbrüster/Preuß/Renner/*Piegsa* BeurkG, § 16 Rn. 27.

[193] Armbrüster/Preuß/Renner/*Piegsa* BeurkG, § 16 Rn. 38; *Winkler* BeurkG, § 16 Rn. 28.

52 Die **Wirksamkeit der Urkunde** wird nicht dadurch berührt, dass ein Beteiligter seine Sprachkenntnisse falsch angegeben oder der Notar sich hierüber geirrt hat[194].

Gem. § 50 Abs. 1 BeurkG kann der Notar eine deutsche Übersetzung einer Urkunde mit einer **Richtigkeitsbescheinigung** versehen, wenn er die Urkunde selbst in fremder Sprache errichtet hat oder für die Erteilung einer Ausfertigung der Niederschrift zuständig ist. Eine solche Bescheinigung verleiht der Übersetzung die **gesetzliche Vermutung** der Richtigkeit und Vollständigkeit (§ 50 Abs. 2 BeurkG)[195].

5. Prüfungs- und Belehrungspflichten

a) Prüfungspflichten

53 Unternehmenskaufverträge sind oft das Ergebnis eines langen Verhandlungsprozesses unter Einbeziehung von spezialisierten Rechtsanwälten und sonstigen Beratern. Der Notar wird häufig erst am Ende der Vertragsverhandlungen einbezogen. Dabei erhält er in der Regel einen mehr oder weniger fertig verhandelten umfangreichen **Vertragsentwurf,** an dessen Erstellung er nicht mitgewirkt und dessen Beurkundung er meist unter Zeitdruck vorbereiten soll.

Gleichwohl ist der Notar gem. § 17 Abs. 1, 2 BeurkG **verpflichtet, den Willen der Beteiligten zu erforschen, den Sachverhalt aufzuklären und Widersprüche sowie Rechtsfehler im Vertragswerk aufzudecken.**[196]

In Ansehung des zeitaufwendigen professionalisierten Verhandlungsprozesses kann der Notar **davon ausgehen, dass der Wille der Beteiligten in dem Vertragsentwurf korrekt wiedergegeben ist**[197]. Da einzelne Regelungen eines Unternehmenskaufvertrags aus sich heraus schwer verständlich sein können, sollte sich der Notar den **Sachverhalt von den Beteiligten**, sofern erforderlich, **schildern lassen**[198].

54 Bei Geschäften, die im Grundbuch eingetragene oder einzutragende Rechte zum Gegenstand haben, hat sich der Notar gem. § 21 Abs. 1 S. 1 BeurkG über den **Grundbuchinhalt** zu unterrichten. Andernfalls darf nur beurkundet werden, wenn die Beteiligten trotz Belehrung über die damit verbundenen Gefahren auf die Beurkundung bestehen, was in der Niederschrift zu vermerken ist (§ 21 Abs. 1 S. 2 BeurkG). Der Notar muss sich auch Klarheit darüber verschaffen, ob die Beteiligten **beurkundungsbedürftige Nebenabreden** schließen wollen[199].

---

[194] BGH 2 StR 88/01, NJW 2001, 3135, 3137.
[195] *Winkler* BeurkG, § 5 Rn. 14.
[196] Vgl. BGH IX ZR 222/92, DNotZ 1995, 495; OLG Celle Not 27/00 Rn. 36; die Entscheidungen bestätigen, dass die Vorlage eines vorbereiteten Dokuments durch die Parteien den Notar nicht von seiner originären Pflicht befreit, den Vertragsentwurf zu prüfen und u.U. auf Bedenken hinzuweisen.
[197] Siehe Hauschild/Kallrath/Wachter/*de Lousanoff* NotarHdb, § 20 Rn. 35.
[198] Vgl. Hauschild/Kallrath/Wachter/*de Lousanoff* NotarHdb, § 20 Rn. 36.
[199] Hauschild/Kallrath/Wachter/*de Lousanoff* NotarHdb, § 20 Rn. 12.

II. Durchführung der Beurkundung

De iure ist der Notar zu einer vollen **rechtlichen Prüfung des Vertrags** verpflichtet. Faktisch wird er dieser Pflicht aufgrund des Umfangs des Vertragswerks, der spezialisierten Materie und des regelmäßig herrschenden Zeitdrucks nur eingeschränkt nachkommen können und sich auf eine Schlüssigkeitsprüfung beschränken wollen[200]. Der Notar muss jedoch **sicherstellen, dass der Vertrag wirksam abgeschlossen wird und auch vollzogen werden kann**[201]. Nötigenfalls sollte er sich schwer verständliche Spezialklauseln, etwa Steuer[202]- oder Umweltklauseln[203], von den Beteiligten erklären lassen, um deren Regelungsinhalt und Reichweite korrekt zu erfassen[204].

b) Belehrungspflichten

Da Unternehmenskaufverträge dem Notar meist als fertig verhandeltes Vertragswerk vorgelegt werden, die von spezialisierten Rechts- und sonstigen Beratern erstellt worden sind, verzichten Notare mitunter auf die üblichen Hinweise und Belehrungen in der Manteleurkunde[205]. Der Notar sollte sich von dieser Praxis jedoch nicht beeinflussen lassen und die **relevanten Belehrungen in jedem Fall aufnehmen**[206]. 55

Der Notar hat die Beteiligten gem. § 17 Abs. 1 S. 1 BeurkG **über die Tragweite der angestrebten Geschäfte zu belehren**. Die Vorschrift soll gewährleisten, dass der Notar eine **rechtswirksame Urkunde über den wahren Willen der Beteiligten** errichtet[207]. Aus diesem Zweck folgt die inhaltliche Begrenzung der Pflicht zur Rechtsbelehrung: Sie geht nur so weit, wie eine Belehrung für das Zustandekommen einer formgültigen Urkunde erforderlich ist, die den wahren Willen der Beteiligten vollständig und unzweideutig in der für das beabsichtigte Rechtsgeschäft richtigen Form rechtswirksam wiedergibt; dabei soll der Notar darauf achten, dass **unerfahrene und ungewandte Beteiligte nicht benachteiligt** werden[208]. Diese Belehrungspflicht besteht grundsätzlich nur gegenüber den formell Beteiligten[209].

---

[200] Kritisch Hauschild/Kallrath/Wachter/*de Lousanoff* NotarHdb, § 20 Rn. 4 f.
[201] Nachdrücklich Hauschild/Kallrath/Wachter/*de Lousanoff* NotarHdb, § 20 Rn. 6.
[202] Vgl. *Hülsmann* DStR 2008, 2402 ff.
[203] Vgl. bereits *Turiaux/Knigge* BB 1999, 913 ff.
[204] Hauschild/Kallrath/Wachter/*de Lousanoff* NotarHdb, § 20 Rn. 38.
[205] So Hauschild/Kallrath/Wachter/*de Lousanoff* NotarHdb, § 20 Rn. 71; die Notare haften nach § 19 Abs. 1 BNotO bei Fahrlässigkeit ohnehin nur subsidiär.
[206] Zu Recht Hauschild/Kallrath/Wachter/*de Lousanoff* NotarHdb, § 20 Rn. 72.
[207] BGH IX ZR 77/87, DNotZ 1989, 45; *Armbrüster*/Preuß/Renner BeurkG, § 17 Rn. 15.
[208] BGH IX ZR 77/87, DNotZ 1989, 45; § 17 BeurkG hat also eine umfassende inhaltliche Bedeutung. Dennoch handelt es sich nur um eine Soll-Vorschrift, so dass eine unterbliebene Belehrung nicht zur Nichtigkeit des Rechtsgeschäfts führt, sondern lediglich zu einer möglichen Schadensersatzpflicht, vgl. BGH II ZB 8/80, NJW 1981, 1160.
[209] Zur ausnahmsweisen Belehrungspflicht gegenüber Dritten Brambring/Jerschke/*Bernhard* Beck'sches Notarhdb, G Rn. 132 ff.

§ 9 Beurkundungsverfahren

56 Inhaltlich erstreckt sich die **Rechtsbelehrung** darauf, ob und **unter welchen Voraussetzungen der angestrebte rechtliche Erfolg eintritt und welche unmittelbaren Rechtswirkungen daran anknüpfen**[210]. Hierzu gehört auch die Belehrung über Zweifel an der Wirksamkeit der rechtsgeschäftlichen Erklärungen (§ 17 Abs. 2 S. 2 BeurkG)[211]. Diese Verpflichtung **entfällt ausnahmsweise, wenn** die Beteiligten sich über die Tragweite ihrer Erklärungen und das damit verbundene Risiko vollständig im Klaren sind und die konkrete Vertragsgestaltung gleichwohl ernsthaft wollen; der Notar ist nicht verpflichtet, ohne Rücksicht auf konkrete Anhaltspunkte „ins Blaue hinein" zu belehren[212].

In **Ausnahmefällen** erweitert sich die Belehrungspflicht zu einer **Betreuungspflicht**, wenn der Notar Anlass zu der Vermutung haben muss, einem Beteiligten drohe ein Schaden vor allem deshalb, weil er sich wegen mangelnder Kenntnis der Rechtslage einer Gefahr nicht bewusst ist[213].

57 In grenzüberschreitenden Sachverhalten und unter Beteiligung ausländischer Beteiligter ist stets die **Anwendung ausländischen Rechts** in Betracht zu ziehen, worauf der Notar die Beteiligten gem. § 17 Abs. 3 S. 1 BeurkG hinweisen und einen entsprechenden Vermerk in die Niederschrift aufnehmen muss. Der Notar ist nicht gehalten, über den Inhalt ausländischen Rechts zu belehren (§ 17 Abs. 3 S. 3 BeurkG). Beraten muss er jedoch zum deutschen internationalen Privatrecht sowie zum unmittelbar anwendbaren EU-Recht, namentlich zu den Verordnungen über die europäischen Rechtsformen sowie über Kollisions- und Anerkennungsrecht[214].

58 Die Belehrungspflicht bezieht in der Regel **nicht auf die wirtschaftlichen Folgen** des Geschäfts, es sei denn, nach den besonderen Umständen des Einzelfalles liegt die Vermutung nahe, einem Beteiligten drohe Schaden und der Beteiligte sei sich dessen infolge mangelnder Rechtskenntnis nicht bewusst[215].

59 Da der BGH **hohe Anforderungen** an die notariellen Belehrungspflichten stellt, finden sich in den Niederschriften über gesellschaftsrechtliche Transaktionen mitunter sehr umfangreiche, zum Teil pauschale Belehrungen[216]. Die nachfolgende

---

[210] BGH III ZR 272/09, NJW 2011, 1355; BGH III ZR 72/03, NJW 2004, 1865; BGH IX ZR 51/85, DNotZ 1987, 157; Limmer/Hertel/Frenz/Mayer/*Limmer* Würzburger NotarHdb, Teil 1 Kap. 2 Rn. 124.

[211] Limmer/Hertel/Frenz/Mayer/*Limmer* Würzburger NotarHdb, Teil 1 Kap. 2 Rn. 124.

[212] BGH III ZR 272/09, ZNotP 2011, 7; BGH III ZR 13/07, NJW 2007, 3566; BGH IX ZR 12/94, DNotZ 1995, 407.

[213] BGH IX ZR 51/85, DNotZ 1987, 157.

[214] *Armbrüster*/Preuß/Renner BeurkG, § 17 Rn. 235; Hauschild/Kallrath/Wachter/*Heinemann* NotarHdb, § 8 Rn. 90.

[215] BGH VI ZR 138/63, DNotZ 1965, 115.

[216] Kritisch Hauschild/Kallrath/Wachter/*Heinemann* NotarHdb, § 8 Rn. 84; allerdings erfüllen nach *Heinemann* derartige pauschale Belehrungen auch die praktische Funktion, dem Notar einerseits als Prüfungsschema zur Sachverhaltsaufklärung zu dienen und anderseits die Beteiligten zu vernünftigen Handlungen anzuleiten.

II. Durchführung der Beurkundung

Auflistung gibt einen **Überblick über typische Belehrungserfordernisse** im Zusammenhang mit Unternehmenstransaktionen[217]:

- Hinweis auf Erfordernis einer Registereintragung[218];
- Hinweise zur Gründungshaftung;
- Hinweise auf zwingendes Firmenrecht;
- Hinweise auf die Art und Weise der Einlageleistung, insbesondere Sacheinlagen;
- Hinweise auf die Differenzhaftung bei unrichtiger Bewertung von Sacheinlagen;
- Hinweise zu den Grundsätzen der Kapitalaufbringung und Kapitalerhaltung[219];
- Hinweise zur strafrechtlichen Verantwortlichkeit der Geschäftsführer;
- Hinweise auf die Besonderheiten einer Unternehmergesellschaft;
- Hinweise auf die Haftung des Rechtsvorgängers bzw. -nachfolgers für ausstehende Einlageverpflichtungen;
- Hinweise auf den gutgläubigen Erwerb von GmbH-Geschäftsanteilen;
- Hinweise hinsichtlich der Einreichung und Aktualisierung der Gesellschafterliste; und
- Hinweise auf die schwebende Unwirksamkeit eines Rechtsgeschäfts, insbesondere bei Vinkulierung von GmbH-Geschäftsanteilen.

Der Notar ist **regelmäßig nicht** aufgrund seiner Pflicht zur Rechtsbelehrung 60 oder seiner allgemeinen Betreuungspflicht aus § 14 Abs. 1 S. 2 BNotO gehalten, **auf steuerrechtliche Folgen des beurkundeten Geschäfts hinzuweisen**[220]. Denn diese gehören typischerweise nicht zum Inhalt des Geschäfts selbst, sondern ergeben sich kraft Gesetzes als Folgen daraus. Der Notar ist auch nicht verpflichtet, Tatsachen zu ermitteln, die für das mögliche Eingreifen von Steuertatbeständen von Bedeutung sein können[221]. Im Bedarfsfalle müssen sich die Beteiligten über Steuerfragen von Fachkräften gesondert beraten lassen. Jedoch kann eine erweiterte **Belehrungspflicht** im Hinblick auf eine in besonderen Umständen des Einzelfalls wurzelnde, den Beteiligten unbewusste **steuerliche Gefahrenlage** bestehen, **wenn der Notar diese erkennt oder zumindest erkennen kann**[222]: Inhalt und Umfang der Belehrungspflicht hängen davon ab, wie konkret der Notar die drohenden steuerlichen Folgen kennt. Kennt er sie positiv, muss er davor warnen. Kennt er sie zwar nicht, muss er aber annehmen, dass das geplante Geschäft von allen Beteiligten wegen mangelnder Kenntnis der Rechtslage nicht erkannte und

---

[217] Nach Hauschild/Kallrath/Wachter/*Heinemann* NotarHdb, § 8 Rn. 85.
[218] BGH IX ZR 48/10, BeckRS 2010, 28291.
[219] BGH IX ZR 48/10, BeckRS 2010, 28291.
[220] BGH III ZR 33/07, NJW 2008, 1085; BGH IX ZR 203/94, NJW 1995, 2794; *Schuck* BB 1996, 2335.
[221] BGH III ZR 33/07, NJW 2008, 1085.
[222] BGH III ZR 33/07, NJW 2008, 1085; BGH IX ZR 201/01, NJW-RR 2003, 1498; BGH IX ZR 203/94, NJW 1995, 2794.

nicht gewollte steuerliche Auswirkungen haben könnte, muss er empfehlen, die steuerliche Seite von einem Fachmann überprüfen zu lassen[223].

c) Genehmigungsvorbehalte und Unbedenklichkeitsbescheinigung

61   Der Notar hat gem. § 18 BeurkG auf das Erfordernis **gerichtlicher oder behördlicher Genehmigungen** bzw. etwa darüber bestehende Zweifel zu belehren und dies in der Niederschrift zu vermerken. Hauptanwendungsfall bei Unternehmenstransaktionen ist die **Fusionskontrolle** durch das Bundeskartellamt. Hat der Notar hinreichende Anhaltspunkte für das Erfordernis einer kartellrechtlichen Freigabe bzw. ist die Wirksamkeit des Unternehmenskaufvertrags vereinbarungsgemäß abhängig von dieser, muss er die Beteiligten hierüber belehren.[224] Daneben ist an eine gerichtliche Genehmigung bei Beteiligung von **Minderjährigen** zu denken[225].

62   Darüber hinaus finden sich in Unternehmenskaufverträgen zum Teil **Gremienvorbehalte**, welche die Wirksamkeit des Vertrags von der Zustimmung insbesondere des Aufsichtsrats abhängig machen. Da solche Gremienvorbehalte quasi ein einseitiges Ausstiegsrecht aus dem Vertrag begründen und damit die Transaktionssicherheit empfindlich einschränken, hat der Notar die Beteiligten hierüber zu belehren[226].

Wird in der Unternehmenstransaktion **Grundbesitz** übertragen und darf deshalb nach dem Grunderwerbsteuergesetz eine Eintragung erst vorgenommen werden, wenn die **Unbedenklichkeitsbescheinigung des Finanzamts** vorliegt, hat der Notar gem. § 19 BeurkG hierauf hinzuweisen und dies in der Niederschrift zu vermerken.

6. Genehmigung und Unterzeichnung der Urkunde

63   Ist der Unternehmenskaufvertrag vollständig verlesen worden, muss die Mantelurkunde gem. § 13 Abs. 1 S. 1 Hs. 2 BeurkG **von den Beteiligten genehmigt und eigenhändig unterschrieben** werden. Dabei stellt der in § 13 Abs. 1 S. 2 BeurkG vorgesehene **Schlussvermerk** („vorgelesen, genehmigt und unterschrieben") eine Soll-Vorschrift dar; sein Fehlen führt mithin nicht zur Unwirksamkeit der Niederschrift[227].

---

[223] BGH III ZR 33/07, NJW 2008, 1085; BGH IX ZR 201/01, NJW-RR 2003,1498.
[224] Hauschild/Kallrath/Wachter/*Heinemann* NotarHdb, § 8 Rn. 92; Kordel RNotZ 2008, 85 ff.
[225] Vgl. Armbrüster/Preuß/Renner/*Rezori* BeurkG, § 18 Rn. 81 ff.
[226] Vgl. BGH III ZR 156/07, NJW 2008, 1321 ff.; BGH III ZR 77/03 (KG), NJW-RR 2004, 1071 ff.; BGH IX ZR 93–98, NJW 1999, 2188 f.; kritisch zu Gremienvorbehalten Hauschild/Kallrath/Wachter/*de Lousanoff* NotarHdb, § 20 Rn. 72.
[227] BGH V ZR 40/98, NJW 1999, 2806 f.; *Klein* DNotZ 2005, 199; Limmer/Hertel/Frenz/Mayer/*Limmer* Würzburger NotarHdb, Teil 1 Kap. 2 Rn. 84; Armbrüster/Preuß/Renner/*Piegsa* BeurkG, § 13 Rn. 87.

II. Durchführung der Beurkundung

Das **Genehmigungserfordernis** bezieht sich nur auf die Erklärungen der Beteiligten, nicht auch auf Hinweise, Feststellungen und Vermerke des Notars[228]. Die Genehmigung kann ausdrücklich und ebenso **konkludent durch Kopfnicken oder Unterzeichnung** erteilt werden[229].

An die **Unterschrift** stellt die Rechtsprechung **hohe Anforderungen**[230]. Es ist zwar nicht erforderlich, dass die Unterschrift lesbar ist, sie muss jedoch **individualisierbare Merkmale** aufweisen, und darf deswegen keine bloße Paraphe darstellen[231]. Der Notar sollte daher gerade bei „**Vielunterschreibern**" ein Auge darauf haben, dass diese keine abgekürzten Namensunterschriften verwenden, sondern ihren Namen schriftlich ausführen[232]. Die Unterzeichnung mit dem **Nachnamen** ist in der Regel notwendig[233], aber auch ausreichend[234]. Der Notar sollte dabei darauf achten, dass die Beteiligten einen längeren individualisierbaren Schriftzug vollziehen und in Zweifelsfällen den Vornamen hinzufügen[235]. Wird die Unterschrift eines Beteiligten versehentlich unterlassen, kann diese durch Nachtragsbeurkundung ohne Zustimmung der übrigen Beteiligten nachgeholt werden[236].

64

Gem. § 13 Abs. 3 BeurkG ist die Niederschrift abschließend durch den **Notar** unter Beifügung der Amtsbezeichnung **zu unterzeichnen**.

Zum Schluss sollte der Notar die Beteiligten noch fragen, **wer wie viele beglaubigte oder einfache Abschriften erhalten will**, und dies in der Niederschrift vermerken[237].

---

[228] Hauschild/Kallrath/Wachter/*Heinemann* NotarHdb, § 8 Rn. 137.
[229] RG IV 25/24, RGZ 108, 397; Limmer/Hertel/Frenz/Mayer/*Limmer* Würzburger NotarHdb, Teil 1 Kap. 2 Rn. 79; *Winkler* BeurkG, § 13 Rn. 41.
[230] Vgl. OLG Stuttgart 3 U 123/01, NJW 2002, 832; *Heinemann* ZNotP 2002, 224; eingehend *Kanzleiter* DNotZ 2002, 520 ff.; Eylmann/Vaasen/*Limmer* BeurkG, § 13 Rn. 16; *Schneider* NJW 1998, 1844 ff.; *Winkler* BeurkG, § 13 Rn. 45 ff.
[231] OLG Stuttgart 3 U 123/01, NJW 2002, 832; Hauschild/Kallrath/Wachter/*Heinemann* NotarHdb, § 8 Rn. 138.
[232] Kritisch hierzu Limmer/Hertel/Frenz/Mayer/*Limmer* Würzburger NotarHdb, Teil 1 Kap. 2 Rn. 83.
[233] Eine Ausnahme besteht nach dem BGH, wenn der Vorname in der Öffentlichkeit allgemein bekannt ist, etwa bei kirchlichen Würdenträgern und Angehörigen des Hochadels.
[234] BGH V ZR 279/01, NJW 2003, 1120; Limmer/Hertel/Frenz/Mayer/*Limmer* Würzburger NotarHdb, Teil 1 Kap. 2 Rn. 81.
[235] Hauschild/Kallrath/Wachter/*Heinemann* NotarHdb, § 8 Rn. 140; Limmer/Hertel/Frenz/Mayer/*Limmer* Würzburger NotarHdb, Teil 1 Kap. 2 Rn. 80.
[236] OLG Düsseldorf 15 U 192/97, DNotZ 2000, 299; Brambring/Jerschke/*Bernhard* Beck'sches Notarhdb, G Rn. 210a; Hauschild/Kallrath/Wachter/*Heinemann* NotarHdb, § 8 Rn. 143.
[237] Hauschild/Kallrath/Wachter/*de Lousanoff* NotarHdb, § 20 Rn. 76.

III. Notarielle Tätigkeiten nach Abschluss der Beurkundung

1. Gesellschafterliste

a) Allgemein

65   Die Einreichung und Pflege der im Zuge des MoMiG aufgewerteten Liste der Gesellschafter einer GmbH sollte nicht vernachlässigt werden[238]. Die Eintragung in die Gesellschafterliste ist zwar **nicht Wirksamkeitsvoraussetzung** für die zu ihrer Einreichung Anlass gebenden Veränderung in den Personen der Gesellschafter oder im Umfang ihrer Beteiligung. Grund ist jedoch zum einen die umfängliche **Legitimationswirkung** nach § 16 Abs. 1 GmbHG, wonach Gesellschafterrechte gegenüber der GmbH grundsätzlich erst mit Eintragung etwaiger Veränderungen in die Gesellschafterliste ausgeübt werden können[239]. Daneben knüpft die **Haftung des Erwerbers für rückständige Einlageverpflichtungen des Veräußerers** gem. § 16 Abs. 2 GmbHG an die Gesellschafterliste an. Zu berücksichtigen ist ebenso die **Rechtsscheinwirkung der Gesellschafterliste für den gutgläubigen Erwerb eines Geschäftsanteils** gem. § 16 Abs. 3 GmbHG[240]. Schließlich können Nachlässigkeiten im Umgang mit der Gesellschafterliste zu einer **Haftung** der zur Einreichung berufenen Geschäftsführer nach § 40 Abs. 3 GmbHG bzw. **des zuständigen Notars** gem. § 19 BNotO führen[241].

b) Zuständigkeit

66   Bei jeder **Veränderung in den Personen der Gesellschafter oder des Umfangs ihrer Beteiligung** haben die **Geschäftsführer** gem. § 40 Abs. 1 S. 1 GmbHG unverzüglich nach Wirksamwerden der Veränderung eine von ihnen unterschriebene Liste der Gesellschafter zum Handelsregister einzureichen. Die Änderung der Gesellschafterliste erfolgt gem. § 40 Abs. 1 S. 2 GmbHG auf Mitteilung und Nachweis durch die Gesellschafter, wobei den Geschäftsführer eine inhaltliche Prüfungspflicht trifft[242].

---

[238] Dazu BR-Drucks. 354/07, S. 57; nach Lutter/Hommelhoff/*Bayer* GmbHG, § 40 Rn. 1 „wichtigstes GmbH-Dokument neben der Satzung"; *Löbbe* GmbHR 2012, 7; *Mayer* ZIP 2009, 1037; *Preuß* ZGR 2008, 676 ff.
[239] Zu den Einzelheiten Lutter/Hommelhoff/*Bayer* GmbHG, § 16 Rn. 19 f.; Baumbach/Hueck/*Zöllner/Noack* GmbHG, § 16 Rn. 3 ff.
[240] Zu den Voraussetzungen Baumbach/Hueck/*Zöllner/Noack* GmbHG, § 16 Rn. 27 ff.
[241] Siehe Lutter/Hommelhoff/*Bayer* GmbHG, § 40 Rn. 35 f.
[242] BR-Drucks. 354/07, S. 99; Lutter/Hommelhoff/*Bayer* GmbHG, § 40 Rn. 19 f.; *Götze/Bressler* NZG 2007, 895; *Kort* GmbHR 2009, 171; *Wachter* DB 2009, 160; die Prüfungspflicht dürfte jedoch mangels juristischer Kenntnisse auch nicht überspannt werden, so *Schneider* GmbHR 2009, 395; vgl. auch *Bednarz* BB 2008, 1856; *Breitenstein/Meyding* BB 2006, 1460; *Kort* GmbHR 2009, 171.

III. Notarielle Tätigkeiten nach Abschluss der Beurkundung

Wenn die **Veränderungen** in den Personen der Gesellschafter oder des Umfangs ihrer Beteiligung **durch das Mitwirken eines Notars** erfolgt sind, hat der Notar gem. § 40 Abs. 2 S. 1 GmbHG anstelle der Geschäftsführer unverzüglich nach deren Wirksamwerden die Liste anstelle der Geschäftsführer zu unterzeichnen, zum Handelsregister einzureichen und der Gesellschaft eine Abschrift der geänderten Liste zu übermitteln.

67

Eine solche **Mitwirkung des Notars ist gegeben, wenn** der Notar eine die Veränderung herbeiführende Anteilsabtretung, Kapitalmaßnahme[243] oder Umwandlung[244] beurkundet hat[245]. Darüber hinaus ist die Mitwirkung auch bei Niederschrift nicht beurkundungspflichtiger Gesellschafterbeschlüsse, insbesondere Teilung, Zusammenlegung oder Einziehung, anzunehmen[246]. Keine hinreichende Mitwirkung stellt die bloße Unterschriftenbeglaubigung unter einem vom Notar nicht entworfenen Dokument dar[247]. Bei nur **mittelbarer Mitwirkung** des Notars ist im Einzelnen unklar, unter welchen Voraussetzungen der Notar (noch) für die Listeneinreichung zuständig ist[248]. Herrschen im Einzelfall **Zweifel, ob die Geschäftsführung oder der Notar zur Einreichung der Gesellschafterlisterliste zuständig** ist, bietet sich als praktische Lösung an, die Gesellschafterliste sowohl von der Geschäftsführung als auch vom Notar unterzeichnen zu lassen[249].

68

Hängt das Wirksamwerden der Änderungen und somit die Einreichung der Gesellschafterliste – wie in Unternehmenskaufverträgen typisch – vom Eintritt **aufschiebender Bedingungen** ab, **muss der Notar die Bedingungen prüfen, um die Liste einreichen zu können** (zur damit anfallenden Betreuungsgebühr bei Rn. 190). Eine **gegenläufige Entwicklung** zeichnet sich indes in der oberlandesgerichtlichen Rechtsprechung sowie in Teilen der Literatur ab: **Wird der Notar nicht gesondert beauftragt, den Bedingungseintritt zu überwachen, ende seine Mitwirkung mit dem Abschluss des Beurkundungsverfahrens**. An dem späteren Bedingungseintritt wirke er nicht mehr mit. Vielmehr obliege es allein dem Geschäftsführer, spätere Veränderungen nachzuhalten und nach § 40 Abs. 1 GmbHG die aktualisierte Gesellschafterliste beim Handelsregister zur Eintragung einzureichen[250].

69

---

[243] Die Zuständigkeit des Notars ist umstritten für die Anmeldung und Durchführung genehmigten Kapitals (siehe Baumbach/Hueck/*Zöllner/Noack* GmbHG, § 40 Rn. 54), vgl. auch OLG München 31 Wx 73/10, GmbHR 2010, 921.
[244] OLG Hamm 15 W 304/09, NZG 2010, 113.
[245] Lutter/Hommelhoff/*Bayer* GmbHG, § 40 Rn. 24.
[246] Lutter/Hommelhoff/*Bayer* GmbHG, § 40 Rn. 24; *Mayer* DNotZ 2008, 408; *Vossius* DB 2007, 2304.
[247] OLG Hamm 15 W 304/09, NZG 2010, 113.
[248] Hierzu *Heilmeier* NZG 2012, 217.
[249] Bestätigt durch OLG Hamm I 15 W 322/09, NZG 2010, 475; zustimmend MünchKomm GmbHG/*Heidinger*, § 40 Rn. 158 f.; Baumbach/Hueck/*Zöllner/Noack* GmbHG, § 40 Rn. 66.
[250] OLG Brandenburg 7 W 72/12, NZG 2013, 507; *Bednarz* BB 2008, 1060 f.; BeckOKGmbHG/*Heilmeier*, § 40 Rn. 54, 62 ff.; *Kort* GmbHR 2009, 172; *Mayer* DNotZ 2008, 409.

§ 9 Beurkundungsverfahren

70 Nach dem BGH kann eine Gesellschafterliste auch durch einen **Notar in Basel-Stadt, Schweiz** eingereicht werden[251]. Im Übrigen richtet sich die Frage der Zulässigkeit einer **Einreichung durch einen ausländischen Notar** weiterhin nach der **Gleichwertigkeitsrechtsprechung** (siehe hierzu unter § 10 Rn. 28 ff.)[252].

71 Letztlich geht der BGH davon aus, dass § 40 Abs. 1 GmbHG und § 40 Abs. 2 GmbHG nicht in einem Ausschließlichkeitsverhältnis stehen, sondern die Geschäftsführer stets die Listeneinreichung vornehmen können. Dies entspricht nicht der Intention des Gesetzgebers, durch die Einschaltung des Notars die Richtigkeitsgewähr der in ihrer Funktion aufgewerteten Gesellschafterliste zu erhöhen, die vom BGH allerdings in Abrede gestellt und nur für die Notarbescheinigung folgenlos akzeptiert wird. Die sich aus der durch den BGH eröffneten Allzuständigkeit der Geschäftsführer ergebenden Probleme sind erheblich – folgt man dem BGH, kann jeder Geschäftsführer ohne Einschaltung des Notars, Gesellschafterlisten zu beurkundenden Vorgängen einreichen oder die Gesellschafterliste des Notars korrigieren. Damit wird die Rechtslage vor MoMiG wieder hergestellt, was de lege lata falsch und zumindest de lege ferenda zu korrigieren ist. Schon aus Kostengründen wird die Einreichung der Gesellschafterliste durch die Geschäftsführer die Einreichung durch den Notar über lang oder kurz verdrängen.

72 Aufgrund seiner **Prüfungspflicht** darf der Notar die Gesellschafterliste erst dann zum Handelsregister einreichen, wenn er sich **vom Wirksamwerden der Veränderungen überzeugt** hat[253]. Eine Amtspflicht zur Nachforschung trifft den Notar dabei nicht[254]; er hat auch keinen Auskunftsanspruch gegen die Beteiligten[255]. Immerhin wird er die Beteiligten im Rahmen seiner Hinweispflicht belehren müssen, dass er die Gesellschafterliste erst bei seiner Überzeugung vom Wirksamwerden der Veränderungen einreichen kann[256]. Spiegelbildlich sind die Betroffenen dem Notar gegenüber nicht zur Nachweisführung verpflichtet[257]. Daher ist es im Interesse der Transaktionssicherheit **ratsam, in die Dokumentation eine entsprechende Verpflichtung**[258] **zur Nachweisführung aufzunehmen**[259].

73 Steht die Veräußerung und Abtretung eines Geschäftsanteils unter einer **aufschiebenden Bedingung**, z.B. Kaufpreiszahlung oder Kartellfreigabe, so hat sich

---

[251] BGH II ZB 6/13, NZG 2014, 219.
[252] BGH II ZB 6/13, NZG 2014, 219.
[253] ThürOLG 6 W 256/10, ZIP 2010, 1796; Lutter/Hommelhoff/*Bayer* GmbHG, § 40 Rn. 28; *Mayer* ZIP 2009, 1046 ff.; *Wachter* ZNotP 2008, 388; weitergehend *Herrler* DNotZ 2008, 910.
[254] *Bednarz* BB 2008, 1060; *Götze/Bressler* NZG 2007, 894, 896; *Mayer* DNotZ 2008, 409; Baumbach/Hueck/*Zöllner/Noack* GmbHG, § 40 Rn. 58.
[255] *Götze/Bressler* NZG 2007, 894, 896; *Mayer* DNotZ 2008, 403, 409.
[256] *Götze/Bressler* NZG 2007, 894, 896; *Mayer* DNotZ 2008, 403, 409.
[257] Lutter/Hommelhoff/*Bayer* GmbHG, § 40 Rn. 29; Baumbach/Hueck/*Zöllner/Noack* GmbHG, § 40 Rn. 58.
[258] Formulierung bei *Mayer* ZIP 2009, 1037, 1047.
[259] Lutter/Hommelhoff/*Bayer* GmbHG, § 40 Rn. 29.

III. Notarielle Tätigkeiten nach Abschluss der Beurkundung

der Notar im Falle seiner fortdauernden Zuständigkeit vom Eintritt der Bedingung zu überzeugen, bevor er die Gesellschafterliste zum Handelsregister einreicht[260]. Bei Unternehmenskaufverträgen kommt dabei als geeigneter Nachweis insbesondere die **Vorlage des Closing Memorandums** in Betracht[261].

c) Inhalt

In der Gesellschafterliste sind der **Familien- und Vorname, das Geburtsdatum und der Wohnort des Gesellschafters** anzugeben. Bei juristischen Personen und Personenhandelsgesellschaften sind stattdessen die **Firma und der Sitz** einzutragen; die Angabe des Handelsregisters und der Registernummer sind zweckmäßig, aber nicht verpflichtend[262]. 74

Wird ein Geschäftsanteil von einer **Gesellschaft bürgerlichen Rechts** gehalten, ist trotz Anerkennung der Rechtsfähigkeit von BGB-Außengesellschaften weiterhin umstritten, ob in die Gesellschafterliste nur die GbR oder auch ihre Gesellschafter einzutragen sind[263]. Bis zur Klärung dieser Rechtsfrage durch eine höchstrichterliche Entscheidung sollten daher aus Vorsichtsgründen in entsprechender Anwendung von § 162 Abs. 1 S. 2 HGB auch die Gesellschafter der den Geschäftsanteil haltenden GbR sowie etwaige Veränderungen im Gesellschafterkreis angegeben werden[264]. 75

Daneben sind stets **die Nennbeträge jedes gehaltenen Geschäftsanteils mit laufender Nummer** anzugeben.[265] Die Vergabe der laufenden Nummern steht im Ermessen des Geschäftsführers bzw. Notars, sie bedarf keines Gesellschafterbeschlusses[266]. 76

Technische Erläuterungen zur Veränderung in der Beteiligung sind nicht zwingend, sie sind jedoch zulässig, da sie der Klarheit dienen[267].

d) Notarbescheinigung

Der Notar muss die **Gesellschafterliste gem. § 40 Abs. 2 S. 2 GmbHG mit einer Bescheinigung versehen**, mit der er bestätigt, dass die Gesellschafterliste den Veränderungen entspricht, an denen er durch seine Urkunde mitgewirkt hat, und dass die übrigen Angaben in der Liste mit dem Inhalt der zuletzt im 77

---

[260] Siehe Lutter/Hommelhoff/*Bayer* GmbHG, § 40 Rn. 30; Baumbach/Hueck/*Zöllner/Noack* GmbHG, § 40 Rn. 59 f.
[261] *Mayer*, DNotZ 2008, 403, 409; *Schockenhoff/Höder*, ZIP 2006, 1841, 1846.
[262] Siehe Baumbach/Hueck/*Zöllner/Noack* GmbHG, § 40 Rn. 10, 12.
[263] Zum Meinungsstand MünchKommGmbHG/*Heidinger*, § 40 Rn. 18 ff., vgl. stellvertretend *Link* RNotZ 2009, 203; a.A. Lutter/Hommelhoff/*Bayer* GmbHG, § 40 Rn. 7; *Bayer* GmbHR 2012, 2; *Hasselmann* NZG 2009, 412 f.
[264] Eingehend *Scheuch* GmbHR 2014, 568.
[265] Ausführlich Baumbach/Hueck/*Zöllner/Noack* GmbHG, § 40 Rn. 13.
[266] Hierzu MünchKommGmbHG/*Heidinger*, § 40 Rn. 28 ff.
[267] BGH II ZB 17/10, NZG 2011, 1268; BGH II ZB 6/10, NZG 2011, 516.

§ 9 Beurkundungsverfahren

Handelsregister aufgenommenen Gesellschafterliste übereinstimmen. Zur Abgleichung mit dem derzeitigen Stand hat der Notar die **aktuelle Gesellschafterliste abzurufen**[268]. Diese muss er jedoch nicht auf ihre inhaltliche Richtigkeit hin prüfen[269].

78 Die an die Satzungsbescheinigung nach § 54 Abs. 1 S. 2 GmbHG angelehnte Notarbescheinigung wird in **Vermerksform i.S.v. § 39 BeurkG** erteilt[270]. Mit ihr bescheinigt der Notar, dass die geänderten Eintragungen den Veränderungen entsprechen, an denen der Notar mitgewirkt hat, nicht jedoch dass diese Veränderungen auch wirksam sind[271].

2. Mitteilungs- und Einreichungspflichten

a) Mitteilungspflichten

79 Dem Notar obliegen bei der Durchführung von Unternehmenstransaktionen regelmäßig **Mitteilungspflichten gegenüber dem Finanzamt**:
Nach § 54 EStDV muss der Notar dem Finanzamt innerhalb einer zweiwöchigen Frist eine beglaubigte Abschrift aller beurkundeten oder beglaubigten Erklärungen übermitteln, welche die **Gründung, Kapitalerhöhung- bzw. -herabsetzung, Verfügung über Anteile, Umwandlung oder Auslösung von (ausländischen) Kapitalgesellschaften** zum Gegenstand haben[272]. Gleiches gilt nach umstrittener Ansicht der Finanzverwaltung auch für die **Verpflichtung zur Abtretung eines Anteils**[273]. Unerheblich ist, ob diese Maßnahmen vom Eintritt einer Bedingung oder von der Erteilung einer Genehmigung abhängen[274]. Nicht anmeldepflichtig ist das Angebot auf Abschluss eines Verpflichtungs- oder Verfügungsvertrags; die Annahme muss mitgeteilt werden[275]. Mitzuteilen ist auch die Anmeldung einer inländischen Zweigniederlassung einer ausländischen Kapitalgesellschaft (§ 54 Abs. 1 S. 2

---

[268] OLG München 31 Wx 13/12, DB 2012, 796; Baumbach/Hueck/*Zöllner/Noack* GmbHG, § 40 Rn. 64.

[269] MünchKommGmbHG/*Heidinger,* § 40 Rn. 205; *Kort* GmbHR 2009, 172; *Mayer* DNotZ 2008, 411; *Vossius* DB 2007, 2304; Baumbach/Hueck/*Zöllner/Noack* GmbHG, § 40 Rn. 65.

[270] ThürOLG 6 W 39/10, GmbHR 2010, 760; *Tebben* RNotZ 2008, 441, 456.

[271] MünchKommGmbHG/*Heidinger,* § 40 Rn. 205; Baumbach/Hueck/*Zöllner/Noack* GmbHG, § 40 Rn. 63.

[272] Brambring/Jerschke/*Bernhard* Beck'sches Notarhdb, G Rn. 239; Hauschild/Kallrath/Wachter/*Heinemann* NotarHdb, § 8 Rn. 175.

[273] BMF-Schreiben v. 14.3.1997, DStR 1997, 822; a.A. Hauschild/Kallrath/Wachter/*Heinemann* NotarHdb, § 8 Rn. 176; *Küperkoch* RNotZ 2002, 298, 308.

[274] Hauschild/Kallrath/Wachter/*Heinemann* NotarHdb, § 8 Rn. 176; *Küperkoch* RNotZ 2002, 298, 309.

[275] BMF-Schreiben v. 14.3.1997, DStR 1997, 822.

III. Notarielle Tätigkeiten nach Abschluss der Beurkundung

EStDV).[276] Erst wenn die Mitteilung vollzogen worden ist, darf der Notar den Beteiligten Ausfertigungen und beglaubigte Abschriften der Urkunde aushändigen[277].

Für die Zwecke der **Grunderwerbsteuer** hat der Notar dem Finanzamt[278] binnen einer Frist von zwei Wochen nach der Beurkundung[279] **alle Geschäfte anzuzeigen, die unmittelbar oder mittelbar das Eigentum an einem inländischen Grundstück betreffen** (§ 18 GrEStG)[280]. Die Anzeigepflicht besteht nicht nur, wenn ein übertragener Rechtsträger selbst über Grundbesitz verfügt, sondern auch, falls dessen Tochter- oder Enkelgesellschaften Grundbesitz halten[281]. Insofern ist der Notar gehalten, sich bei den Beteiligten über inländischen Grundbesitz zu erkundigen, wobei er auf die Auskunft vertrauen darf und keine weitergehende Nachforschungspflicht besteht[282]. Die Beteiligten trifft daneben eine eigene Anzeigepflicht, der sie innerhalb einer zweiwöchigen Frist ab Kenntniserlangung[283] nachzukommen haben (§ 19 GrEStG), worauf der Notar diese hinweisen sollte[284].

Zudem besteht eine Mitteilungspflicht gem. § 34 ErbStG wegen **Schenkung** oder Zweckzuwendung[285].

b) Einreichungspflichten

aa) Anmeldungen zum Handelsregister

Hat der Notar **Willenserklärungen oder Gesellschafterbeschlüsse nach §§ 8 ff. BeurkG beurkundet, die beim Handelsregister einzureichen sind,** muss er dies gem. § 53 BeurkG mit Eintritt der Vollzugsreife veranlassen. Etwas anderes gilt nur dann, wenn die Beteiligten eine abweichende Weisung erteilen, wobei der Notar auf etwaige Verzögerungsrisiken hinzuweisen hat. 80

Von dieser in § 53 BeurkG normierten **Vollzugstätigkeit** durch **Einreichung von Urkunden als Bote** der Beteiligten ist die **Stellung von Anträgen auf Eintragungen im Handelsregister als Stellvertreter** der Beteiligten zu unter-

---

[276] Vgl. BT-Drucks. 16/6739 S. 19; Armbrüster/Preuß/Renner/*Preuß* BeurkG, § 51 Rn. 27; *Wachter* ZNotP 2008, 115.

[277] Hauschild/Kallrath/Wachter/*de Lousanoff* NotarHdb, § 20 Rn. 78; Armbrüster/Preuß/Renner/*Preuß* BeurkG, § 51 Rn. 25.

[278] Dies ist das Finanzamt, in dessen Bezirk sich die Geschäftsleitung der Gesellschaft befindet, deren Anteile übertragen werden, § 17 Abs. 3 GrEStG.

[279] Vgl. § 18 Abs. 3 S. 1 GrEStG. Die Frist beginnt also regelmäßig mit dem Tag des Signings, also mit der Beurkundung des Unternehmenskaufvertrages.

[280] Vgl. BFH BStBl. 1975 II, 843; Brambring/Jerschke/*Bernhard* Beck'sches Notarhdb, G Rn. 235 f.

[281] Hauschild/Kallrath/Wachter/*de Lousanoff* NotarHdb, § 20 Rn. 80.

[282] Hauschild/Kallrath/Wachter/*Heinemann* NotarHdb, § 8 Rn. 180; *Küperkoch* RNotZ 2002, 298, 302.

[283] Regelmäßig wird auch dies der Tag des Signings sein, vgl. Hauschild/Kallrath/Wachter/*de Lousanoff* NotarHdb, § 20 Rn. 79.

[284] Hauschild/Kallrath/Wachter/*de Lousanoff* NotarHdb, § 20 Rn. 79.

[285] Dazu Hauschild/Kallrath/Wachter/*Heinemann* NotarHdb, § 8 Rn. 181 ff.

§ 9 Beurkundungsverfahren

scheiden; § 53 BeurkG verpflichtet nur zur Einreichung von Urkunden nicht auch zur Anbringung von Anträgen[286].

81 Unter die **Einreichungspflicht nach § 53 BeurkG** fallen alle Erklärungen, welche die Grundlage der zu beantragenden Registereintragung bilden, etwa Gesellschafterbeschlüsse, Gesellschafts-, Unternehmens- und Umwandlungsverträge[287].

82 Stellt der Notar einen **Antrag** zum Handelsregister, muss er hierfür von den Beteiligten bevollmächtigt worden sein[288]. Für das Registerverfahren gilt gem. § 378 Abs. 2 FamFG die **gesetzliche Vermutung**, dass dem Notar von den Antragsberechtigten eine entsprechende **Vollmacht** erteilt worden ist[289].

83 **Nach Eintritt der Vollzugsreife**, d.h. bei Vorliegen aller Genehmigungen und Eintritt aller Bedingungen, die für die Anmeldung erforderlich sind, hat der Notar die Urkunden **unverzüglich**, also ohne schuldhaftes Zögern, an das Registergericht zu **übermitteln**[290]. In der Regel sollte dem Notar hierbei eine Bearbeitungszeit von ca. sieben Tagen eingeräumt sein[291]. In eilbedürftigen Angelegenheit ist die Einreichungsfrist verkürzt; zu diesen zählen insbesondere Eintragungen, die Haftungsausschlüsse nach den §§ 25 Abs. 2, 28 Abs. 2 HGB, das Erlöschen der Handelndenhaftung gem. § 11 Abs. 2 GmbHG oder den Eintritt der Haftungsbeschränkung des Kommanditisten gem. § 176 Abs. 2 HGB herbeiführen[292].

84 Im Einzelfall kann **zweifelhaft** sein, ob der Notar zu einer über die Anmeldung hinausgehenden **Überwachung des Vollzugs** verpflichtet ist. Eine solche Verpflichtung ergibt sich nicht per se aus der gesetzlichen Einreichungspflicht nach § 53 BeurkG, sie kann dem Notar aber als besondere Betreuungsaufgabe übertragen werden[293]. Die **Betreuungspflicht** umfasst nicht nur Nachfrage beim Registergericht, wann mit der Eintragung zu rechnen ist, sondern auch die **Beseitigung von Eintragungshindernissen** und die **inhaltliche Prüfung der Eintragungsnachricht**[294]. Von der Übernahme einer Betreuungspflicht wird man auszugehen haben, wenn der Notar einen Eintragungsantrag (im elektronischen Übermittlungsverfahren) gestellt hat[295]. Will der Notar diese Pflichtenstellung vermeiden,

---

[286] Armbrüster/Preuß/Renner/*Armbrüster* BeurkG, § 53 Rn. 5.
[287] Siehe BayObLGZ 2 Z 36/70, 1970, 237; Hauschild/Kallrath/Wachter/*Heinemann* NotarHdb, § 8 Rn. 187.
[288] Armbrüster/Preuß/Renner/*Armbrüster* BeurkG, § 53 Rn. 9.
[289] Ausführlich zur Vollmacht Armbrüster/Preuß/Renner/*Armbrüster* BeurkG, § 53 Rn. 10.
[290] Hauschild/Kallrath/Wachter/*Heinemann* NotarHdb, § 8 Rn. 188.
[291] Vgl. Brambring/Jerschke/*Bernhard* Beck'sches NotarHdb, G Rn.; *Grein* RNotZ 2004, 117; *Kanzleiter* DNotZ 1979, 314; *Winkler* BeurkG, § 53 Rn. 17.
[292] Zu dieser Unterscheidung vgl. BGH III ZR 104/92, BGHZ 123, 9; BGH V ZR 5/57, BGHZ 28, 108 f.; Armbrüster/Preuß/Renner/*Armbrüster* BeurkG, § 53 Rn. 24; *Reithmann* NotBZ 2004, 100; *Winkler* BeurkG, § 53 Rn. 56.
[293] Armbrüster/Preuß/Renner/*Armbrüster* BeurkG, § 53 Rn. 27.
[294] Armbrüster/Preuß/Renner/*Armbrüster* BeurkG, § 53 Rn. 27; Hauschild/Kallrath/Wachter/*Heinemann* NotarHdb, § 8 Rn. 190.
[295] Armbrüster/Preuß/Renner/*Armbrüster* BeurkG, § 53 Rn. 28; *Winkler* BeurkG, § 53 Rn. 56.

III. Notarielle Tätigkeiten nach Abschluss der Beurkundung

so muss er die Beteiligten hierüber belehren, und gegenüber dem Registergericht erkennbar nur als Bote auftreten[296].

Einen Sonderfall stellt die Einreichung der **Gesellschafterliste** gem. § 40 Abs. 2 GmbHG dar (dazu Rn. 65 ff.).

bb) Anträge zum Grundbuchamt

Hinsichtlich etwaiger Anträge zum Grundbuchamt und der Vollzugstätigkeit nach § 53 BeurkG gelten die Ausführungen zu den Anmeldungen beim Handelsregister unter Rn. 80 ff. sinngemäß. 85

Ist ein gesellschaftsrechtliches Geschäft beurkundet worden, das zur Unrichtigkeit des Grundbuchs führt, trifft den Notar gem. § 53 BeurkG die Pflicht, die zur **Berichtigung des Grundbuchs** notwendigen Urkunden nach Eintritt der Vollzugsreife beim Grundbuchamt einzureichen[297]. Ursächliche Maßnahmen sind vor allem die **umwandlungsrechtliche Gesamtrechtsnachfolge**, die personengesellschaftsrechtliche **Anwachsung** und der **Ein- bzw. Austritt eines Gesellschafters in bzw. aus einer GbR, die Grundbesitz hält**[298].

Gem. § 15 Abs. 2 GBO kann sich der Notar auch im Grundbuchverfahren auf die **gesetzliche Vermutung der Bevollmächtigung** durch die Beteiligten stützen.

3. Notarielle Verwahrtätigkeit, insbesondere Anderkonto

In Unternehmenstransaktionen vereinbaren die Parteien regelmäßig den **Einbehalt eines Teils des Kaufpreises auf einem Treuhandkonto** zum Zwecke der Absicherung möglicher Garantieansprüche des Käufers („Escrow Account"). Der einzubehaltende Betrag kann gem. § 54b BeurkG durch den Notar auf einem Sonderkonto für fremde Gelder (**Notaranderkonto**) verwahrt werden. Das **Treuhandkonto** kann jedoch **auch für die Parteien durch ein privates Kreditinstitut** geführt werden, das bei Bedarf mit einem Sperrvermerk versehen werden kann, wonach die Auszahlung des Guthabens nur unter bestimmten, durch notarielle Bestätigung nachzuweisenden Voraussetzungen zulässig ist („Sperrkonto")[299]. Da für die notarielle Verwahrung zusätzliche Gebühren anfallen, wird nicht selten ein privates Treuhandkonto gewählt, um die Transaktionskosten zu senken[300]. 86

---

[296] BGH V ZR 5/57, BGHZ 28, 109; Armbrüster/Preuß/Renner/*Armbrüster* BeurkG, § 53 Rn. 28; Hauschild/Kallrath/Wachter/*Heinemann* NotarHdb, § 8 Rn. 190; *Winkler* BeurkG, § 53 Rn. 59.
[297] Hauschild/Kallrath/Wachter/*Heinemann* NotarHdb, § 8 Rn. 193.
[298] Eingehend MünchKommBGB/*Kohler*, § 873 Rn. 22 ff.
[299] Vgl. *Meyding/Grau* NZG 2011, 41, 44.
[300] So *Meyding/Grau* NZG 2011, 41, 44.

§ 9 Beurkundungsverfahren

87 Daneben wird zum Teil eine **Verwahrung der Dokumente des Datenraums**[301] zum Zwecke der Beweissicherung mit Blick auf mögliche Gewährleistungsansprüche gewünscht[302]. Hierbei ist mittlerweile anerkannt, dass auch eine **Verwahrung elektronischer Datenträger zulässig** ist[303]. Bei der Verwahrung eines physischen oder elektronischen Datenraumrauminhalts handelt es sich zwar nicht um eine Verwahrung i.S.v. § 23 BNotO, sodass die §§ 54a ff. BeurkG nicht unmittelbar anzuwenden sind; dies schließt jedoch die Verwahrung im Rahmen der sonstigen Betreuung auf dem Gebiet der vorsorgenden Rechtspflege gem. § 24 BNotO nicht aus[304], wobei die Verwahrungsvorschriften des BeurkG weitgehend analog herangezogen werden[305].

88 Die **Übernahme** der Verwahrungstätigkeit steht **im Ermessen des Notars** (vgl. § 23 BNotO)[306]. **Gesetzliche Voraussetzungen** für die Verwahrung sind gem. § 54a Abs. 2-5 BeurkG ein Antrag verbunden mit einer schriftlichen gewissen Mindestanforderungen entsprechenden Verwahrungsanweisung, die schriftliche Annahme durch den Notar und das Vorliegen eines berechtigten Sicherungsinteresses.

89 Dogmatisch ist zwischen dem **öffentlich-rechtlichen Verwahrungsantrag**, der das „Ob" der Beauftragung des Notars betrifft, der ebenso **öffentlich-rechtlichen Verwahrungsanweisung**, die das „Wie" der Verwahrung im Verhältnis zum Notar regelt, und der **zivilrechtlichen Verwahrungsvereinbarung**, die das Verhältnis der Beteiligten untereinander angeht und einzig der notariellen Form bedarf[307], zu unterscheiden[308]. Die folgenden Punkte sollten dabei festgelegt werden[309]:

- Identität des Anweisenden und des Hinterlegers[310];
- Empfangsberechtigte;

---

[301] Der Datenraum soll alle für den Unternehmenskauf relevanten Informationen und Unterlagen enthalten, die in Datenordnern zusammengestellt werden, vgl. *Hanke/Socher* NJW 2010, 830. Während früher „physische Datenräume" eingerichtet wurden, in denen die Informationen in Papierform zur Verfügung gestellt wurden, sind heutzutage „virtuelle Datenräume" vorherrschend, die von spezialisierten Providern erstellt werden und allein über das Internet zugänglich sind. Hierbei liegen die Informationen in gescannter Form vor und es kann über die Vergabe von Sicherheitscodes selektiv Zugang gewährt werden, siehe Hauschild/Kallrath/Wachter/*de Lousanoff* NotarHdb, § 208 Rn. 85 ff.

[302] Hierzu Hauschild/Kallrath/Wachter/*de Lousanoff* NotarHdb, § 20 Rn. 85 ff.

[303] OLG Hamm 15 W 298/05, NotBZ 2006, 59 f.; *Heyn* DNotZ 1998, 177; *Leistner* MittBayNot 2003, 3 ff.; *Milzer* ZNotP 2004, 350, 352; Armbrüster/Preuß/Renner/*Renner* BeurkG, § 54e Rn. 16 ff.; *Weingärtner* Rn. 242 f.; *Winkler* BeurkG, § 54e Rn. 6.

[304] Hauschild/Kallrath/Wachter/*de Lousanoff* NotarHdb, § 8 Rn. 90; *Leistner* MittBayNot 2003, 8; Armbrüster/Preuß/Renner/*Renner* BeurkG, § 54e Rn. 17; DNotI-Report 1997, 55.

[305] OLG Hamm 15 W 298/05, RNotZ 2006, 72.

[306] Siehe DNotI-Report 1996, 48; *Leistner* MittBayNot 2003, 7; Armbrüster/Preuß/Renner/*Renner* BeurkG, Vor §§ 54a ff. Rn. 5 f.

[307] Vgl. *Winkler* BeurkG, § 54a Rn. 54.

[308] Armbrüster/Preuß/Renner/*Renner* BeurkG, § 54a Rn. 37 ff.; *Winkler* BeurkG, § 54a Rn. 50, 54.

[309] Siehe Armbrüster/Preuß/Renner/*Renner* BeurkG, § 54a Rn. 46 ff.

[310] *Weingärtner* Rn. 66.

III. Notarielle Tätigkeiten nach Abschluss der Beurkundung

- Hinterlegungszeitpunkt;
- Bedingungen der Einzahlung;
- Art und Weise der Hinterlegung;
- Zinsberechtigung;
- Tragung der Notar[311]- und Bankkosten[312];
- Rückzahlung der eingezahlten Gelder bei Störung der Vertragsdurchführung; und
- Auszahlung des hinterlegten Geldes.

90 Ein berechtigtes Sicherungsinteresse liegt regelmäßig nur dann vor, wenn die Interessen der Beteiligten nach objektiven Gesichtspunkten bei einer Abwicklung im Wege der Direktzahlungsmethode nicht wenigstens ebenso gut gewahrt werden können; allein der Wunsch der Beteiligten, Zahlungen über ein Anderkonto abzuwickeln, ist nicht ausreichend[313]. Soweit ersichtlich, ist bislang nicht entschieden worden, inwiefern bei einem Unternehmenskaufvertrag das berechtigte Sicherungsinteresse angenommen werden kann. In Anlehnung an die im Grundstücksrecht herausgebildete Fallgruppenbildung ist indes **grundsätzlich davon auszugehen, dass ein berechtigtes Sicherungsinteresse für den Einbehalt eines Teils des Kaufpreises besteht**[314]. Hinsichtlich der Verwahrung eines Datenrauminhalts dürfte sich das berechtigte Sicherungsinteresse aus dem Bedürfnis nach Beweissicherung ergeben[315]. Das konkrete Vorliegen des berechtigten Sicherungsinteresses muss jedoch in jedem Einzelfall gesondert überprüft werden.

91 **Erfüllungswirkung** kommt der Verwahrung nach dem BGH nur dann zu, wenn die Parteien dies ausnahmsweise vereinbaren[316]. Im Übrigen sollten die Parteien festlegen, ob Erfüllung mit Auszahlung an den Verkäufer oder bereits mit Eintritt der Auszahlungsreife eintreten soll[317].

---

[311] Wer die Notarkosten trägt, ist zwischen den Beteiligten auszuhandeln. In der Praxis hat es sich eingebürgert, dass die Kosten des Kaufvertrages in der Regel vom Käufer zu tragen sind, die Lastenfreistellungskosten dagegen vom Verkäufer, vgl. Armbrüster/Preuß/Renner/*Renner* BeurkG, § 54a Rn. 73.

[312] Da Banken Kosten sofort abziehen, sollte vereinbart werden, dass die Bankkosten von demjenigen getragen werden, dem die Zinsen zufließen. Fehlt versehentlich eine Regelung in der Verwahrungsanweisung, darf ebenso verfahren werden, so Armbrüster/Preuß/Renner/*Renner* BeurkG, § 54a Rn. 71; *Weingärtner* Rn. 163.

[313] OLG Celle Not 24/10, NotBZ 2011, 214; KG 1 W 472/01, MittBayNot 2005, 430; OLG Bremen 1 W 1/04, MittBayNot 2005, 428; grundlegend *Brambring* DNotZ 1999, 381 ff.

[314] Vgl. Eylmann/Vaasen/*Hertel* BeurkG, § 54a Rn. 12; Armbrüster/Preuß/Renner/*Renner* BeurkG, § 54a Rn. 17 ff., insbesondere 21.

[315] Hauschild/Kallrath/Wachter/*de Lousanoff* NotarHdb, § 20 Rn. 91.

[316] BGH V ZR 168/81, DNotZ 1983, 549.

[317] Zu den damit verbundenen Rechtsunsicherheiten Armbrüster/Preuß/Renner/*Renner* BeurkG, Vor §§ 54 a ff. Rn. 21; Brambring/Jerschke/*Tönnies* Beck'sches Notarhdb, A I Rn. 369.

4. Korrektur der Urkunde

92 Für die Frage, inwieweit Korrekturen an einer Urkunde vorgenommen werden können, ist zwischen Änderungen vor bzw. nach Abschluss der Niederschrift zu unterscheiden.
Vor Abschluss der Niederschrift ist jede Änderung zulässig[318]. Da äußerliche Mängel gem. § 419 ZPO die Beweiskraft der Niederschrift i.S.v. § 437 ZPO vermindern können, sollte auf eine äußerlich korrekte Form der Urkunde geachtet werden[319]. Radieren, Wegschaben, Überkleben, Verwenden von „Tipp-Ex" sollte vermieden (vgl. § 28 Abs. 1 S. 1 DONot), wichtige Zahlen in Ziffern und Buchstaben ausgedrückt (§ 28 Abs. 1 S. 2 DONot) und Lücken sowie leere Seiten mit Füllstrichen versehen werden[320]. Das prozedurale **Verfahren** zur Vornahme von Änderungen ist **in § 44a Abs. 1 BeurkG festgelegt**, wobei zwischen geringfügigen und nicht geringfügigen Änderungen[321] unterschieden werden muss:

- **Geringfügige Änderungen**, insbesondere Schreibfehler, darf der Notar formlos, d.h. ohne jeden Zusatz, im Text oder am Rand ohne Unterschrift vornehmen[322].
- **Nicht geringfügige Änderungen**, also solche, die sich auf den Inhalt der Urkunde auswirken, sollen entweder vor dem Schlussvermerk oder am Rand bzw. zwischen den Textzeilen vermerkt und im letzten Fall von dem Notar besonders unterzeichnet werden[323]. Bei erheblichen Änderungen empfiehlt sich, die betroffenen Seiten neu zu schreiben bzw. neu ausdrucken zu lassen[324].
- **Änderungen in Anlagen** brauchen gem. § 44a Abs. 1 S. 2 BeurkG nicht unterzeichnet zu werden, wenn ihre Genehmigung aus der Niederschrift hervorgeht.

93 **Nach Abschluss der Niederschrift sind Änderungen nach Maßgabe von § 44a Abs. 2 BeurkG zulässig.** Hierbei ist zwischen offensichtlichen Unrichtigkeiten und sonstigen Änderungen zu differenzieren:

---

[318] Armbrüster/Preuß/Renner/*Preuß* BeurkG, § 44a Rn. 4; *Winkler* BeurkG, § 44a Rn. 5.
[319] Siehe BGH XI ZR 117/93, DNotZ 1995, 36 f.; Armbrüster/Preuß/Renner/*Preuß* BeurkG, § 44a Rn. 4; *Winkler* BeurkG, § 44a Rn. 6.
[320] Brambring/Jerschke/*Bernhard* Beck'sches Notarhdb, G Rn. 146 f.
[321] Ob eine Änderung geringfügig ist oder nicht, entscheidet nicht ihr Umfang, sondern ihre Bedeutung im konkreten Einzelfall, vgl. BNotK DNotZ 1976, 262. Wann in diesem Sinne eine geringfügige Veränderung vorliegt, lässt sich abstrakt am besten in Abgrenzung zur nicht geringfügigen Änderung bestimmen. Eine Änderung ist dann nicht mehr geringfügig, wenn sie sich auf den Inhalt der beurkundeten Erklärung auswirkt oder auswirken kann, siehe BGH V ZR 175/92, DNotZ 1995, 28 m. Anm. *Wochner*; Bücker/Viefhues ZNotP 2004, 431; Eylmann/Vaasen/*Limmer* BeurkG, § 44a Rn. 4; *Winkler* BeurkG, § 44a Rn. 8.
[322] Armbrüster/Preuß/Renner/*Preuß* BeurkG, § 44a Rn. 6; *Winkler* BeurkG, § 44a Rn. 7.
[323] Armbrüster/Preuß/Renner/*Preuß* BeurkG, § 44a Rn. 7 f.; *Winkler* BeurkG, § 44a Rn. 8 ff.
[324] Brambring/Jerschke/*Bernhard* Beck'sches Notarhdb, G Rn. 150.

- **Offensichtliche Unrichtigkeiten**, vor allem Schreib- und Rechenfehler, Unvollständigkeiten sowie Wortverwechselungen (Verkäufer/Käufer), können gem. § 44a Abs. 2 S. 1 BeurkG durch einen **Nachtragsvermerk** (§ 39 BeurkG) berichtigt werden[325]. Dieser ist nach den Unterschriften oder auf einem besonderen, mit der Urkunde zu verbindenden Blatt niederzulegen und mit dem Datum der Richtigstellung zu versehen (§ 44a Abs. 2 S. 2 BeurkG).
- **Sonstige Änderungen**, insbesondere den Inhalt betreffende, müssen gem. § 44a Abs. 2 S. 3 BeurkG durch eine **Nachtragsniederschrift**, also eine neue Niederschrift, berichtigt werden[326].

Eine entgegen § 13 Abs. 1 S. 1 BeurkG **vergessene Unterschrift** kann nach materiell-rechtlichen Grundsätzen gem. § 152 BGB durch Nachtragsbeurkundung ohne Mitwirkung der übrigen Beteiligten nachgeholt werden[327], sofern nicht das Gesetz die gleichzeitige Anwesenheit beider Parteien vor dem Notar anordnet (so §§ 925, 1410, 2276, 2290 BGB)[328]. In letzterem Fall müssen die Beteiligten zur Beurkundung ihrer Willenserklärungen erneut zusammenkommen[329].

94

IV. Transaktionsbegleitende Beurkundungen

1. Bezugsurkunden

Der Notar muss angesichts der umfangreichen Vertragswerke von Unternehmenstransaktionen **dafür Sorge tragen, dass die Beurkundung in der verfügbaren Zeit der Beteiligten formwirksam durchgeführt wird**. Dies gilt ebenso für Immobilientransaktionen[330]. Der Notar kann den eigentlichen **Beurkundungstermin** dabei insbesondere dadurch **entlasten**, dass er im Vorfeld eine oder mehrere **Bezugsurkunden protokolliert, auf die später verwiesen werden kann**. Bei großem Zeitdruck kann dies auch durch mehrere Notare geschehen. Zu den Voraussetzungen und Grenzen für den Einsatz von Bezugsurkunden ausführlich unter Rn. 36 ff.

95

---

[325] Armbrüster/Preuß/Renner/*Preuß* BeurkG, § 44a Rn. 13 ff.; *Winkler* BeurkG, § 44a Rn. 16 ff.
[326] BAyObLG 2 Z BR 181/01, ZNotP 2002, 439; Armbrüster/Preuß/Renner/*Preuß* BeurkG, § 44a Rn. 17; *Reithmann* DNotZ 1999, 32; *Winkler* BeurkG, § 44a Rn. 23 f.
[327] Siehe OLG Düsseldorf 15 U 192/97, DNotZ 2000, 299 für den Fall der Abtretung eines GmbH-Geschäftsanteils.
[328] Zutreffend Armbrüster/Preuß/Renner/*Preuß* BeurkG, § 44a Rn. 18; *Winkler* BeurkG, § 13 Rn. 66.
[329] DNotI-Report 1998, 34; Armbrüster/Preuß/Renner/*Preuß* BeurkG, § 44a Rn. 18.
[330] Zu den Besonderheiten von Immobilientransaktionen *Disput/Hübner/Schmitt* ZfIR 2008, 610.

§ 9 Beurkundungsverfahren

2. Vollmachten

96 Da Abschluss und Vollzug von Unternehmenstransaktionen **regelmäßig durch Bevollmächtigte** durchgeführt werden, kann in bestimmten Fällen das Bedürfnis für eine Beurkundung von etwa benötigten Vollmachten bestehen.

Gem. § 167 Abs. 2 BGB bedürfen Vollmachten nicht der Form, die für das Geschäft vorgeschrieben ist, auf das sich die Vollmacht bezieht. **Grundsätzlich** können Vollmachten deshalb **formfrei** erteilt werden[331]. In der Praxis werden sie zum Zwecke der Beweissicherung jedoch regelmäßig privatschriftlich erteilt.

97 Von diesem Grundsatz bestehen einige für Unternehmenstransaktionen wichtige **Ausnahmen**, die **notariell beglaubigte Vollmachten** erforderlich machen:

- Gründung einer GmbH, § 2 Abs. 2 GmbHG;
- Übernahme eines GmbH-Geschäftsanteils im Rahmen einer Kapitalerhöhung, § 55 Abs. 1 GmbHG[332];
- Gründung einer Aktiengesellschaft, § 23 Abs. 1 S. 2 AktG;
- Anmeldung zur Eintragung in das Handelsregister, § 12 Abs. 1 S. 2 HGB[333];
- durch das Grundbuchamt zu prüfende Erklärungen, § 29 Abs. 1 GBO[334]; und
- Verpflichtung zum Erwerb oder zur Veräußerung eines Grundstücks gem. § 311b Abs. 1 BGB, wenn der Vollmachtgeber durch die Erteilung der Vollmacht rechtlich oder tatsächlich in gleicher Weise gebunden wird wie durch den späteren Vertragsabschluss[335].
- **Keiner Form** bedarf dagegen die Vollmacht zur **Abtretung eines GmbH-Geschäftsanteils**, selbst wenn diese unwiderruflich ist[336].
- **Stimmrechtsvollmachten** können sowohl in der GmbH als auch in der Aktiengesellschaft in **Textform** erteilt werden (§ 47 Abs. 3 GmbHG bzw. § 134 Abs. 3 S. 2 AktG), wenn nicht die Satzung eine strengere Form vorschreibt.

---

[331] BGH XII ZR 278/96, DNotZ 1999, 46; MünchKommBGB/*Schramm*, § 167 Rn. 15.

[332] Allg M. MünchKommGmbHG/*Lieder*, § 55 Rn. 130.

[333] Etwa erforderliche Anmeldungen können auch durch den Notar vorgenommen werden, für dessen Bevollmächtigung gem. § 378 Abs. 2 FamFG eine gesetzliche Vermutung besteht.

[334] Etwa erforderliche Anträge können ebenso durch den Notar gestellt werden, für dessen Bevollmächtigung gem. § 15 Abs. 2 GBO eine gesetzliche Vermutung besteht.

[335] Brambring/Jerschke/*Reetz* Beck'sches Notarhdb, F Rn. 22 ff.; MünchKommBGB/*Schramm*, § 167 Rn. 16 ff.

[336] MünchKommGmbHG/*Reichert/Weller*, § 15 Rn. 61 f.

IV. Transaktionsbegleitende Beurkundungen

3. Gesellschafterbeschlüsse

a) Allgemein

Im Rahmen von Unternehmenstransaktionen spielt die Beurkundung von Beschlüssen der Gesellschafterversammlung einer GmbH und der Hauptversammlung einer Aktiengesellschaft eine große Rolle[337]. Aufgrund der besonderen Rechtsnatur von Versammlungsbeschlüssen[338] können diese grundsätzlich im **vereinfachten Verfahren nach §§ 36 f. BeurkG** beurkundet werden[339]. 98

Es ist indes auch zulässig, die Beurkundung von Versammlungsbeschlüssen in der **strengeren Form gem. §§ 8 ff. BeurkG** niederzuschreiben[340]. Dies gilt auch für Umwandlungsbeschlüsse[341]. Bei der Beurkundung von **GmbH-Gesellschafterbeschlüssen** wird häufig bevorzugt das ausführliche Verfahren bevorzugt gewählt, da Beschlüsse oftmals mit Willenserklärungen (z.B. Anteilsübertragungen) in einer Urkunde zusammengefasst werden[342]. Bei nicht einstimmiger Beschlussfassung ist dabei zu beachten, dass auch dissentierende Gesellschafter die Niederschrift unterschreiben müssen[343]. 99

Für die Niederschrift von **Hauptversammlungen einer Aktiengesellschaft** gilt jedoch vorrangig **§ 130 AktG**, daneben kommt das BeurkG nur ergänzend zur Anwendung[344]. Für die Beurkundung von GmbH-Gesellschafterbeschlüssen kann zur Lückenfüllung auf § 130 AktG zurückgegriffen werden[345]. 100

Die allgemeinen **Prüfungs- und Belehrungspflichten** gem. §§ 17 ff. BeurkG sind im Rahmen einer Wahrnehmungsprotokollierung **nicht anwendbar**[346]. Der Notar ist jedoch aufgrund seiner allgemeinen Betreuungspflicht gehalten, dafür **Sorge zu tragen, dass die Versammlung einen rechtmäßigen Ablauf nimmt und gültige Beschlüsse gefasst werden**[347]. 101

---

[337] Vgl. Hauschild/Kallrath/Wachter/*Heinemann* NotarHdb, § 8 Rn. 146.
[338] Hierzu Michalski/*Römermann* GmbHG, § 47 Rn. 8 ff.
[339] Vgl. Armbrüster/Preuß/Renner/*Preuß* BeurkG, § 37 Rn. 7, 16; *Winkler* BeurkG, § 37 Rn. 12, 18.
[340] DNotI-Report 1997, 229; Armbrüster/Preuß/Renner/*Preuß* BeurkG, § 36 Rn. 3; *Röll* DNotZ 1979, 650; *Winkler* BeurkG, § 37 Rn. 9.
[341] OLG München 31 Wx 135/09, DNotZ 2011, 142.
[342] Hauschild/Kallrath/Wachter/*Heinemann* NotarHdb, § 8 Rn. 147.
[343] Hinweis von Armbrüster/Preuß/Renner/*Preuß* BeurkG, § 37 Rn. 16.
[344] LG Frankfurt 3/9 O 98/03, NotBZ 2006, 63; OLG Düsseldorf 16 U 79/02, RNotZ 2003, 331 f.; *Bohrer* NJW 2007, 2019; *Kanzleiter* DNotZ 2007, 807; Armbrüster/Preuß/Renner/*Preuß* BeurkG, § 37 Rn. 8; *Winkler* BeurkG, § 37 Rn. 18.
[345] Armbrüster/Preuß/Renner/*Preuß* BeurkG, § 37 Rn. 16; Eylmann/Vaasen/*Limmer* BeurkG, § 37 Rn. 17; *Röll* DNotZ 1979, 646; *Winkler* BeurkG, § 37 Rn. 12.
[346] Armbrüster/Preuß/Renner/*Preuß* BeurkG, § 39 Rn. 21; *Röll* DNotZ 1979, 651; *Winkler* BeurkG, § 37 Rn. 11.
[347] Armbrüster/Preuß/Renner/*Preuß* BeurkG, § 39 Rn. 14 f., 21; *Röll* DNotZ 1979, 644, 652.

§ 9 Beurkundungsverfahren

b) GmbH

102   Beschlüsse über **Satzungsänderungen einer GmbH einschließlich Kapitalmaßnahmen** bedürfen gem. § 53 Abs. 2 GmbHG der notariellen Form. Die **Niederschrift** des Notars über einen satzungsändernden Beschluss muss **mindestens enthalten**[348]:

- Bezeichnung des Notars, § 37 Abs. 1 S. 1 Nr. 1 BeurkG;
- Angabe der Versammlungsteilnehmer;
- ggf. Angabe des Versammlungsleiters, § 10 BeurkG gilt nicht;
- ggf. Vorlage von Vollmachten, §§ 47 Abs. 3, 55 Abs. 1 GmbHG bzw. Satzungsbestimmung;
- Feststellung, dass es sich um einen satzungsändernden Beschluss handelt;
- Bezeichnung des Beschlussgegenstands;
- Ergebnis der Abstimmung;
- ggf. Feststellung des Abstimmungsergebnisses durch den Versammlungsleiter; und
- Unterschrift des Notars, § 37 Abs. 3 BeurkG.

103   Nach § 37 Abs. 2 BeurkG sollen **Ort und Tag der Versammlung** sowie der Errichtung der Urkunde angegeben werden.[349] **Zu Beweiszwecken** sollten **darüber hinaus folgende Punkte** aufgenommen werden[350]: Einberufung und Ladung der Versammlung, Widerspruch eines Gesellschafters, Verzicht auf die Rüge formeller Mängel, Auskunftsverlangen, Auskunftsverweigerung, Stimmverbote.[351]

104   Bei **Umwandlungsbeschlüssen**, die nach § § 13 Abs. 3 S. 1 UmwG ebenso der notariellen Form bedürfen, ist der Niederschrift gem. § 13 Abs. 3 S. 2 UmwG zudem der entsprechende Vertrag bzw. ein Entwurf beizufügen.

105   **Offensichtliche Unrichtigkeiten** kann der Notar durch einen Nachtragsvermerk gem. § 44a Abs. 2 S. 1, 2 BeurkG verbessern[352]. Darüber hinaus können **Änderungen und Berichtigungen** nach § 44a Abs. 2 S. 3 BeurkG durch eine förmliche Niederschrift vorgenommen werden[353].

106   Bei Anmeldung der **Änderung des Gesellschaftsvertrages einer GmbH** ist gem. § 54 Abs. 1 S. 2 Hs. 1 GmbHG der vollständige Wortlaut des Gesellschaftsvertrages beizufügen. Hierbei hat der Notar die geänderten Bestimmungen in die ursprüngliche Satzungsurkunden redaktionell einzuarbeiten, und zwar ohne

---

[348] Nach Hauschild/Kallrath/Wachter/*Heinemann* NotarHdb, § 8 Rn. 150; Armbrüster/Preuß/Renner/*Preuß* BeurkG, § 37 Rn. 17, 20.

[349] Fehlen diese Angaben, so ist die Urkunde dennoch wirksam, kann aber in ihrem Beweiswert eingeschränkt sein, vgl. Hauschild/Kallrath/Wachter/*Heinemann* NotarHdb, § 8 Rn. 151.

[350] Armbrüster/Preuß/Renner/*Preuß* BeurkG, § 39 Rn. 17, 19.

[351] Eylmann/Vaasen/*Limmer* BeurkG, § 37 Rn. 18.

[352] Hauschild/Kallrath/Wachter/*Heinemann* NotarHdb, § 8 Rn. 151.

[353] Hauschild/Kallrath/Wachter/*Heinemann* NotarHdb, § 8 Rn. 151; *Winkler* BeurkG, § 37 Rn. 32 ff.

IV. Transaktionsbegleitende Beurkundungen

Rücksicht auf etwa überholte Satzungsbestimmungen[354]. Nach § 54 Abs. 1 S. 2 Hs. 2 GmbHG muss der Gesellschaftsvertrag mit der Bescheinigung des Notars versehen werden, dass die geänderten Bestimmungen des Gesellschaftsvertrags mit dem Beschluss über die Änderung des Gesellschaftsvertrags und die unveränderten Bestimmungen mit dem zuletzt zum Handelsregister eingereichten vollständigen Wortlaut des Gesellschaftsvertrags übereinstimmen.[355] Die sog. **Satzungsbescheinigung** kann in Form eines Vermerks gem. § 39 BeurkG erteilt werden[356]. Bei **Gründung** einer GmbH müssen sämtliche Satzungsbestimmungen in das Gründungsprotokoll aufgenommen oder die Satzung gem. § 9 Abs. 1 S. 2 BeurkG als Anlage zur Errichtungsurkunde beurkundet werden[357].

c) Aktiengesellschaft

Bei **börsennotierten Aktiengesellschaften** ist gem. § 130 Abs. 1 S. 1 AktG jeder Beschluss der Hauptversammlung durch eine über die Verhandlung notariell aufgenommene Niederschrift zu beurkunden. Bei **nicht börsennotierten Aktiengesellschaften** reicht nach § 130 Abs. 1 S. 3 AktG grundsätzlich eine vom Aufsichtsratsvorsitzenden zu unterzeichnende Niederschrift, sofern nicht Beschlüsse gefasst werden, für die das Gesetz eine Dreiviertel- oder größere Mehrheit vorsieht. Dazu zählen insbesondere Satzungsänderungen (§ 179 Abs. 2 AktG), Kapitalmaßnahmen (§§ 182 Abs. 1, 193 Abs. 1, 202 Abs. 2, 222 Abs. 1, 229 Abs. 3 AktG), Bezugsrechtsausschluss (§ 186 Abs. 2 AktG), Unternehmensverträge (§§ 293 Abs. 1, 295 Abs. 296 Abs. 2 AktG), Eingliederung (§ 319 Abs. 2 AktG), Umwandlung (§ 65 Abs. 1 UmwG) und Auflösung der AG (§ 262 Abs. 1 Nr. 2 AktG).

107

Die **Protokollierung von Hauptversammlungsbeschlüssen** richtet sich vorrangig nach § 130 AktG. Die Niederschrift muss mindestens enthalten[358]:

108

- Ort und Tag der Verhandlung, § 130 Abs. 2 S. 1 AktG;
- Bezeichnung des Notars, § 130 Abs. 2 S. 1 AktG;
- Art und Weise der Abstimmung[359], § 130 Abs. 2 S. 1 AktG;
- Ergebnis der Abstimmung[360], § 130 Abs. 2 S. 1 AktG;

---

[354] BayObLG BReg. 3 Z 85/88, MittBayNot 1989, 36; Armbrüster/Preuß/Renner/*Preuß* BeurkG, § 39 Rn. 9; *Winkler* BeurkG, § 39 Rn. 15; *ders.* DNotZ 1980, 583.
[355] Vgl. OLG München BReg. 3 Z 85/88, DNotZ 2010, 156.
[356] Limmer/Hertel/Frenz/Mayer/*Limmer* Würzburger NotarHdb, Teil 1 Kap. 2 Rn. 236 f.
[357] Armbrüster/Preuß/Renner/*Preuß* BeurkG, § 39 Rn. 10; *Winkler* BeurkG, § 39 Rn. 15; *ders.* DNotZ 1980, 595.
[358] Vgl. Hauschild/Kallrath/Wachter/*Heinemann* NotarHdb, § 8 Rn. 154; Armbrüster/Preuß/Renner/*Preuß* BeurkG, § 39 Rn. 7; *Winkler* BeurkG, § 37 Rn. 19 ff.
[359] D.h., ob durch Stimmzettel, Handaufheben, Zuruf o.ä. abgestimmt wurde, vgl. *Winkler* BeurkG, § 37 Rn. 22.
[360] Es muss in Ziffern angegeben werden, wie viele Stimmen dafür, wie viele dagegen und wie viele Stimmenthaltungen vorhanden waren, *Winkler* BeurkG, § 37 Rn. 22.

§ 9 Beurkundungsverfahren

- Feststellung des Vorsitzenden über die Beschlussfassung, § 130 Abs. 2 S. 1 AktG[361];
- Widersprüche gegen ein Beschluss, §§ 132 Abs. 2 S. 1, 245 Nr. 1 AktG;
- Minderheitsverlangen, §§ 130 Abs. 1 S. 2, 120 Abs. 1 S. 2, 137, 147 Abs. 1 AktG;
- Auskunftsbegehren, die abgelehnt werden, wenn der Aktionär einen Antrag stellt, § 131 Abs. 5 AktG; und
- Unterschrift des Notars, § 130 Abs. 4 S. 1 AktG[362].

109 **Bei börsennotierten Aktiengesellschaften** muss der Aufsichtsratsvorsitzende **auf Verlangen** mindestens **eines Aktionärs** gem. § 130 Abs. 2 AktG zusätzlich feststellen: die Zahl der Aktien, für die gültige Stimmen abgegeben wurden; der Anteil des durch die gültigen Stimmen vertretenen Grundkapitals; die Zahl der für einen Beschluss abgegebenen Stimmen, Gegenstimmen und ggf. die Zahl der Enthaltungen.

110 Der Niederschrift sind gem. § 130 Abs. 3 die **Belege über die Einberufung der Versammlung** beizufügen, wenn sie nicht unter Angabe ihres Inhalts in die Niederschrift aufgeführt sind. Des Weiteren sind der Niederschrift bestimmte **Verträge bzw. Vertragsentwürfe als Anlage beizufügen**: Nachgründungsverträge (§ 52 Abs. 2 S. 7 AktG), Unternehmensverträge (§ 293g Abs. 2 S. 2 AktG) und Umwandlungsverträge (§ 13 Abs. 3 S. 2 UmwG)[363].

111 Verstöße gegen die Protokollierungspflicht nach § 130 Abs. 1, Abs. 2 S. 1, Abs. 4 AktG führen gem. § 241 Nr. 2 AktG zur **Nichtigkeit des Beschlusses**. Andere Protokollierungspflichten, insbesondere diejenigen nach § 130 Abs. 2 S. 2, 3 AktG, werden von § 241 Nr. 2 AktG nicht erfasst[364].

112 Nach dem BGH hat ein notarielles Hauptversammlungsprotokoll i.S.d. § 130 Abs. 1 S. 1 AktG den Charakter eines Berichts des Notars über seine Wahrnehmungen und muss von ihm **nicht in der Hauptversammlung fertiggestellt, sondern kann auch noch danach im Einzelnen ausgearbeitet und unterzeichnet werden**. Urkunde im Sinne des Gesetzes ist erst die von dem Notar autorisierte, unterzeichnete und in den Verkehr gegebene Endfassung[365].

113 Bei **Anmeldung einer Satzungsänderung** hat der Notar gem. §§ 181 Abs. 2, 248 Abs. 2 AktG eine **konsolidierte Form der Satzung** zu erstellen und diese mit einer **Satzungsbescheinigung** zu versehen (siehe dazu unter Rn. 106).

---

[361] BayObLG BReg. 2 Z 64/72, NJW 1973, 250; RG II 100/33, RGZ 142, 123.

[362] Aus Gründen der Rechtssicherheit ist es üblich, dass der Notar nach der Hauptversammlung die dort angefertigte Niederschrift sofort unterschreibt und im Anschluss an seiner Amtsstelle ein umfassend redigiertes Protokoll errichtet und erneut unterschreibt, *Görk* MittBayNot 2007, 382. In diesem Fall handelt es sich bei dem ursprünglichen Protokoll trotz Unterzeichnung nur um einen Entwurf, den der Notar ohne Weiteres vernichten kann, vgl. LG Frankfurt 5/31 Qs 27/07, NJW 2008, 92f.

[363] Hauschild/Kallrath/Wachter/*Heinemann* NotarHdb, § 8 Rn. 158; *Hüffer* AktG, § 130 Rn. 25.

[364] BGH II ZR 185/07, NJW 2009, 2207.

[365] BGH II ZR 185/07, NJW 2009, 2207.

V. Notarkosten

Notarkosten spielen für viele Unternehmenstransaktionen eine relevante Rolle, da sie einen signifikanten Kostenfaktor darstellen. Dabei stehen die anfallenden Gebühren keineswegs sämtlich von vorneherein unverrückbar fest, denn durch gezielte Gestaltung können bestimmte Kostenpunkte gesteuert und vermieden werden. Im Folgenden sollen die für Unternehmenstransaktionen geltenden Besonderheiten des Kostenrechts dargestellt und erläutert werden. 114

1. Beurkundungsverfahren

a) Unternehmenskaufverträge

Beim Verkauf von Geschäftsanteilen und Beteiligungen richtet sich der **Geschäftswert** gem. § 97 Abs. 3 GNotKG grundsätzlich nach der Gegenleistung, sprich dem Kaufpreis. Neben diesem sind auch alle **weiteren Gegenleistungen zu berücksichtigen**, insbesondere Freistellungen des Verkäufers von Verbindlichkeiten, Verpflichtungen des Käufers z.B. zur Ausstattung mit Eigenkapital, zur Ausführung bestimmter Aufträge und zum Eintritt in bestimmte Verträge einschließlich Arbeitsverträge[366]. 115

Nach § 97 Abs. 3 GNotKG kann indes auch **der Wert der Geschäftsanteile bzw. Beteiligungen maßgebend sein, wenn dieser höher ist**. Der Wert von Anteilen an Kapitalgesellschaften und von Kommanditbeteiligungen bestimmt sich gem. § 54 S. 1, 2 GNotKG grundsätzlich nach dem anteiligen Eigenkapital im Sinne von § 266 Abs. 3 HGB. Dabei sind auch Grundstücke, Gebäude und grundstücksgleiche Rechte entsprechend dem Wert der Einzelübertragung, also regelmäßig mit dem Verkehrswert, zu berücksichtigen[367]. Dies gilt jedoch nach § 54 S. 3 GNotKG nicht für Gesellschaften, die überwiegend vermögensverwaltend tätig sind, insbesondere Immobilienverwaltungs-, Holding- und Beteiligungsgesellschaften; für diese ist der anteilige Wert des Gesellschaftsvermögens anzusetzen. 116

Der allgemeine **Höchstgeschäftswert** liegt bei **EUR 60.000.000,00** (§ 34 Abs. 2 GNotKG). Der **Gebührensatz** beträgt gem. Nr. 21100 KV **2,0** (mindestens EUR 120,00). 117

Bei **Unternehmensverkäufen innerhalb eines Konzerns** gilt gem. § 107 Abs. 2 S. 1 GNotKG eine **Kostenprivilegierung**: der Geschäftswert darf höchstens EUR 10.000.000,00 betragen. Dies gilt jedoch nur für operativ tätige Gesellschaften[368]; für überwiegend vermögensverwaltende Gesellschaften, namentlich Immo- 118

---

[366] Siehe Bormann/Diehn/Sommerfeldt/*Diehn* GNotKG, § 97 Rn. 38.
[367] *Pfeiffer* NZG 2013, 244, 246.
[368] BR-Drucks. 517/12, 270.

bilienverwaltungs-, Holding- und Beteiligungsgesellschaften, ist der allgemeine Höchstgeschäftswert anzuwenden[369].

b) Umwandlungsverträge

119   Bei Umwandlungsverträgen richtet sich der **Geschäftswert** nach der **Summe der in der Bilanz des übertragenden Rechtsträgers ausgewiesenen Aktiva ohne Abzug von Verbindlichkeiten** (§§ 108 Abs. 3, 38 GNotKG)[370]. Bilanzierte Grundstücke und Gesellschaftsanteile sind nach den allgemeinen Vorschriften zu bewerten (§§ 46, 54 GNotKG). Gem. § 107 Abs. 1 S. 1 GNotKG beträgt der Geschäftswert **mindestens EUR 30.000,00 und höchstens EUR 10.000.000,00**[371]. Für die Beurkundung des Umwandlungsvertrags ist gem. Nr. 21100 KV eine **Gebühr von 2,0** anzusetzen (mindestens EUR 120,00).

120   Dasselbe gilt für den **Geschäftswert der Zustimmungsbeschlüsse** (§ 108 Abs. 3 GNotKG). Mehrere Zustimmungsbeschlüsse in einer Urkunde sind dabei gegenstandsgleich (§ 109 Abs. 2 S. 1 Nr. 4 lit. g) GNotKG), während der Umwandlungsvertrag und die Zustimmungsbeschlüsse nach § 110 Nr. 1 GNotKG gegenstandsverschieden und mithin zu addieren sind (§ 35 Abs. 1 GNotKG)[372]. Der Höchstgeschäftswert für Zustimmungsbeschlüsse liegt gem. § 108 Abs. 5 bei EUR 5.000.000,00. Der Gebührensatz beträgt ebenfalls 2,0, mindestens EUR 120,00 (Nr. 21100 KV).

121   Werden etwa abzugebende **Zustimmungserklärungen nach z.B. §§ 13 Abs. 2, 43 Abs. 1 Hs. 2, 50 Abs. 2, 51 Abs. 1, 2 oder 128 UmwG** gemeinsam mit dem Umwandlungsvertrag beurkundet, handelt es sich um denselben Gegenstand (§ 110 Nr. 1 GNotKG)[373]. Bei separater Beurkundung ist dagegen als Geschäftswert gem. § 98 Abs. 1 GNotKG die Hälfte des für den Umwandlungsvertrag maßgeblichen Werts anzusetzen, höchstens jedoch EUR 1.000.000,00 (§ 98 Abs. 4 GNotKG). Die Gebühr beträgt in diesem Fall gem. Nr. 21200 KV 1,0, mindestens EUR 60,00. Daher ist es ratsam, die Zustimmungserklärungen mit dem Umwandlungsvertrag zu beurkunden.

122   Etwaige **Verzichtserklärungen** insbesondere **gem. §§ 8 Abs. 3, 9 Abs. 3, 12 Abs. 3 UmwG** sind mit dem Umwandlungsvertrag gegenstandsgleich[374]. Werden diese getrennt beurkundet, ist der Geschäftswert nach § 36 Abs. 1 GNotKG mit

---

[369] Vgl. *Engelstädter/Lubberich* NZG 2014, 564, 565.
[370] Ausführlich Bormann/Diehn/Sommerfeldt/*Bormann* GNotKG, § 107 Rn. 33 ff.
[371] Die am 1.8.2013 erfolgte Anhebung des Höchstwerts von 5 Mio. Euro auf nunmehr 10 Mio. Euro, die zu einem spürbaren Gebührenanstieg, insbesondere bei Umwandlungsmaßnahmen führen kann, wird vor allem mit den großen Haftungsrisiken für die beteiligten Notare sowie mit der – gerade bei Vorgängen im höheren Wertbereich – gesteigerten Komplexität der Materie begründet, BR-Drucks. 517/12, 283.
[372] *Pfeiffer* NZG 2013, 244, 247.
[373] Bormann/Diehn/Sommerfeldt/*Bormann* GNotKG, § 107 Rn. 38; *Pfeiffer* NZG 2013, 244, 247.
[374] Bormann/Diehn/Sommerfeldt/*Bormann* GNotKG, § 107 Rn. 36.

V. Notarkosten

10 % des auf den betroffenen Anteilsinhaber entfallenden Anteils am Aktivvermögen des übertragenden Rechtsträgers zu bewerten; bei Anteilsinhabern des übernehmenden Rechtsträgers sind 10 % ihrer künftigen Beteiligung am Vermögen des übertragenden Rechtsträgers anzusetzen[375]. Die Gebühr beträgt bei separater Beurkundung gem. Nr. 21200 KV 1,0, mindestens EUR 60,00.

c) Gesellschafterbeschlüsse

Der Geschäftswert von Gesellschafterbeschlüssen **einschließlich Satzungsänderungen**[376] ist in § 108 GNotKG geregelt, der zum Teil auf § 105 GNotKG verweist. Nach § 108 Abs. 1 GNotKG ist zwischen Gesellschaftsbeschlüssen mit einem bestimmten Geldwert und ohne bestimmten Geldwert zu unterscheiden. 123

Bei **Beschlüssen mit bestimmtem Geldwert**[377], etwa der Gewinnverwendungsbeschluss, Beschlüsse über Kapitalmaßnahmen oder ein Einziehungsbeschluss, bestimmt sich der Geschäftswert nach dem bestimmten Geldwert der durch den Beschluss herbeigeführten Änderung[378]. 124

Bei **Beschlüssen ohne bestimmten Geldwert**, insbesondere Bestellung und Abberufung von Organmitgliedern, Entlastungsbeschlüsse, Beschlüsse über Vertretungsbefugnisse, richtet sich der Geschäftswert nach §§ 108 Abs. 1 S. 1, 105 Abs. 4, 6 GNotKG. Bei Kapitalgesellschaften sind 1 % des Stammkapitals, mindestens jedoch EUR 30.000,00 zugrunde zu legen (§ 105 Abs. 4 Nr. 1 GNotKG). Eine Ausnahme gilt gem. § 105 Abs. 6 GNotKG für Gesellschaften mit beschränkter Haftung, die im vereinfachten Gründungsverfahren nach § 2 Abs. 1a GmbHG gegründet worden sind.[379] Bei Personenhandels- und Partnerschaftsgesellschaften beträgt der Geschäftswert grundsätzlich EUR 30.000,00 (§ 105 Abs. 4 Nr. 3 Hs. 1 GNotKG); bei Eintritt oder Ausscheiden von mehr als zwei persönlich haftenden Gesellschaftern oder Partnern sind als Geschäftswert EUR 15.000,00 für jeden Eintretenden oder Ausscheidenden anzunehmen. Für **Beschlüsse von GbR-Gesellschaftern** ohne bestimmten Geldwert ist gem. § 108 Abs. 4 GNotKG ein einheitlicher Geschäftswert von EUR 30.000,00 anzusetzen.[380] 125

Eine Besonderheit gilt für **Zustimmungsbeschlüsse**: gem. § 108 Abs. 2 GNotKG richtet sich der Geschäftswert nach dem Geschäft, auf das sich die Zustimmung bezieht.[381] 126

---

[375] Bormann/Diehn/Sommerfeldt/*Bormann* GNotKG, § 107 Rn. 36.
[376] Nach h.M. findet § 107 Abs. 1 GNotK nur auf Gesellschaftsgründungen Anwendung (siehe Fackelmann/Heinemann/*Heiserl* GNotKG, § 107 Rn. 6, 12.
[377] Vgl. Kasuistik bei Bormann/Diehn/Sommerfeldt/*Bormann* GNotKG, § 108 Rn. 13.
[378] OLG Düsseldorf 10 W 108/01, RNotZ 2002, 60; Bormann/Diehn/Sommerfeldt/*Bormann* GNotKG, § 108 Rn. 15.
[379] Bormann/Diehn/Sommerfeldt/*Bormann* GNotKG, § 108 Rn. 18.
[380] Bormann/Diehn/Sommerfeldt/*Bormann* GNotKG, § 108 Rn. 21.
[381] Bormann/Diehn/Sommerfeldt/*Bormann* GNotKG, § 108 Rn. 22.

§ 9 Beurkundungsverfahren

127 **Gesellschafterbeschlüsse und andere Rechtsgeschäfte** sind, auch wenn sie in einer Urkunde zusammengefasst werden, nach § 110 Nr. 1 GNotKG **gegenstandsverschieden**; die einzelnen Werte sind mithin gem. § 35 Abs. 1 GNotKG zu addieren. Werden **mehrere Gesellschafterbeschlüsse** gemeinsam beurkundet, findet eine Wertaddition nicht statt, wenn sie gem. **§ 109 Abs. 2 S. 1 Nr. 4 GNotKG denselben Gegenstand** betreffen, z.B. der Beschluss über eine Kapitalmaßnahme und etwaige Begleitbeschlüsse. In diesem Fall bestimmt sich der Geschäftswert nach dem höchsten in Betracht kommenden Wert (§ 109 Abs. 2 S. 2 GNotKG).

128 Der **Höchstgeschäftswert** für Gesellschafterbeschlüsse beträgt nach § 108 Abs. 5 GNotKG durchgehend **EUR 5.000.000,00**. Dieser Wert stellt eine absolute Obergrenze dar, der auch dann gilt, wenn mehrere Beschlüsse mit verschiedenen Gegenständen gemeinsam beurkundet werden[382].

129 Die **Gebühr** für die Beurkundung von Gesellschafterbeschlüssen beträgt gem. Nr. 21100 KV **2,0**, mindestens EUR 120,00.

d) Gesellschaftsgründungen

130 Bei der **Neuerrichtung von Gesellschaften** bestimmt sich der Geschäftswert gem. § 97 Abs. 1 GNotKG nach dem Wert aller Einlagen zuzüglich Agios und ggf. genehmigtem Kapital; Verbindlichkeiten sind nicht abzuziehen (§ 38 GNotKG)[383]. Der Mindestwert beträgt EUR 30.000,00, der Höchstwert EUR 10.000.000,00 (§ 107 Abs. 1 S. 1 GNotKG). Der Mindestwert von EUR 30.000,00 gilt jedoch nicht für Gesellschaften mit beschränkter Haftung die im vereinfachten Gründungsverfahren nach § 2 Abs. 1a GmbHG gegründet werden (§ 107 Abs. 1 S. 2 GNotKG), sodass die Summe der Einlagen zuzüglich Agios zum Ansatz zu bringen sind[384].

Der **Gebührensatz** ist gem. Nr. 21100 KV mit **2,0**, mindestens EUR 120,00 anzusetzen. Bei der Gründung von Ein-Personen-Kapitalgesellschaften reduziert sich die Gebühr auf 1,0 (Nr. 21200 KV)[385].

e) Vollmachten

131 Der Geschäftswert für eine Vollmacht zum Abschluss eines bestimmten Rechtsgeschäfts richtet sich gem. § 98 Abs. 1 GNotKG nach der **Hälfte des Werts, auf das sich die Vollmacht bezieht, höchstens jedoch EUR 1.000.000,00** (§ 98 Abs. 4 GNotKG). Bei einer allgemeinen Vollmacht ist der Geschäftswert gem. § 98 Abs. 3 GNotKG nach billigem Ermessen zu bestimmen. Es fällt eine **Gebühr von 1,0**, mindestens EUR 60,00 an (Nr. 21200 KV)[386].

---

[382] *Pfeiffer* NZG 2013, 244, 245.
[383] Siehe Bormann/Diehn/Sommerfeldt/*Bormann* GNotKG, § 107 Rn. 2 ff.
[384] Bormann/Diehn/Sommerfeldt/*Bormann* GNotKG, § 107 Rn. 10.
[385] Bormann/Diehn/Sommerfeldt/*Diehn* GNotKG, Nr. 21200 KV Rn. 11.
[386] Bormann/Diehn/Sommerfeldt/*Diehn* GNotKG, Nr. 21200 KV Rn. 23.

V. Notarkosten

f) Rechtswahl

Eine Rechtswahl[387] nach internationalem Privatrecht ist gem. § 111 Nr. 4 **132**
GNotKG stets gegenstandsverschieden. Der zu **addierende Geschäftswert** beträgt nach § 104 Abs. 3 GNotKG **30 %** des Werts für die Beurkundung des Rechtsgeschäfts, für das die Rechtswahl getroffen ist.

Diese mit dem GNotKG eingeführte Werterhöhung wird vielfach als zu hoch **133**
empfunden. Sie macht sich freilich dann nicht bemerkbar, wenn sich die Transaktion ohnehin im Bereich des allgemeinen Höchstwerts bewegt. In allen anderen Fällen sollte überlegt werden, ob die sonst standardmäßig aufgenommene Rechtswahl tatsächlich erforderlich ist bzw. das IPR nicht ohnehin das gewünschte Recht zur Anwendung beruft[388].

In der Literatur werden bereits verschiedene Vermeidungsstrategien diskutiert: **134**
Zum Teil wird befürwortet, dass rein deklaratorische Rechtswahlklauseln schon keine Werterhöhung bewirken[389]. Ebenso wird eine Inbezugnahme einzelner Normen oder Rechtsregime ohne Vorliegen einer gebührenauslösenden Rechtswahl für möglich gehalten[390]. Beachtung verdient der Vorschlag, einen separaten Rechtswahlvertrag zu schließen, der nicht der notariellen Form bedürfe und mithin keine Gebühren verursache[391]. Rechtssicherheit besteht hinsichtlich dieser Alternativlösungen jedoch (noch) nicht. Eine direkte Rechtswahl ist nach wie vor der sicherste Weg[392].

g) Fremdsprache

Bei Abgabe einer Erklärung durch einen Beteiligten in einer Fremdsprache oder **135**
deren Übersetzung in eine Fremdsprache oder bei **Beurkundung**, Beglaubigung oder Bescheinigung **in einer Fremdsprache** (jeweils ohne Hinzuziehung eines Dolmetschers) fällt gem. Nr. 26001 KV eine **Gebühr in Höhe von 30 %** der für das Beurkundungsverfahren, für eine Beglaubigung oder Bescheinigung zu erhebenden Gebühr an.

h) Bezugsurkunden

Der **Geschäftswert** einer Bezugsurkunde im Sinne von § 13a BeurkG richtet **136**
sich gem. § 36 Abs. 1 GNotKG **nach dem tatsächlichen Geschäftswert der**

---

[387] Zur Rechtswahl in Unternehmenskaufverträgen *Krasauskaite/Schwarz* DZWiR 2014, 51, 52 ff.
[388] So *Pfeiffer* NZG 2013, 244, 247.
[389] *Engelstädter/Lubberich* NZG 2014, 564, 568.
[390] *Engelstädter/Lubberich* NZG 2014, 564, 568; *Schotten/Schmellenkamp* Rn. 23.
[391] *Krasauskaite/Schwarz* DZWiR 2014, 51, 56 ff.
[392] Zutreffend *Krasauskaite/Schwarz* DZWiR 2014, 51, 59.

§ 9 Beurkundungsverfahren

Haupturkunde, wovon je nach Umfang und Schwierigkeit zwischen **10 % bis zu 50 %** in Ansatz zu bringen sind[393]. Die **Gebühr** beträgt stets **1,0** (Nr. 21200 KV)[394].

2. Vollzugstätigkeit

a) Vollzugsgebühr

137   Für den Vollzug des beurkundeten Geschäfts fällt eine Vollzugsgebühr an. Als **Geschäftswert** ist gem. § 112 GNotKG der **volle Wert des zugrunde liegenden Beurkundungsverfahrens** anzusetzen. Die **Gebühr** beträgt gem. Nr. 22110 KV **0,5**. Bei einfacheren Beurkundungsverfahren[395], z.B. Errichtung einer Ein-Personen-Kapitalgesellschaft, Übernahmeerklärungen bei einer Kapitalerhöhung oder umwandlungsrechtlichen Zustimmungs- und Verzichtserklärungen, wird die Gebühr gem. Nr. 22111 KV auf 0,3 reduziert. Für die Fertigung oder Änderung einer Gesellschafterliste oder Übernehmerliste im Zuge einer Kapitalerhöhung ist die Vollzugsgebühr auf EUR 250,00 beschränkt (Nr. 22113 KV).

138   Zur elektronischen Weiterbearbeitung durch das Handelsregister (künftig: auch durch das Grundbuchamt) fällt **zusätzlich zur Vollzugsgebühr eine Gebühr zur Erzeugung von strukturierten Daten** in Form der Extensibler Markup Language (XML) an. Der **Geschäftswert** richtet sich wiederum nach **§ 112 GNotKG**. Die **Gebühr** ist gem. Nr. 22114 KV mit **0,3, höchstens EUR 250,00**, anzusetzen.

b) Gesellschafterliste

139   Die Einreichung der Gesellschafterliste[396] nach § 40 Abs. 2 S. 1 GmbHG stellt eine gebührenpflichtige Notarhandlung dar. Dabei handelt es sich um eine Vollzugshandlung, die **grundsätzlich mit der Vollzugsgebühr im Sinne von Nr. 22110 KV abgegolten** wird. Deren Geschäftswert richtet sich nach § 112 GNotKG, wonach der Wert des zugrundeliegenden Beurkundungsverfahrens

---

[393] Vgl. Bormann/Diehn/Sommerfeldt/*Diehn* GNotKG, § 36 Rn. 30; *Diehn* Rn. 1453; *Engelstädter/Lubberich* NZG 2014, 564, 566.
[394] Bormann/Diehn/Sommerfeldt/*Diehn* GNotKG, Nr. 21200 KV Rn. 23.
[395] Überblick bei Fackelmann/Heinemann/*Heiserl* GNotKG, Nr. 21200 Rn. 19.
[396] Die gebührenrechtliche Behandlung von notariellen Tätigkeiten im Zusammenhang mit einer Gesellschafterliste nach dem GmbHG war unter der KostO seit jeher umstritten gewesen, woran sich nach Inkrafttreten des MoMiG nichts geändert hatte. Zum Teil wurde die Erstellung der Liste bei Gründung einer GmbH als gebührenfreie Nebentätigkeit angesehen, während die Listenerstellung bei Anteilsübertragung nach § 40 Abs. 2 GmbHG eine Gebühr nach § 147 Abs. 2 KostO aus einem Teilwert auslösen sollte. Dieser Streit wurde durch das GNotKG hinfällig, wonach der Notar für die Fertigung, Änderung oder Ergänzung der Gesellschafterliste oder der Liste der Personen, welche neue Geschäftsanteile übernommen haben eine gesonderte Vollzugsgebühr erhält, vgl. *Pfeiffer* NZG 2013, 244, 247.

V. Notarkosten

maßgeblich ist. Die Gebühr beträgt im Regelfall 0,5 (Nr. 22110 KV). Die Gebühr darf gem. Nr. 22113 KV jedoch EUR 250,00 nicht übersteigen.

Die neben der Listeneinreichung auszustellende Bescheinigung nach § 40 Abs. 2 S. 2 GmbHG stellt hierbei regelmäßig ein gebührenfreies Nebengeschäft dar[397]. Eine wichtige Ausnahme von diesem Grundsatz besteht für den Fall, dass der Notar bei der Erteilung der Bescheinigung Umstände außerhalb der Urkunde zu prüfen hat, von deren Eintritt die Wirksamkeit der Beurkundung über die Veränderung im Sinne von § 40 Abs. 2 S. 1 GmbHG abhängt[398]. Damit sind vor allem die für Unternehmenstransaktionen typischen aufschiebenden Bedingungen der Kaufpreiszahlung und Kartellfreigabe gemeint[399]. In diesem Fall fällt gem. Nr. 22200 KV eine **Betreuungsgebühr von 0,5** an, deren Geschäftswert sich nach demjenigen des zugrundeliegenden Beurkundungsverfahrens richtet (§ 113 GNotKG). In der instanzgerichtlichen Rechtsprechung sowie in der Literatur wird zum Teil davon ausgegangen, dass die Betreuung durch den Notar im Fall aufschiebender Bedingungen dann entfällt, wenn er keinen gesonderten Überwachungsauftrag erhalten hat, da somit seine Zuständigkeit mit dem Abschluss des Beurkundungsverfahrens ende und daher der Geschäftsführer für die spätere Listeneinreichung zuständig sei[400]. Auf dem Boden dieser Rechtsprechung erscheint es möglich, die meist als überhöht empfundene Betreuungsgebühr für die Listeneinreichung einzusparen. 140

c) Handelsregisteranmeldungen

Handelsregisteranmeldungen stellen gegenstandsverschiedene Beurkundungsgegenstände dar (§ 111 Nr. 3 GNotKG)[401]. Der Geschäftswert bestimmt sich nach § 105 GNotKG. In den meisten Anwendungsfällen ist der **Mindestgeschäftswert** von **EUR 30.000,00** zugrunde zu legen[402]. Der **Höchstgeschäftswert** beträgt auch bei Zusammenfassung mehrerer Anmeldungen **EUR 1.000.000,00** (§ 106 GNotKG). Es fällt eine **Gebühr** von **0,5**, mindestens EUR 30,00 an (Nr. 21201 KV). 141

Gem. §§ 92 Abs. 2 119 GNotKG, Nr. 24102 KV ist der **Entwurf** einer Handelsregisteranmeldung **durch den Notar gebührenpflichtig**. Wird ein vorbereiteter Entwurf mitgebracht, bringt dies jedoch in vielen Fällen keine Kostenersparnis[403]. 142

---

[397] *Pfeiffer* NZG 2013, 244, 247.
[398] Siehe Streifzug durch das GNotKG, Rn. 1146.
[399] Vgl. BT-Drucks. 17/11471, S. 225.
[400] OLG Brandenburg 7 W 72/12, NZG 2013, 507, BeckOKGmbHG/*Heilmeier*, § 40 Rn. 54, 62 ff.
[401] Bormann/Diehn/Sommerfeldt/*Bormann* GNotKG, § 105 Rn. 4; *Engelstädter/Lubberich* NZG 2014, 564, 566.
[402] Bormann/Diehn/Sommerfeldt/*Bormann* GNotKG, § 105 Rn. 2.
[403] Siehe *Engelstädter/Lubberich* NZG 2014, 564, 566.

3. Unterschriftenbeglaubigungen

143 Der Geschäftswert für Unterschriftenbeglaubigungen ist nach § 121 GNotKG so zu bestimmen, wie wenn das Rechtsgeschäft, unter dem die Unterschrift beglaubigt wird, beurkundet würde[404]. Die Gebühr beträgt gem. Nr. 25100 KV 0,2, **mindestens EUR 20,00, höchstens jedoch EUR 70,00**. Für den Antrag und die Zustimmung zur Löschung von Grundpfandrechten (§§ 13, 27 GBO) fällt eine Festgebühr in Höhe von EUR 20,00 an (Nr. 25101 KV).

---

[404] Bormann/Diehn/Sommerfeldt/*Pfeiffer* GNotKG, § 121 Rn. 3.

§ 10 Unternehmenstransaktionen mit Auslandsbezug

Literatur: *Armbrüster/Preuß/Renner*, Beurkundungsgesetz und Dienstordnung für Notarinnen und Notare, 6. Aufl. 2013; *Böcker*, Wer hat's beurkundet? Ein Schweizer! Wirksam? Besprechung des BGH-Beschlusses vom 17.12.2013 – II ZB 6/13, DZWiR 2014, S. 2354 ff.; *Goette*, Auslandsbeurkundungen im Kapitalgesellschaftsrecht, DStR 1996, S. 709 ff.; *Großfeld*, Staudinger Internationales Gesellschaftsrecht, 1998, *Hauschild/Kallrath/Wachter*, Notarhandbuch Unternehmens- und Gesellschaftsrecht, 2011; *Hecksehen/Heidinger*, Die GmbH in der Gestaltungspraxis, 3. Aufl. 2013; *Hermanns*, Das Mysterium der Auslandsbeurkundung – Neues aus Düsseldorf, RNotZ 2011, S. 224 ff.; *ders.*, Die Auslandsbeurkundung bei Abtretung von GmbH-Geschäftsanteilen, RNotZ 2010, S. 38 ff.; *Herrler*, Zuständigkeit des ausländischen Notars zur Einreichung der Gesellschafterliste – (k)ein Vehikel zur Klärung der Zulässigkeit der Auslandsbeurkundung, GmbHR 2014, S. 225 ff.; *Link*, Formerfordernisse des § 15 GmbHG bei internationalen Transaktionen, BB 2014, S. 579 ff.; *Mansel*, Substitution im deutschen Zwangsvollstreckungsrecht, in: Festschrift für Werner Lorenz, 1991, S. 689 ff.; *Meichelbeck/Krauß*, Neues zur Auslandsbeurkundung im Gesellschaftsrecht – zugleich Besprechung des Beschluss des BGH vom 17.12.2013 (II ZB 6/13), DStR 2014, 752 ff.; *Müller*, Auslandsbeurkundung von Abtretungen deutscher GmbH-Geschäftsanteile in der Schweiz, NJW 2014, S. 1994 ff.; *Olk*, OLG Düsseldorf erkennt Zulässigkeit der Auslandsbeurkundung durch Notare aus dem Kanton Basel bei Abtretung von GmbH-Geschäftsanteilen an, NZG 2011, S. 381 ff.; *Patrick Ostendorf*, Die kollisionsrechtliche Qualifikation von § 174 BGB, RIW 2014, 93; *Reithmann/Martiny*, Internationales Vertragsrecht, 7. Aufl. 2010; *Simon Schwarz*, Das Internationale Stellvertretungsrecht im Spiegel nationaler und supranationaler Kodifikationen, 71 RabelsZ (2009), 279-801; *Sick/Schwarz*, Auslandsbeurkundungen im Gesellschaftsrecht, NZG 1998, S. 540 ff.; *Stenzel*, Formfragen des internationalen Gesellschaftsrechts, – Konstellationen, Stellungnahme und Praxisempfehlung – GmbHR 2014, S. 1024 ff. *Ulrich/Böhle*, Die Auslandsbeurkundung im M&A-Geschäft, GmbHR 2007, S. 566 ff.; *Winkler*, Beurkundungsgesetz, 17. Aufl. 2013.

I. Allgemeines

1. Konstellationen einer Unternehmenstransaktion mit Auslandsbezug

Zu Auslandbezügen bei einer Unternehmenstransaktion kann es in vielfältiger 1
Art und Weise kommen, insbesondere durch Beteiligung einer ausländischen juristischen oder natürlichen Person als Verkäufer oder als Käufer, oder als weiterer Beteiligter auf Verkäufer- oder Käuferseite (zB als Garant für Zahlungs- oder Gewährleistungsverpflichtungen), sowie durch die Einbettung des „deutschen Teils" einer Transaktion in einen größeren internationalen Kontext.

Rein deutsche Transaktionen ohne einen solchen sich aus dem Sachverhalt ergebenden Auslandsbezug können dadurch zu Transaktionen mit Auslandsbezug werden, dass die Parteien mit Bedacht einen ausländischen Abschlussort wählen oder dass dieser Abschlussort sich unversehens durch Austausch von Willenserklärungen, die mit elektronischen Kommunikationsmitteln verschickt werden, ins Ausland verlagert.

Auslöser für eine bewusste Verlagerung ins Ausland kann zum einen das günstigere Kostenregime ausländischer Notare sein; dieser Beweggrund hat jedoch durch die Deckelung der Notarkosten in Deutschland durch Festlegung einer Geschäftswertobergrenze im Jahr 2004 stark an Bedeutung verloren und erscheint – insbesondere bei Hinzurechnung des logistischen Aufwands für die Anwesenheit der Parteien vor einem ausländischen Notar – immer seltener vorteilhaft.

Auch das Fehlen bestimmter Benachrichtigungspflichten gegenüber deutschen Behörden, denen ein ausländischer Notar grundsätzlich nicht unterliegt, kann eine Auslandsbeurkundung attraktiv machen, wobei zum einen die Legitimität dieses Beweggrunds zweifelhaft ist und zum anderen ausländische Notare tendenziell „überobligationsmäßig" an der Erfüllung von Meldpflichten gegenüber deutschen Behörden interessiert sein dürften, um die Gleichwertigkeit ihres Beurkundungsverfahrens (→ Rn. 29) nicht in Zweifel zu bringen.

2. Anwendbares Recht

2   Das auf die Unternehmenstransaktion im Ganzen oder auf einzelne ihrer Teile anwendbare materielle Recht und damit uU einhergehende Formvorschriften ergeben sich aus den Bestimmungen des internationalen Privatrechts. Dabei ist auf schuldrechtlicher Ebene die Bestimmung des anwendbaren Rechts grundsätzlich gestaltbar, insbesondere durch Rechtswahlvereinbarung, während die dingliche Übertragung strengeren und weniger beeinflussbaren Regeln unterliegt. Beide Aspekte werden für die Übertragung von Geschäftsanteilen einer deutschen GmbH (II.) und für die Übertragung von Gegenständen, insbesondere Grundstücken und grundstücksgleichen Rechten (III.) dargestellt. Fragestellungen im Zusammenhang mit Vollmachtserteilungen werden unter IV. behandelt.

3. Anwendbares (Beurkundungs)verfahren

3   Ausländische Beurkundungsverfahren können zum einen unter dem Gesichtspunkt der im jeweiligen Land zu beachtenden Ortsform (Art. 11 Abs. 1 Alt. 2 Rom I-VO, Art. 11 Abs. 1 Alt. 3 EGBGB) ins Spiel kommen, zum anderen unter dem Gesichtspunkt, dass zwar eine Beurkundung nach deutschen Maßstäben erforderlich ist, die Auslandsbeurkundung jedoch der deutschen Beurkundung gleichwertig sein kann (hierzu ausführlich unten Rn. 28 ff.).

II. Übertragung von Geschäftsanteilen einer deutschen GmbH (Share Deal)

Zur Übertragung der Anteile an einer ausländischen Gesellschaft mit beschränkter Haftung in Deutschland → § 5 Rn. 49 ff.) 4

1. Verpflichtungsgeschäft (Art. 3 ff. Rom I-VO, ehemals Art. 27 ff. EGBGB)

a) Freie Rechtswahl (Art. 3 Rom I-VO, ehemals Art. 27 EGBGB)

Das auf den schuldrechtlichen Verpflichtungsvertrag anzuwendende Recht beurteilt sich nach dem so genannten **Schuldvertragsstatut**. Dieses wird durch die Kollisionsnormen der Art. 3 ff. Rom I-VO (ehemals Art. 27 ff. EGBGB) bestimmt. Rein schuldrechtliche Verpflichtungsgeschäfte unterliegen nicht dem Gesellschaftsstatut – im Gegensatz zur dinglichen Übertragung des Geschäftsanteils. Für den Verpflichtungsvertrag steht daher die **freie Rechtswahl** offen, dh die Vertragsparteien können für den Kaufvertrag über GmbH-Geschäftsanteile das anzuwendende Recht frei bestimmen[1]. 5

Eine Entscheidung des *BGH* existiert zu dieser Frage soweit ersichtlich bisher nicht. Jedoch hat sich der *BGH* zur freien Rechtswahl in Zusammenhang mit einer **Treuhandabrede** betreffend einer polnischen GmbH wie folgt geäußert:

> „Da die Parteien nach den Feststellungen des LG **weder nach Art. 27 EGBGB vereinbart haben, welchem Recht die Treuhandabrede unterliegen sollte** – die Zulässigkeit einer solchen Vereinbarung unterstellt (hiergegen etwa unter Bezugnahme auf Art. 37 Nr. 2 EGBGB Geyrhalter, ZIP 1999, 647 [648]) – noch im Gerichtsverfahren von gelegentlichen Hinweisen auf die Rechtslage abgesehen von einer übereinstimmenden Anwendung eines bestimmten Rechts als Geschäftsstatut ausgegangen sind, ist **das auf den Vertrag anzuwendende Recht nach Art. 28 EGBGB zu bestimmen**."[2]

Geht man mit der überwiegenden Literatur von der Anwendung des Schuldvertragsstatuts für den Verpflichtungsvertrag aus, kann von den Vertragsparteien auch eine ausländische Rechtsordnung als Schuldvertragsstatut gewählt werden, die für den Kaufvertrag von GmbH-Anteilen keine besondere Formvorschrift vorschreibt[3].

---

[1] Ganz herrschende Ansicht, vgl. *Ulrich/Böhle* GmbHR 2007, 566, 568; *Reichert/Weller* DStR 2005, 292; *Stenzel* GmbHR 2014, 1024, 1025; aA: *Grossfeld/Berndt* RIW 1996, 625, 630: Die Verpflichtung zur Übertragung von GmbH-Anteilen unterliege nicht dem Schuldrecht, sondern zwingend dem Gesellschaftsstatut.
[2] BGH III ZR 172/03 NZG 2005, 42 f., Hervorhebungen durch den Verf.
[3] *Brück* DB 2004, 2409, 2410; *Stenzel* GmbHR 2014, 1024, 1025.

6   Die Einschränkung des Art. 3 Abs. 3 Rom I-VO (ehemals Art. 27 Abs. 3 und Art. 34 EGBGB), wonach die Wahl des Rechts eines anderen Staates die Bestimmungen nicht berühren kann, von denen nach dem Recht jenes Staates durch Vertrag nicht abgewichen werden kann (sog. zwingende Bestimmungen), wenn der sonstige Sachverhalt im Zeitpunkt der Rechtswahl nur mit einem Staat verbunden ist (Fehlen des grenzüberschreitenden Elements), schließt bei einem rein deutschen Sachverhalt die frei Rechtswahl aus. Denn bei § 15 Abs. 4 GmbHG handelt es sich um eine vertraglich nicht abdingbare **Formvorschrift** des deutschen Rechts. Es kann folglich dann nicht die Anwendung eines ausländischen Rechts wirksam vereinbart werden, wenn eine GmbH-Transaktion einen ausschließlich deutschen Sachverhalt betrifft und keine Beziehungen zu einem anderen Land aufweist. Ein solcher Bezug kann sich aber bereits durch den engen Zusammenhang der rein innerdeutschen Anteilsübertragung mit einem internationalen Vertrag ergeben, zB im Kontext eines internationalen Unternehmenskaufs[4].

b) Objektive Anknüpfung (Art. 4 Rom I-VO, ehemals Art. 28 EGBGB)

7   Soweit das auf den Verpflichtungsertrag anzuwendende Recht nicht von den Vertragsparteien vereinbart worden ist, gilt Art. 4 Rom I-VO:

- Art. 4 Abs. 1 a) mit Anknüpfung an den gewöhnlichen Aufenthalt des Verkäufers gilt nur für bewegliche Sachen und nicht für Gesellschaftsanteile[5].
- Bei Verträgen, die nicht unter Abs. 1 fallen oder die mehr als ein rein kaufvertragliches Element enthalten, bestimmt sich das anwendbare Recht nach dem gewöhnlichen Aufenthalt der Vertragspartei, welche die für den Vertrag charakteristische Leistung zu erbringen hat (Art. 4 Abs. 2 Rom I-VO). Hierunter fällt der Verkauf von Anteilen[6].
- Ergibt die Gesamtschau der Umstände eine offensichtlich engere Verbindung zu einem anderen Staat als demjenigen, der nach den vorstehenden Regeln aufgefunden wurde (Art. 4. Abs. 3 Rom I-VO) oder ermöglichen Abs. 1 und Abs. 2 die Bestimmung des anwendbaren Rechts nicht, so bestimmt sich das anwendbare Recht danach, zu welchem Staat der Vertrag die engste Verbindung aufweist (Art. 4 Abs. 4 Rom I-VO).

Außer in den klaren Fällen reiner Kaufverträge (Art. 4 Abs. 1 a) Rom I-VO) oder reiner Anteilskaufverträge (Art. 4 Abs. 2 Rom I-VO) kann die Bestimmung des anwendbaren Rechts durch ein Gericht oder Schiedsgericht anhand der Absätze 2, 3 oder 4 von Art. 4 Rom I-VO zu stark wertungsabhängigen und damit zufälligen

---

[4] *Ulrich/Böhle* GmbHR 2007, 566, 568 mwN.
[5] *Rauscher/Thorn*, Art. 4 Rom I-VO Rn 23.
[6] *Rauscher/Thorn*, Art. 4 Rom I-VO Rn. 89 mwN.

II. Übertragung von Geschäftsanteilen einer deutschen GmbH (Share Deal)

und überraschenden Ergebnissen führen. Eine **Rechtswahlklausel** ist deshalb in Zweifelsfällen in grenzüberschreitenden Konstellationen dringend anzuraten.

Zusammenfassend lässt sich also festhalten, dass für die schuldrechtliche Verpflichtung zur Übertragung eines GmbH-Geschäftsanteils nicht zwingend das Formerfordernis des § 15 Abs. 4 S. 1 GmbHG gilt – das Bestehen eines internationalen Elements vorausgesetzt. Vielmehr lässt sich nach hM zwischen den Vertragsparteien auch die Geltung einer anderen Rechtsordnung vereinbaren, die unter Umständen ein weniger strenges Formerfordernis (wie z.B. einfache Schriftform) vorsieht.

c) Anwendbare Form

Das Recht, das die für den Vertrag vorgeschriebene Form bestimmt (**Formstatut**), ist entweder das auf den Vertrag anwendbare materielle Recht (**Geschäftsstatut**) oder das Recht des Abschlussortes (**Ortsstatut**), Art. 11 Abs. 1 Rom I-VO. 8

Die Frage des die **Form des Vertrages** bestimmenden Rechts bei Vertragsschluss durch **Distanzerklärungen** aus verschiedenen Staaten heraus regelt Art. 11 Abs. 2 Rom I-VO: Es gilt entweder das Geschäftsstatut oder das Recht des Aufenthaltsorts einer der am Vertragsschluss beteiligten Personen (einschließlich Vertreter der Parteien).

2. Verfügungsgeschäft

Die dingliche Abtretung eines GmbH-Geschäftsanteils bestimmt sich als gesellschaftsrechtliche Frage grundsätzlich und unstreitig nach dem **Gesellschaftsstatut**[7]. 9

> „Das mit der **Übertragung von Gesellschaftsanteilen an einer GmbH** verbundene **dingliche Rechtsgeschäft** unterliegt nach allgemeiner Ansicht dem **Personalstatut** (…). Dieses knüpft nach h.A. an den **Sitz der Gesellschaft** an, der hier in der BRD liegt. Auf die Übertragung von Gesellschaftsanteilen an einer deutschen GmbH ist somit deutsches Recht anwendbar und deshalb eine notarielle Beurkundung erforderlich."[8]

Die Anwendung des Gesellschaftsstatuts hat zur Folge, dass eine Rechtswahl – im Gegensatz zum schuldrechtlichen Unternehmenskaufvertrag – nicht zulässig ist. Es findet demnach auf die dingliche Übertragung einer deutschen GmbH zwingend deutsches Recht Anwendung.

---

[7] MünchKommGmbHG/*Reichert/Weller* § 15 Rn. 134.
[8] OLG Stuttgart 20 U 68/99, NZG 2001, 40, 43.

Im Hinblick auf die Erfüllung der **erforderlichen Form** eines Rechtsgeschäfts mit grenzüberschreitendem Bezug stellt der insoweit einschlägige[9] **Art. 11 Abs. 1 EGBGB** zwei Alternativen zur Verfügung. Zum einen genügt die Erfüllung der **Geschäftsform** (1. Alt), – bei einer GmbH-Anteilsabtretung: § 15 Abs. 3 GmbHG – andererseits reicht aber grundsätzlich auch die **Ortsform** (2. Alt) aus, die weniger streng als die Geschäftsform sein kann.

a) Geschäftsform

10 Ein Rechtsgeschäft ist gem. Art. 11 Abs. 1 1. Alt EGBGB formgültig, wenn es die Formerfordernisse des Rechts erfüllt, „das auf das seinen Gegenstand bildende Rechtsverhältnis anzuwenden ist." Dieses inhaltlich maßgebende Recht wird auch als Wirkungsstatut (oder eben auch als Geschäftsrecht) bezeichnet. Bei GmbH-Geschäftsanteilsübertragungen gilt das Gesellschaftsstatut der GmbH, deren Anteile übertragen werden sollen. Das deutsche Recht gibt insoweit für die dingliche Abtretung die notarielle Beurkundungspflicht nach § 15 Abs. 3 GmbHG vor. In diesem Zusammenhang stellt sich das Problem, ob eine ausländische Beurkundung im Vergleich zu einer in Deutschland vorgenommenen notariellen Beurkundung als funktionell gleichwertig (sog. „Substitution") anzusehen ist. Hierzu eingehend unten VII., → Rn. 28 ff.

b) Ortsform

aa) Zulassung weniger formstrenger Ortsform?

11 Alternativ zur Geschäftsform lässt Art. 11 Abs. 1 2. Alt EGBGB auch die Ortsform für die Formgültigkeit des Rechtsgeschäfts ausreichen. Das Rechtsgeschäft ist somit formgültig, wenn es die Formerfordernisse des Rechts des Staates erfüllt, in dem es vorgenommen wird. Insoweit ist von praktischer Relevanz, ob unter Anwendung einer im Vergleich zu § 15 Abs. 3 GmbHG weniger strengen ausländischen Form (wie z.B. Schriftform) die dingliche Abtretung eines deutschen GmbH-Anteils wirksam vorgenommen werden kann. Kann also weniger formstrenges ausländisches Recht die Beurkundungspflicht der Anteilsabtretung ausheben? Eine durch den *BGH* abgesicherte Bestätigung hierfür steht bislang aus, doch sprechen sich überzeugende Stimmen in der Literatur und Obergerichte für diesen Gedanken aus, und Registergerichte vollziehen gelegentlich Registerakte auf der Grundlage von GmbH-Anteilsabtretungen, die einer weniger strengen ausländischen Ortsform folgen.

---

[9] MünchKommGmbHG/*J. Mayer*, § 2 Rn. 44, allerdings unter *de lege lata* nicht nachvollziehbarem Hinweis auf Art. 10 Abs. 2 RefE EGBGB; *Stenzel* GmbHR 2014, 1024.

II. Übertragung von Geschäftsanteilen einer deutschen GmbH (Share Deal)

Der Ausschluss dinglicher Geschäfts von der Ortsform gemäß Art. 11 Abs. 5 EGBGB steht dem nicht entgegen, da GmbH-Anteile anerkanntermaßen keine „Sachen" im Sinne der Vorschrift sind[10].

(i) Argumente für Zulassung der Ortsform (wohl hM)

Innerhalb der Ansicht, die eine formwirksame Anteilsübertragung nach der Ortsform grundsätzlich zulässt, wird als Ausgangsfrage danach differenziert, ob ein **statusrelevanter Vorgang** vorliegt (bzw. ein Akt, der die **Verfassung der Gesellschaft** betrifft, wie z.B. Gründung und Satzungsänderung). So ist zB *Goette* der Ansicht, dass solche statusrelevanten Akte des Gesellschaftsrechts nicht unter Art. 11 Abs. 1 EGBGB fallen. Dagegen werden **Anteilsübertragungen** bei Erfüllung der Ortsform als gültig angesehen[11].

12

Die überwiegende Ansicht in der Literatur geht grundsätzlich von der Zulässigkeit der Ortsform jedenfalls bei einer **GmbH-Anteilsübertragung** aus[12].

Bereits das *OLG Frankfurt* hielt in einem Beschluss aus dem Jahr 1981 die Übertragung des Geschäftsanteils einer deutschen GmbH nach der schweizerischen Ortsform gem. Art. 11 Abs. 1 Satz 2 EGBGB aF für formgültig. Im konkreten Fall erfolgte die Erklärung der Abtretung in der Schweiz vor dem öffentlichen Urkundsbeamten des Notariats Zürich. Dies entsprach auch der schweizerischen Ortsform.

„Nach Art. 11 Abs. 1 Satz 2 EGBGB genügt für die Vornahme eines Rechtsgeschäfts im Ausland grundsätzlich die Einhaltung der dort geltenden Formvorschriften. Diese sogenannte Ortsform steht gleichrangig neben dem sogenannten Wirkungsstatut des Art. 11 Abs. 1 Satz 1 EGBGB, wonach sich die Form nach den für den Gegenstand des Rechtsgeschäfts maßgeblichen Vorschriften richtet (...).

Die in der Schweiz für die Übertragung von GmbH-Anteilen geltenden Formvorschriften aber sind gewahrt. Die Erklärung der Abtretung vor dem öffentlichen Urkundsbeamten des Notariats Zürich entspricht der gemäß Art. 791 Abs. 4 Obligationenrecht erforderlichen öffentlichen Beurkundung. Dies anzunehmen hat der Senat selbst dann keine Bedenken, wenn man mit Rothoeft (Festschrift für Josef Esser, 1975, S. 113, 123 ff.) für die Anwendbarkeit einer ausländischen Ortsform verlangt, dass diese den verschiedenen Schutzzwecken der deutschen Geschäftsform genügen muss. (...)

Einer der anerkannten Fälle, bei denen die Ortsform ausnahmsweise unzulässig ist, liegt nicht vor. So greift Art. 11 Abs. 2 EGBGB, wonach Art. 11 Abs. 1 Satz 2 EGBGB nicht für Verfügungen über ein Recht an einer Sache gilt, nicht ein (...). Ein Geschäftsanteil an

---

[10] Palandt-*Thorn*, Art. 11 EGBGB Rn 20.
[11] *Goette* DStR 1996, 709/711; zustimmend *Kröll* ZGR 2000, 111/ 121. aA *Pilger* BB 2005, 1285/1286), der die Übertragung des Geschäftsanteils als statusrelevant ansieht.
[12] *Goette* DStR 1996, 709/711; *Kroll* ZGR 2000, 111/122; *Semler* Hdb des Unternehmens- und Beteiligungskaufs, Rn. 122; Palandt/*Heldrich*, Art. 11 EGBGB, Rn. 13; *Altmeppen* GmbHG, § 15 Rn. 90; Michalski/*Ebbing*, GmbHG § 15 Rn. 97; Reichert/*Weller* Der GmbH-Geschäftsanteil, § 15 Rn. 153 ff.

einer deutschen GmbH ist als Recht auch im Sinne des EGBGB keine Sache. Nach § 90 BGB sind Sachen nur körperliche Gegenstände. Dies gilt gleichermaßen für das EGBGB. (...).
Die weitere, von der ganz herrschenden Meinung in der Rechtsprechung und im Schrifttum über § 11 Abs. 2 EGBGB hinaus angenommene Ausnahme von Art. 11 Abs. 1 Satz 2 EGBGB, wonach die Ortsform dann nicht genügt, wenn das ausländische Recht ein solches Rechtsgeschäft nicht kennt, scheidet ebenso deutlich aus. Das Schweizer Recht regelt nämlich in den Art. 772 bis 827 Obligationenrecht das Recht der GmbH, dabei in den Art. 789 ff. die Abtretung der Geschäftsanteile.
Zum Teil findet sich in der Rechtsprechung und im Schrifttum eine Einschränkung der Anwendbarkeit des Art. 11 Abs. 1 Satz 2 EGBGB dahin, dass die Ortsform auch für die Wahrung gesellschaftsrechtlicher Vorgänge nicht genügen solle.
Zur Begründung wird ausgeführt (...), gesellschaftsrechtliche Vorgänge bestimmten, im Gegensatz etwa zu einem Kaufvertrag, das Zusammenleben einer Personengemeinschaft, wobei sie nicht nur die unmittelbar Beteiligten, sondern sämtliche Mitglieder des Verbandes, auch diejenigen, die an dem Rechtsgeschäft nicht beteiligt seien, berührten, weshalb die Gesellschaft und alle Rechtsvorgänge, die sie beträfen, einer gleichmäßigen rechtlichen Behandlung unterliegen müssten, und zwar den Normen der Rechtsordnung des Personalstatuts der Gesellschaft; denn die Formvorschriften basierten auf den Regelungen des materiellen Gesellschaftsrechts, auf dessen Anforderungen die Entscheidung des Gesetzgebers für eine bestimmte Form beruhe. (...)
Der Senat vermag sich dieser Ansicht, zumindest für den Fall der Abtretung von Geschäftsanteilen, nicht anzuschließen. Abgesehen davon, dass sie im Gesetz keine Stütze findet, überzeugt ihre Begründung, wenn es sich um die Abtretung von Geschäftsanteilen handelt, selbst dann nicht, wenn nicht, wie hier, alle Gesellschafter an der Abtretung des Anteils beteiligt sind, sondern der GmbH noch andere Gesellschafter angehören. Die Abtretung berührt nämlich die Interessen Dritter nicht. (...)
Der Senat kann für seine Auffassung schon die Rechtsprechung des Reichsgerichts in Anspruch nehmen.
Dieses hat in einer Entscheidung über die Wirksamkeit der Abtretung eines Anteils an einer deutschen GmbH in der Schweiz durch privatschriftlichen Vertrag zu einer Zeit, als das Schweizer Obligationenrecht das Recht der GmbH noch nicht geregelt hatte, ausgeführt (RGZ 160, 225/229), die Übertragung der Geschäftsanteile in privatschriftlicher Form hätte genügt, wenn nach Schweizer Recht ein GmbH-Anteil durch einfachen schriftlichen Vertrag wirksam übertragen werden könnte. Danach dürfte kaum zweifelhaft sein, dass das Reichsgericht eine Abtretung, die den Schweizer Formvorschriften entsprochen hätte, für wirksam gehalten haben würde. Die Auffassung des Senats wird, soweit nicht schon erwähnt, auch sonst noch geteilt (...).
Der Zulassung der Ortsform steht nicht Art. 30 EGBGB entgegen. Die Anwendung der Schweizer Formvorschriften verstößt weder gegen die guten Sitten noch gegen den Zweck des § 15 Abs. 3 GmbHG. Da auch das Schweizer Recht für die Abtretung von Geschäftsanteilen öffentliche Beurkundung vorschreibt, könnte den Beteiligten nicht vorgeworfen werden, sie hätten die Abtretung nur deshalb im Ausland vorgenommen, um die strengen deutschen Formvorschriften zu umgehen. Es läge auch kein Verstoß gegen die guten Sitten vor, wenn

II. Übertragung von Geschäftsanteilen einer deutschen GmbH (Share Deal)

das Rechtsgeschäft allein deshalb in der Schweiz vorgenommen werden wäre, weil die nach Schweizer Recht anfallenden Gebühren wesentlich niedriger sind als diejenigen nach deutschem Recht. Der Senat erachtet es für legitim, unter mehreren zulässigen Möglichkeiten die kostengünstigste zu wählen."[13]

Das *OLG München* ließ – neben der als erfüllt angesehenen Geschäftsform – die Ortsform ebenfalls alternativ ausreichen:

„Im übrigen wäre durch die Beurkundung in Basel auch dem **Schweizer Ortsrecht gem. Art. 11 I 2. Alt., III EGBGB** *Genüge getan. Gem. Art. 791 V Obligationenrecht [OR] bedarf die Verpflichtung zur Abtretung eines Gesellschaftsanteils an einer Gesellschaft mit beschränkter Haftung zu ihrer Gültigkeit der öffentlichen Beurkundung. Das am 29.3.1995 erstellte notarielle Schriftstück genügte nicht nur den erwähnten bundesrechtlichen Minimalvorschriften, sondern auch den Anforderungen, die das kantonale Einführungsgesetz zum Zivilgesetzbuch und das Basel-städtische Notariatsgesetz aufstellen, etwa dahin, dass alle erforderlichen Unterschriften vorhanden sind, der beurkundende Notar mit den Parteien zusammengetroffen ist und sich vergewissert hat, dass diese vom Inhalt der Urkunde Kenntnis genommen und diesen genehmigt haben (vgl. BGE 84 II 636 [638])."*[14]

Auch das *OLG Stuttgart* überprüfte eine in Kalifornien vorgenommene privatschriftliche GmbH-Anteilsübertragung mit jeweiliger Beglaubigung durch einen *„notary public"* danach, ob die Ortsform in diesem Fall eingehalten wurde. Es ging also grundsätzlich von der rechtlichen Zulässigkeit eines solchen Vorgehens aus.

„Die Erfüllung der Formpflicht durch Beachtung des **Ortsrechts** *gem. Art. 11 EGBGB Art. 11 I, 2. Alt. EGBGB setzt voraus, dass es ein Ortsrecht in Kalifornien gibt, also eine in den wesentlichen Zügen einer deutschen GmbH entsprechende Gesellschaftsform. Anzuknüpfen ist dabei an die Ähnlichkeit des ausländischen Rechtsinstituts nach Funktion, rechtlichem Erfolg und inhaltlicher Ausgestaltung (…). Fehlt es hieran, liegt ein Fall der Formenleere vor mit der Folge, dass eine Anknüpfung an Ortsrecht ausscheidet (…)."*[15]

Gemein ist diesen Entscheidungen, dass die Ortsform in den zugrunde liegenden Fällen jeweils in einer Beurkundung nach jeweils lokalen Maßstäben bestand, wodurch – bei allen zu stellenden Gleichwertigkeitsfragen – erhöhte Formanforderungen für die Abtretung erfüllt waren. Ob die Entscheidungen bei schriftlicher oder mündlicher Ortsform für die Anteilsabtretung ebenso ausgefallen wären, darf allerdings bezweifelt werden.

Ausdrückliche Rechtsprechung des *BGH* zur Anwendung des Art. 11 Abs. 1 2. Alt EGBGB auf GmbH-Anteilsverkäufe existiert nicht. Zwar hat der *BGH* mittelbar in einer Entscheidung von 2004 zum Ausdruck gebracht, dass er für

---

[13] OLG Frankfurt/Main DB 1981, 20 W 460/80, 1456f.
[14] OLG München, 7 U 2511/97, NJW-RR 1998, 758.
[15] OLG Stuttgart, 20 U 68/99, NZG 2001, 40, 43.

GmbH-Geschäftsanteilsübertragungen die Beachtung der Ortsform tendenziell für ausreichend erachtet:

*„Die im Abschnitt „Recht der natürlichen Personen und der Rechtsgeschäfte" eingeordnete Bestimmung des **Art. 11 EGBGB** dürfte auf die hier zu beurteilende **Treuhandvereinbarung** anwendbar sein. Der Senat neigt dazu, dass dies nicht deshalb anders ist, weil die Vereinbarung die Beteiligung an einer polnischen GmbH und damit gesellschaftsrechtliche Vorgänge zum Gegenstand hat. **Das RG ist zu Art. 11 EGBGB** in der Fassung vor dem In-Kraft-Treten des IPR-Gesetzes vom 25.7.1986 (BGBl I, 1142) **ohne weiteres davon ausgegangen, dass jene Bestimmung auf Verträge, mit denen Geschäftsanteile an einer GmbH übertragen werden, grundsätzlich anwendbar ist** (RGZ 160, 225 [229]; vgl. auch BayObLG, NJW 1978, 500; OLG Frankfurt a.M., DNotZ 1982, 186 [187]); der BGH hat für die Auffassung, Art. 11 I 2 EGBGB a.F. gelte auch für gesellschaftsrechtliche Vorgänge, eine zustimmende Tendenz erkennen lassen (BGHZ 80, 76 [78]). Ob die Neufassung des Art. 11 EGBGB durch das IPR-Gesetz hieran etwas geändert hat – namentlich wird insoweit auf die Regelung des Art. 37 Nr. 2 EGBGB und die Einzelbegründung zu Art. 11 im Gesetzgebungsverfahren (vgl. BT-Dr 10/504, S. 49) Bezug genommen (vgl. zum Ganzen Staudinger/Winkler/v. Mohrenfels, BGB, 13. Bearb. (2000), Art. 11 EGBGB Rdnrn. 279 ff. m. zahlr. Nachw.; Goette, in: Festschr. f. Boujong, 1996, S. 131, 136 ff., abgedruckt auch in DStR 1996, 709) –, ist umstritten...*[16].

Diese Äußerung, die im konkreten Fall letztlich auch nicht entscheidungserheblich war, erscheint jedoch nicht als hinreichend belastbar, um hierauf eine vorbehaltlose Zulassung jedweder Ortsform stützen zu können.

13 Die im **Schrifttum** für die Bejahung einer Anteilsübertragung bei Beachtung lediglich der Ortsform nach Art. 11 Abs. 1 2. Alt EGBGB angeführten Argumente überzeugen ebenfalls:

Aus dem **Wortlaut** des Art. 11 Abs. 1 EGBGB ergibt sich zunächst einmal keine Einschränkung im Hinblick auf die Übertragung von GmbH-Geschäftsanteilen. Darüber hinaus ist auch nicht zu befürchten, dass durch die Zulassung der Ortsform ein **leichter und spekulativer Handel mit GmbH-Anteilen** droht[17]. Der Gesetzgeber hat sich überdies in Art. 11 EGBGB bewusst dafür entschieden, zugunsten einer möglichst großen Wirksamkeit bei Rechtsgeschäften im Ausland auf die Einhaltung der mit den nationalen Formvorschriften verfolgten Ziele zu verzichten[18]. Auch sind bei einer Anteilsübertragung nur die **Interessen der unmittelbar Beteiligten** betroffen. Interessen Dritter – und damit auch das öffentlichen Interesse – müssen nicht berücksichtigt werden. Die Unzulässigkeit einer Übertragung nach der Ortsform ergibt sich auch nicht unter dem Gesichtspunkt der **Beweissicherung**. Das Erfordernis, die Gesellschafterstellung durch eine Kette notarieller Urkunde nachweisen zu müssen, ergibt sich nicht aus § 16 GmbHG

---

[16] *BGH*, III ZR 172/03; NZG 2005, 41, 42; Hervorhebungen durch den Verfasser.
[17] *Semler* Hdb des Unternehmens- und Beteiligungskaufs, Rn. 122.
[18] *Kröll* ZGR 2000, 111, 123.

II. Übertragung von Geschäftsanteilen einer deutschen GmbH (Share Deal)

selbst, sondern ist lediglich Folge von § 15 Abs. 3 GmbHG. Der insoweit maßgebliche § 16 GmbHG schreibt dagegen keine besondere Form vor. Die Ausnutzung der Möglichkeiten einer erleichterten Ortsform aus Gründen der Kostenersparnis stellt schließlich auch keinen Rechtsmissbrauch dar, denn die Ausnutzung der vom Gesetzgeber bewusst zur Verfügung gestellten Anknüpfungspunkte kann nicht als **Rechtsmissbrauch** angesehen werden[19].

Letztlich sprechen die überwiegenden Gründe für die grundsätzliche Zulässigkeit der Ortsform gem. Art. 11 Abs. 1 2. Alt EGBGB bei GmbH-Anteilsübertragungen. Die entscheidende Weichenstellung liegt dabei in der dogmatischen Einordnung der dinglichen GmbH-Anteilsübertragung als schlichtes **Rechtsgeschäft** (wie hier vertreten) und nicht als Vorgang, der in die **Verfassung der Gesellschaft** selbst eingreift.

(ii) Argumente gegen Zulassung der Ortsform (wohl MM)

Gegen die Anerkennung der Ortsform für die GmbH-Anteilsabtretung wird zunächst eingewandt, dass die Frage der Rechtsgültigkeit einer Anteilsübertragung nicht nur die unmittelbar am Geschäft Beteiligten betreffe. Es bestehe insoweit ein erhebliches öffentliches Interesse an der **Vermeidung von Rechtsunsicherheiten** für den allgemeinen Rechtsverkehr, die sich aus der Verwendung der Ortsform ergäben[20]. Insbesondere bestehe die mit § 15 Abs. 3 GmbHG bezweckte Erschwerung der Spekulation mit Geschäftsanteilen auch im **öffentlichen Interesse**. Genau wie die zusätzlich bezweckte Beweissicherung stehe sie nicht zur Disposition der Parteien. Auch sei die Geschäftsanteilsübertragung mit statusrelevanten Geschäften vergleichbar. Für solche Vorgänge – die die Verfassung der Gesellschaft betreffen – wird jedoch auch von der ortsform-freundlichen Gegenansicht nicht die Ortsform zugelassen. 14

Schließlich wird argumentiert, dass den Formvorschriften des § 15 Abs. 3 und 4 GmbHG als formelle Beschränkung der Übertragbarkeit von GmbH-Anteilen eine wichtige strukturerhaltende gesellschaftsrechtliche Funktion zukomme. Die gesellschaftsrechtliche Qualifikation der Formvorschriften soll hiernach einer „Grundwertung des Internationalen Gesellschaftsrechts" entsprechen, wonach der Gehalt der internen Sachnorm auf die Kollisionsnorm einwirke, um so materiell-rechtliche Wertungen international abzusichern.

(iii) Abgrenzung rechtsgeschäftlicher von sogenannten Statusgeschäften bei einer Teilveräußerung eines Geschäftsanteils

Die Unterscheidung innerhalb der überwiegenden Literaturansicht zwischen statusrelevanten (dh Grundlagen der Gesellschaftsverfassung betreffenden) und 15

---

[19] *Kröll* ZGR 2000, 111, 124; *Janssen/Roberts* GmbHR 2003, 433, 434.
[20] *Grossfeld/Berndt* RIW 1996, 625, 629; *van Randenborgh* GmbHR 1996, 908, 909; zustimmend *Dignas* GmbHR 2005, 139, 140.

rechtsgeschäftlichen Vorgängen (→ unten Rn. 25 im Kontext der Gleichwertigkeitsprüfung) kann in bestimmten Konstellationen zu Abgrenzungsschwierigkeiten führen. So ist durchaus nicht eindeutig, wann bereits von einem statusrechtlichen Vorgang bzw. Grundlagengeschäft gesprochen werden kann. Unstreitig liegt ein solcher Sachverhalt bei **Gründung** einer GmbH und **Gesellschaftsvertragsänderungen** vor[21]. Weitere Beispiele sind die Kapitalerhöhung, Verschmelzung, Spaltung und die formwechselnde Umwandlung[22]. Dagegen die wird die Veräußerung von GmbH-Anteilen überwiegend als rein rechtsgeschäftlicher Vorgang angesehen.

Die Veräußerung von Geschäftsanteilen stellt uE auch dann einen schlichten rechtsgeschäftlichen Vorgang dar, wenn im Falle einer **Teilung** des Geschäftsanteils ein vorgängiger Gesellschafterbeschluss (§ 46 Nr. 4 GmbHG) erforderlich ist. Dieser Beschluss bewirkt die Teilung des Geschäftsanteils und schafft damit einen **neuen selbstständigen Geschäftsanteil**. Dieser wird dann ebenso durch ein schlichtes Rechtsgeschäft abgetreten wie ein bereits bestehender Geschäftsanteil.

bb) Voraussetzungen der Zulassung der Ortsform

16   Die – obergerichtlich bisher uE nicht hinreichend abgesicherte – Zulässigkeit der Ortsform unterliegt weiteren Bedingungen.

(i) Vergleichbares Ortsrecht

Voraussetzung für die Erfüllung der Formpflicht durch Beachtung des Ortsform ist, dass die am Vornahmeort geltende Rechtsordnung ein der deutschen GmbH-Anteilsabtretung vergleichbares Rechtsgeschäft überhaupt kennt. Zu prüfen ist also, ob es eine der deutschen GmbH **vergleichbare Gesellschaftsform** gibt. Anzuknüpfen ist dabei an der Ähnlichkeit des ausländischen Rechtsinstituts nach Funktion, rechtlichem Erfolg und inhaltlicher Ausgestaltung[23]. Existiert keine solche mit der deutschen GmbH vergleichbare Rechtsform (sog. „**Normenleere**"), kann das Ortsrecht auch keine Formregel bereithalten (sog. „**Formenleere**"). In diesem Fall besteht dann keine Formfreiheit, weil die Frage, ob das Rechtsgeschäft einer Form bedarf, der ausländischen Rechtsordnung fremd und daher gerade nicht beantwortet ist[24].

Von der Rechtsprechung wurde etwa die Vergleichbarkeit der kanadischen Limited[25] und der US-amerikanischen „*Limited Liability Company*"[26] mit der deutschen GmbH verneint. In einem solchen Fall sind dann allein die Formvorgaben des Gesellschaftsstatuts nach Art. 11 Abs. 1 1. Alt EGBGB maßgebend.

---

[21] *Goette* DStR 1996, 709, 710.
[22] *Brück* DB 2004, 2409, 2411.
[23] OLG Stuttgart, 20 U 68/99, NZG 2001, 40, 43.
[24] *Reichert/Weller* DStR 2005, 250/254.
[25] OLG München, 23 U 3958/92, NJW-RR 1993, 998, 999; aA *Merkt* ZIP 1994, 1417, 1421.
[26] OLG Stuttgart, NZG 2001, 40/43.

II. Übertragung von Geschäftsanteilen einer deutschen GmbH (Share Deal)

(ii) Weitere Wirksamkeitsvoraussetzungen nach Ortsrecht

Im Hinblick auf die Einhaltung der ausländischen Ortsform für die Anteilsübertragung ist schließlich die Unterscheidung zwischen **Formfragen** und **sonstigen Wirksamkeitsvoraussetzungen** des Rechtsgeschäfts von Bedeutung[27]. So können ausländische Rechtsordnungen neben der vertraglichen Vereinbarung weitere Voraussetzungen einer wirksamen dinglichen Übertragung des Geschäftsanteils vorsehen, wie zB Eintragung in ein Register oder Übereignung einer Urkunde über die Mitgliedschaft. Fraglich ist dann, ob diese Voraussetzungen noch als Formfragen oder vielmehr als – davon unabhängig zu erfüllende – gesellschaftsrechtliche Voraussetzungen der Anteilsübertragung einzuordnen sind. Die Einordnung als gesellschaftsrechtliche Frage hat dann zur Folge, dass diese (weitere) Voraussetzung für eine wirksame Übertragung nach Art. 11 Abs. 1 2. Alt EGBGB nicht erforderlich ist.

17

Überzeugend, wenn auch nicht abschließend geklärt, erscheint eine Abgrenzung danach, ob das Tatbestandsmerkmal eines Übertragungsakts nicht unmittelbar an die den Übertragungsakt beinhaltende Willenserklärung anknüpft, sondern darüber hinaus erforderlich ist; solche weitergehenden Übertragungselemente sind dann nicht als Formfragen einzuordnen.

*(iii) Einschränkung durch den **ordre public** (Art. 6 EGBGB)*

Eine zweite Einschränkung ergibt sich schließlich aus dem Schutz der inländischen öffentlichen Ordnung. Nach Art. 6 Abs. 1 EGBGB ist eine Rechtsnorm eines anderen Staates nicht anzuwenden, wenn ihre Anwendung zu einem Ergebnis führt, das mit wesentlichen Grundsätzen des deutschen Rechts offensichtlich unvereinbar ist.

18

Die Anforderungen an einen solchen Verstoß sind allerdings streng. Maßgebend ist, ob das Ergebnis der Anwendung des ausländischen Rechts zu den Grundgedanken der deutschen Regelung und der in ihnen liegenden Gerechtigkeitsvorstellungen in so starkem Widerspruch steht, dass es für untragbar gehalten wird[28]. Die Anwendung der Vorbehaltsklausel ist dabei nicht schon deshalb gerechtfertigt, weil das ausländische Recht von zwingenden deutschen Vorschriften abweicht.

Der Einwand eines Verstoßes gegen den „*ordre public*" nach Art. 6 EGBGB kommt im vorliegenden Zusammenhang jedenfalls dann in Betracht, wenn die Abtretung **mündlich** erfolgt – und die ausländische Rechtsordnung eine solche Abtretung einer der GmbH vergleichbaren Rechtsform auch anerkennt. Denn eine mündliche Abtretung würde eine erhebliche Gefährdung der inländischen Rechtssicherheit mit sich bringen[29]. Die durch § 15 Abs. 3 GmbHG verfolgten Zwecke der

---

[27] *Reicher/Weller*, Der GmbH-Geschäftsanteil § 15 Rn. 160.
[28] Palandt/*Thorn*, EGBGB 6, Rn. 4.
[29] *Kröll* ZGR 2000, 111, 124.

Handelserschwernis und Beweissicherung wären in diesem Fall offensichtlich nicht mehr gewährleistet, so dass in diesem Fall von einer offensichtlichen Unvereinbarkeit mit deutschem GmbH-Recht gesprochen werden müsste[30].

Wenn die ausländische Ortsform dagegen jedenfalls Schriftform für die Anteilsabtretung verlangt, ist davon auszugehen, dass ein Verstoß gegen die öffentliche Ordnung nach Art. 6 EGBGB nicht vorliegt. Schließlich soll Art. 11 EGBGB gerade die Formwahl durch Ortswahl ermöglichen, auch wenn dadurch der strengeren Form der Geschäftsform ausgewichen wird.

c) Grafische Übersicht – Formerfordernisse des internationalen Gesellschaftsrechts

19

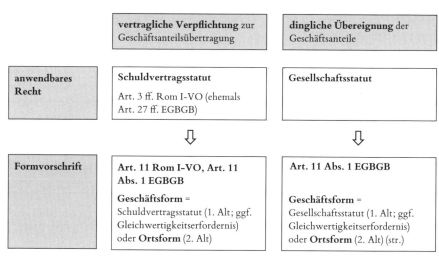

III. Grundstücksgeschäfte (Asset Deal)

20 Durch die Rechtswahl können, wenn im Rahmen eines Unternehmenskaufs per Asset Deal zum Vermögensgegenstand des Unternehmens auch **deutsche Grundstücke** gehören, durch Rechtswahl auch die Formvorschrift des § 311b Abs. 1 Satz 1 BGB unbeachtet bleiben. Zwar müssen Grundstückskaufverträge die zwingenden Formvorschriften der „lex rei sitae" einhalten (Art. 11 Abs. 5 Rom I-VO). Dh es müssen die Regeln desjenigen Staates befolgt werden, in dem das Grundstück bele-

---

[30] aA dezidiert *Emde* GmbHR 2000, 728, 729: „Über den „ordre public Vorbehalt" des Art. 6 EGBGB zur Formunwirksamkeit gelangen zu wollen, ist abwegig. Man wäre weit gekommen, wollte man die notarielle Form des § 15 GmbHG zum deutschen ordre public erklären." Dagegen erwähnt *Goette* DStR 1996, 709, 710 ausdrücklich den „ordre public" als Einschränkung, die der Anerkennung der Ortsform entgegenstehen kann.

gen ist. Die Vorschrift des § 311b Abs. 1 Satz 1 BGB mit ihrer notariellen Beurkundungspflicht hat im Ausland keinen zwingenden Charakter[31]. Unterstellt man also, das anzuwendende ausländische Rechts setze nicht seinerseits Formerfordernisse voraus, kann durch Rechtswahl die Anwendung von § 311b Abs. 1 Satz 1 BGB durch einen im Ausland geschlossenen Vertrag außer Anwendung bleiben. Dies gilt jedoch nur für die schuldrechtlichen Verträge. Für den dinglichen Übertragungsakt gilt hier die lex rei sitae. Damit muss ein in Deutschland gelegenes Grundstück vor einem deutschen Notar und gemäß § 925 Abs. 1 BGB aufgelassen werden[32].

IV. Vollmachten

Das auf eine Vollmacht im grenzüberschreitenden Wirtschaftsverkehr anwendbare Recht bestimmt sich nach dem sog. **Vollmachtsstatut**.[33] Das Vollmachtsstatut ist in Deutschland nicht kodifiziert, sondern richterrechtlich geprägt.[34] Auch durch die Rom I-Verordnung[35] ist es nicht zu einer Kodifizierung gekommen; der noch im Entwurf[36] zur Verordnung enthaltene Art. 7 zum Vollmachtsstatut wurde in der Endfassung gestrichen. 21

Das Vollmachtsstatut kann entweder durch objektive Anknüpfung ermittelt werden oder aber durch Rechtswahl bestimmt werden.[37]

Für die objektive Anknüpfung ist auf den **Gebrauchsort** der Vollmacht abzustellen:

„Es kann als gesicherte Auffassung von Rechtslehre und Rechtsprechung angesehen werden, daß nach deutschem internationalen Privatrecht Fragen, die sich auf eine im Ausland gebrauchte Vollmacht eines Agenten beziehen, nach dem Rechts des Gebrauchsortes als des sog. Wirkungslandes zu beantworten sind."[38]

Gebrauchsort ist dabei zunächst der **reale Gebrauchsort** der Vollmacht; bei einem Vertragsabschluss unter Abwesenden ist der Ort der geschäftlichen Niederlassung des Vertreters der Gebrauchsort.[39]

---

[31] *Land*, Rechtsfragen des internationalen Unternehmenskaufs, BB 2013, 2697, 2701.
[32] Vgl. *Land*, BB 2013, 2697, 2700.
[33] BGH XI ZR 64/90 = NJW 1992, 618; Schwarz 71 RabelsZ (2007), 729, 734; Reithmann/Martiny/*Hausmann*, Rz. 5441.
[34] MünchKommBGB/*Spellenberg*, Vor Art. 11 EGBGB, Rn. 46.
[35] EG-VO 593/2008 des Europäischen Parlaments und des Rates vom 17. Juni 2008 über das auf vertragliche Schuldverhältnisse anzuwendende Recht (Rom I).
[36] Verordnungsvorschlag der EG Kommission vom 15.12.2005, Rom I-E, KOM (2005), 650.
[37] Palandt/*Thorn*, Anh zu Art 10 EGBGB, Rn. 1.
[38] BGH VIII ZR 304/62 = NJW 1965, 487, 488.
[39] BGH VII ZR 218/89 = NJW 1990, 3088; Reithmann/Martiny/*Hausmann*, Rz. 5443.

§ 10 Unternehmenstransaktionen mit Auslandsbezug

22 In der Praxis führt die Anwendung dieser Regel zu Unsicherheiten und Unschärfen; der Gebrauchsort ist zu zufällig und zu schlecht nachweisbar, um unkompliziert zu klaren Ergebnissen zu führen.

Übliche Praxis ist es deshalb, das Vollmachtsstatut durch **Rechtswahl** zu bestimmen.[40] Diese Rechtswahl sagt hingegen nach der von Lehre und der Rechtsprechung in Deutschland vorgenommen Trennung zwischen Vollmachtsstatut und Formstatut noch nichts darüber aus, nach welchem Recht sich die **Form einer Vollmacht** bestimmt.

23 Für die Bestimmung **des Formstatuts** stellt sich vorab die Frage, welche Kollisionsnorm Anwendung findet. Einzelne Stimmen stellen auf Art. 11 Rom I-VO ab,[41] während die ganz überwiegende Meinung das Formstatut einer Vollmacht nicht von der Rom I-VO erfasst sieht und daher auf Art. 11 EGBGB abstellt.[42] Unstreitig ist, dass Art. 11 Rom I-VO als Gemeinschaftsrecht den Anwendungsbereich von Art. 11 EGBGB beschränken würde, wenn die Rom I-VO auf die Form einer Vollmachtserteilung Anwendung fände.

Art. 11 Abs. 3 Rom I-VO in der deutschen Fassung spricht von „einseitigen Rechtsgeschäften", worunter vorschnell die Vollmachtserteilung als einseitiges Rechtsgeschäft verstanden werden könnte. Bei näherem Hinsehen kann dies nicht überzeugen, da die Rom I-VO in Art. 1 Abs. 1 lit. g) Stellvertretergeschäfte von ihrem Anwendungsbereich ausnimmt. Auch die Vertreter der Ansicht, die Art. 11 Abs. 3 Rom I-VO auf die Vollmacht anwenden will, erkennen an, dass Art. 11 Abs. 3 Rom I-VO nicht für solche Bereiche gelten kann, die nicht in den Anwendungsbereich der Verordnung fallen.[43]

Somit bestimmen sich sowohl **Vollmachtsstatut** als auch **Formstatut** nach **nationalem Kollisionsrecht**. In Deutschland gelten für das Vollmachtsstatut die von der deutschen Rechtsprechung entwickelten und oben Rn. 21 erwähnten Grundsätze; für das Formstatut gilt Art. 11 EGBGB. Wird für das Vollmachtsstatut deutsches Recht gewählt, so bestimmt sich gem. Art. 11 Abs. 1 Alt. 1 EGBGB das Formstatut der Vollmacht ebenfalls nach deutschem Recht (insbesondere mit der grundsätzlich großzügigen Regel des § 167 Abs. 2 BGB) oder alternativ gem. Art. 11 Abs. 1 Alt. 2 EGBGB nach dem **Ortsrecht**; zur Bestimmung des Ortsrechts wird auf den **Errichtungsort** der Vollmacht abgestellt, so dass anzuraten ist, den Ort der Unterzeichnung der Vollmacht explizit in das Dokument aufzunehmen.[44]

---

[40] Reithmann/Martiny/*Hausmann*, Rz. 5445.
[41] Staudinger/*Winkler von Mohrenfels*, Art. 11 Rom I-VO, Rn. 123.
[42] MünchKommBGB/*Spellenberg*, Art. 11 Rom I-VO, Rn. 52; Rauscher/*v. Hein* EuZPR/EuIPR, Art. 11 Rom I-VO, Rn. 9; Ostendorf, RIW 2014, 93, 94.
[43] Staudinger/*Winkler von Mohrenfels*, Art. 11 Rom I-VO, Rn. 6.
[44] Reithmann/Martiny/*Hausmann*, Rz. 5498.

V. Zwingende Inlandsbeurkundung

1. Auflassung

Die zur Übertragung des Eigentums an einem Grundstück nach § 873 BGB 24 erforderliche Einigung des Veräußerers und des Erwerbers (Auflassung) muss bei gleichzeitiger Anwesenheit beider Teile „vor einer zuständigen Stelle" erklärt werden (§ 925 Abs. 1 Satz 1 BGB). Die Zuständigkeitszuweisung an „jeden Notar" durch § 925 Abs. 1 Satz 2 BGB legt die Rechtsprechung hinsichtlich deutscher Grundstücke so aus, dass sie sich **ausschließlich auf deutsche Notare und Konsularbeamte** bezieht[45].

Eine Auslandsbeurkundung der Auflassung scheidet danach aus.

Denkbar ist hiernach jedoch die **Trennung eines Grundstücks-Asset-Deal** in das schuldrechtliche Geschäft, das wirksam durch einen ausländischen Notar beurkundet werden kann, und die Auflassung, die zwingend vor einem deutschen Notar oder Konsularbeamten erfolgen muss. Zu beachten ist, dass sämtliche grundbuchrelevanten Bestandteile auch des schuldrechtlichen Geschäfts wegen § 29 GBO zumindest in öffentlich beglaubigter Form vereinbart werden müssen, da ansonsten ein Eintragungshindernis besteht.

2. Gesellschaftsrechtliche Vorgänge

Die Beurkundung eines **gesellschaftsrechtlichen Vorgangs** (Gründung einer 25 Kapitalgesellschaft, Kapitalerhöhung, Kapitalherabsetzung, Vorgänge nach dem Umwandlungsgesetz, Änderungen des Gesellschaftsvertrages bzw. der Satzung, Unternehmensverträge) durch einen ausländischen Notar kann unter dem Gesichtspunkt der Gleichwertigkeit der ausländischen Beurkundung (→ Rn. 30) problematisch erscheinen. Auch wenn der BGH entschieden hat, dass von der Gleichwertigkeit der Beurkundung einer Änderung des Gesellschaftsvertrags einer GmbH durch einen Züricher Notar auszugehen ist (→ Rn. 31), wird doch für sonstige gesellschaftsrechtliche Vorgänge mit organisationsrechtlicher Wirkung von der wohl überwiegenden Rechtsprechung und Literatur die Gleichwertigkeit einer Auslandsbeurkundung verneint (→ Rn. 12). Da insofern nicht von hinreichender Rechtssicherheit ausgegangen werden kann, sind solche Vorgänge zwar nicht rechtlich zwingend in Deutschland zu beurkunden, doch legt die beraterliche Vorsicht eine Beurkundung in Deutschland nahe.

---

[45] Palandt/*Thorn*, Art. 11 EGBGB Rn 10 mwN, auch der abweichenden Ansicht.

VI. Erstreckung der deutschen Beurkundungspflicht auf Rechtsgeschäfte nach ausländischem Recht?

26 Bei der Vorbereitung und der Unterzeichnung und ggf. Beurkundung von Unternehmenstransaktionen, die einem ausländischen Recht unterliegen und bei denen lediglich ein **Teilvertrag** oder der **dingliche Vollzug** oder beide nach deutschem Recht zu beurteilen sind und ggf. Beurkundung erfordern, wird oftmals die Frage aufgeworfen, ob die Beurkundungspflicht hinsichtlich dieses deutschen Teilaspekts (insbesondere: Abtretung von GmbH-Anteil, Auflassung eines Grundstücks) auf die gesamte Transaktion „ausstrahlt", was dann zur unmittelbaren Folge hätte, dass **sämtliche vertraglichen Vereinbarungen zu beurkunden** wären, sei es durch einen deutschen Notar, sei es durch einen als gleichwertig anerkannten ausländischen Notar.

> Beispiel: Im Kontext eines internationalen Unternehmenskaufs nach englischem Recht sind ua Anteile an einer deutschen GmbH abzutreten. Das zugrundeliegende schuldrechtliche Geschäft unterliegt – zulässiger Weise (→ Rn. 5) ausschließlich englischem Recht. Der dingliche Vollzug, dh die Abtretung, soll aus Vorsichtsgründen in Deutschland beurkundet werden.

Ungeachtet der Häufigkeit dieser Diskussion in der Praxis ist ein **Ausstrahlen** der deutschen Formvorschrift auf das Gesamtvertragswerk jedenfalls **dann zu verneinen**, wenn der gesamte schuldrechtliche Teil der Transaktion einem ausländischen Recht unterstellt wird. Dies dürfte in aller Regel der Fall sein, da „gespaltene" Rechtswahlvereinbarungen selten bewusst gewählt werden und eher unwillkürlich entstehen, wenn im internationalen Kontext innerhalb eines größeren Vertragswerks mit Standardverträgen der Parteien gearbeitet wird, die verschiedenen Rechtsordnungen unterliegen (hierzu unten Rn. 27). Die **Pflicht zur Beurkundung der dinglichen Übertragung (§ 15 Abs. 3 GmbHG) strahlt nicht auf das Gesamtvertragswerk aus**. Dieses ist von Anfang an wirksam, ohne dass es auf die Heilungswirkung nach § 15 Abs. 4 S. 2 GmbHG ankäme. Zu diesem Ergebnis gelangt man zum einen durch Einordung der Abtretung als selbständigen dinglichen Akt, der sich in Erfüllung, aber außerhalb des schuldrechtlichen Vertrages vollzieht und dabei dem Gesellschaftsstatut unterliegt, das hinsichtlich des zugrundeliegenden schuldrechtlichen Vertrages keinen kollisionsrechtlichen Regelungsanspruch erhebt[46]. Zum anderen führt die Abwahl des deutschen Rechts für den schuldrechtlichen Vertrag zur Abwahl des Regimes der §§ 125, 139 (analog)

---

[46] Reithmann/Martiny/*Merkt/Göthel*, Rz. 4426 mwN; Staudinger/*Winkler von Mohrenfels*, Art. 11 EGBGB, Rn. 281.

BGB[47]; diese Abwahl kann nicht über die „Hintertür" des dinglichen Vollzugsaktes konterkariert werden.

Auch **Teile des schuldrechtlichen Vertrages** können deutschem Recht unterliegen. 27

> Beispiel: Innerhalb einer sich auf mehrere Länder erstreckenden Share-Deal-Transaktion, bei der ua Anteile an einer Grundstücks-GmbH verkauft werden und § 15 Abs. 4 GmbHG für den schuldrechtlichen Teil durch Wahl ausländischen Rechts ausgeschlossen wird, soll auch ein Mietvertrag über die in Deutschland belegene Immobilie der GmbH abgeschlossen werden. Hierfür möchten die Parteien aus Gründen der Sachnähe einen Mietvertrag nach deutschem Recht verwenden.

Dies ist **ohne negative Auswirkung auf die Beurkundungsfreiheit** möglich[48]. Zwar enthält das schuldrechtliche Gesamtvertragswerk noch ein dem deutschen Recht unterliegendes Element, das inhärent auch die Anwendung des von der deutschen Rechtsprechung hochgehaltenen Sanktionsregimes der §§ 125, 139 (analog) BGB mit sich bringt. Durch die Abwahl des deutschen Rechts – und damit des Beurkundungserfordernisses – für die Anteilsübertragung gibt es allerdings kein formnichtiges (Teil-)Geschäft; §§ 125, 139 (analog) sind also tatbestandlich nicht erfüllt.

Ist hiernach also durch vertragliche Rechtswahl sichergestellt, dass der schuldrechtliche Vertrag zumindest in den Teilen, die nach deutschem Recht die Beurkundungspflicht herbeiführen würden, einem weniger formstrengen ausländischen Recht unterliegt bzw. die dem deutschen Recht unterliegenden Teilverträge nicht zu einer Beurkundungspflicht führen, so ist hiermit der Auslöser für die Beurkundungspflicht und damit das „Sanktionsobjekt" für §§ 125, 139 (analog) BGB eliminiert[49].

VII. Gleichwertigkeit der Auslandsbeurkundung

1. Einführung in die Gleichwertigkeitsproblematik

Nach **Art. 11 Abs. 1 EGBGB** ist ein Rechtsgeschäft formgültig, wenn es die 28 Formerfordernisse des Rechts, das auf das seinen Gegenstand bildende Rechtsver-

---

[47] Rauscher/*von Hein*, Art. 11 Rom I-VO, Rn. 13 ff.
[48] Das Formstatut für diesen Vertrag ist selbstständig anzuknüpfen, vgl. Reithmann/Martiny, Merkt/Göthel, Rz. 4423 ff.
[49] Rauscher/*von Hein*, Art. 11 Rom I-VO, Rn. 12–15.

hältnis anzuwenden ist, oder des Rechts des Staates erfüllt, in dem es vorgenommen wird. Die Vorschrift gestattet demnach hinsichtlich der Frage der Formwirksamkeit eines Rechtsgeschäfts eine alternative Anknüpfung[50]:

Gemäß Art. 11 Abs. 1 Var. 1 EGBGB genügt zur Wahrung der Form die Einhaltung der Formerfordernisse desjenigen Rechts, das auf das zugrundeliegende Geschäft anzuwenden ist – sog. **Wirkungsstatut** (lex causae). Werden Rechtsgeschäfte, deren Wirksamkeit sich nach dem GmbHG beurteilen, beurkundet, so ist das anwendbare Wirkungsstatut das Gesellschaftsstatut[51]. Bei einer deutschen GmbH richtet sich das Gesellschaftsstatut im Verhältnis zu Mitgliedstaaten des EWR (EU- sowie EFTA-Staaten, nicht jedoch die Schweiz) und den USA der h.M. zufolge nach der Gründungstheorie (§ 4a GmbHG)[52]. Das Wirkungsstatut richtet sich in diesem Fall mithin nach dem GmbHG. Wird eine Maßnahme nach dem GmbHG im Ausland beurkundet, stellt sich die Frage, ob die notarielle Form durch Einschaltung des ausländischen Notars erfüllt werden kann. Dies beurteilt sich nach den Grundsätzen der internationalprivatrechtlichen Substitution[53]. Danach ist die Beurkundung im Ausland zulässig, wenn die Auslandsbeurkundung derjenigen in Deutschland gleichwertig ist[54].

Daneben ist zur Wahrung der Form gemäß Art. 11 Abs. 1 Var. 2 EGBGB (grundsätzlich) ausreichend, die Formbestimmungen derjenigen Rechtsordnung einzuhalten, in dem das Rechtsgeschäft vorgenommen wird – sog. **Ortsform**. Hiernach genügt es, diejenigen Formbestimmungen zu wahren, welche die Rechtsordnung des Abschlussortes für vergleichbare Rechtsgeschäfte, z.B. Anteilsabtretungen, vorschreibt.

Die eigentliche Problematik der Gleichwertigkeit (Substitution) einer Auslandsbeurkundung mit einer Beurkundung in Deutschland stellt sich folglich nur im Anwendungsbereich von Art. 11 Abs. 1 Var. 1 EGBGB, wenn also an das Wirkungsstatut (Gesellschaftsstatut) angeknüpft wird. Dagegen kommt es bei der Anknüpfung an die Ortsform gemäß Art. 11 Abs. 1 Var. 2 EGBGB allein darauf an, ob die Rechtsordnung des Abschlussorts ein vergleichbares Rechtsgeschäft kennt und dessen Voraussetzungen eingehalten worden sind[55].

---

[50] MünchKommGmbHG/*Reichert/Weller*, § 15 Rn. 136.
[51] Staudinger/*Großfeld*, IntGesR, 1998, Rn. 452.
[52] Vgl. MünchKommGmbHG/*Reichert/Weller*, § 4a Rn. 16 ff., 73 ff.
[53] Hierzu *Mansel* FS W. Lorenz, 2001, S. 689 ff.
[54] Siehe MünchKommGmbHG/*Reichert/Weller*, § 15 Rn. 139.
[55] Vgl. MünchKommGmbHG/*Reichert/Weller*, § 15 Rn. 141.

VII. Gleichwertigkeit der Auslandsbeurkundung

2. Gleichwertigkeitsvoraussetzungen

a) Allgemeine Gleichwertigkeitsvoraussetzungen

Nach der Grundsatzentscheidung des **BGH** aus dem Jahr 1981[56], bestätigt durch die Entscheidung vom 17.12.2013[57], ist **Gleichwertigkeit dann anzunehmen**, „wenn die ausländische Urkundsperson nach Vorbildung und Stellung im Rechtsleben eine der Tätigkeit des deutschen Notars entsprechende Funktion ausübt und für die Errichtung der Urkunde ein Verfahrensrecht zu beachten hat, das den tragenden Grundsätzen des deutschen Beurkundungsrechts entspricht". Demnach sind für die Feststellung der Gleichwertigkeit zwei Gesichtspunkte maßgebend: ein personaler und ein prozeduraler. **29**

In personaler Hinsicht muss die ausländische Urkundsperson mit dem deutschen Notar vergleichbar sein. Gleichwertigkeit ist insofern gegeben, „wenn die ausländische Urkundsperson nach Vorbild und Stellung im Rechtsleben eine der Tätigkeit des deutschen Notars entsprechende Funktion ausübt"[58]. Dies erfordert zum einen eine vergleichbare Ausbildung sowie entsprechende berufs- und haftungsrechtliche Bindungen[59]. Hierbei spricht eine Haftungsfreizeichnung durch den Notar gegen die Gleichwertigkeit[60].

In prozeduraler Hinsicht ist erforderlich, dass das ausländische Beurkundungsverfahren und das Verfahren nach dem BeurkG funktionell gleichwertig sind. Gleichwertigkeit liegt insoweit vor, „wenn die ausländische Urkundsperson für die Errichtung der Urkunde ein Verfahren zu beachten hat, das den tragen Grundsätzen des deutschen Beurkundungsrechts entspricht"[61]. Hierbei kommt es darauf an, ob das ausländische Beurkundungsrecht vergleichbare Prüfungs- und Belehrungspflichten kennt, ob die ausländische Urkundsperson die Identität der Beteiligten festzustellen sowie eine Niederschrift über die Beurkundung aufzustellen hat, die Niederschrift den Beteiligten vorgelesen und von diesen genehmigt und unterzeichnet werden muss und die Niederschrift durch den Notar zu unterzeichnen und zu siegeln ist[62]. Dem BGH zufolge ist nicht entscheidend, dass das ausländische Verfahren mit dem deutschen detailgenaue übereinstimmt, sondern vielmehr das

---

[56] BGH II ZB 8/80, BGHZ 80, 76, NJW 1981, 1160.
[57] BGH II ZB 6/13, NJW 2014, 2026; hierzu *Böcker*, DZWiR 2014, 234 ff., *Herrler*, GmbHR 2014, 225 ff.; *Meichelbeck/Krauß*, DStR 2014, 752 ff.; *Müller*, NJW 2014, 1994 ff.
[58] BGH II ZB 6/13, NJW 2014, 2026.
[59] OLG Frankfurt GmbHR 2005, S. 764, 765 f.; Staudinger/*Großfeld* IntGesR 1998, Rn. 472; *MünchKommGmbHG/Reichert/Weller*, § 15 Rn. 144.
[60] *Bayer/Meier-Wehrsdorfer*, Hauschild/Kallrath/Wachter, Notarhandbuch Gesellschafts- und Unternehmensrecht, § 9 Rn. 13; Heidinger/*Heckschen*, Die GmbH in der Gestaltungs- und Beratungspraxis, 3. Aufl. 2013, § 2 Rn. 41 und *Schervier*, NJW 1992, S. 593, 595 f. halten dies für ein Ausschlusskriterium.
[61] BGH II ZB 6/13, NJW 2014, 2026.
[62] BGHZ 80, 76, 78, NJW 1981, 1160.

Bestehen von Funktionsäquivalenz[63]. Die oberlandesgerichtliche Rechtsprechung stellt hierbei in den Vordergrund, dass der Zweck der deutschen Formvorschriften durch das ausländische Verfahren verwirklicht werden muss[64].

Vom BGH **nicht verlangt wird, dass die ausländische Urkundsperson tiefergehende Kenntnisse vom deutschen Recht besitzt**[65]. Es ist zwar zuzugeben, dass die in § 17 Abs. 1 BeurkG verankerte Prüfungs- und Belehrungsfunktion nur unzureichend erfüllt werden kann, wenn die Beurkundung durch eine Person vorgenommen wird, die über keine genauen Kenntnisse des deutschen Rechts verfügt. Der BGH betont jedoch, dass die Einhaltung von § 17 Abs. 1 BeurkG keine Wirksamkeitsvoraussetzung[66] für die Beurkundung darstellt, sondern verzichtbar ist[67]. „Ein solcher Verzicht ist anzunehmen, wenn die Beteiligten einen ausländischen Notar[68] aufsuchen, von dem sie regelmäßig eine genaue Kenntnis des deutschen Gesellschaftsrechts und deshalb eine umfassende Belehrung von vorneherein nicht erwarten können"[69]. Dies erscheint konsequent, da man von einer Auslandsbeurkundung nicht verlangen kann, was bei einer inländischen bezüglich der Wirksamkeit des Geschäfts folgenlos vernachlässigt werden kann[70].

Nimmt man die **„Verzichts-Lösung" des BGH** ernst, so wird man stets zu prüfen haben, ob alle Beteiligten mit der Auslandsbeurkundung einverstanden sind, wenn die ausländische Urkundsperson keine vertieften Kenntnisse vom deutschen Recht besitzt. Nach der Rechtsprechung könnte andernfalls die Gefahr bestehen, dass die prozeduralen Gleichwertigkeitskriterien nicht erfüllt werden. Das Vorliegen des Einverständnisses aller Beteiligten wird bei zweiseitigen Rechtsgeschäften, insbesondere Anteilsabtretungen, in aller Regel unproblematisch festzustellen sein[71]. Bei Rechtsgeschäften mit Auswirkungen auf die Satzung der GmbH, die ggf. über den Kreis der an der Beurkundung Beteiligten hinaus weitere (künftige) Gesellschafter betreffen, wird die Verzichtsmöglichkeit im Schrifttum indes zum Teil abgelehnt[72]. Jedoch sind Adressaten der Prüfungs- und Belehrungspflicht nach § 17 Abs. 1 BeurkG grundsätzlich nur die formell am Beurkundungsverfahren Beteiligten, also diejenigen, die vor dem Notar eine Erklärung abgeben[73].

---

[63] Vgl. BGHZ 109, 1, 6; MünchKommBGB/*Spellenberg*, Art. 11 EGBGB Rn. 91; Scholz/*Seibt*, GmbHG, § 15 Rn. 84.

[64] OLG Frankfurt, 11 U 8/04 GmbHR 2005, 764; OLG Stuttgart, 20 U 68/99, NZG 2001, 40.

[65] BGH II ZB 6/13, NJW 2014, S. 2026.

[66] Siehe *Winkler*, BeurkG, 17. Aufl. 2013, § 18 Rn. 279.

[67] BGH II ZB 8/80, NJW 1981, 1160, BGHZ 80, 76.

[68] Siehe aber *Sick/Schwarz*, NZG 1998, 540, 543 zu den positiven Praxiserfahrungen bei gesellschaftsrechtlichen Beurkundungen vor Notaren in Basel-Stadt.

[69] BGH II ZB 6/13, NJW 2014, S. 2026.

[70] MünchKommBGB/*Spellenberg*, Art. 11 EGBGB Rn. 97.

[71] MünchKommBGB/*Spellenberg*, Art. 11 EGBGB Rn. 98.

[72] So insbesondere *Goette*, DStR 1996, 709, 712 f.

[73] *Armbrüster*/*Preuß*/*Renner* BeurkG, 6. Aufl. 2013, § 17 Rn. 48; *Winkler*, BeurkG, 17. Aufl. 2013, § 18 Rn. 11 ff.

VII. Gleichwertigkeit der Auslandsbeurkundung

Dritten gegenüber kann nur in Ausnahmefällen eine allgemeine Betreuungspflicht bestehen. Eine solche existiert nach der Rechtsprechung des BGH nur gegenüber solchen mittelbar Beteiligten, die – für den Notar ersichtlich – im Zeitpunkt der Beurkundung ein gegenwärtiges direktes Interesse an dem Geschäft haben, insbesondere weil ihnen ein Schaden droht, und der Dritte mit dem Notar in Verbindung getreten ist[74]. Demnach besteht Dritten gegenüber grundsätzlich keine Pflichtenstellung aus § 17 Abs. 1 BeurkG, sodass ein Verzicht der mittelbar Betroffenen im Regelfall obsolet ist.

Wie der BGH in seiner Entscheidung aus 2013 ausdrücklich bestätigte, hat sich an dieser Rechtslage **nach Inkrafttreten des MoMiG** entgegen verbreiteter Zweifel in der instanzgerichtlichen Rechtsprechung[75] sowie in der Literatur[76] **nichts geändert**[77].

b) Keine andere Beurteilung bei Statusgeschäften

Im Schrifttum wird zum Teil vertreten, dass eine Substitution der Inlandsbeurkundung bei **Maßnahmen, welche die Satzung der GmbH betreffen** (sog. Statusgeschäfte), unzulässig ist mit der Folge, dass diese zwingend vor einem deutschen Notar zu beurkunden sind[78]. Wegen ihrer organisationsrechtlichen Wirkung soll für **Umwandlungsbeschlüsse**[79] und **Unternehmensverträge**[80] das gleiche gelten. 30

Zur Begründung wird vor allem ins Feld geführt, dass bei einer Beurkundung durch eine ausländische Urkundsperson die Funktionen des Beurkundungsverfahrens[81] hinsichtlich der Belehrung der (auch mittelbar) Beteiligten sowie der materiellen Richtigkeitsgewähr nicht erfüllt werden, wenn und weil die ausländische Urkundsperson über keine vertieften Kenntnisse deutschen Rechts verfügt[82]. Zudem könne das zu beteiligende Registergericht dieses Defizit nicht ausgleichen[83]. Dem ist entgegenzuhalten, dass die Beteiligten auf die Prüfungs- und Belehrungspflichten nach § 17 Abs. 1 BeurkG verzichten können und diese prinzipiell nicht auch gegenüber mittelbar Beteiligten bestehen[84].

---

[74] *Armbrüster*/Preuß/Renner BeurkG, 6. Aufl. 2013, § 17 Rn. 49.
[75] LG Frankfurt am Main 3/13 O 46/09NJW 2010, 683.
[76] Hauschild/Kallrath/Wachter/*Bayer*/Meier-Wehrsdorfer Notarhandbuch Gesellschafts- und Unternehmensrecht, § 9 Rn. 14 ff.; *Hermanns* RNotZ 2010, 38; Scholz/*Seibt* GmbHG, § 15 Rn. 87a ff.
[77] BGH II ZB 6/13, NJW 2014, 2026.
[78] *Goette* DStR 1996, 709, 713; Lutter/Hommelhoff/*Bayer*, § 2 Rn. 19.
[79] Ulmer/Habersack/Winter GmbHG/*Behrens*, Einl. B Rn. 136; *Goette*, DStR 1996, 709, 711.
[80] Ulmer/Habersack/Winter GmbHG/*Behrens*, Einl. B Rn. 136.
[81] Zu den Funktionen des Beurkundungsverfahrens BGH II ZB 7/88, BGHZ 105, 324 = NJW 1989, 295.
[82] Eingehend in: Hauschild/Kallrath/Wachter/*Bayer*/Meier-Wehrsdorfer Notarhandbuch Gesellschafts- und Unternehmensrecht, § 9 Rn. 9; *Goette*, DStR 1996, 709 ff.
[83] BGH II ZB 8/80, NJW 1981, 1160, BGHZ 80, 76.
[84] *Armbrüster*/Preuß/Renner BeurkG, 6. Aufl. 2013, § 17 Rn. 48 f.

Für die Praxis ist festzuhalten, dass der **BGH** bereits in seiner Grundsatzentscheidung aus 1981 die **Gleichwertigkeit der Beurkundung einer Satzungsänderung** bei einer GmbH durch einen Notar in Zürich **anerkannt hat**[85]. Insofern bestehen auf dem Boden der durch die BGH-Entscheidung aus 2013 bestätigten Rechtsprechung keine durchgreifenden Bedenken gegen die Substitution im Fall von Statusgeschäften, so dass es mit der Prüfung der zuvor ausgeführten allgemeinen Gleichwertigkeitsvoraussetzungen bewendet.

3. Fälle anerkannter Gleichwertigkeit

a) Schweiz

31   Den praktisch wichtigsten Fall stellen Auslandsbeurkundungen in der **Schweiz** dar. Bisweilen wird unter Bezugnahme auf eine Entscheidung des BGH aus dem Jahr 1989[86] gefolgert, dass die Beurkundung durch Schweizer Notare generell gleichwertig ist[87]. In dieser Entscheidung stellt der BGH in einem *obiter dictum* lapidar fest, dass „jedenfalls bei der Beurkundung durch einen Schweizer Notar auch das in deutschen Gesetzesvorschriften aufgestellte Formerfordernis der notariellen Beurkundung erfüllt" ist, wobei das Gericht an dieser Stelle die Grundsatzentscheidung von 1981 zitiert. Es ist jedoch zu bezweifeln, dass dem Urteil eine Festlegung in dieser Allgemeinheit beigemessen werden kann[88]. Dagegen spricht vor allem, dass die Unterschiede in den einzelnen Kantonen hinsichtlich der Stellung der Notare und der Anforderungen an das Beurkundungsverfahren erheblich sind[89]. Es bleibt daher dabei, dass die **Gleichwertigkeit für jeden Kanton** nach den oben dargestellten Grundsätzen **gesondert festgestellt werden muss**[90].

Der **BGH** hat die Gleichwertigkeit der Beurkundung durch Notare in zwei Kantonen bestätigt: In der Grundsatzentscheidung aus dem Jahr 1981 hat das Gericht die Gleichwertigkeit im Kanton **Zürich** im Falle einer **Satzungsänderung** anerkannt[91]. Zudem hat der BGH in seiner Entscheidung aus 2013 die Einreichung einer **Gesellschafterliste** durch einen Notar im Kanton **Basel-Stadt** als gleichwertig angesehen[92]. Das OLG Düsseldorf hat in 2011 die Beurkundung der

---

[85] BGH II ZB 8/80, NJW 1981, 1160, BGHZ 80, 76.
[86] BGH II ZR 211/88, NJW-RR 1989, S. 1259.
[87] Michalski/*Ebbing* GmbHG, § 15 Rn. 97.
[88] Ebenso MünchKommGmbHG/*Reichert/Weller*, § 15 Rn. 147.
[89] Näher *Heckschen*, DB 1990, 161 ff.; *Müller*, NJW 2014, 1994, 1997 ff.; *Pilger*, BB 2005, 1285, 1287
[90] Hauschild/Kallrath/Wachter/ *Bayer/Meier-Wehrsdorfer*, Notarhandbuch Gesellschafts- und Unternehmensrecht, § 9 Rn. 7; MünchKommGmbHG/*Reichert/Weller*, § 15 Rn. 149; Scholz/*Seibt* GmbHG, § 15 Rn. 86.
[91] BGHZ II ZB 6/1380, 76 = NJW 1981, 1160.
[92] BGH II ZB 6/13, NJW 2014, 2026; *Müller*, NJW 2014, 1994, 1999 zufolge enthält die Entscheidung keine Aussage über die Wirksamkeit der Beurkundung in Basel-Stadt, diese sei vielmehr mangels Gleichwertigkeit abzulehnen.

VII. Gleichwertigkeit der Auslandsbeurkundung

Abtretung eines GmbH-Geschäftsanteils durch einen Notar in **Basel-Stadt** anerkannt[93], zuvor hatte bereits das OLG München im Jahr 1998 die Beurkundung des **Verkaufs eines GmbH-Geschäftsanteils** ebenfalls vor einem Notar in **Basel-Stadt** für gültig befunden[94]. Keine Rechtssicherheit besteht bezüglich der älteren instanzgerichtlichen Entscheidungen, welche die Substitution durch Notare in den Kantonen **Bern**[95], **Luzern**[96] und **Zug**[97] anerkannt haben, da diese Judikate vor der Grundsatzentscheidung von 1981 ergangen sind[98].

Anlässlich der **Reform des Schweizer Obligationenrechts** in 2008 werden in der Literatur zum Teil generelle Bedenken gegen die Gleichwertigkeit geäußert. Anstoß für die Zweifel ist, dass für Anteilsabtretungen nunmehr gemäß Art. 785 OR n.F. einfache Schriftform genügt[99]. Nach der Entscheidung des OLG Düsseldorf aus 2011 können die Parteien jedoch die Anforderungen an die Gleichwertigkeit dadurch erfüllen, indem sie das Beurkundungsverfahren auf freiwilliger[100] Basis durchführen[101].

b) Weitere Rechtsordnungen

In der instanzgerichtlichen Rechtsprechung ist die Beurkundung durch Notare in **Österreich**[102] als gleichwertig anerkannt worden, während die Gleichwertigkeit für die **Niederlande**[103] offen gelassen worden ist. Darüber hinaus ist in der Literatur eine Beurkundung in **Belgien, Frankreich, Italien, den Niederlanden** und **Spanien** für generell gleichwertig gehalten worden[104]. Die herrschende Lehre nimmt jedoch mittlerweile davon Abstand, pauschal die Gleichwertigkeit von all denjenigen Rechtsordnungen anzunehmen, die über ein sog. **Lateinisches**

32

---

[93] OLG Düsseldorf 3 Wx 236/10, DNotZ 2011, 447; hierzu *Hermanns*, RNotZ 2011, 224 ff.; *Olk*, NZG 2011, 381 ff.
[94] OLG München 7 U 2511/97, NZG 1998, 156.
[95] OLG Hamburg 15 UF 68/796, IPRspr 1979 Nr. 9.
[96] LG Koblenz 1 HAT 6/69, IPRspr 1970 Nr. 144.
[97] LG Stuttgart 4 KfH T 22/74, IPRspr 1976, Nr. 5a.
[98] MünchKommGmbHG/*Reichert/Weller*, § 15 Rn. 149; Scholz/*Seibt* GmbHG, § 15 Rn. 86.
[99] Vgl. Hauschild/Kallrath/Wachter/*Bayer/Meier-Wehrsdorfer*, Notarhandbuch Gesellschafts- und Unternehmensrecht, § 9 Rn. 21 ff.
[100] Die freiwillige Durchführung eines Beurkundungsverfahrens halten *Bayer/Meier-Wehrsdorfer*, in: Hauschild/Kallrath/Wachter, Notarhandbuch Gesellschafts- und Unternehmensrecht, § 9 Rn. 24; *Heckschen*/Heidinger, Die GmbH in der Gestaltungs- und Beratungspraxis, 3. Aufl. 2013, § 2 Rn. 40 für nicht ausreichend.
[101] OLG Düsseldorf I-3 Wx 236/10, DNotZ 2011, 447, 449, 448; siehe auch *Schervier*, NJW 1992, 593, 596; MünchKommBGB/*Spellenberg*, Art. 11 EGBGB Rn. 91.
[102] LG Kiel 3T 143/97, GmbHR 1997, 952.
[103] OLG Düsseldorf 3 Wx 21/89, NJW 1989, 2200.
[104] Vgl. MünchKommGmbHG/*Reichert/Weller*, § 15 Rn. 151; MünchKommBGB/*Spellenberg*, Art. 11 EGBGB Rn. 89.

Notariat verfügen, sondern spricht sich für eine länderspezifische Prüfung der Substitutionsvoraussetzungen aus[105].

4. Fälle verneinter Gleichwertigkeit

33 Abgelehnt wurde die Gleichwertigkeit von der Rechtsprechung für einen **US-amerikanischen** *notary public*, da dieser über keine fundierte juristische Ausbildung verfügt und ihm vorrangig die Funktion eines unabhängigen Zeugen zukommt[106]. Dies wird auf Notare aus einer Vielzahl von *common law*-**Rechtsordnungen** zutreffen[107], entbindet jedoch nicht von der länderspezifischen Prüfung.

Eine **Beglaubigung** soll jedoch auch durch einen US-amerikanischen *notary public* vorgenommen werden können[108].

---

[105] Hauschild/Kallrath/Wachter/*Bayer/Meier-Wehrsdorfer* Notarhandbuch Gesellschafts- und Unternehmensrecht, § 9 Rn. 7; MünchKommGmbHG/*Reichert/Weller*, § 15 Rn. 151.
[106] OLG Stuttgart 20 U 68/99, GmbHR 2000, 721.
[107] Vgl. MünchKommBGH/*Spellenberg*, Art. 11 EGBGB Rn. 89.
[108] OLG Zweibrücken 3 W 246/98, RPfleger 1999, 326; OLG Köln 2 Wx 6/88, RIW 1989, 565.

Stichwortverzeichnis

Zahlen = Seiten

A

Absichtserklärungen 19
Abtretung des Anspruchs 19
Abtretung des Geschäftsanteils 5
Anderkonto 185
Anwachsung 10
Anwachsungsmodelle 88
Asset Deal 101, 104
Auffangklausel 105, 106
Aufhebungsvertrag 20
Auflassung 219
ausländische Gesellschaften mit beschränkter Haftung 20
ausländische Rechtsordnung 124
Auslandsbeurkundung 50, 219, 221
Ausstrahlen der deutschen Formvorschrift 220

B

Bausch und Bogen 103
bedingte Abtretungen 36
Beitritt oder Austritt aus einer Gesellschaft 88
Beratungsfunktion 8, 18
Beschaffenheit des Grundstücks 56
Beurkundungsverfahren 144
    Abschriften 177
    Anderkonto 185
    Anmeldungen zum Handelsregister 183
    Anträge zum Grundbuchamt 185
    Belehrungspflichten 173
    Bestandsverzeichnisse 168
    Betreuungsgebühr 201
    Betreuungspflicht 174
    Bezugsurkunden 164, 199
    Bilanzen 168
    Dolmetscher 171
    Eingeschränkte Vorlesungspflicht 168
    Ein-Mann-Bezugsurkunde 166
    englische Gesellschaften 156
    Escrow Account 185
    Existenznachweis bei ausländischen Gesellschaften 150
    formell Beteiligte 151
    Fremdsprache 170, 199
    Fusionskontrolle 176
    Geldwäschegesetz 152
    Genehmigung 177
    Genehmigung bei Beteiligung von Minderjährigen 176
    Gesellschaft bürgerlichen Rechts 181
    Gesellschafterbeschlüsse 191, 197
    Gesellschafterliste 178, 200
    Gesellschaftsgründungen 198
    Gremienvorbehalte 176
    Grundbuchinhalt 172
    Grunderwerbsteuer 183
    Handelsregisteranmeldungen 201
    Identitätsfeststellung 151
    Korrektur der Urkunde 188
    materiell Beteiligte 149
    minderjährige Personen 158
    Mitteilungspflichten gegenüber dem Finanzamt 182
    Mitwirkungsverbote 146
    Notarbescheinigung 181
    Notarkosten 195
    organschaftlicher Vertretungsmacht 155
    Protokollierung von Hauptversammlungsbeschlüssen 193
    Prüfungspflichten 172
    Rechtswahl 199
    Sammelbeurkundung 164
    Satzungsänderungen einer GmbH 192
    Satzungsbescheinigung 193
    Schiedsgerichtsordnung 163
    Schlussvermerk 176
    Sicherungsinteresse 187
    steuerrechtliche Folgen 175
    Stimmrechtsvollmachten 190
    Struktur der Urkunde 159
    Treuhandkonto 185

Stichwortverzeichnis

Umwandlungsverträge 196
Unbedenklichkeitsbescheinigung des Finanzamts 176
Unechte Bezugnahme 162
Unterschrift 177
Unterschriftenbeglaubigungen 202
US-amerikanischen Gesellschaften 157
Verbot des Insichgeschäfts 153
Vertretung ohne Vertretungsmacht 158
Vertretungsbefugnis 153
Vertretungsnachweis bei ausländischen Gesellschaften 156
Verwahrtätigkeit 185
Verwahrung der Dokumente des Datenraums 186
Verwahrung elektronischer Datenträger 186
Vollmachten 153, 190
Vollzugsgebühr 200
Vorbefassungsverbot 147
Vorlesungspflicht 161
Zuständigkeit für die Einreichung einer Gesellschafterliste 178
zweisprachigen Urkunde 170
Beweissicherung 117
Beweiszwecke 18
Bezugsurkunden 164
break-up fee 31, 118

C
Call-Option 25
"Catch-all"-Klausel 105, 107
cross border mergers 116

D
dingliche Abtretung 50
Distanzerklärungen 207
dreiseitiger Vertrag 71, 72

E
echte Treuhand 28
einheitliches Ganzes 117
Einheitlichkeit des Verpflichtungsgeschäfts 16, 18, 19
Einheits-KG 41, 43, 44
Einseitige Rechtsgeschäfte 10
Eintritt einer neuen Komplementär-GmbH 44
Einzelauflistung 104
Einziehung 4

Equity commitment letter 22
Erläuterungen des Kaufgegenstandes 57
Erleichterung des Beweises 7
Ermächtigungstreuhand 28
Erschwerungsfunktion 7, 8, 15, 17
Erwerbsrecht 25
Erwerbstreuhand 29
Excluded Assets 107

F
Festofferte 26
fiduziarische Treuhand 28
Finanzamt 182
Finanzierungsverpflichtungen 22
Form einer Vollmacht 218
Formstatut 207, 218

G
ganzes Gesellschaftsvermögen 109
Garantieverträge 32
GbR 42, 43
Gebrauchsort 217
gegenwärtiges Vermögen 100
gesamtes Vermögen 110
gesamte Vereinbarung 12
Gesamtrechtsnachfolge 10
Gesamtvereinbarung 11, 45
Geschäftsanteil 4
Geschäftsstatut 207
Gesellschaft bürgerlichen Rechts 181
Gesellschafterbeschlüsse 191
Gesellschafterliste 178
Gesellschaftsvertrag 219
Gesetzliche Erwerbstatbestände 10
Gewinnabführungs- und Beherrschungsverträge 30
Gleichwertigkeit 123, 219
Gleichwertigkeit der Auslandsbeurkundung 221
  Belgien 227
  Frankreich 227
  Gleichwertigkeitsproblematik 221
  Gleichwertigkeitsvoraussetzungen 223
  Italien 227
  MoMiG 225
  Niederlande 227
  Ortsform 222
  Österreich 227
  Schweiz 226
  Spanien 227

Statusgeschäfte 225
USA 228
Wirkungsstatut 222
GmbH & Co. KG 43, 47, 48, 49
grenzüberschreitende Verschmelzungen 116
Grundlagengeschäft 112
Grundstück 54, 219
Grundstücksgeschäfte 216
Gründung 219

H
Heilung 34, 47, 49, 50
Heilung durch Eintragung 119
Heilungswirkung 38

I
Immobilienfonds 87

K
Kapitalerhöhung 219
Kapitalherabsetzung 219
Kapitalverkehrsfreiheit 17
Kommanditbeteiligung 43, 44, 46, 47

L
Letter of Intent 19

M
Maklerprovision 24
Memorandum of Understanding 19
"Miteinander stehen und fallen" 58
mittelbare GmbH-Gesellschaftsanteilsabtretungen 41
MoMiG 5

N
nachträgliche Veränderung 81
Nebenabreden 3, 8, 11, 13, 14, 16, 19, 23, 27, 37, 38, 39, 40, 47
Nebenabreden / Nebenbestimmungen 55
Nichtigkeit 39, 40
Notarkosten 195

O
Option 24
Ortsform 121
Ortsstatut 207

P
Prüfung des Verschmelzungsplans 123
Put-Option 25

R
rechtliche Einheit 58
Rechtssicherheit 18, 35
Rechtswahl 218
Rechtswahlklausel 207
Registervollzug 119
Richtlinie 2005/56/EG über die Verschmelzung von Kapitalgesellschaften aus verschiedenen Mitgliedstaaten 120, 122
Rückkaufvereinbarung 26
Rücknahmegarantie 26

S
Sammelbezeichnungen 105
Satzung 219
Schiedsordnungen 26
Schiedsvereinbarungen 26
Schutzzweck 5, 6, 7, 8, 11, 13, 14, 17, 18, 40, 42, 45, 116
Schwierigkeiten der Vertragsabwicklung 81
Spaltung 10, 116
Stehen und Fallen 118
Stimmbindungsvereinbarungen 27

T
Teilnichtigkeit 16, 39, 88, 89
Teilung 214
Term Sheet 19
Treuhänder- und Treugeberwechsel 30
Treuhandkonto 185
Treuhandvereinbarungen 28

U
Übertragungstreuhand 28
Umfang der Beurkundungspflicht 3, 5, 10, 11, 14, 18, 19, 40
Umfang der Heilungswirkung 37
Umgehungsgeschäft 41
Umtausch- oder Abfindungsangebot 30
Umwandlungsgesetz 219
unechte Treuhand 28
Unternehmensverträge 30, 219
Unterwerfung unter die sofortige Zwangsvollstreckung 128

231

Bedeutung für Unternehmenstransaktionen 129
Bestimmtheit der Unterwerfungserklärung 130
Beurkundungspflicht 132
Bezugnahmeklausel 131
Formnichtigkeit 133
Geldforderung 131
Gesellschafterdarlehen 136
Nachweisverzicht 132
Verjährungsfrist 134
Vollmacht 130
Vollstreckungsklausel 135
Voraussetzungen der Vollstreckung 131
Vorlesungserleichterungen 134
untrennbarer Teil 11, 12

V

Veränderung 78
Vereinbarung 3, 4, 9, 11, 12, 13, 14, 15, 16, 19, 22, 23, 25, 26, 27, 28, 31, 32, 33, 34, 35, 36, 38, 39, 40, 47, 49
Vereinbarungstreuhand 30
Verkaufsrecht 24, 25
"Verknüpfungsabrede" 67
"Verknüpfungswillen" 66, 67
Vermögensübertragung "als Ganzes" 103
Verpflichtungsgeschäft 47

Verpflichtungsvertrag 49
Verschmelzung 10
Verschmelzungsbericht 123
Verschmelzungsbeschluss 118, 120
Verschmelzungsplan 122
Verschmelzungsvertrag 116
Vertragsentwürfe 117
Vertragsstrafen 31
Verweisung 118
Verzicht auf die Verschmelzungsprüfung 123
Verzichtserklärung 116, 120
Vollmacht 32, 190
Vollmachtsstatut 217
Vollmachtstreuhand 28
Vollständigkeitsgrundsatz 14, 16, 19
Vorvertrag 32, 118

W

wesentliche Abreden 11, 12
Wille der Parteien 11, 12, 13, 14, 19, 40
Willensübereinstimmung 35
wirtschaftlichen Zwang 76

Z

Zeitliche Reihenfolge 64
"zusammengesetzter Vertrag" 70
Zusicherungen 32
Zustimmungserklärung 116, 120